交通运输业会计系列教材

交通运输企业成本会计学

肖序　王芸 / 编著

立信会计 出版社
LIXIN ACCOUNTING PUBLISHING HOUSE

图书在版编目(CIP)数据

交通运输企业成本会计学 / 肖序,王芸编著.—上海:立信会计出版社,2016.4(2022.7重印)
ISBN 978-7-5429-4955-4

Ⅰ.①交… Ⅱ.①肖…②王… Ⅲ.①交通运输企业—成本会计 Ⅳ.①F506

中国版本图书馆 CIP 数据核字(2016)第 079047 号

责任编辑　　孙　勇
封面设计　　南房间

交通运输企业成本会计学

JIAOTONG YUNSHU QIYE CHENGBEN KUAIJIXUE

出版发行	立信会计出版社		
地　址	上海市中山西路 2230 号	邮政编码	200235
电　话	(021)64411389	传　真	(021)64411325
网　址	www.lixinaph.com	电子邮箱	lixinaph2019@126.com
网上书店	http://lixin.jd.com		http://lxkjcbs.tmall.com
经　销	各地新华书店		

印　刷	当纳利(上海)信息技术有限公司
开　本	710 毫米×960 毫米　　　　1/16
印　张	26.5
字　数	478 千字
版　次	2016 年 4 月第 1 版
印　次	2022 年 7 月第 3 次
书　号	ISBN 978-7-5429-4955-4/F
定　价	49.00 元

如有印订差错,请与本社联系调换

交通运输业会计系列教材
编委会

总　　序

《企业会计准则》(2006)与《企业财务通则》(2006)的颁布与实施,标志着我国经过 20 多年的研究探索,所追求的遵循国际惯例、与国际会计准则趋同、统一各类企业的会计核算标准与财务规范的目标已经基本实现。但不可否认,由于各类企业职能的不同以及生产经营与管理组织上的差异,在实施统一的企业会计准则与财务通则的过程中,依然需要对各类企业的特殊会计与财务问题进行研究并加以解决,以保证统一的企业会计准则与企业财务通则在各类企业的有效实施。况且,在当前竞争激烈的市场环境中,各类企业也需要探索与所属行业特征相符的现代会计与财务管理方法。

交通运输业是国民经济的基础产业,在社会经济发展中起着基础性、保障性和先导性作用。交通运输业的发展历史表明,交通运输业的发展不仅取决于社会生产力的发展和科学技术的进步,而且取决于交通运输运行组织及其管理的科学化水平。交通运输业的职能是利用铁路、公路、航道、车站、港口、机场等交通运输设施,通过运用车辆、船舶、飞机等交通运输工具与装卸机械,实现被运送对象旅客、货物的位置转移。交通运输业的第三产业服务特性,决定国民经济发展水平的基础产业特性,对社会经济的外部效应特征以及对于空间、地域和时间所具有的极强依附性特征,反映出交通运输业的投融资以及生产经营活动的会计核算与财务管理不同于一般工商企业。

在计划经济体制时期,我国实行的是分行业的计划管理,各高等院校举办的会计专业大多为行业会计专业,各交通运输高等院校的会计专业拥有一批精通交通运输行业会计与财务管理的教师,按所属的行业编写了铁路、公路、水路、民航等交通运输行业会计与财务管理教材,为交通运输行业培养了大量熟悉交通运输行业会计与财务管理人才。随着我国经济体制由计划经济向市场经济的转化以及经济逐步融入全球经济,会计与财务规范逐渐与国际趋同,会计教育也随之发生变革,行业会计专业均改为通用的会计专业。但这一变革,并不意味着行业会计与财务问题不再需要研究,恰恰相反,对于投融资以及生产经营活动具有特殊性的行业会计与财务问题的研究需要加强。对于交通运输这一特殊行业,需要依据国家统一的企业会计准则与企业财务通则,对会计核算与财务管理建立可依据的规则。并且,交通运输业的发展中投融资方式的不断创新,组织运行以及企业经营管理方式的变化,带来了一系列需要研究的会计与财务问题。遗憾的是,目前具有交通运输行业背景的高等院校会计专业从事交通运输行业会计与财务问题研究的教师屈指可数,系统论述交通运输行业会计核算与财务管理的教材难以寻觅,交通运输企业管理人员对交通运输会计与财务管理知识读本的呼唤得不到回应。2001 年,由中国交通会计学会发起,会同中国铁道财务会计学会、中国总会计师协会民航分会举办两年一届的中国交通运输业财务与会计学术研讨会,交流与研讨交通运输业财务与会计理论与实务问题的研究成果,对于提高交通运输业财务与会计问题研究水平、促进交通运输业的发展产生了重要的影响。已举办了六届的中国交通运输业财务与会计学术研讨会的成果均由研讨会组委会编辑出版,但与会人员以及交通运输业的会计与财务工作者均希望能按照我国《企业会计准则》(2006)与《企业财务通则》(2006)的要求,结合交通运输业的实务发展与取得的研究成果编写新的交通运输业会计系列教材或知识读本。为此,由中国交通运输财务与会计学术研讨会学术委员会中来自有关高等院校的委员组成编委会,编写本套系列教材,由立信会计出版社负责编辑出版。

本套系列教材计划由《交通运输企业财务会计学》《交通运输企业成本会计学》《交通运输企业管理会计学》与《交通运输企业财务管理学》四本构成。在编写的指导思想上,遵循《企业会计准则》(2006)与《企业财务通则》(2006)的要求,结合交通运输企业的实际,吸收近年来交通运输业会计与财务研究的成果,体现规范性、实用性与先进性;在编写的内容上,横跨铁路、公路、水路与航空四种运输方式,涵盖铁路运输企业、道路运输企业、公路经营企业、水路运输企业、港口经营企业、航空运输企业以及机场经营企业等七类交通运输企业的会计与财务管理业务。这样的编写指导思想与编写内容,是对编写者的一种挑战。特别是,我国长期以来铁路、公路、水路与航空四种交通运输方式分别属于原铁道部、交通部与民航总局管理,四种运输方式的市场化程度不同,四种运输方式的企业的组织运行与经营管理方式存在着较大差异而导致会计核算与财务管理上的差异,将属于四种运输方式的企业业务融合在一起系统阐述会计与财务管理理论与方法是一种新的尝试。我国交通运输业的改革仍在深化,会计与财务管理实务仍在发展,这种变化发展需要在教材的编写与未来的修订过程中予以注意并反映出来。在本套系列教材出版之际,希望广大的读者提出意见,以完善本套系列教材的内容,提高交通运输业的会计与财务管理水平。

邵瑞庆

2016 年 3 月于上海

前　　言

进入 21 世纪以来,我国迎来了经济转轨升级的新的挑战与发展机遇。在此进程中,作为国民经济的基础产业之一,交通运输业发挥着基础性、保障性、先导性功能,在市场竞争环境下获得了长足的发展,但也面临着严峻的挑战。因此,如何在挑战中寻找发展机遇,提升自己的科学管理水平,进行科技创新,就显得十分重要与紧迫。其中,提高交通运输企业的成本管理水平,提升资源利用效率和环境保护水准,将是当前我国交通运输业有待努力的一个方向。基于此,我们编著了这本教材。

鉴于交通运输企业涉及公路、铁路、水路、航空、管道运输等诸多部门,同时又逢国家新的成本核算制度颁布实施,本教材以此为背景,吸收众多国内外交通运输企业成本会计的优秀案例,设计了全书的编写逻辑主线,以求用最新成果充实本书的编写。本教材内容主要分为三块:其一是以财政部新颁布的《企业产品成本核算制度(试行)》(财会[2013]17 号)为标准,对交通运输企业成本核算进行写作,其内容涵盖公路、铁路、水路、航空四大行业;其二是吸收国内外管理会计领域最新研究成果,编写了作业成本、标准成本、责任成本、成本决策方法、第三方物流成本管理等内容;其三是为适应当前我国实施经济转轨升级过程中所推行的"资源节约""环境友好""节能减排"的战略要求,依据交通运输行业物流、客流的基本特征,尝试性地编写了"环境成本核算与分析""资源流成本核算与管理""节能减排成本效益分析"等内容。这部分内容的编写,有助于学习者从履行交通运输企业社会责任高度来进一步理解成本核算与管理的目标。

本教材采用多位作者分工协作方式成书,他们为此付出了辛勤的劳动。由中南大学肖序教授负责全书目录及编写方案的拟订,华东交通大学王芸教授负责全书初稿的删改、补充和最后定稿。全书各章撰写者是:华东交通大学王芸教授撰写第一章,华东交通大学李雄飞副教授撰写第二章、第三章,华东交通大学于海燕讲师撰写第四章、第五章；石家庄铁道大学邢如其教授整理、撰写第七章至第九章；湖南财政经济学院李震老师整理、撰写第六章、第十章、第十一章、第十三章；湖南商学院郑玲教授撰写第十二章。

立信会计出版社的领导和黄成艮等编辑，中国交通运输财务会计学术研讨会学术委员会委员邵瑞庆教授、孙宪军教授对本教材的出版给予了大力支持，在此，深表谢意。

肖 序 王 芸

2016 年 3 月

目　　录

第一章　交通运输企业成本会计概述

【本章概要】

　　交通运输企业具有不同于一般工业企业的特征,其产品主要是旅客或货物的位移,不创造新的物质产品,企业运输生产与消费过程统一。企业成本中固定成本占比重高,生产过程流动性、分散性、协作性强,决定了成本归集与分配的工作量大。交通运输企业成本会计的主要定位是为企业管理者提供有助于决策的信息,所以制定科学合理的成本会计制度,夯实成本核算基础工作,完善成本管理流程,既有利于降低交通运输企业的成本支出,又有利于提高交通运输企业的竞争力,更有利于交通运输企业更好地发挥在国民经济中的重要作用。

第一节　交通运输业特征及其企业成本会计的基本定位

　　交通运输业是指国民经济中专门从事运送货物和旅客的社会生产部门,现代化交通运输业包括公路、铁路、水路、航空等运输方式。改革开放以来,正是交通运输业快速发展的时期,综合交通网络建设规模不断扩大,布局日趋合理,运输能力不断增强。目前,我国交通运输体系完成了"公路主骨干,铁路主通道,航空主枢纽和水路支撑保障"的"三主一支持"的发展主干工程,现代交通运输初具规模。

一、交通运输业的特征

　　交通运输业作为一个特殊的生产部门,与一般的工业企业相比,在产品形态、生产过程等方面有自己显著的特征,主要表现在以下方面:

　　(1)交通运输企业的生产过程只是使劳动对象(货物和旅客)发生位置的变化,并不改变劳动对象的属性和形态,不创造新的物质产品。

　　(2)交通运输企业在运输生产过程中只消耗劳动工具(运输工具及设备),

不消耗原材料。

（3）交通运输企业的运输生产与消费同时进行，交通运输企业一般不生产有形产品，不储存产品，也不转让产品，其生产过程也就是产品消费过程。运输过程结束时，满足了运输对象的要求，也就完成了产品消费过程。

（4）交通运输企业的运输生产过程具有流动性、分散性的特征。运输生产的是"产品"位移，除港口、车站装卸场地固定外，企业的整个运输生产过程始终在一个广阔的空间内不断流动，具有流动方向分散和不集中的特点。

（5）各种运输方式之间的替代性和协作性较强，结算工作量大。运输生产流动性的特点要求并决定了各个沿线单位、各工作的分工协作。在运输生产过程中，常常会出现跨企业、跨地区、甚至跨国界的运输业务，由此而产生了大量的结算工作。

（6）从整个运输行业来看，固定资产比重大，流动资产比重小。固定资产中移动性固定资产占比重高，流动资产中低值易耗品占比高。

（7）各种运输方式之间替代性较强。铁路、公路、水路、航空等各种运输方式具有不同的特点和优势，具有明显的替代性。

二、交通运输企业成本会计的基本定位

交通运输企业成本会计的基本定位就是成本会计的职能，解决的是为谁服务，服务什么，即成本会计能提供哪些信息供信息需求者决策使用。交通运输企业成本会计作为会计的一个重要分支，除了具有反映与监督两大基本职能外，在现代经济管理活动中，还突出表现为以下三个职能。

（一）加强成本预测，优化成本决策

成本预测是指根据与成本有关的各种数据及其各种技术经济因素的依存关系，采用一定的程序、方法和模型，对未来的成本水平及其变化趋势作出科学的推测。交通运输企业通过成本预测，可以减少运输生产经营的盲目性，有利于选择最优方案，挖掘降低成本、费用的潜力。

成本决策是指在成本预测的基础上，按照既定或要求的目标，运用专门的方法，在若干个与生产经营和成本有关的方案中，选择最优方案，据以制定预算成本。交通运输企业成本决策对于促进交通运输企业正确地制定成本计划，提高经济效益具有十分重要的作用。

加强成本预测是优化成本决策的前提，优化成本决策是加强成本预测的结果。做好成本预测和成本决策工作，可以为交通运输企业挖掘降低成本的路径，不断提升企业的经济效益，增强企业的整体竞争能力。

（二）健全成本核算，加强成本控制

成本核算是对生产经营过程中发生的成本、费用按照一定的对象和标准进行归集和分配，并采用适当的成本计算方法，计算出该对象的总成本。成本控制是指交通运输企业在经营过程中，根据成本预算具体制定用人工时、燃料、动力等消耗定额及各项费用定额，对各项实际发生的成本、费用进行审核、控制，并及时反馈实际费用与预算成本之间的差异及其原因。

成本核算是对成本控制结果的事后反映，可以为交通运输企业客货运输定价提供依据。成本控制是交通运输企业成本核算的基础，一般来说，交通运输企业的成本费用数额巨大，严格的成本控制有利于落实交通运输企业的成本预算，杜绝无效支出，降低企业成本，提高企业效益。

（三）注重成本分析，强化成本考核

成本分析是根据成本核算所提供的成本数据和其他有关资料，通过与本期的预算成本、上年同期的实际成本、本企业历史先进水平，以及同行业国内外先进企业的成本水平进行比较，结合当前经济环境，分析成本水平及其构成的变动情况，研究成本变动的因素和原因，找出降低成本的潜力。

成本考核是指交通运输企业将预算成本进行分解，制定内部的成本考核标准，下达到各内部责任单位，明确它们在完成成本指标时的经济责任，并定期对成本预算的执行结果进行评定和考核。成本考核应当与奖惩制度相结合，根据成本考核结果进行奖惩，以利于调动企业员工执行成本预算，提高经济效益的积极性。

通过成本分析，可以为成本考核提供依据，有利于未来的成本预测和成本决策。成本分析和成本考核是实现成本决策目标的有效手段。

（四）反映环境成本，彰显社会责任

环境成本是指在某一项商品生产活动中，从资源开采、生产、运输、使用、回收到处理，解决环境污染和生态破坏所需的全部费用。交通运输企业的环境成本是指企业在运输活动中降低能耗，减少污染物排放和噪音上投入的成本，可通过人公里能耗、吨公里能耗、新技术运输设备更新率等指标体现出来。

企业社会责任（corporate social responsibility，简称 CSR）是指企业在创造利润、对股东承担法律责任的同时，还要承担对员工、消费者、社区和环境的责任。企业的社会责任要求企业必须超越把利润作为唯一目标的传统理念，强调要在生产过程中对人的价值的关注，强调对消费者、对环境、对社会的贡献。

交通运输业作为国家的基础产业，在国民经济发展中起着极其重要的作用。交通运输企业应拓宽交通运输企业成本核算范围，加深成本分析深度，比较企业各项能耗指标的相对数,并运用趋势分析法,分析企业在环境改善(如降低能耗、减少噪音等方面)的投入情况,反映企业在环境保护方面社会责任的履行情况,提高企业环境保护意识,自觉履行社会责任。

第二节　交通运输企业成本的概念体系

一、交通运输企业成本的概念

一般来说,成本是为了实现特定经济目的而发生的可以用货币计量的耗费,或者说是为了取得资产或劳务所付出的代价。美国会计学会(American Accounting Association,简称 AAA)于 1951 年将成本定义为:成本是为了达到特定目的而发生或应发生的价值牺牲,它可以用货币单位加以衡量。美国会计师协会于 1957 年在所发布的第 4 号会计名词公报中,对成本的定义为:成本系指为获取财物或劳务而支付的现金或转移的其他资产,发行股票,提供劳务或发生负债而以货币衡量的数额。美国会计师协会主张将成本分为未耗用成本(unexpired cost)和已耗用成本(expired cost)两部分,其中未耗用成本可由未来的收入负担,如存货、预付费用、厂房、投资、递延费用等,已耗用成本不能由未来收入负担,故应列为当期收入的减项或借记保留盈余,如出售产品或其他资产的成本及当期费用等。我国财政部颁布的《企业会计制度》(2001)则将成本定义为:企业为生产产品、提供劳务而发生的各种耗费。

从上面的定义可以看出:①成本是为了获得特定目的的牺牲;②这种牺牲可以用货币来度量。结合交通运输企业的生产经营活动是运用交通工具实现旅客或物资发生空间位移的目的,交通运输企业的成本可理解为企业为了实现一定的旅客周转量、货物周转量或运输劳务量,而发生的各种可以用货币来计量的耗费。

为了加强企业产品成本核算工作,保证产品成本信息真实、完整,促进企业和经济社会的可持续发展,根据《中华人民共和国会计法》《企业会计准则》等有关法律、法规,财政部制定了《企业产品成本核算制度(试行)》,并于 2014 年 1 月 1 日开始实施,该制度明确规定适用于交通运输企业。《企业产品成本核算制度》(试行)第 3 条指出,本制度所称的产品成本是指企业在生产产品过程中所发生的材料费用、职工薪酬等,以及不能直接计入而按一定标准分配计入产品成本的各种间接费用。

二、交通运输企业成本分类

了解成本的分类,有助于提高对成本含义的认识,有助于提高企业运用成本信息为决策服务的能力。结合交通运输企业自身的生产经营特点,其成本的分类标准主要有以下几种。

（一）按成本的资本构成分类

按交通运输企业成本的资本构成来分,可分为固定设施成本、移动载运工具的拥有成本和运营成本三部分。

1. 固定设施成本

每种运输方式都有其对应的固定设施。铁路运输需要线路和车站,公路运输需要公路和车站,航空运输需要机场和雷达系统,水路运输则需要航道和港口设施。交通运输业作为国家的基础设施产业,各种运输方式下的企业固定设施成本具有投资大、资产专用性强的特征,如 2012 年,铁路固定资产投资达到 6 309.80 亿元,其中基本建设投资达到 5 185.06 亿元,比 2011 年增加 583.79 亿元,比上年同期增长 12.7%。

2. 移动载运工具的拥有成本

铁路、公路、民航和水路运输企业都有相应的移动运输设备,包括铁路运输企业的机车、车辆,公路运输企业的汽车、卡车,航空公司的客货运飞机,水运企业的各类客货运船舶等。随着人们生活水平的提高,交通运输业产品品质日益向舒适、快捷、便利方向发展,移动载运工具也随着升级,越来越多的高速列车、重载列车、宽体客机、豪华大巴、大型客货船舶的投入使用,使交通运输企业移动载运工具的成本也直线上升,如一艘远洋轮船的造价在几千万元以上,一列动车的造价更高达上亿元。

3. 运营成本

运营成本主要是指各类运输企业工作人员的职工薪酬,运输工具消耗的燃料、电力、维修费用,使交通运输企业正常运转所需要的财务费用、销售费用和其他管理费用等。

（二）按成本习性分类

成本习性是指在相关范围内,在一定的产销量下,产品成本与产量之间的依存关系。交通运输企业成本习性主要指成本与运输量之间的关系,可划分为变动成本、固定成本和混合成本。

1. 变动成本

变动成本是指随客货运输量的增加和减少相应发生变化的支出,只要运输工具投入运营就会存在变动成本,如直接服务于服务、生产的工人的薪酬,移动载运工具的燃料、动力费用和维修、维护费用等。水运企业的变动成本表现为成本航次费用和货物费用。航空公司主要有:航油消耗、起降费、飞机及发动机维修成本、代理手续费、飞行小时费、民航基础设施建设基金、餐食和机供品、系统使用费、航班延误费、客货邮行赔偿费、贵宾室服务费、税金及附加等项目。

2. 固定成本

固定成本是指在一定时期,在一定的运输量范围内相对稳定的支出,这类支出不随运输量增加或减少作相应变化。总成本与产量之间存在着一个稳定的比例关系。而在总成本随着产量呈正比例变动的同时,其单位成本将不受产量变动的影响而保持不变,如公路与铁路运输企业的线路支出、车站,各类交通运输企业的移动载运工具等,水运企业的固定成本表现为船舶经营成本[船员工资、加班费、伙食费、社会保安费、旅游费;保险费(为船舶投保各种险别的费用);修理与维持费;船舶物料及杂项费用]和设备折旧费。航空公司主要固定成本有飞机拥有成本、人工成本、间接营运费、销售费用、管理费用、财务费用、飞行训练费以及其他固定成本等。其中,飞机拥有成本占整体固定成本的比例最高,接近50%;人工成本占固定成本的30%左右。

3. 混合成本

混合成本是指介于固定成本和变动成本之间的一类支出,其成本总额随业务量变动而变动,但不呈正比例,即混合成本的数额随着业务量的变动而呈非正比例的变动。混合成本又可进一步划分为半变动成本、半固定成本和延期变动成本三类。

半变动成本是一种同时包含有变动成本和固定成本两方面内容的混合成本。半变动成本的特点是:其成本有一个初始量,形成一个基数,类似固定成本,它不随业务量增减而变动;在此基础上,每生产一件产品,成本也随着增加一部分,这部分成本又类似于变动成本。半变动成本是混合成本中最普遍的形式,包含运输企业设备维护和修理费。

半固定成本也称阶梯形混合成本,它的特点是:当业务量在一定范围内增减变动时,成本发生额固定在一定的水平上保持不变;当业务量增减超过一定范围的限额时,其成本发生额就突然跳跃到一个新的水平,然后又在业务量增减的一定限度内保持不变,直到业务量增减再突破到新的限度时,才又开始下一次跳跃式的升降,其成本变化构成的曲线呈阶梯形。

延期变动成本在日常生活中范围也比较广,如在工作时间正常(每天 7～8 小时)的情况下,企业对一般职员所支付的工资是固定不变的。但当工作时间超过正常水准,则需要根据加班时间的长度成比例地支付加班工资或津贴,如春运时期员工的工资。

(三)按成本的经济用途分类

1. 主营业务成本

主营业务成本是指交通运输企业在运输生产过程中发生的与运输生产额

有关的各项耗费,为了实现旅客和货物位移所发生的客运支出和货运支出。其主要内容有:生产职工的薪酬与福利、燃料费、运输生产设备的折旧费、修理费、配件费等。不同交通运输企业,组成主营业务成本的主要项目有所不同,如航空公司,主营业务成本的组成项目主要有:航空燃油成本、起降及停机费用、雇员薪酬成本、飞机、发动机经营性租赁费用、折旧费。水运企业则有燃油费、折旧与修理费、雇员薪酬、港口费等。公路运输企业的雇员薪酬、燃料费、轮胎费、修养保修费、折旧费等费用在主营业务成本中所占比重较高。铁路运输企业的主营业务成本主要是职工薪酬、运输生产设备的折旧费、设备运用与养护修理耗用的材料、电力与燃料、经营性租赁的车辆租赁费、客货运服务费等。

2. 期间费用

期间费用是指企业本期发生的、不能直接或间接归入营业成本,而是直接计入当期损益的各项费用,包括销售费用、管理费用和财务费用等。

销售费用是指交通运输企业在销售客货运服务过程中发生的各项费用,包括由企业支付的广告费,以及为销售本企业产品而专设的销售机构的费用,包括职工薪酬、差旅费、办公费、折旧费、修理费、物料消耗和其他经费。航空公司销售费用主要有:系统及代理业务手续费、电脑订座费、宣传广告费、租赁费等。公路运输企业销售费用主要有:广告费、销售机构人员工资、设备折旧与保险费、业务招待费等。水运企业销售费用主要有职工薪酬、业务招待费、房屋及场地费、租赁费、差旅费、办公费、折旧费等。铁路运输企业不单独核算销售费用,发生与销售相关的费用统一列入管理费用。

管理费用是指交通运输企业管理部门为了组织和管理运输生产活动发生的费用以及企业按规定发生的管理费用。主要包括交通运输企业管理部门人员的薪酬、差旅费、办公费、办公设施设备的折旧费、修理费、租用费、土地使用费、审计费、诉讼费、咨询费、董事会经费、财产保险费。

财务费用是指交通运输企业为筹集生产经营所需资金而发生的费用。主要包括:在金融机构存款的利息收入,筹资运输生产经营所需资金而发生的利息支出,含借款利息、应收票据贴现利息、发行债券利息等,外币折算产生的汇兑损益,支付给金融机构的手续费等。

(四)按成本与其对象之间的关系分类

成本对象是指成本分配的任何目标。例如,一次服务或一件产品、一个部门或一个客户。许多成本都是由共同设施(厂房、设备、港口、码头、车站)或服务的多个部门产生的。因此,计算某个航次的运营成本时,就需设计一种合适的方法将成本分配给每个受益者。

1. 直接成本

能明确归属于成本对象的任何成本都是该成本对象的直接成本（direct cost），在成本计算中，不再需要通过分配，可直接计入成本对象，如运输工具的燃料与动力费、折旧费、某个航次或车次上提供服务的员工薪酬等。

2. 间接成本

间接成本（indirect cost）是指同多个受益对象相联系的成本，不能直接归属于某一特定对象，需要先行归集，然后按一定方法分配的成本，如港口、码头、机场、车站为不同航次、航班、车次的旅客或货物运输提供的辅助性服务成本，期末按谁受益谁负担的原则进行合理分配。

第三节 交通运输企业成本核算与管理流程

企业应当根据生产经营特点和产品成本管理的要求，确定成本核算对象，归集生产费用，计算产品的生产成本。交通运输业的生产与其他工业企业不同，在广阔的空间进行，受自然条件和气候影响比较显著，工作条件与运输、装卸的要求各不相同，差异很大，对于不同的运输对象、运输方式、运输手段、运输线路、运输距离、港口或场站位置等，完成同一生产量的耗费是不同的，存在着很大差别。由于交通运输业物质生产的特征，交通运输业成本除了具有一般产品成本的共性以外，还具有自己独特的性质，归纳起来可分为以下几个方面。

一、交通运输企业成本核算的特殊性

（一）交通运输业的生产过程和销售过程合一

交通运输企业是国民经济的一个特殊产业，其产品是旅客和货物的位移，在这个过程中并不改变运输对象的形状、数量和性质。交通运输业成本核算对象为运送旅客和货物的运输业务，而这种生产过程和销售过程的统一，决定了不需要按照生产过程进行会计核算。

（二）交通运输企业成本计算对象的多样性

严格来说，交通运输企业营运生产过程中成本耗费的多少与完成的生产成果即运量和周转量不直接相关，主要取决于运输距离的长短；交通运输企业生产过程不能消耗劳动对象，因而其成本构成中没有原材料支出，而其运输工具、设备的折旧费、修理费、燃料消耗、营运生产过程中的营运性费用支出占较大比重；由于旅客和货物的位移，不仅与数量（人次、吨等）有关，还与距离（公里、海里等）有关，所以交通运输企业的营运成本是以运输数量和运输距离相结合的复合单位来计算的，即成本计算单位为人公里（海里）、吨公里（海里）和换算吨公里（海里）。

　　考虑到交通运输企业成本计算的多样性,《企业产品成本核算制度(试行)》规定:交通运输企业以运输工具从事货物、旅客运输的,一般按照航线、航次、单船(机)、基层站段等确定成本核算对象;从事货物等装卸业务的,可以按照货物、成本责任部门、作业场所等确定成本核算对象;从事仓储、堆存、港务管理业务的,一般按照码头、仓库、堆场、油罐、筒仓、货棚或主要货物的种类、成本责任部门等确定成本核算对象。

　　(三) 成本计算方法相对单一

　　交通运输企业生产由于不涉及半成品结转,也无须考虑分步骤、分批别计算成本的问题。尽管各运输业务成本计算上存在不同的特点,但其共同点都是直接汇集计算各业务的成本,并按合适的方法进行分配,成本分配方法是否合理,将直接影响成本计算的准确性和成本信息的有用性。

二、交通运输企业成本核算的基本要求

　　(一) 正确划分各种费用界限

　　成本的计算过程就是正确划分各种成本费用界限的过程。为了提高成本核算质量,交通运输企业在实际工作中要正确划分以下各种费用支出。

　　(1) 正确划分生产经营费用与非生产经营支出的界限。交通运输企业为了实现旅客和货物位移,用于组织和管理运输生产活动,以及为筹集运输生产资金等日常活动所发生的各种经营耗费,应计入企业的经营费用。但为了完成客货运任务而发生的企业的经济活动除了生产经营管理活动之外,还有其他方面的经济活动,如:航空公司购买客货运飞机,铁路企业购买机车、车辆、修建线路、车站,公路企业购置运输设备等,以及交通运输企业对外投资均发生资本性支出,应计入相应的长期资产账户中,不应计入生产经营费用。另外,交通运输企业发生的对外捐赠、自然灾害造成的损失、固定资产盘亏损失,应计入营业外支出。

　　(2) 正确划分运输成本与期间费用的界限。交通运输企业将一切与营运活动直接有关的支出,计入企业的运输成本,将发生的销售费用、管理费用和财务费用作为期间费用,计入当期损益。因交通运输企业的特殊性,其运输成本有其特指的归集对象,如以运输工具从事货物、旅客运输的,一般按照航线、航次、单船(机)、基层站段等确定成本核算对象,运输成本主要包括:直接从事营运活动人员的工资、奖金、津贴、补贴;营运过程中实际耗用的燃料、材料、润料、动力及照明、备品配件、各种物料和低值易耗品等支出;营运过程中使用的各种固定资产折旧费、固定资产修理支出,租入的参加营运的固定资产租赁费等。

　　(3) 正确划分各月份的费用界限。《企业会计准则——基本准则》规定我国企业会计核算的基础是权责发生制。在权责发生制基础下,凡是企业本期已经实

现的收入和已经发生或应当负担的费用,不论其款项是否已经收付,都应作为企业当期的收入和费用处理;凡是不属于当期的收入和费用,即使款项已经在当期收付,都不应作为企业当期的收入和费用。为了计算各月的损益,交通运输企业必须将计入生产成本的生产费用和期间费用,在各个月份之间进行正确划分。可运用待摊费用账户核算本月已发生支出,但应由本月和以后各月受益的费用,运用预提费用账户核算本月已受益,但需由以后月份支付的费用。只有正确划分各月份的费用界限,才能保证按月核算成本、分析成本、考核成本的工作有效执行。

（二）夯实运输成本核算的基础工作

（1）要建立健全有关原始凭证的收集整理制度,如运输生产记录,飞机、机车、车辆维修作业记录,车辆、设备利用记录,财产物资变动记录和管理信息记录等原始记录。原始记录是成本核算工作的首要条件,进行成本核算、分析,都要以基于可靠的数据、内容真实完整的原始记录为依据。

（2）企业应对各种高件配件、燃料、工具和各级维修作业等,根据市场行情,制定计划价格,定期调整价格差异,保证成本核算的真实性。

（3）对各种高价配件、互换件、燃料、物资储备、资金占用、费用等制定出标准定额,定额的制定既要考虑先进性,又要考虑可行性,同时保持动态性。即根据企业生产技术水平、管理水平的提高和生产环境的改善,定期或不定期地对标准定额进行修订。

（4）对一切物资进出都要经过计量、验收,计量仪表要配备齐全,并定期校正和维修,保证计量的准确性和可靠性。

（5）企业的物资财产要定期盘存,保证账实相符,并及时处理多余积压物资,减少物资损耗。

三、交通运输企业成本核算的一般程序

结合交通运输企业实际,其成本核算的一般程序归纳如下。

（一）严格控制各项要素费用支出

企业的费用支出种类多,且费用来源和用途不同,为了加强运输成本管理,企业应建立相关制度,严格地控制企业按规定的成本开支范围和标准进行开支,保证各项支出的合理性和合法性。在企业会计核算中,要严格区分营业费用与基建费用的开支范围、营业支出与营业外支出的界限,保证成本的真实性与可比性,防止乱挤、乱摊成本等违反财经纪律的行为。

（二）明确交通运输成本核算项目组成

企业根据生产经营特点和产品成本管理要求,利用现代信息技术,可以按照成本支出的经济性质设置成本项目;也可以按照成本支出的经济用途或成本习

性设置成本项目。2014 年 1 月 1 日实施的《企业产品成本核算制度（试行）》第 28 条规定：交通运输企业一般设置营运费用、运输工具固定费用与非营运期间的费用等成本项目。即交通运输企业产品成本包括：

（1）营运费用。营运费用是指企业在货物或旅客运输、装卸、堆存过程中发生的营运费用，包括货物费、港口费、起降及停机费、中转费、过桥过路费、燃料和动力、航次租船费、安全救生费、护航费、装卸整理费、堆存费等。铁路运输企业的营运费用还包括线路等相关设施的维护费等。

（2）运输工具固定费用。营运费用是指运输工具的固定费用和共同费用等，包括检验检疫费、车船税、劳动保护费、固定资产折旧、租赁费、备件配件、保险费、驾驶及相关操作人员薪酬及其伙食费等。

（3）非营运期间费用。非营运期间费用是指受不可抗力制约或行业惯例等原因暂停营运期间发生的有关费用等。

（三）明确成本计算期

成本计算周期较短，一般采用月份制。交通运输企业生产周期与制造企业的生产相比要短得多（除远洋运输），在成本计算期（一般按月）末没有或很少有未完成运输工作量，一般不存在将营运费用划分为当期营运成本和下期运营成本的问题，也没有在产品成本。一个运输过程完成即可计算其营运成本，但是远洋运输企业的航行距离、时间较长，一般应以航次时间为成本计算期。

（四）设置成本费用明细账或成本计算单

成本费用明细账是在确定成本计算对象的基础上，交通运输企业根据自身运输生产特点和成本管理要求，按照确定的成本计算对象分别开设运输成本明细账。

此外，交通运输企业应根据需要设置其他相关费用明细账。

（五）正确归集和分配成本

交通运输企业发生的营运费用，应当按照成本核算对象归集。交通运输企业发生的运输工具固定费用，能确定由某一成本核算对象负担的，应当直接计入该成本核算对象的成本；由多个成本核算对象共同负担的，应当制定符合经营特点的、科学合理的分配标准（如营运时间）分配计入各成本核算对象的成本。

四、交通运输企业成本的管理流程

成本管理是一个组织用来计划、监督和控制成本以支持管理决策和管理行为的基本流程。做好成本管理，需要一系列的流程操作。为了促进交通运输企业成本合理最小化，保证运输企业目标利润及经营计划的顺利实现，规范企业成本管理活动，交通运输企业的成本管理流程一般包括成本预算（含成本预测、成本决策、成本计划）、成本核算、成本分析与成本考核四大环节，四大环节彼此之间相互反馈。具体流程如图 1-1 所示。

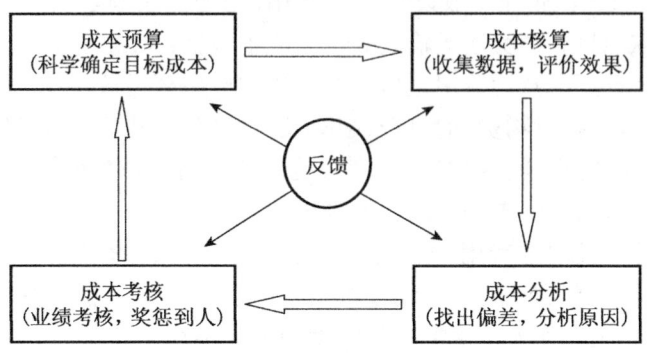

图 1-1　交通运输企业成本的管理流程

只有切实做好成本管理流程中每一环节的工作,才能最终控制好成本,在最优结果上降低成本。

1. 成本预算环节

该环节包含成本预测、成本决策和成本计划三部分,成本预测与成本决策是成本计划的基础,成本决策是成本管理工作的核心,成本计划是成本控制和成本考核的依据。成本计划一经企业决策机构批准,就具有了权威性,必须坚决贯彻、执行,不得随意改动。

2. 成本核算环节

该环节是通过对成本的确认、计量、记录、分配、计算等一系列活动,确定企业成本的控制效果。成本核算能为成本管理的各个环节,提供准确的信息。只有通过成本核算,才能全面准确地把握企业生产经营管理的效果,如企业劳动生产率的高低、固定资产的利用程度、原材料和能源的消耗情况、生产单位(车间)的管理水平,等等。

3. 成本分析环节

在此环节主要是运用成本核算所提供的信息,通过同行平均水平比较、竞争对手水平比较,进行关联分析,分析确定导致与成本目标、定额成本产生差距的原因,以及可挖潜的空间。同时通过分析,把握成本变动规律,总结经验教训,寻求降低成本的途径。

4. 成本考核环节

该环节把成本的实际完成情况与应承担的成本责任进行对比,考核、评价目标成本计划的完成情况。其作用是对每个成本责任单位和责任人,在降低成本上所作的努力和贡献给予肯定,实行企业与员工分享成本节约的成果,极大限度地调动员工节约成本的积极性。同时对成本意识不强，成本控制不到位，造成成本浪费的单位和个人，给予经济处罚，限期改进。

以上四个环节环环相扣，相互影响、相互反馈，形成一个闭环节系统。其中成本预算是基础，是核心，是控制与考核的依据，成本核算质量确定了成本控制效果，成本分析的深入能为企业寻求降低成本的具体途径，成本考核则将所有环节落实到人，在每一环节上加强成本意识，使每个员工、每个部门的责权利相结合。只有每一环节都严格把控，才能最终降低交通运输企业的成本。

第四节　交通运输企业成本会计工作组织

成本、费用核算是反映运输生产经营过程中实际耗费的基本手段，是实现成本、费用全过程管理的基础。为了保证企业成本、费用核算的准确、及时，企业必须具有完备的成本会计工作组织。一般来说，交通运输企业成本会计组织工作主要有：设立成本会计机构；配备专业胜任的成本会计人员；制定符合企业实际成本会计制度；确定成本会计工作的组织原则和组织形式。

一、设立成本会计机构

成本会计机构是在交通运输企业中组织、领导并直接从事成本会计工作的机构，是处理成本会计工作的职能单位。交通运输企业应根据企业本身及所属单位的规模和成本管理要求来考虑是在专设的会计机构中单独设置成本科室，还是只配备成本核算人员来专门处理成本工作。

根据技术与经济相结合的原则，交通运输企业的运输成本、费用管理在企业主要负责人的领导下，由总会计师（总经济师）组织，财务部门会同相关业务部门共同负责实施。领导机构负责制定交通运输企业的成本管理工作的基本方针和政策，制定成本费用管理核算规程，建立健全成本管理工作的组织机构，审定企业的目标利润和成本预算，组织和领导各项重大成本决策。设立在财会部门中的成本会计机构，如铁路局、航空公司的成本科，应按照分工原则，建立成本会计岗位责任制。

二、配备专业、胜任的成本会计人员

成本会计人员是指在专设成本会计机构或会计机构中所配备的成本工作人员，负责交通运输企业日常的成本预测、成本决策、成本预算、成本核算、成本控制、成本分析和绩效考核等工作。交通运输企业的成本会计工作是一项综合性很强的工作，是企业经营管理的重要组成部分，其工作质量直接影响到企业工作的效果。配备专业、胜任的成本会计人员,是充分发挥成本会计工作在企业管理工作中重要作用的保证。专业、胜任的成本会计人员应具备以下素质:

(1) 良好的职业道德与精湛的专业素养。

(2) 会计知识面广,对成本理论和实践有较好的基础。

(3) 熟悉所在行业的经营现状和企业生产经营的业务流程。

(4) 有较强的责任意识和沟通协调能力。

三、制定符合企业实际的成本会计制度

成本会计制度是组织和处理成本会计工作的规范和依据,交通运输企业应根据《中华人民共和国会计法》《企业会计准则》《企业产品成本核算制度(试行)》的要求,结合本企业的生产业务流程和经济活动实际,制定符合本企业特征与实际的成本会计制度。交通运输企业的成本会计制度应包括以下几个方面的内容:一是成本预算制度;二是成本核算制度;三是成本控制制度;四是成本分析制度;五是成本考核制度;六是成本报表报告制度。

四、确定成本会计工作的组织原则和组织形式

(一) 成本会计工作的组织原则

成本会计工作应遵循一定的原则,交通运输企业成本会计工作的组织原则有:

(1) 成本核算实行集中统一与分级管理相结合。

(2) 成本核算必须与管理相结合。

(3) 成本会计工作必须与技术相结合。

(4) 成本会计工作专业管理与全员管理相结合。

(二) 成本会计工作的组织形式

交通运输企业应根据从事业务活动的特征进行成本核算,交通运输企业经营活动具有点多、面广、业务分散的特点。因此,为了便于成本工作的开展,及时准确地提供交通运输企业成本信息,交通运输企业可以选择集中核算或非集中核算两种形式。

集中核算形式是指成本会计工作中的预算、核算、分析和考核等方面的工作,主要由公司的成本会计机构集中进行,下属各基层单位的成本会计机构或会计人员只负责填制和审核原始凭证、登记原始记录,进行成本项目的初步整理和汇总,为上一级部门进行成本核算提供资料。

非集中核算形式是指各项成本会计工作由公司和所属的基层单位的成本会计机构共同来完成的组织形式,这种组织方式一般适用于成本会计工作较为复

杂,各部门独立性较强的企业。

阅读文献

[1] 刘南.交通运输学[M].杭州:浙江大学出版社,2009.

[2] 吴革.成本与管理会计[M].北京:中信出版社,2012.

[3] 邵瑞庆.论交通运输业会计的特殊性[J].上海海事大学学报,2004,25(3):56-60.

[4] 蒋惠园.交通运输经济学[M].武汉:武汉理工大学出版社,2009.

[5] 中华人民共和国财政部.企业产品成本核算制度(试行)[S].2013.

[6] 孟校臣,迟铮.关于我国成本会计制度建设的思考[J].会计之友,2014(15):16-18.

[7] 万寿义,王红军.关于制定统一成本核算制度若干问题的探讨[J].财务与会计,2012(1):38-40.

[8] 万寿义,周园.美国成本会计准则解析及启示[J].财务与会计,2010(12)(下):9-13.

复习思考题

1. 交通运输企业的特征有哪些?

2. 成本的含义是什么? 成本与产品成本有无区别?

3. 交通运输企业的成本及其分类有哪些?

4. 财政部颁布的《企业产品成本核算制度(试行)》中规定交通运输企业的成本核算项目有哪些?

5. 交通运输企业成本核算的特殊性有哪些?

6. 简述交通运输企业成本管理流程的内容。

第二章 公路运输企业成本核算

【本章概要】

公路运输企业成本核算的具体内容包括直接人工、直接燃料、轮胎费用、折旧等各项直接费用的核算，营运间接费用的归集和分配，以及汽车运输总成本和单位成本的计算。公路运输生产经营过程中发生的各种耗费，按其经济用途可划分为营业成本、营业税金及附加、期间费用和营业外支出。其中主营业务成本按汽车客运成本、货物运输成本、旅游业务成本、物业成本、其他主营运输成本类别进行明细核算。主营业务成本通过直接计入和分配计入两种方式核算确定。可直接计入客运、货运等成本对象的各项费用支出，应按成本计算对象设置明细账户，并按规定的成本项目进行明细核算；不能直接计入成本计算对象的各项费用支出，即运输生产耗费的间接成本，通过"营运间接费用"归集，再按规定标准分配计入成本对象。

公路运输企业成本费用报表包括主营业务成本明细表、营运间接费用表、管理费用明细表、财务费用明细表、营业外支出明细表等。公路运输成本受多方面因素的影响，其中主要包括运输距离、周转量、装载能力、承担责任程度、运输供需因素、服务要求等。公路运输企业成本分析可采用成本报表整体分析、指标分析、因素分析、成本习性分析等方法。公路运输企业常用的指标比率包括客车运输单位成本、货车运输单位成本、客货换算单位运输成本、百公里耗油、百吨公里耗油等。

第一节 公路运输企业成本核算的
特点及内容

公路运输是现代运输的主要方式之一，是陆上运输的基本方式之一。它在整个运输领域中占有重要的地位，并发挥着愈来愈重要的作用。公路运输是指以各种类型的汽车为主要运输工具，在公路上进行客运和货运的运输方式，其运输对象为旅客和货物，按运输距离远近可分为短途运输和长途运输两类。公路运输是交通运输系统的组成部分之一,具有机动灵活、适应性强、覆盖面广和通达度深等优势。公路运输企业(一般指汽车运输企业)可根据规模大小和管理要求,下设若干分公司、车场和车队。企业的车辆由车队管理,车辆保修作业由车队的保修车间或专设的汽车保养场负责。公路运输企业的生产经营活动包括运输业务、装卸业务和其他业务。

一、公路运输企业成本的构成

(一)公路运输企业的耗费

公路运输企业的耗费包括营业成本、营业税金及附加、期间费用和营业外支出,如图 2-1 所示。

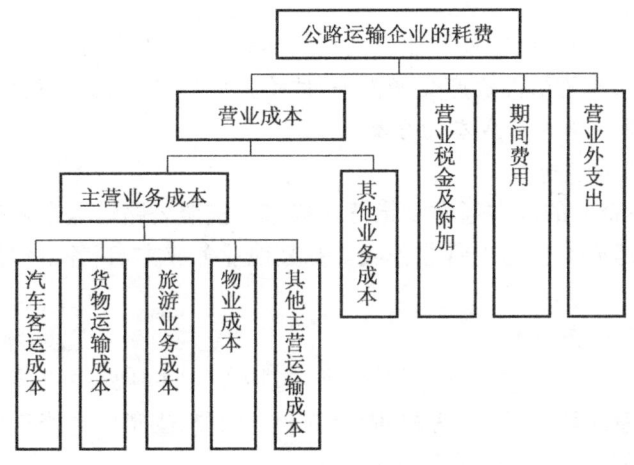

图 2-1　公路运输企业的耗费

1. 营业成本

营运成本包括主营业务成本和其他业务支出。主营业务成本包括汽车客运成本、货物运输成本、旅游业务成本、物业成本、其他主营运输成本。其他业务成本包括公路运输企业从事材料配件、商品贸易、加工修理、房屋租赁、车辆检测、站务收入、驾驶培训、保险费代理等兼营业务所发生的职工薪酬、财产保险费、差旅费、办公费、通讯费、折旧费、修理费、低值易耗品摊销、交通费、公务用车费、审计诉讼咨询费、税金(房产税、车船税、城镇土地使用税、印花税等)、警卫消防费、业务招待费、广告费、业务费、存货盘亏、水电费、材料成本、无形资产摊销、卫生费、租赁费等。

2. 营业税金及附加

营业税金及附加包括主营业务和兼营业务发生的营业税、城市维护建设税、教育费附加、房产税等税费。

3. 期间费用

期间费用包括销售费用、管理费用和财务费用。销售费用包括营销机构（部门）的职工薪酬、财产保险费、折旧费、低值易耗品摊销、公务用车、业务招待费、广告费、业务费等。管理费用包括管理部门的职工薪酬、董事会费、财产保险费、差旅费、办公费、通讯费、折旧费、修理费、低值易耗品摊销、无形资产摊销、交通费、公务用车费、审计诉讼咨询费、税金（房产税、车船税、城镇土地使用税、印花税等）、警卫消防费、业务招待费、广告费、业务宣传费、存货盘亏、水电费、技术开发费等。财务费用包括利息支出（减利息收入）、金融机构手续费、汇兑损失（减汇兑收益）等。

4. 营业外支出

营业外支出通常包括处置非流动资产损失、捐赠支出、罚没支出、非常损失、债务重组损失、非货币性资产交换损失、残疾人保障基金、防洪基金等。

（二）公路运输企业成本的分类

1. 按业务主次分类

公路运输企业的成本通常是指营运成本。按照公路运输企业生产经营业务主次关系，营运成本分为主营业务成本和其他业务成本，其各自包括的内容前已述及。

2. 按费用要素分类

公路运输企业成本按费用要素分类，包括外购材料费、外购燃料费、外购动力费、外购低值易耗品、职工薪酬、固定资产折旧费、固定资产修理费等。

3. 按成本与运量的相关关系分类

公路运输企业的成本按其与运量的相关关系分类，可划分为固定成本、变动成本和混合成本。

固定成本是指总额不直接受运量水平变动影响而保持固定不变的成本，如按直线法计提的房屋建筑物折旧费等。固定成本具有三个显著特点：一是固定成本的发生与运量没有因果关系，即不管是否有运量，这部分成本都会发生；二是在相关范围内，成本总额不受运量增减变化的影响；三是从单位产品分摊的固定成本来看，它随着运营工作量的增加，相应每一工作量所分摊的固定成本逐步减少。

变动成本是指其总额随着运营工作量的增减变动而呈正比例变动的成本，如燃油量。变动成本具有三个显著特点：一是其产生的原因是运营工作量，不发生运营工作量就不会产生变动成本；二是其成本总额随着运营工作量的增减呈正比例的增减；三是从单位成本上看，它不受运营工作量变动的影响，其数额保持在某一特定的水平上。

混合成本是指总额虽然受运量变动的影响,但其变动幅度未与运量变动保持严格比例的成本,这类成本同时包括固定成本和变动成本两种因素。例如,运输汽车的维修费等。

二、公路运输企业成本核算的特点

(一)成本计算对象

公路运输业务包括旅客运输和货物运输,运输业务的成本计算对象主要是客运业务和货运业务,即计算确定客运成本和货运成本。有拖带挂车的,不单独核算挂车成本,其所发生的费用,随主车计入运输成本。客车兼营货运的,或货车兼营客运的,一般以主要运输业务作为成本计算对象。

以客车运输和货车运输作为成本计算对象,并不是以每一辆客车或货车作为成本计算对象,而是按一定的生产经营单位(如运输公司及其所管辖的车队、车场、车站等)所属的客车、货车类别组织成本核算工作。

在车型类别比较复杂的汽车运输企业,还可以根据需要分别按耗用不同的燃料、不同厂牌型号的客车运输和货车运输作为成本计算对象。对于特种大型车、集装箱专用车、零担专用车、冷藏车、罐车等运输业务,为单独考核其营运成果,应作为单独的成本计算对象。

(二)成本计算期

公路运输企业通常采用与会计报告期一致的成本计算期,即运输成本按月度、季度、半年度、年度计算。

(三)成本计算单位

客车运输成本计算单位是元/人公里;货车运输成本计算单位是元/吨公里。客车运货,将货物周转量由吨公里转换为人公里;货车载客,则将旅客周转量由人公里转换为吨公里,换算比例为:

$$1 \text{ 吨公里} = 10 \text{ 人公里}$$

如计算客货车的综合成本,其计量单位是元/人公里换算元/吨公里,计算过程所需用的换算比例同上,即1换算吨公里=1吨公里=10人公里。

由于以人公里和吨公里作为成本计算单位,单位运输成本数值较小,不便于进行分析,为此,客车运输成本往往以千人公里为计算单位,货车运输成本往往以千吨公里为计算单位,客货车的综合成本往往以千换算吨公里为计算单位。

(四)成本核算方式

公路运输企业的主营业务成本通过直接计入和间接计入两种方式核算

确定。

直接计入成本是指可直接计入客运、货运成本对象的各项费用支出,应按成本计算对象设置明细账户,并按规定的成本项目进行明细核算。

间接计入成本是指不能直接计入成本计算对象,而是通过先归集、再按规定标准分配计入成本对象的各项费用支出。

三、公路运输企业成本核算的内容

公路运输企业成本核算的内容,具体包括直接人工费用、直接燃料费用、轮胎费用、折旧费用等各项直接费用的核算,营运间接费用的归集和分配核算,以及汽车运输总成本和单位成本的计算等内容。

第二节　公路运输企业直接成本的确认与归集

一、成本核算账户

公路运输企业应设置"主营业务成本"账户进行成本核算。该账户按客运成本、货运成本、旅游业务成本、物业成本、其他主营运输成本等设置二级明细账,并按规定和需要设置三级及以下细目进行明细核算。经营运输业务所发生的各项费用,应按成本核算对象和规定的成本项目予以归集。"主营业务成本"账户的结构如图2-2所示。

借方	主营业务成本	贷方
直接计入成本对象的直接费用 按一定标准分配计入的间接费用(营运间接费用)	期末结转至"本年利润"	

图2-2　"主营业务成本"账户结构

可直接计入成本计算对象的费用,借记"主营业务成本"账户,贷记"库存现金""银行存款""原材料""累计折旧""应付账款""应付职工薪酬"等账户。不能直接计入成本计算对象的费用,从"营运间接费用"账户分配结转至"主营业务成本"账户时,借记"主营业务成本"账户,贷记"营运间接费用"账户。期末,应将"主营业务成本"账户的余额结转至"本年利润"账户,结转后"主营业务成本"账户应无余额。

二、直接成本核算的内容

1. 直接人工费用

公路运输企业每月发生的人工费用应按人员所在部门及所提供的服务分别计入客运、货运等有关对象的成本中。

2. 直接燃料费用

公路运输企业成本中燃料消耗占比大,准确核算燃料费用对公路运输企业成本核算具有重要意义。目前汽车运输企业实行满油箱制车存燃料管理和盘存制车存燃料管理两种办法。车存燃料是指营运车辆投产后,接受任务出车运行前储存于车辆油箱内的燃料。实际工作中,车存燃料的管理又可分为满油箱制和盘存制两种。满油箱制要求投入运营的车辆,在每次加油时必须充满油箱,月末根据领油凭证计算出汽车耗油数额,从而考核汽车的耗油情况。盘存制要求每一投入运营的汽车根据实际需要领料加油,月末,经过盘存油箱的实存数后,计算出当月实际耗油数量。

汽车运输消耗的燃料应按实际耗用数计入各分类成本。月末,车队应根据燃料消耗凭证计算实耗数量,与统计数字核对后,编制燃料费用汇总表。

3. 轮胎费用

运输企业的轮胎外胎采用一次摊销法的,根据轮胎发出凭证汇总表中各分类成本对象耗用轮胎的金额计入成本;采用按行驶胎公里提取法的,根据轮胎摊提费计算表中各分类成本对象应分担的摊提额计入成本;内胎、垫带则根据轮胎发出凭证汇总表中各分类成本对象领用金额计入成本。

4. 折旧费用

汽车运输企业车辆折旧一般按工作量法计提,即按实际行驶千车公里计算折旧额。按照外胎成本的两种不同摊销方法,车辆的折旧额也有不同的计算方法。外胎如果采用按行驶胎公里摊销额计入成本的办法,在计算车辆折旧时,车辆原价中应减去外胎的价值。外胎如采取领用时一次计入成本的办法,在计算车辆折旧时,外胎价值不应从车辆原价中减除。

5. 修理费用

汽车运输企业车辆修理费一般采用预提法,车辆大修理费用的提取应按车型分别计算。车辆送修后,实际发生的大修理费用与预计的大修理费用可能会发生差异。因此,在计算大修理费用时还应将本月大修理结束时的这部分差异予以调整。

6. 其他直接费用

其他直接费用包括运输管理费、行车事故损失、车船税、路桥费、保险费、客运附加费等。其他直接费用如果是通过银行转账或现金支付的,应根据付款凭证直接计入有关的车别(或车型)成本。若是在企业仓库内领用的,则根据材料、配件、低值易耗品发出凭证汇总表中各有关成本计算对象领用的金额计入成本。

7. 营运间接费用

营运间接费用是指从"营运间接费用"账户分配结转进入主营业务成本的间接成本。其归集和分配在本章第三节公路运输企业间接成本的确认与归集中详细介绍。

三、直接成本核算举例

以下分别举例说明公路运输企业人工费用、燃料费用、轮胎费用、折旧费用、修理费用等成本费用的核算,其中燃料费用和轮胎费用在耗费中占比大,也是区别于其他企业较具特色的成本核算内容,因此予以重点介绍。

1. 人工费用的核算

公路运输企业的人工费用通过编制工资薪酬分配表,按人员类别分别记入各有关成本费用账户。

【例2-1】 YT汽车运输公司201×年8月份工资薪酬分配如表2-1所示。

表2-1

工资薪酬分配表

201×年8月

单位:元

应借科目	工　资	福利费	社会保险费	其　他	合　计
主营业务成本					
——客运成本	90 000	10 000	20 000	10 000	130 000
——货运成本	80 000	9 000	14 000	8 000	111 000
营运间接费用	60 000	7 000	11 000	15 000	93 000
管理费用	70 000	8 000	13 000	17 000	108 000
销售费用	40 000	6 000	5 000	2 000	53 000
合计	340 000	40 000	63 000	52 000	495 000

根据表2-1编制会计分录如下:

借:主营业务成本——客运成本——职工薪酬　　　　　　　　　130 000
　　　　　　　　——货运成本——职工薪酬　　　　　　　　　111 000
　　营运间接费用——职工薪酬　　　　　　　　　　　　　　　93 000
　　管理费用　　　　　　　　　　　　　　　　　　　　　　108 000
　　销售费用　　　　　　　　　　　　　　　　　　　　　　53 000
　　贷:应付职工薪酬——工资　　　　　　　　　　　　　　　340 000
　　　　　　　　　　——福利费　　　　　　　　　　　　　　40 000
　　　　　　　　　　——社会保险费　　　　　　　　　　　　63 000
　　　　　　　　　　——其他　　　　　　　　　　　　　　　52 000

2. 燃料费用的核算

公路运输企业可在"原材料"账户下设"燃料"明细账户,核算企业库存和车存的各种燃料的计划成本或实际成本。

在实行满油箱制车存燃料管理方式下,营运车辆在投入运输生产时,由车队根据邮箱容积填制领油凭证加满油箱,作为车存燃料。以后每次加油时加满油箱,车辆当月的加油数就是消耗数。

在实行盘存制车存燃料管理方式下,月末要对车存燃料进行盘点,按下列公式确定实际消耗数:

$$本月实际耗用数＝月初车存数＋本月领用数－月末车存数$$

燃料按实际耗用数计算成本。月末,企业应根据燃料领用凭证编制燃料费用分配表,按不同用途分别记入各有关账户。按计划成本核算的企业,月末按耗用燃料的计划成本,计算应负担的成本差异,借记"主营业务成本"等账户,贷记"材料成本差异"账户,分摊超支差异(实际成本大于计划成本)用黑字,分摊节约差异(实际成本小于计划成本)用红字。

【例2-2】 YT汽车运输公司燃料费用按计划成本核算,8月份,根据燃料领用凭证编制燃料费用分配表,如表2-2所示。

表2-2

燃料费用分配表

201×年8月 单位:元

应借科目	汽 油		柴 油		合 计
	计划成本	成本差异率1%	计划成本	成本差异率2%	
主营业务成本					
——客运成本	200 000	2 000	100 000	2 000	304 000
——货运成本	240 000	2 400	220 000	4 400	466 800
营运间接费用	30 000	300			30 300
管理费用	5 000	50			5 050
销售费用	8 000	80			8 080
合计	483 000	4 830	320 000	6 400	814 230

根据表2-2编制会计分录如下:

借：主营业务成本——客运成本——燃料 　　　　　　　　304 000

　　　　　　　　——货运成本——燃料 　　　　　　　　466 800

　　营运间接费用——燃料 　　　　　　　　　　　　　　30 300

　　管理费用 　　　　　　　　　　　　　　　　　　　　5 050

　　销售费用 　　　　　　　　　　　　　　　　　　　　8 080

贷：原材料——燃料——汽油 　　　　　　　　　　　　　483 000

　　　　　　——燃料——柴油 　　　　　　　　　　　　320 000

　　材料成本差异——汽油 　　　　　　　　　　　　　　4 830

　　　　　　　　——柴油 　　　　　　　　　　　　　　6 400

3. 轮胎费用的核算

公路运输企业可在"原材料"账户下设"轮胎"二级明细账户,核算企业在库和在用轮胎外胎的计划成本或实际成本。轮胎的内胎和垫带,也在此账户内核算,领用时直接计入运输成本。该二级账户的期末借方余额,反映库存轮胎外胎的计划成本或实际成本。该二级账户应按轮胎外胎的保管地点(仓库)、轮胎外胎的类别、规格厂牌等进行在库轮胎外胎的三级明细核算。领用轮胎时,可按以下情况处理。

1) 按行驶胎公里提取

月末按照轮胎实际行驶里程和规定的胎公里摊销额计算轮胎费用时,借记"主营业务成本"等账户,贷记"预提费用"账户。领用新胎(包括周转胎)时,借记"预提费用"账户,贷记"原材料"账户。按计划成本核算的企业,月末按领用新胎的计划成本,计算应负担的成本差异,记入"主营业务成本"等账户,贷记"材料成本差异"账户,分摊超支差异用黑字,分摊节约差异用红字。

轮胎不能继续使用需要报废时,按收回的材料价值,借记"原材料"账户,贷记"主营业务成本"等账户。报废轮胎的实际行驶里程与定额里程比较,其超、亏驶里程应按规定的胎公里摊销额计算调整运输成本,其亏驶里程,借记"主营业务成本"等账户,贷记"预提费用"账户,超驶里程冲减成本时用红字。

汽车不能使用报废时,应计算、冲减第一套轮胎的预提费用,借记"预提费用"账户,贷记"主营业务成本"等账户。

2) 一次摊销

即领用轮胎时一次计入运输成本。领用新胎(包括周转胎)时,借记"主营业务成本"等账户,贷记"原材料"账户。按计划成本核算的企业,月末按领用新胎的计划成本,计算应负担的成本差异,计入运输成本,借记"主营业务成本"等账户,贷记"材料成本差异"账户,分摊实际成本小于计划成本的节约差异用红字。

3）分次摊销

一次大量领用新胎,影响运输成本较大时,也可以先通过"待摊费用"账户分次摊销计入运输成本。

企业不论采用哪种核算方式,都应加强对在用轮胎的管理,核定车队周转轮胎数量定额,定期盘点,实行交旧领新,建立和健全单胎里程记录。

清查盘点,发现盘盈、盘亏、毁损的轮胎,按照实际成本(或估计价值)或计划成本,先记入"待处理财产损溢"账户,待查明原因后,再进行转销处理。

【例 2-3】　YT 汽车运输公司外胎费用采用按行驶胎公里预提的方式进行会计核算,8 月份,公司车队根据轮胎领用凭证编制轮胎费用分配表,如表 2-3所示。

表 2-3

轮胎费用分配表

201×年 8 月

应借科目	规格（略）	外胎预提额（元）	内胎			垫带			合计（元）
			数量（个）	单价（元）	金额（元）	数量（条）	单价（元）	金额（元）	
主营业务成本									
——客运成本		30 000	80	200	16 000	60	300	18 000	64 000
——货运成本		32 000	100	200	20 000	60	300	18 000	70 000
管理费用		4 000	40	200	8 000	20	300	6 000	18 000
销售费用		5 000	50	200	10 000	50	300	15 000	30 000
合　计		71 000			54 000			57 000	182 000

根据表 2-3 编制会计分录如下：

```
借：主营业务成本——客运成本——轮胎                    64 000
              ——货运成本——轮胎                    70 000
    管理费用                                        18 000
    销售费用                                        30 000
  贷：原材料——轮胎——外胎                               71 000
          ——轮胎——内胎                               54 000
          ——轮胎——垫带                               57 000
```

4. 折旧费用的核算

公路运输企业的车辆折旧采用工作量法,即按营运车辆的实际行驶里程计提折旧。其计算公式如下：

$$单位里程折旧额 = 车辆原价 \times \frac{1 - 预计净残值率}{预计行驶总里程}$$

$$本月折旧提取额 = 单位里程折旧额 \times 本月实际行驶里程$$

其他固定资产可按具体情况,采用年限平均法、双倍余额递减法、年数总和法等方法计提折旧。

【例 2-4】 YT 汽车运输公司 8 月份固定资产折旧费用计提情况,如表 2-4 所示。

表 2-4 固定资产折旧费用分配表

201×年 8 月 单位:元

应借科目	本月计提折旧					合 计
	客车	货车	非营运车	机器设备	房屋建筑物	
主营业务成本 ——客运成本 ——货运成本	80 000	70 000				80 000 70 000
营运间接费用			8 500		30 000	38 500
管理费用			12 500		75 000	87 500
销售费用			10 000	8 000	25 000	43 000
合 计	80 000	70 000	31 000	8 000	130 000	319 000

根据表 2-4 编制会计分录如下:

借:主营业务成本——客运成本——折旧费 80 000
　　　　　　　　——货运成本——折旧费 70 000
　营运间接费用——折旧费 38 500
　管理费用 87 500
　销售费用 43 000
　贷:累计折旧 319 000

5. 保养维修费的核算

汽车的保养及小修,一般由车队的保修班进行。保养小修领用的材料、低值易耗品等,可以根据材料、低值易耗品领用汇总表直接记入有关成本费用账户。

6. 大修费用的核算

车辆大修的间隔时间一般较长,因此大修费用可以采用预提方式,预提时借记"主营业务成本"等账户,贷记"预提费用"账户;发生大修费用时借记"预提费用"账户,贷记"银行存款"等账户。

【例 2-5】　YT 汽车运输公司 8 月份运输车辆大修费用计提情况,如表 2-5 所示。

表 2-5　　　　　　　　　　**车辆大修费用计提表**

201×年 8 月　　　　　　　　　　　　　单位:元

应 借 科 目	预提大修费用
主营业务成本	
——客运成本	50 000
——货运成本	60 000
合　　　计	110 000

根据表 2-5 编制会计分录如下:

借:主营业务成本——客运成本——大修费　　　　　　　　　　　50 000

　　　　　　——货运成本——大修费　　　　　　　　　　　60 000

　贷:预提费用　　　　　　　　　　　　　　　　　　　　　　110 000

7. 其他费用的核算

其他费用如果是通过银行转账或现金付讫的,根据付款单据直接记入有关成本费用账户。

第三节　公路运输企业间接成本的确认与归集

一、间接成本核算账户

公路运输企业中不能直接计入成本计算对象的费用,应通过"营运间接费用"账户归集,期末再按照规定的标准分配计入各成本受益对象。"营运间接费用"账户核算运输企业营运过程中所发生的不能直接计入成本计算对象的各种间接费用,不包括企业行政管理部门的管理费用,类似于工业企业的"制造费用"账户。"营运间接费用"账户的结构如图 2-3 所示。

借方	营运间接费用	贷方
(1) 本期归集的各项营运间接费用		(1) 期末按一定标准分配结转至"主营业务成本"

图 2-3　"营运间接费用"账户结构

发生营运间接费用时,借记"营运间接费用"账户,贷记"库存现金""银行存款""原材料""累计折旧""应付职工薪酬"等账户;月度终了,应按适当的分配标准,将当月发生的营运间接费用分配给有关成本受益对象,借记"主营业务成本"科目,贷记该账户。结转后,"营运间接费用"账户应无余额。

二、间接成本核算的内容

公路运输企业间接成本是指企业汽车运输过程中发生的不能直接计入成本计算对象的各种间接费用,设有车站、车队的企业,车队、车站为组织和管理运输车辆和组织生产营运活动而发生的各项管理费用和业务费用,如车队、车站管理人员工资薪酬、差旅费、办公费、通讯费、财产保险费、折旧费、修理费、低值易耗品摊销、交通费、公务用车费、审计诉讼咨询费、税金(房产税、车船税、城镇土地使用税、印花税)、警卫消防费、业务招待费、广告费、业务费、存货盘亏、水电费、无形资产摊销、安全生产费等。期末,应将归集的营运间接费用分配转入"主营业务成本"账户。

三、间接成本核算举例

营运间接费用中的人工费用、燃料费用、折旧费用等的归集,在本章第二节公路运输企业直接成本的确认与归集[例 2-1]至[例 2-5]已有涉及,此处主要举例说明其他营运间接费用的核算以及营运间接费用期末的结转。

【例 2-6】 YT 汽车运输公司 8 月份有关其他营运间接费用情况如表 2-6 所示,其中现金支付 5 000 元,其余通过银行转账支付。

表 2-6　　　　　　　　　　　　**营运间接费用表**

201×年 8 月　　　　　　　　　　　　　　　　单位:元

应借科目	差 旅 费	办 公 费	通 讯 费	业务招待费	水 电 费	其 他	合 计
营运间接费用	2 000	1 000	1 500	3 000	5 000	32 00	15 700

根据表 2-6 编制会计分录如下:

借:营运间接费用——差旅费　　　　　　　　　　　　　　2 000
　　　　　　　　——办公费　　　　　　　　　　　　　　1 000
　　　　　　　　——通讯费　　　　　　　　　　　　　　1 500
　　　　　　　　——业务招待费　　　　　　　　　　　　3 000
　　　　　　　　——水电费　　　　　　　　　　　　　　5 000
　　　　　　　　——其他　　　　　　　　　　　　　　　3 200
　　贷:库存现金　　　　　　　　　　　　　　　　　　　　5 000
　　　　银行存款　　　　　　　　　　　　　　　　　　　10 700

【例 2-7】 YT 汽车运输公司 8 月份营运间接费用发生情况,依据[例 2-1]至[例 2-6]中"营运间接费用"账户本期发生额确定,该公司营运间接费用按客车、货车的工资薪酬比例分配,如表 2-7 所示。

营运间接费用＝93 000＋30 300＋38 500＋157 000＝318 800(元)

营运间接费用分配率＝318 800÷(130 000＋111 000)＝1.322 8

表 2-7 **营运间接费用分配表**

201×年 8 月 单位:元

应借科目	工资薪酬	分 配 率	营运间接费用
主营业务成本			
——客运成本	130 000		171 964
——货运成本	111 000		146 836
合 计	241 000	1.322 8	318 800

根据表 2-7 编制会计分录如下:

借:主营业务成本——客运成本——营运间接费用 171 964

——货运成本——营运间接费用 146 836

贷:营运间接费用 318 800

第四节 公路运输企业成本报表与分析

一、公路运输企业成本报表

(一)公路运输企业主要成本报表

公路运输企业的主要成本报表是对各会计期间成本费用进行日常核算后的综合体现,是用于反映运输生产运营所发生的成本费用情况的会计报表,是会计报表的重要组成部分。成本报表所反映的资金耗费和成本升降变动等情况,可据以考核成本计划执行结果,成本报表所提供的信息也是进行成本预测、成本决策、成本控制和成本分析等成本管理活动的重要依据。

公路运输企业的成本报表通常包括以下内容:

(1)各类营业成本表(见表 2-8)。

(2)主营业务成本明细表(见表 2-9)。

(3)营运间接费用表(见表 2-10)。

(4)管理费用明细表(见表 2-11)。

表 2-8 各类营业成本表

编制单位： 年 月 单位:元

序 号	项 目	金 额
一	主营业务成本	
1	客运成本	
①	公车客运成本	
②	责任客运成本	
③	站场客运成本	
④	出租车客运成本	
⑤	公交客运成本	
2	货运成本	
3	旅游业务成本	
4	物业成本	
5	其他主营运输成本	
二	其他业务成本	
1	材料配件	
2	商品贸易	
3	加工修理	
4	房屋租赁	
5	车辆检测	
6	站务服务	
7	驾驶培训	
8	保险费代理	
9	其他	
合 计		

单位负责人： 审核人： 填报人：

（5）销售费用明细表（略）。

（6）财务费用明细表（略）。

（7）营业外支出明细表（略）。

企业可根据内部经营管理需求，自行设计并编制各种内部成本报表，以满足成本管理和经营管理所需。

表 2-9　　　　　　　　　　　主营业务成本明细表

编制单位：　　　　　　　　　　　　年　　月

项　　目	客　车	货　车	合　计
一、成本项目			
职工薪酬(元)			
燃料(元)			
轮胎(元)			
保修费(元)			
大修费(元)			
折旧费(元)			
运输管理费(元)			
行车事故损失(元)			
车船税(元)			
营运间接费用(元)			
路桥费(元)			
保险费(元)			
责任车兑现成本(元)			
业务费(元)			
其他(元)			
二、主营业务成本总额			
三、周转量(人公里、吨公里、换算吨公里)			
四、营运单位成本	元/千人公里	元/千吨公里	元/千吨换算公里

单位负责人：　　　　　　　审核人：　　　　　　　　填报人：

表 2-10 营运间接费用表

编制单位： 年 月 单位:元

序号	项　目	金　额
一	固定费用	
1	职工薪酬	
2	财产保险费	
3	折旧费	
4	交通费	
5	税金	
a	其中:房产税	
b	车船税	
c	城镇土地使用税	
d	印花税	
e	其他	
6	无形资产摊销	
7	安全生产费	
8	技术开发费	
9	审计诉讼咨询费	
10	物料消耗	
11	警卫消防费	
二	变动费用	
12	低值易耗品摊销	
13	业务招待费	
14	办公费	
15	差旅费	
16	通讯费	
17	公务用车	
18	业务费	
19	水电费	
20	修理费	
21	广告费	
22	其他	
	合　计	

单位负责人： 审核人： 填报人：

表 2-11　　　　　　　　　　　**管理费用明细表**

编制单位：　　　　　　　　　　年　月　　　　　　　　　单位:元

序号	项　　目	金　额
1	职工薪酬	
2	财产保险费	
3	董事会费	
4	差旅费	
5	办公费	
6	通讯费	
7	折旧费	
8	修理费	
9	低值易耗品摊销	
10	无形资产摊销	
11	交通费	
12	公务用车费	
13	审计、诉讼、咨询费	
14	税金	
a	其中:房产税	
b	车船税	
c	城镇土地使用税	
d	印花税	
e	其他	
15	警卫消防费	
16	业务招待费	
17	广告费	
18	业务费	
19	存货盘亏	
20	水电费	
21	技术开发费	
22	其他	
合　　计		

单位负责人：　　　　　　　　审核人：　　　　　　　　填报人：

（二）公路运输企业成本报表编制举例

续用前两节中的例子,说明其中主营业务成本明细表的编制。月末,应根据"主营业务成本"明细账汇集的营运直接成本和间接成本,以及其他有关资料,编制主营业务成本明细表,反映主营业务成本总额和营运单位成本。

营运单位成本是以运输总成本除以运输周转量得到的,应按客车运输单位成本、货车运输单位成本和客货换算单位运输成本分别计算,其计算公式如下:

$$客车运输单位成本(元/千人公里) = \frac{客车运输总成本(元)}{客车运输周转量(千人公里)}$$

$$货车运输单位成本(元/千吨公里) = \frac{货车运输总成本(元)}{货车运输周转量(千吨公里)}$$

$$客货车运输换算单位成本(元/千换算吨公里) = \frac{客货车运输综合成本(元)}{客货车运输换算周转量(千换算吨公里)}$$

换算吨公里是指将旅客周转量"人公里"总量按一定比例(如以 10 人公里换算为 1 吨公里)换算为吨公里。

【例2-8】 YT 汽车运输公司经营客、货两类运输业务,8 月份营运汽车 380 辆,其中客车 200 辆,货车 180 辆。本月客车运量为 3 000 千人公里,货车运量为 900 千吨公里。根据[例 2-1]至[例 2-7]有关数据资料,编制主营业务成本明细表,如表 2-12 所示。

表 2-12　　　　　　　　　　　　　　**主营业务成本明细表**

编制单位:YT 汽车运输公司　　　　　　　201×年 8 月

项　　目	客　车	货　车	合　计
一、成本项目			
职工薪酬(元)	130 000	111 000	241 000
燃料(元)	304 000	466 800	770 800
轮胎(元)	64 000	70 000	134 000
保修费(元)			
大修费(元)	50 000	60 000	110 000
折旧费(元)	80 000	70 000	150 000
运输管理费(元)			
行车事故损失(元)			
车船税(元)			
营运间接费用(元)	171 964	146 836	318 800
路桥费(元)			
保险费(元)			

（续表）

项　目	客　车	货　车	合　计
责任车兑现成本(元)			
业务费(元)			
其他(元)			
二、主营业务成本总额(元)	799 964	924 636	1 724 600
三、周转量	3 000 千人公里	900 千吨公里	1 200 千换算吨公里
四、营运单位成本	266.65 元/千人公里	1 027.37 元/千吨公里	1 437.17 元/千换算吨公里

单位负责人：　　　　　　审核人：　　　　　　填报人：

【例 2-9】　YT 汽车运输公司 201×年 12 月份的主营业务成本明细表、营运间接费用表、管理费用及财务费用明细表如表 2-13、表 2-14、表 2-15 所示。

表 2-13　　　　　　　　主营业务成本明细表

编制单位：YT 汽车运输公司　　　　201×年 12 月　　　　　　单位：元

行次	项　目	本月数	本年累计数
1	职工薪酬	27 195.31	92 041.94
3	燃料	129 254.17	436 467.22
4	轮胎	7 840.00	27 086.00
5	保修费	19 390.00	44 950.54
6	大修费	5 325.00	18 163.00
7	折旧费	77 278.12	231 834.36
8	运输管理费		
9	行车事故损失	13 169.70	35 560.23
10	车船税		
11	营运间接费用	145 096.98	487 552.62
12	路桥费	37 176.00	144 246.00
13	保险费	25 242.89	85 625.04
14	责任车兑现成本	906 006.30	6 128 741.26
15	业务费	600.00	600.00
16	其他	23 568.12	34 781.89
17	总成本	1 417 142.59	7 767 650.10

单位负责人：　　　　　　　　　　　　　　　　制表人：

表 2-14 营运间接费用明细表

编制单位:YT 汽车运输公司　　　　　201×年 12 月　　　　　单位:元

项　　目	本月数	累计数
职工薪酬	89 032.10	282 875.13
财产保险费		
差旅费		
办公费	493.00	1 137.00
通讯费	3 473.00	7 490.00
折旧费	25 380.00	76 180.00
修理费		2 649.99
低值易耗品摊销		15 580.00
交通费	3 390.00	11 570.00
公务用车费		
审计、诉讼、咨询费		
税金	2 650.00	8 150.00
其中:房产税		
车船税		
城镇土地使用税		
印花税		
其他	2 650.00	8 150.00
警卫消防费	1 000.00	3 000.00
业务招待费	1 360.00	4 510.00
广告费		
业务费		
存货盘亏		
水电费	6 080.00	16 594.30
其他	12 238.88	57 816.20
无形资产摊销		
专项储备		
合　　计	145 096.98	487 552.62

单位负责人:　　　　　　　　　　　　　　　　　　制表人:

表 2-15 　　　　　　　**管理费用及财务费用明细表**

编制单位:YT 汽车运输公司　　　　　　201×年 12 月　　　　　　　　单位:元

行次	项 目 名 称	本月数	累计数
1	职工薪酬	151 660.96	309 256.25
2	财产保险费	29 557.20	88 673.60
3	董事会费		
4	差旅费	3 815.00	21 095.00
5	办公费	1 410.80	9 247.80
6	通讯费	3 700.33	8 577.57
7	折旧费	96 691.36	289 509.28
8	修理费		20 995.00
9	低值易耗品摊销		2 618.00
10	无形资产摊销	13 888.89	41 666.67
11	交通费	15 757.00	44 832.00
12	公务用车费		
13	审计、诉讼、咨询费		7 900.00
14	税金		
15	其中:房产税	16 203.24	48 409.72
16	车船税		
17	城镇土地使用税	14 685.30	44 055.90
18	印花税		
19	其他		
20	警卫消防费		
21	业务招待费	43 073.00	97 869.00
22	广告费		
23	业务费		
24	存货盘亏		
25	水电费	1 084.40	23 964.40
26	技术开发费		
27	其他	186 636.55	627 835.75
28	管理费用合计	578 164.03	1 686 505.94
29			
30			
31	流动负债利息支出	53 449.08	126 337.97
32	短期存款利息收入		
33	长期负债利息支出		
34	长期存款利息收入		
35	手续费	46	205.13
36	汇兑损益		
37	其他		
38	财务费用合计	53 495.08	126 543.10

单位负责人:　　　　　　　　　　　　　　　　制表人:

二、公路运输企业成本分析

公路运输企业成本分析是根据成本核算所提供的信息及其他相关资料,对实际成本的水平、构成情况,采用一定的技术经济分析方法计算其完成情况、差异额,并分析差异产生原因的过程。通过成本分析,能够掌握成本变动的规律,总结成本管理中的成绩,同时找出存在的问题,并据以提出解决问题的办法和改进的措施。成本分析为成本预测、成本决策、成本控制、成本考核等成本管理活动提供重要的参考依据,有利于公路运输企业实现成本降低目标。

(一)影响公路运输成本的主要因素

公路运输成本受多方面因素的影响,其中主要包括运输距离、运载量、货物疏密度和装载能力、承担责任程度、运输供需因素、服务要求等。

运输距离是影响成本的重要因素,它直接影响劳动力、燃料、维修保养等变动成本费用。

运载量体现出规模经济的特点,通常情况下,单位运输成本随运载量增加而减少,主要原因是运输成本中的固定费用以及行政管理费用等,随运载量的增加而被分摊。

货物疏密度和装载能力对运输成本产生影响。例如,如果与托运方协议按重量结算收取运费,拉轻抛货就会相对增加运输企业成本。装载能力是指产品的具体尺寸对空间利用程度的影响。例如,比较规则的电器产品,一般能达到 $80\%\sim85\%$ 的装载利用率,而形状不规则的产品装载较少,装载利用率低。

承担责任程度与货物的本身特征有关,如价值、性能、耐震性、包装等,运输中要考虑货物的易损坏性、易腐性、易被偷盗性、易自燃性或自爆性、对货物损毁承担责任的大小以及单位价值,这些主要涉及货物损毁风险和事故导致索赔带来的成本增加。

运输供需因素主要是指启运地和目的地是否能平衡对流,即是否有回程旅客和货物,理想状态下的对流是很难做到的,受制于地区之间的差异,也受季节性等多因素的影响。

服务与成本是呈正比的,服务要求高,投入就多,成本就会增加,如加急运输,以及附加的搬运、仓储、分拣服务等。制定服务标准时,关键在于找到服务水平与成本之间的平衡。

(二)公路运输成本的具体分析方法

公路运输企业进行成本分析时,可采用成本报表整体分析法、指标分析法、因素分析法、成本性态分析法等。

1. 成本报表整体分析法

成本报表整体分析方法包括趋势分析法和共同比分析法。

1）趋势分析法

趋势分析法也称水平分析法，是指要将连续数期的成本报表的金额并列起来，比较相同成本指标值的变动方向、金额和幅度，据以判断运输成本变动规律的一种分析方法。

将不同时期的相同指标值或比率进行比较，观察其变动趋势，有两种方式：

一是计算定基比率，以某一时期的数额为基期数额计算的动态比率，其计算公式如下：

$$定基动态比率=\frac{分析期指标数额}{固定期指标数额}\times100\%$$

二是计算环比比率，以每一期的前期数额为基期数额计算的动态比率，其计算公式如下：

$$环比动态比率=\frac{分析期指标数额}{前一期指标数额}\times100\%$$

通过该方法可以分析引起变化的主要原因、变动的性质，并预测运输成本未来的变动趋势。应用趋势分析法时，需注意以下几点：第一，用于进行对比的各个时期的成本指标，在计算口径上必须一致；第二，剔除偶发性项目的影响，以使分析数据能反映正常的成本耗费情况；第三，运用例外原则，对某些有显著变动的成本指标作重点分析，查找原因，以便采取对策，趋利避害。

2）共同比分析法

共同比分析法也称为垂直分析法，是通过计算成本报表中各项目占总体的比重或结构，反映报表中的项目与总体的关系及其变动情况的一种成本分析方法。

该方法以成本报表中某个总体指标作为100%，再计算出各组成指标占该总体指标的百分比，从而来比较各个项目百分比的增减变动，以此来判断成本结构的合理性和变化情况。这种方法比前述两种方法更能准确地分析公路运输企业成本的变动趋势，它既可以用于同一企业不同时期的纵向比较，又可用于同一企业不同分公司或不同企业之间的横向比较。同时，这种方法能消除不同时期、不同企业之间业务规模差异的影响，有利于分析运输企业的耗费水平。

【例 2-10】　沿用[例 2-9]中，YT 汽车运输公司 201×年 12 月的主营业务成本明细表，计算各成本项目占主营业务总成本的百分比，如表 2-16 所示。

表 2-16　　　　　　　　　　　　**主营业务成本构成百分比表**

编制单位:YT 汽车运输公司　　　　　　　　201×年 12 月

行次	项　目	本月数(元)	构成百分比	本年累计数(元)	构成百分比
1	职工薪酬	27 195.31	1.92%	92 041.94	1.18%
3	燃料	129 254.17	9.12%	436 467.22	5.62%
4	轮胎	7 840.00	0.55%	27 086.00	0.35%
5	保修费	19 390.00	1.37%	44 950.54	0.58%
6	大修费	5 325.00	0.38%	18 163.00	0.23%
7	折旧费	77 278.12	5.45%	231 834.36	2.98%
8	运输管理费				
9	行车事故损失	13 169.70	0.93%	35 560.23	0.46%
10	车船税				
11	营运间接费用	145 096.98	10.24%	487 552.62	6.28%
12	路桥费	37 176.00	2.63%	144 246.00	1.86%
13	保险费	25 242.89	1.78%	85 625.04	1.10%
14	责任车兑现成本	906 006.3	63.93%	6 128 741.26	78.90%
15	业务费	600	0.04%	600	0.01%
16	其他	23 568.12	1.66%	34 781.89	0.45%
17	总成本	1 417 142.59	100.00%	7 767 650.10	100.00%

单位负责人:　　　　　　　　　　　　　　　　　　　制表人:

2. 指标分析法

指标分析法主要包括比较分析法和比率分析法。公路运输企业常用的指标比率如:客车运输单位成本、货车运输单位成本、客货换算单位运输成本、百公里耗油、百吨公里耗油等。

1) 比较分析法

比较分析法是通过实际数与基数的对比来揭示实际数与基数之间的差异,

借以了解有关情况和发现问题的一种分析方法。它适用于同质指标的数量对比。采用该方法时,应注意相比指标的可比性。可比的共同基础包括经济内容、计算方法、计算期和影响指标形成的客观条件等方面。若指标不可比,应先按可比的口径进行调整,然后再进行对比。该方法有以下几种对比形式:

（1）以成本的实际指标与计划或定额指标对比,分析成本计划或定额的完成情况。

（2）以本期实际成本指标与前期（上期、上年同期或历史最好水平）的实际成本指标对比,观察企业成本指标的变动情况和变动趋势。

（3）以本企业实际成本指标与国内外同行业先进指标对比,可以在更大范围内找出差距,推动企业改进经营管理。

2）比率分析法

比率分析法是通过计算指标之间的比率,来考察企业经济活动相对效益的一种分析方法。比率分析法主要有相关指标比率分析法、构成比率分析法和动态比率分析法。

（1）相关指标比率分析法。相关指标比率是将两个性质不同但又相关的指标进行对比求出的比率。例如,成本收入率,即公路运输企业的运输成本与运输收入之比,它反映企业经营耗费和经营收入的比例关系,即一定数量的收入所耗费成本的数量。它是衡量企业盈利水平和成本水平的一个综合指标,成本收入率越低,表明企业控制成本费用支出的能力越强,经营效率越高。又如,变动成本率,是指变动成本在营业收入中所占的百分率,变动成本率高,则说明创利能力小;反之,变动成本率低,则说明创利能力高。再如,成本利润率,即公路运输企业的利润与运输成本之比,是企业经营活动中所费与所得的比例,它是反映企业投入产出水平、盈利能力、生产经营管理效果的重要指标。

（2）构成比率分析法。构成比率又称结构比率,是某项经济指标的各个组成部分占总体的比重。如各成本项目占总成本的比率等。其计算公式如下:

$$构成比率 = \frac{某个组成部分数值}{总体数值} \times 100\%$$

【例 2-11】　沿用［例 2-10］中的数据进行构成比率分析。

表 2-16 中,"构成百分比"两栏即是计算的综合成本指标"主营业务成本"中各成本项目的构成比率。

从本月数的构成比率看,其中占比较大的依次为:责任车兑现成本（63.93%）、营运间接费用（10.24%）、燃料（9.12%）、折旧费（5.45%）;从本年累计数的构成比率看,占比较大的仍然依次为:责任车兑现成本（78.90%）、营运间接费用（6.28%）、燃料（5.62%）、折旧费（2.98%）。但是本月数的构成比率与本年累计数的构成比率相比,不少项目有较为显著的变化和差异,应根据具体原因作进一步分析。

3）动态比率分析法

动态比率分析法是将不同时期的同类指标进行对比求出的比率,据以分析增减速度和变动趋势的方法。

比率分析法的优点是计算简便,结算结果也比较容易判断,而且可以使某些指标在不同规模的企业之间进行比较,甚至也能在一定程度上超越行业间的差别进行比较。但采用这一方法应注意以下几点:第一,对比项目的相关性。计算相关指标比率时,比率的子项和母项须有内在联系,在构成比率中,部分指标必须是总体指标这个大系统中的一个小系统。第二,对比口径的一致性。计算比率的子项和母项必须在计算时间、范围、包含内容等方面保持口径一致。第三,衡量标准的科学性。运用比率分析,需选用一定的标准与之比较,以便对企业的成本状况作出准确评价。通常科学合理的对比标准有:预定目标(如预算指标、定额指标等)、历史标准(如上期实际、上年同期实际、历史先进水平等)、行业标准(如主管部门或行业协会颁布的技术标准、国内外同类交通运输企业的先进水平、国内外同类交通运输企业的平均水平等)。

3. 因素分析法

因素分析法是指依据分析指标与其影响因素的关系,从数量上确定各因素对分析指标影响方向和影响程度的一种方法。采用这种方法的出发点在于,当有若干因素对分析指标产生影响作用时,假定其他各个因素都无变化,顺序确定每一个因素单独变化所产生的影响。

因素分析法主要包括连环替代法和差额计算法。

1）连环替代法

连环替代法是指将某一综合性指标分解为各个相互关联、可以计量的因素,测定各个因素变动对成本计划完成情况的影响程度,并据此对企业的成本计划执行情况进行评价的一种分析方法。连环替代法的计算过程简要介绍如下:

假设某成本指标的构成因素及有关因素的关系的表达式如下:

$$\text{标准指标:} CT_s = A_s \times B_s \times C_s$$
$$\text{实际指标:} CT_o = A_o \times B_o \times C_o$$

实际与标准的总差异为 $CT_o - CT_s$,这一总差异同时受到 A、B、C 三个因素的影响,各个因素的影响程度计算如下:

$$CT_s = A_s \times B_s \times C_s \tag{2-1}$$

$$CT' = A_o \times B_s \times C_s \quad (\text{将第一个因素 } A_s \text{ 替换为 } A_o) \tag{2-2}$$

用式(2-2)－式(2-1),得到 A 因素变动的影响:(Ao－As)×Bs×Cs。

$$CT'' = Ao×Bo×Cs \quad (将第二个因素 Bs 替换为 Bo) \tag{2-3}$$

用式(2-3)－式(2-2),得到 B 因素变动的影响:Ao×(Bo－Bs)×Cs。

$$CTo=Ao×Bo×Co \quad (将第三个因素 Cs 替换为 Co) \tag{2-4}$$

用式(2-4)－式(2-3),得到 C 因素变动的影响:Ao×Bo×(Co－Cs)。

将以上三因素各自的影响数相加应该等于总差异 CTo－CTs。

【例 2-12】 YT 汽车运输公司某月有关直接燃料成本资料如表 2-17 所示。

表 2-17 直接燃料成本明细表

项 目	计 划	实 际
行驶里程(百公里)	100	90
百公里耗油量(升)	20	22
燃料单价(元)	7	6.95
燃料成本(元)	14 000	13 761

根据以上资料,采用因素分析法,分别计算行驶里程、百公里耗油量和燃料单价的变动对燃料成本的影响。

首先,分析影响运输企业燃料成本的因素,主要有行驶里程、百公里耗油量和燃料单价,三项因素之间的关系为相乘,燃料成本＝行驶里程×百公里耗油量×燃料单价。

其次,确定本期燃料成本差异额。

本期燃料计划成本＝100×20×7＝14 000(元)

本期燃料实际成本＝90×22×6.95＝13 761(元)

燃料成本差异＝实际成本－计划成本＝13 761－14 000＝－239(元)

最后,进行因素替代计算分析。

本期燃料计划成本＝100×20×7＝14 000(元)

第一步,替换行驶里程因素:90×20×7＝12 600(元)

由此得到行驶里程变化对燃料成本的影响＝12 600－14 000＝－1 400(元)

第二步,替换百公里耗油量因素:90×22×7＝13 860(元)

由此得到百公里耗油量变化对燃料成本的影响＝13 860－12 600＝1 260(元)

第三步,替换燃料单价因素:90×22×6.95＝13 761(元)

由此得到燃料单价变化对材料成本的影响＝13 761－13 860＝－99(元)

三项因素的变化对燃料成本的总影响是－239 元(－1 400＋1 260－99)。对其基本分析如下:由于实际行驶里程未达到计划行驶里程,使燃料成本比计划成本减少了 1 400 元。这种情况不能简单地认为是燃料成本的节约,如果属于圆满完成了计划工作任务,但是节省了行驶里程,可以认为是燃料成本的节约;否则,就不能认为是节约了燃料成本。

百公里耗油量的上升使得燃料成本比计划成本上升了 1 260 元。此项变化对燃料成本的影响较大。

燃料单价的下降使得燃料成本比计划成本下降了 99 元。燃料单价由国家调控,属于运输企业成本管理中的不可控因素。

因此,通过燃料成本因素分析得到的结论是:应进一步查明百公里耗油量超过计划以及行驶里程未达到计划的主、客观原因,找出其中的可控因素和不可控因素,对其中的主观原因、可控因素,应落实到具体部门或个人,以实现有效的成本控制。

2) 差额计算法

差额计算法是连环替代法的一种简化形式,该方法先确定各个因素实际数与计划数之间的差异,然后按照各因素的排列顺序,依次求出各因素变动的影响程度。

因素分析法既可以全面分析各因素对某一经济指标的影响,又可以单独分析某个因素对某一经济指标的影响,在财务分析中应用较为广泛。但在应用该方法时必须注意以下问题:

一是因素分解的关联性,即确定构成经济指标的因素,必须是客观上存在着因果关系,要能够反映形成该项指标差异的内在构成原因。

二是因素排列的顺序性,必须按照各因素的依存关系,排列成一定的顺序并依次替代。通常先数量指标,后质量指标;先实物量指标,后价值量指标。

三是因素替代的连环性,严格按照各因素的排列顺序,逐次以一个因素的实际数替换其基数。

四是计算条件的假定性,在测定某一因素变动影响时,是以假定其他因素不变为条件的。

4. 成本性态分析

成本性态也称为成本习性,是指在一定条件下成本总额的变动与特定业务量之间的依存关系。这里的业务量可以是生产或销售的产品数量,也可以是反映生产工作量的直接人工小时数或机器工作小时数,对于公路运输企业而言,其业务量通常是指车辆行驶里程。公路运输企业的运输成本按成本习性可分为固定成本、变动成本和混合成本。从成本习性来认识和分析成本并将成本重新进行分类,有助于进一步加强成本管理,挖掘内部潜力,并能促使企业搞好经营预测和决策,争取实现最大的经济效益。

1) 固定成本

固定成本是指在一定时期和一定业务量范围内,总额不随营运车辆行驶里程增减而变动的成本(见图 2-4),但单位固定成本随着行驶里程的增加而减少(见图 2-5)。

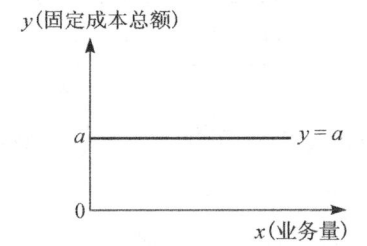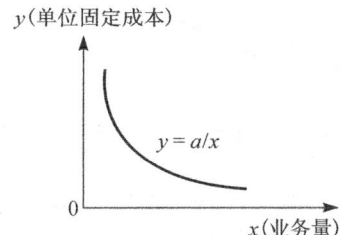

图 2-4 固定成本总额与业务量的关系　　图 2-5 单位固定成本与业务量的关系

公路运输企业的固定成本主要包括以下项目:

(1) 职工薪酬。职工薪酬是指公路运输企业在日常运营过程中,为获得职工提供的服务而给予职工的各种形式的报酬以及其他相关支出。它包括支付给职工的工资、奖金、津贴、补贴、社会保险费、货币性和非货币性福利等。

(2) 场地费。公路运输企业从事运营必须具有一定的办公场所和现场操作用房(如停车场等)。场地费包括两项:一是场地的租赁费;二是房屋的维修费。

(3) 折旧和摊销。它们包括营运相关设备设施等按直线法计提的固定资产折旧,以及按规定计算的无形资产摊销额。

(4) 税金。税金是指公路运输企业按相关规定负担的各项税费,包括营业税、城市建设维护税、教育费附加等。

(5) 其他各项费用。它们主要包括以下费用:①保险费。保险费有三类:第一类是与车辆有关的保险费。比如车损险、第三者责任险以及附加险;第二类是人员意外伤害险,比如随车人员的保险等;第三类是货物保险费。②车辆检测费。主要是指国家规定的营运车辆的综合性能检测费。③各种罚款。它们主要是指车辆在运行过程中,因违反相关规定被国家有关机关处罚的金额。例如,驾驶员违反交通法规被处罚,其中由企业承担的部分;企业违法改装车辆、超载等被处罚。④事故费。它是指发生交通事故后所带来的损失费用扣除保险公司赔付后的部分。⑤其他杂费。比如,过路费、过桥费、轮渡费、停车费、洗车费、牌照费、劳保用品费等费用支出。

2) 变动成本

变动成本是指在一定时期和一定业务量范围内,总额随着营运车辆行驶里程增减而同比例变动的成本(见图2-6),但单位变动成本不随行驶里程的增减而变动(见图2-7)。

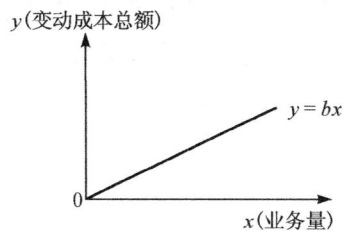

图 2-6 变动成本总额与业务量的关系　　图 2-7 单位固定成本与业务量的关系

变动成本主要包括以下项目:

(1) 燃料费。燃料费是指汽车运输耗用的汽油费和柴油费。燃料费是公路运输企业的一项很大的费用。一般来说,公司营运任务多,燃油费就高,车辆技术状况差,节约措施不到位,油料费也会上升。车队在管理油费的时候,要注意区别每辆车的油耗量,而不能只计算一个总量。

(2) 维护费。它包括维修费及维修材料费。车辆如果委托修理厂外修,维修费主要是维修的工时费和管理费;如果是自己内部修理,一般无工时费。维修时使用的材料是主要部分,包括各种配件、轮胎、润滑油、齿轮油、各种车用液、修理辅助材料等。

3) 混合成本

混合成本是指介于固定成本和变动成本之间,其总额既随业务量变动又不呈正比例的那部分成本。

(1) 混合成本的分类。混合成本与业务量之间的关系比较复杂,按其变动趋势的不同,可以分为四种类型:

半固定成本又称阶梯式混合成本,其总额随产量呈阶梯式变动。这类成本的特点是在一定业务量范围内其成本不随业务量的变动而变动,类似固定成本,当业务量突破这一范围,成本就会跳跃上升,并在新的业务量变动范围内固定不变,直到出现另一个新的跳跃为止,如企业化验员、质检员等人员的工资等就属于这类成本,如图2-8所示。

半变动成本又称为标准式混合成本,这类成本的固定部分是不受业务量影响的基数成本,变动部分则是在基数成本的基础上随业务量的增长而呈正比例增长的成本,如企业的电话费、水费、电费、煤气费、机器设备维修保养费等就属于这类成本,如图 2-9 所示。

延期变动成本又称低坡式混合成本,是指在一定产量范围内总额保持稳定,超过特定产量则开始随产量比例增长的成本。例如,在正常产量情况下给员工支付固定月工资,当产量超过正常水平后则需支付加班费,这种人工成本就属于延期变动成本,如图 2-10 所示。

曲线式混合成本,曲线式混合成本通常有一个初始量,一般不变,相当于固定成本;在这个初始量的基础上,成本随业务量变动但并不存在线性关系,在坐标图上表现为一条抛物线。按照曲线斜率的不同变动趋势,这类混合成本可进一步分为递增曲线成本、递减曲线成本、分段曲线成本,如图 2-11、图 2-12、图 2-13 所示。

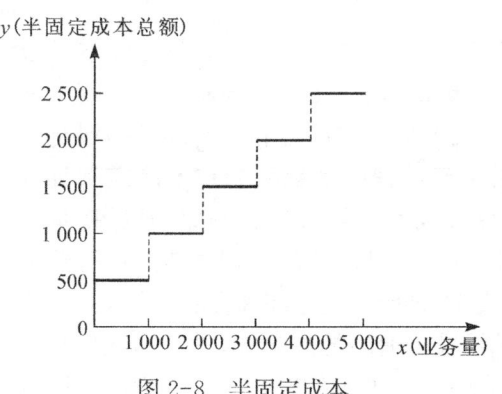

图 2-8　半固定成本

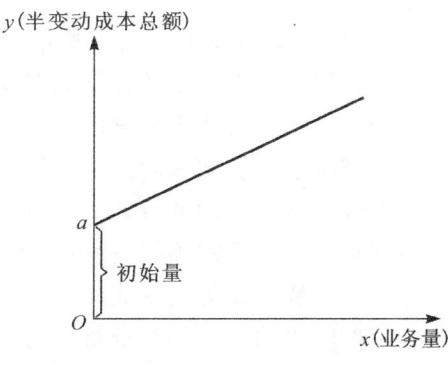

图 2-9　半变动成本

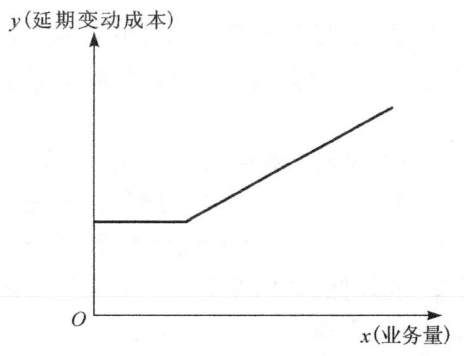

图 2-10　延期变动成本

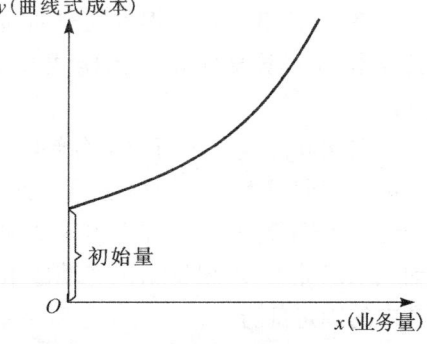

图 2-11　递增曲线式成本

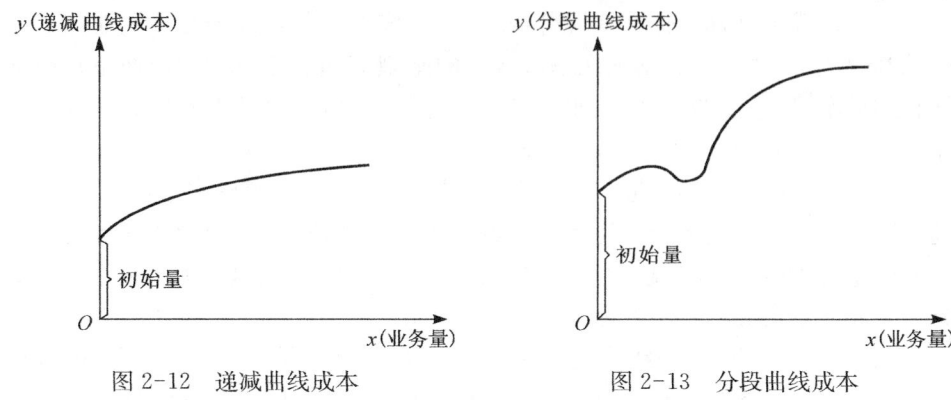

图 2-12　递减曲线成本　　　　　图 2-13　分段曲线成本

无论哪一类混合成本都可以直接或间接地用一条直线方程 $y = a + bx$ 去模拟它,这就为成本性态分析中采用一定方法进行混合成本分解提供了数学依据。在直线方程 $y = a + bx$ 中,y 代表混合成本;a 代表固定成本;b 代表单位变动成本;x 代表业务量。

(2) 混合成本的分解。按照成本性态进行分析时,需要将混合成本予以分解。混合成本分析的方法如下:①合同确认法:是指根据与其他单位签订的合同中关于支付费用的具体规定来确认成本的固定部分和变动部分的混合成本分解方法。②技术测定法:是指根据生产过程中消耗量的技术测定和计算来划分成本的变动部分和固定部分的混合成本分解方法。例如,通过技术测定把热处理电炉的预热,耗电成本(初始量)划为固定成本,把预热后进行热处理的耗电成本划为变动成本。③历史成本分析法:是指根据混合成本在过去一定期间内的成本与业务量的历史数据,采用适当的数学方法加以分解,来确定其中固定成本总额和单位变动成本平均值的成本分析方法。一般可采用以下三种具体方法:

第一,高低点法。根据一定期间内的最高业务量及其成本和最低业务量及其成本,来推算成本中的固定成本部分和变动成本部分的一种混合成本分解方法。

采用高低点法进行成本分解时,应首先根据固定成本在相关范围内不变,业务量最高期成本与业务量最低期成本之间的差额,是由于业务量增加而增加的变动成本部分的原理,计算出每增加一个单位的业务量所增加的成本,即单位变动成本。然后,再根据单位变动成本和最高(或最低)期的业务量计算出混合成本中的固定部分。

第二,散布图法。根据若干期的业务量、成本资料,在坐标图中标出所有各期的成本点,再用目测的方法画出一条能够反映成本变动的平均趋势直线,并在图上确定直线的截距即固定成本,然后据以计算单位变动成本的一种混合成本分解方法。

第三,回归直线法。根据若干历史时期的业务量和成本资料,运用最小二乘法的原理,计算出最能代表业务量和成本关系的回归直线,据以确定成本的固定部分和变动部分的一种混合成本分解方法。

上述三种历史成本分析法,高低点法最为简便,但这种方法没有利用所占有的全部数据,只利用最高点和最低点的数据,因此,如果最高点、最低点业务量的成本有畸高或畸低现象,则计算结果就不会准确。散布图法也较为简便,容易理解,但由于是通过目测画线,往往因人而异,得到的结果也不准确。回归直线法利用了离差平方和最小的原理计算,结果最为准确,但计算工作量较大,可利用计算机辅助计算。

(3)混合成本分解举例。

① 高低点法:

【例 2-13】 YT 汽车 201×年运输公司汽车运输量及维修成本如表 2-18 所示。

表 2-18　　　　　　　　　**汽车运输量及维修成本资料表**

月份	业务量(吨/公里)	维修费(元)	月份	业务量(吨/公里)	维修费(元)
1	500	3 500	7	900	5 800
2	550	4 100	8	1 000	6 000
3	600	4 200	9	950	5 800
4	750	5 000	10	800	5 300
5	850	5 700	11	750	4 900
6	880	5 800	12	650	4 100

依据前述混合成本数学方程:

$$b = 混合成本之差 \div 业务量之差$$
$$a = 最高点业务量对应的混合成本 - b \times 最高点业务量$$
$$a = 最低点业务量对应的混合成本 - b \times 最低点业务量$$

用高低点法分解混合成本——维修费如下。

根据表 2-14 的资料:

首先,找出相关数据:业务量最高点 1 000 吨/公里,其对应的混合成本为 6 000元,业务量最低点 500 吨/公里,其对应的混合成本为3 500 元。

其次,求出单位变动成本。

$$B = (6\ 000 - 3\ 500) \div (1\ 000 - 500) = 5(\text{元/吨公里})$$

再次,求固定成本总额。

$$A = (6\ 000 - 5 \times 1\ 000) = (3\ 500 - 5 \times 500) = 1\ 000(\text{元})$$

最后,得出混合成本即维修费的分解模型为 $y = 1\ 000 + 5x$。

② 回归直线法:

利用历史数据,通过以下公式计算出混合成本数学方程中的 a 和 b。

$$a = \frac{\sum y - b \sum x}{n}$$

$$b = \frac{n \sum xy - \sum x \sum y}{n \sum x^2 - \left(\sum x\right)^2}$$

其中　x 为业务量;y 为成本;n 为样本数。

【例 2-14】 沿用[例 2-13]中的数据,采用回归直线法分解混合成本。

首先,已知 $n = 12$。

其次,列表人工计算或通过计算机得到 $\sum x$,$\sum y$,$\sum xy$,$\sum x^2$ 等,并代入求 a 和 b 的公式中,求得 $a = 954.52$,$b = 5.31$。

最后,得出混合成本分解模型 $y = 954.52 + 5.31x$。

通过成本性态分析,将成本分为变动成本和固定成本两类,对于成本的预测、决策和分析,特别是对于控制成本和寻求降低成本的途径具有重要作用。

阅 读 文 献

[1] 中华人民共和国财政部. 企业产品成本核算制度(试行)[S]. 2013.

[2] 范铁芳,杨励雅. 基于停车收费的停车外部成本内部化研究[J]. 交通企业管理,2013(3).

[3] 武志勇,齐秀辉. 基于 DEA 模型的公路运输业上市公司财务运营效率分析[J]. 财会通讯,2012(2).

[4] 曾艳丽. 如何依据国家标准计算运输成本[J]. 河北企业,2012(11).

[5] 邢润侠,胡宝妮. 油价变动对公路旅客运输企业的影响[J]. 交通财会,2011(11).

[6] 李嘉晨,马雯青. 加强成本核算促进高速公路健康发展[J]. 中国国情国力,2011(7).

［7］张辉.基于 LP 的物流企业公路运输成本优化模型研究［D］.兰州大学硕士学位论文,2011.

［8］于珊珊.汽车道路货物运输企业成本研究［D］.上海财经大学硕士学位论文,2008.

复习思考题

1. 公路运输企业的成本费用包括哪些具体内容?

2. 公路运输企业的成本计算单位是什么? 如何理解?

3. 如何确定公路运输企业的汽车耗用燃料的数量?

4. 公路运输企业的轮胎费用如何核算?

5. 公路运输企业间接营运费用如何核算?

6. 公路运输企业的成本报表一般包括哪些?

7. 公路运输企业成本分析的方法一般有哪些?

第三章　铁路运输企业成本核算

【本章概要】

　　铁路运输企业在生产运营过程中发生的耗费，主要包括耗用的各种材料、燃料、备件、动力等；从事生产经营活动人员的工资薪酬；发生的固定资产折旧费、修理费、铁路线段绿化费、乘客紧急救护费、行车杂费、车辆冬季预热费、事故损失，发生的资产减值损失等。铁路运输生产经营过程中发生的各种耗费，按其经济用途划分为主营业务成本、期间费用、资产减值损失和营业外支出，它们共同构成运输总支出。其中，主营业务成本按旅客运输成本、货物运输成本、行包运输成本、基础设施成本、其他成本等五类进行核算。各项业务成本的确定原则是：能够直接归属的，全额列入该项业务成本；不能直接归属的，由各运输企业确定合理的分摊方法，分摊列入。分摊方法一经确定，原则上不得随意调整。铁路运输成本费用报表主要包括运输支出总表，铁路运输单位成本、单位支出计算表，成本明细表，这些报表是成本费用核算和计算的综合反映，也是铁路运输成本、费用分析的依据。铁路运输成本分析通常包括预算执行情况分析、盈亏比较分析和投入产出比较分析等内容。

第一节　铁路运输企业成本核算的特点及内容

一、铁路运输的特点

　　铁路运输是利用铁路设施设备运送旅客和货物的一种运输方式，其运输距离长、站点多、覆盖面广、运载量大、运行速度快，是我国最主要和最重要的客货运输手段。

　　与其他运输方式相比，铁路运输具有以下突出特点。

　　1. 投资大、投资回收期长

　　铁路运输所需的线路、站场、机车、车辆等主要运输设备投资较大，特别是高速铁路投资大,固定资产占企业全部资产的比例高,主要运输设备的使用寿命长,固定资产的折旧费用和维护修理费用大,对企业经营成果和财务状况具有重大影响。

2. 运输服务产销合一

铁路运输提供的产品是人或物在空间上和时间上的位移,是一种运输服务,其产品的生产过程就是完成销售的过程。

3. 设备联网、人员联劳、生产联动

从单个企业来看,铁路运输企业内部的线路、站场、信号、通信、接触网、机车、车辆等各种运输设备、设施,以及车站、机务、工务、电务、车辆等各部门人员,联合形成一个集中统一的运输生产服务网提供客货运输服务,单项资产的经济利益流出合并形成完成客货运输服务所取得的经济利益的流入。从全国铁路来看,铁路运输企业之间提供过境运输服务,全路实行集中统一指挥,联合形成公共运输服务网络。

4. 经济效益和社会效益并存

我国铁路运输是国民经济基础产业之一,在保证国土开发、国家重点物资运输、军事运输等方面发挥重要作用,具有经济效益与社会效益并存的特点。因此,铁路运输企业不但要核算经营性成本,还要核算公益性运输成本(包括公益性产品成本、分线成本等)。

二、铁路运输成本、费用概述

广义的铁路运输成本包括主营业务成本、期间费用和营业外支出在内,称为运输总支出。狭义的铁路运输成本有两种说法:一种是包括主营业务成本和期间费用在内,称为运输支出;另一种是仅指直接为运输旅客、货物发生的耗费,即主营业务成本(下文的狭义铁路运输成本皆指此种说法)。铁路运输成本、费用是反映铁路运输企业生产经营活动的综合指标,是制定运输价格、营销政策和投资决策、财务清算的重要依据。

1. 成本计算对象

铁路运输企业的成本计算对象一般是指旅客运输和货物运输两大类产品,或者把客、货运输综合在一起的换算产品(服务)成本。

2. 成本计算期

铁路运输成本按权责发生制基础核算,通常按会计期间(月、季、年)分期计算。

3. 成本结构特点

铁路运输成本费用多表现为共同成本,共同成本占运输成本的比重较大,需要在不同时期、不同的运输产品对象间进行分配;既要核算运输总成本、客货运输产品成本,又要核算车务、机务、工务、电务、车辆等各部门成本及各项业务的成本,还要核算铁路运输企业之间相互提供服务成本,以便于为企业之间相互提供服务清算提供成本数据。

三、铁路运输成本的分类

铁路运输成本、费用的内容复杂、项目繁多,可以从不同角度对其进行分类,以下分别对广义的铁路运输成本和狭义的铁路运输成本进行分类。

（一）广义铁路运输成本的分类

1. 按耗费的经济用途分类

铁路运输生产经营过程中发生的各种耗费,按其经济用途划分为主营业务成本、期间费用和营业外支出,如图 3-1 所示。

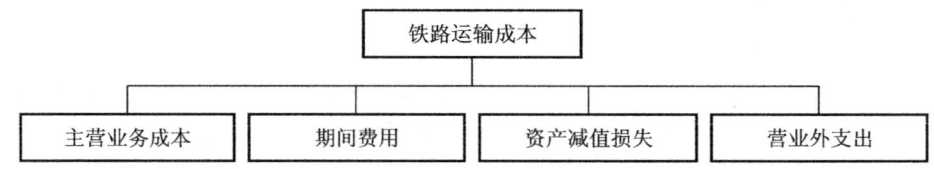

图 3-1 广义铁路运输成本按耗费的经济用途分类

1）主营业务成本

主营业务成本是指企业运输生产过程（包括两端接取送达、发到站作业和中间运输等过程）中发生的与运输生产有关的各项耗费,主要内容包括:

（1）运输生产人员及运输生产单位管理、服务人员（含运输辅助单位及其人员,下同）的工资、奖金、津贴、补贴、短期带薪缺勤、短期利润分享计划（统称"工资性支出",下同）,职工福利费以及按规定提取的基本医疗保险费、补充医疗保险费、工会经费、职工教育经费、基本养老保险费、失业保险费、工伤保险费、企业年金、生育保险费、住房公积金等工资附加费。

（2）按规定计提的运输生产用及运输生产单位管理用固定资产折旧。

（3）为了恢复固定资产原有性能和生产能力,对固定资产进行周期性大修理的支出,包括成段换轨、成段换枕、成段换岔、成段清筛道床等支出,为消除路基、桥梁、隧道的严重病害进行的局部修理支出,灾害复旧支出,机车车辆和大型养路机械及其大部件的大修支出,房屋、建筑物、其他设备等大修支出。

（4）设备运用、养护修理耗费的材料、燃料、电力、配件、工具备品和其他支出,配件修理支出,外购劳务支出,生产场所用燃料、水、电及生产用杂费。

（5）运输生产人员及运输生产单位管理、服务人员的办公费、差旅费、劳动保护费、制服补贴等。

（6）运输生产过程中发生的季节性和修理期间的停工损失，事故净损失，灾害预防及抢修支出。

（7）办理保价运输业务发生的支出。

（8）办理联合运输发生的付费支出。

（9）按照规定提取和使用的安全生产费用。

（10）其他按照国家有关规定应计入主营业务成本的支出。

2）期间费用

铁路运输企业期间费用是指铁路运输企业一定期间内从事运输生产经营管理活动所发生的经济利益的流出，包括销售费用、管理费用和财务费用。

销售费用是指企业的营销机构在市场营销过程中发生的各项费用。主要内容包括：

（1）从事客货营销人员的工资性支出。

（2）客货营销人员职工福利费以及按规定提取的基本医疗保险费、补充医疗保险费、工会经费、职工教育经费、基本养老保险费、失业保险费、工伤保险费、企业年金、生育保险费、住房公积金等工资附加费。

（3）营销机构办公费、差旅费、劳动保护费、职工制服补贴，办公设施设备的折旧费、修理费、租用费、低值易耗品摊销。

（4）营销广告、展览、宣传费用，营销场地租用费等与客货市场营销相关的费用。

管理费用是指企业管理部门为组织和管理运输生产活动发生的费用以及企业按规定发生的管理性费用，主要内容包括：

（1）企业管理机关（以下简称机关）人员的工资性支出。

（2）机关人员的职工福利费以及按规定提取的基本医疗保险费、补充医疗保险费、工会经费、教育经费、基本养老保险费、职工失业保险费、工伤保险费、企业年金、生育保险费、住房公积金等工资附加费。

（3）机关办公费、差旅费、劳动保护费、职工制服补贴，办公设施设备的折旧费、修理费、租用费、低值易耗品摊销及其他管理费用。

（4）土地使用费、土地换证费、土地损失补偿费、技术转让费、业务招待费、咨询费（含顾问费）、审计费、诉讼费、排污费、绿化费、展览费、董事（监事）会经费、防疫经费、印花税、房产税、车船税、城镇土地使用税等。

（5）不具备资本化条件的新产品、新技术研究开发费用，包括发生的设计费、工艺规程制定费、设备调试费、原材料和半产品的实验费、技术图书资料费、未纳入国家计划的中间实验费，与产品试制、技术研究有关的其他经费，委托其他单位进行科研试制的费用以及试制失败损失等费用。

（6）无形资产摊销，存货的毁损、报废，按规定列入管理费用的存货盘亏净损失，以及存货盘盈冲减的管理费用。

（7）企业内部铁道资金结算机构发生的费用。

（8）企业按规定负担的共同费用。

（9）企业按规定承担的辞退福利支出。

（10）其他按照国家有关规定可以列入管理费用的支出。

财务费用是指企业为筹集生产经营所需资金而发生的费用，主要内容包括：

（1）在金融机构的存款利息收入。

（2）筹集生产经营所需资金而发生的利息支出，包括借款利息（含交付使用资产的借款利息）、应收票据贴现利息、发行债券利息等。

（3）外币折算产生的汇兑损益。

（4）总公司与所属企业之间的资金占用费收入，以及铁道资金结算机构向内部单位发放调剂资金而收取的资金占用费。

（5）总公司与所属企业之间的资金占用费支出，以及铁道资金结算机构吸收内部单位存款而支付的资金占用费。

（6）支付给金融机构、铁道资金结算机构的手续费以及铁道资金结算机构收取的手续费。

（7）未确认融资费用分摊、金融资产转移费用，设定受益计划利息净额，以及其他按照国家有关规定可以列入财务费用的支出。

3）资产减值损失

资产减值损失是指企业按规定计提各项资产减值准备所形成的损失，主要内容包括：坏账准备、存货跌价准备和长期股权投资、持有至到期投资、可供出售金融资产、固定资产、在建工程、工程物资、无形资产减值准备等。

4）营业外支出

营业外支出是指与运输生产经营无直接关系的各项支出，主要内容包括：

（1）营业外人员的工资性支出。

（2）营业外人员职工福利费以及按规定提取的基本医疗保险费、补充医疗保险费、工会经费、职工教育经费、基本养老保险费、失业保险费、工伤保险费、企业年金、生育保险费、住房公积金等工资附加费。

（3）自然灾害造成的资产损失、非季节性和非修理期间的停工损失。

（4）固定资产盘亏、报废、毁损和出售以及按规定列入营业外支出的存货盘亏净损失。

（5）符合资本化条件的固定资产后续支出，部分替换固定资产时，被替换部分形成的净损失。

（6）债务重组损失、非货币性交易损失，支付的滞纳金、罚款、违约金、赔偿金，被没收财物，公益救济性捐赠支出。

（7）按规定摊销的移交社会职能补贴支出，补助公安经费。

（8）其他按照国家有关规定可以列入营业外支出的支出。

下列各项支出不得列入运输总支出：

（1）为购置和建造固定资产、无形资产和其他长期资产的支出，符合资本化条件的固定资产后续支出，对外投资的支出。

（2）应由已提取的基本医疗保险费、补充医疗保险费、工会经费、教育经费、基本养老保险费、工伤保险费、失业保险费、企业年金、职工生育保险费、住房公积金等负担的支出。

（3）应由其他业务、非运输企业、事业单位成本负担的支出。

（4）新建、改建（含既有线改造）和扩建铁路、站场等工程在达到预计可使用状态以前发生的应由工程成本负担的支出。

（5）按规定可以在销项税额中抵扣的因购进货物、接受加工修理修配劳务和应税服务所支付或负担的增值税进项税额。

（6）其他按规定不得列入运输总支出的支出。

2. 按成本、费用要素分类

铁路运输生产经营过程中发生的各种耗费，按成本、费用要素划分为七类，如图 3-2 所示。

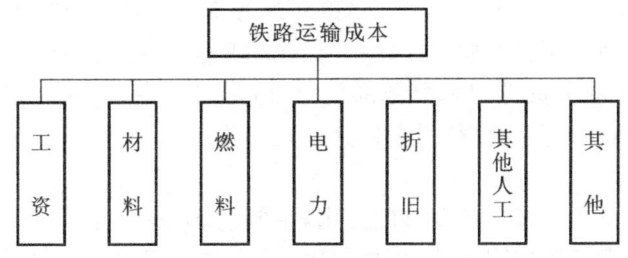

图 3-2　铁路运输成本按成本费用要素分类

各要素核算内容和要求如下。

1）工资

工资是指按规定支付给本企业正式职工（与本企业订立劳动合同的职工）的工资性支出。生产人员工资按工作岗位、作业地点、作业对象进行分类归集，对应列入有关成本、费用支出科目及其子目、细目，只对应一个细目、子目或科目的生产人员工资直接列入，涉及多个细目、子目或科目的按附规定的分配方法列入。

2）材料

材料是指运输生产经营过程中所耗费的材料、配件、油脂（含清洗用柴油、汽油）、工具备品、劳动保护用品等有实物形态的物品。材料支出的核算应严格执行定向定量制度。已领未用的材料应在月末办理盘点退料手续，不得发生账外料。存放在铁路沿线的线上料应加强管理，采取分存制进账，不得一次出账。低值易耗品领用后一次列销，建立保管台账实行数量动态管理。材料、配件修旧利废所发生的支出在运输总支出中核算。段制品成本在生产成本相关科目归集，完工时计入原材料，运输生产领用段制品时列入运输总支出。

3）燃料

燃料是指运输生产经营过程中所消耗的固体、液体、气体等燃料支出。燃料支出应根据燃料消耗报表及有关记录，按用途归集到相关支出科目。

4）电力

电力是指运输生产经营过程中的动力、照明及其他用电。电力支出应按用途归集到相关支出科目。

5）折旧

折旧是指按《中国铁路总公司固定资产管理办法》规定的计算方法计提的折旧支出。

6）其他人工

其他人工是指支付给通过与劳务中介机构签订用工协议而向本企业提供与劳动制合同职工类似服务的其他人员的薪酬等支出。各企业的运输生产任务原则上由本企业劳动制合同职工完成，不得使用其他人员；对因运输生产需要确需外请的，须经企业劳资部门和财务部门批准，通过与劳务中介机构签订用工协议，发生的支出在有关支出科目中按其他人工要素核算。

7）其他

其他是指不属于以上各要素的支出，主要包括：差旅费、提取的社会保险费、企业补充保险费等工资附加费、事故费用、付费支出、委外修理支出、财务费用和其他支出。

这种划分可以清楚地了解各项成本要素所占的比重情况，从而可以分析运输企业成本的结构变化。

（二）狭义铁路运输成本的分类

1. 按成本与运输距离的关系和运输作业过程分类

狭义铁路运输成本按成本与运输距离的关系和运输作业过程分类，可划分为始发到达作业费、中转作业费和运行作业费。

1）始发到达作业费

始发到达作业费是指在始发站及到达站进行发送和到达作业所发生的费用，这类费用与运输距离无关，不随运输距离远近而变动。

2）中转作业费

中转作业费是指中转站进行中转作业所发生的费用，这类费用基本上随着运输距离的延长而增加，但有一定阶段性，也随着中转站作业次数的增加而增加。

3）运行作业费

运行作业费是指列车运输途中所发生的列车运行费用，这类费用随着运输距离的远近呈正比例变化。

此种划分主要反映运输支出与运输距离的关系，便于计算按距离核算的运输成本，并作为制定运价的依据。一般来说，和运输距离有关的中转作业费及运行作业费所占比重较大，始发到达作业费的比重较小，但在不同距离范围内，这种比重也是有所不同的。

2. 按计入运输产品（服务）成本的方式分类

狭义铁路运输成本按计入运输产品（服务）成本的方式分类，可划分为直接费用和间接费用，也称为直接列入支出和分配列入支出。

1）直接费用

直接费用是专为某种运输所发生的费用，当分别计算不同产品运输成本时，可直接计入某项产品（服务）成本中。例如，在分别计算旅客和货物运输成本时，客车维修和货车维修费用可直接计入旅客和货物运输成本。

2）间接费用

间接费用是完成两种或两种以上运输共同发生的费用，当分别计算不同运输产品成本时，必须采取适当方法在各种产品之间进行分配，才能分别列入有关产品（服务）成本。例如，铁路线路和通信信号设备维修费、各项一般生产费用和管理费用等，在分别计算客、货运输成本时，就需按适当标准进行分配。

此种划分是为了计算不同种类的运输成本。直接费用和间接费用的划分并不是绝对的，而是与运输成本计算对象有关。如只计算换算吨公里一种成本时，就无所谓间接费用，所有运输支出都可直接计入换算吨公里成本。而当分别计算客、货运输成本时，有的支出可直接计入有关成本，有的支出需分配才能计入有关成本，但如果更进一步详细计算客、货运输成本时，有些直接费用还需要再进行分配。

3. 按成本发生的生产作业部门分类

狭义铁路运输成本按成本发生的生产作业部门分类，可划分为运输、机务、车辆、工务、电务等部门成本。

这种分类适应了生产专业分工的需求,能够分别各业务部门掌握和考核运输成本情况,更好地贯彻成本管理责任制。通常来说,首先是机务部门支出所占比重最大;其次是工务部门;再次是运输和车辆部门。这三个部门的支出占运输成本的绝大部分,其余部门支出比重较小。

4. 按成本与运量的相关关系分类

狭义铁路运输成本按成本与运量的相关关系分类,可划分为固定成本、变动成本和混合成本。

固定成本是指总额不直接受运量水平变动影响而保持固定不变的成本,如车站站舍的折旧费和修理费等。

变动成本是指总额随着运营工作量的增减变动而呈正比例变动的成本,如机车牵引电力。

混合成本同时包括固定成本和变动成本两种因素。铁路运输成本的很大一部分属于混合成本。例如,铁路线路及相关固定设备修理费、电力牵引供电系统修理费等。

此种划分区分成本的不同性态,以便分别对待,采取各种有效途径最大限度地降低成本,也便于对成本的预测、决策、分析和考核。

四、铁路运输成本核算

(一) 作用和意义

成本、费用核算是反映运输生产经营过程中实际耗费的基本手段,是实现成本、费用全过程管理的基础。铁路运输成本、费用核算是企业会计核算的重要内容,是企业经营管理的重要组成部分,其基本任务是通过成本、费用核算,准确反映企业各类资源消耗情况,给财务成本管理包括预算、控制、分析、监督和检查提供有用的信息,深入挖掘运输生产过程中的节支降耗潜力,有效促进企业集约化经营,提高企业经营管理水平和经济效益。

(二) 基本要求

铁路运输成本、费用实行总公司、铁路运输企业、基层站段(分公司)分级管理责任制。各级责任主体在成本、费用管理与核算过程中,要严格执行国家法律、法规以及总公司规定的成本、费用开支范围和标准,遵守财经纪律。

成本、费用应遵照权责发生制原则及时进行会计核算,凡应由本期(月、季、年)负担的支出要按实际成本全部计入本期成本、费用。已经发生但尚未支付、需预先提取的成本、费用,预提数与实际数发生差异时,应按实际发生数调整成本、费用的列支数。一次支付、分期摊销的支出,根据费用的受益期限确定分摊数额,按其性质列入主营业务成本、销售费用、管理费用、营业外支出。

（三）科目设置

《中国铁路总公司运输成本费用管理核算规程》（2015年1月1日执行，以下简称为《规程》）的附件1即为《铁路运输成本费用科目表》。铁路运输企业发生的成本、费用通过支出科目进行确认和归集。支出类总账科目的编号和名称，如表3-1所示。

表3-1 支出类科目编号和名称

序号	科 目 编 号	科 目 名 称
1	6401	主营业务成本
2	6402	其他业务成本
3	6403	营业税金及附加
4	6601	销售费用
5	6602	管理费用
6	6603	财务费用
7	6701	资产减值损失
8	6711	营业外支出
9	6801	所得税费用
10	6901	以前年度损益调整

支出科目由科目编号和科目名称组成。科目编号由类别、部门、顺号、子目、细目、要素六部分构成。企业可根据需要在铁路总公司统一规定的支出科目下增设子目、细目进行明细核算，最末一级为要素（要素编码：1—工资、2—材料、3—燃料、4—电力、5—折旧、6—其他人工、7—其他）。

例如，广州铁路集团公司2015年标准会计科目（部分）中的支出科目编号和级次，如表3-2所示。

表3-2 支出类科目级次和编号

科目编码	科 目 名 称	备 注
6401	主营业务成本	
6401-1	旅客运输成本	铁路运输企业
6401-1-1001	车站客运人员工资	
6401-1-1001-1	车站客运人员工资——国铁（公司）	国铁或合资公司本身支出（非委托运输），下同

（续表）

科目编码	科 目 名 称	备 注
6401-1-1001-2	车站客运人员工资——接受委托	接受委托单位按—1 武广客专公司、—2 沪昆湖南公司、—3 石长公司、—4 广深股份公司、—5 广梅汕公司、—6 三茂股份公司、—7 粤海公司、—8 广珠城际公司、—9 海南高铁公司、—10 广深港公司、—11 茂湛公司、—12 厦深广东公司、—13 广珠铁路公司、—14 赣韶公司、—15 衡茶吉、—16 贵广公司、—17 南广公司进行增加,下同。
6401-1-1001-2-1	车站客运人员工资——接受委托——武广客专公司	
…	……	
6401-1-1011	旅客列车服务人员工资	
6401-1-1011-1	动车组客运乘务人员	
6401-1-1011-1-1	动车组客运乘务人员——国铁（公司）	
6401-1-1011-1-2	动车组客运乘务人员——接受委托	
6401-1-1011-1-2-1	动车组客运乘务人员——接受委托——武广客专公司	
…	……	
6601	销售费用	
6601-1	运输企业销售费用	铁路运输企业
6601-1-1801	销售人员工资	
6601-1-1801-1	销售人员工资——国铁（公司）	
6601-1-1801-2	销售人员工资——接受委托	
6601-1-1801-2-1	销售人员工资——接受委托——武广客专公司	
…	……	
6602	管理费用	
6602-1	运输企业管理费用	铁路运输企业
6602-1-1701	管理人员工资	

（续表）

科 目 编 码	科 目 名 称	备　　注
6602-1-1701-1	机关人员工资	
6602-1-1701-1-1	机关人员工资——国铁(公司)	
…	……	
6603	财务费用	
6603-1	运输企业财务费用	铁路运输企业
…	……	
6603-1-3802	利息支出	
6603-1-3802-1	已交付使用固定资产贷款利息	
6603-1-3802-1-1	已交付使用固定资产贷款利息——国铁(公司)	
6603-1-3802-1-2	已交付使用固定资产贷款利息——接受委托	
6603-1-3802-1-2-1	已交付使用固定资产贷款利息——接受委托——武广客专公司	
…	……	
6701	资产减值损失	
6701-1	运输企业资产减值损失	铁路运输企业
6701-1-4801	资产减值损失	
6701-1-4801-1	坏账准备	
6701-1-4801-2	存货跌价准备	
…	……	
6711	营业外支出	
6711-1	运输企业营业外支出	铁路运输企业
6711-1-1909	营业外人员工资	
6711-1-1909-1	营业外人员工资——国铁(公司)	
6711-1-1909-2	营业外人员工资——接受委托	
6711-1-1909-2-1	营业外人员工资——接受委托——武广客专公司	

第二节 铁路运输企业直接成本的 确认与归集

一、主营业务成本核算账户和要求

铁路运输企业产品的生产和销售是同时完成的,所发生的与运输生产相关的耗费通过"主营业务成本"账户核算,该账户核算企业提供旅客、货物运输以及相关服务等日常活动而发生的实际成本。主营业务成本按旅客运输成本、货物运输成本、行包运输成本、基础设施成本、其他成本等五类进行明细分类核算。

主营业务成本分类确定的原则是:能够直接归属到相应成本类别的,全额列入该类成本;不能直接归属成本类别的,按照规定的工作量指标分配列入相应类别成本。分配比例根据本单位正常运输生产情况测算确定。单位需在季度决算报告中说明分配比例确定的方法及调整依据。

二、主营业务成本核算的具体内容

(一)主营业务成本的分类核算

1. 旅客运输成本

旅客运输成本核算为旅客运输直接发生的各种支出,包括车站旅客服务、旅客列车(动车组)服务、客车及动车组运用和维护支出、相关服务付费及其他支出。

2. 货物运输成本

货物运输成本核算为货物运输直接发生的各种支出,包括货物发送、运行、中转、到达作业费用,货车、集装箱运用和维护费用,货车使用费,相关服务付费及其他支出。

3. 行包运输成本

行包运输成本核算为行李、包裹运输发生的各种直接支出,包括行包发送、运行、中转、到达作业费用,专用行包车辆运用和维护费用,相关服务付费及其他支出。

4. 基础设施成本

基础设施成本核算铁路路网、行车指挥等基础设施运用和维护所发生的各种直接支出,包括铁路线路设备等行车设施运用、养护费,行车指挥调度费及其他支出。

5．其他成本

其他成本核算企业生产中发生的除旅客、货物、行包运输成本和路网成本以外的各种支出。

（二）主营业务成本核算内容的其他说明

1．工务、电务支出

主营业务成本中的工务、电务支出分运行区间、编组站、非编组站核算，电气化铁路供电支出分运行区间核算，原则是：正线（含与正线连接的道岔）支出归集到相应运行区间成本，站线支出归集到编组站和非编组站成本；能直接归属运行区间、编组站、非编组站的支出，全额列入相应运行区间和编组站、非编组站成本中；不能直接确定归属的共性支出，采用分配方法分摊列入相应运行区间和编组站、非编组站成本中。

2．机车折旧、中修、大修支出核算

机车折旧、中修、大修支出分机型核算，客车折旧、段修、大修支出分车型核算，动车组折旧、三级以上修理分车型核算，货车折旧、段修、大修支出分车种核算。能够直接区分机型（车型、车种）的修理支出，全额列入各机型（车型、车种）的相关成本，不能直接区分的按规定的方法分摊。

3．付费支出

企业之间相互提供服务和劳务，其相关支出在运输总支出中分要素核算；接受服务方支付的费用按付费支出核算。

列入主营业务成本的付费支出项目主要包括：

（1）列入旅客运输成本的付费支出项目：客运线路使用费、客运机车牵引费、客运跨企业电力机车接触网使用费、车站旅客服务费、旅客列车上水服务费、提供加挂客车服务费、售票服务费、客车使用费、客运机车修理服务费、客车修理服务费、其他服务费等。

（2）列入货物运输成本的付费支出项目：货运线路使用费、货运机车牵引费、货运跨企业电力机车接触网使用费、承运及发送服务费、到达作业服务费、中转作业服务费、货车使用费、车辆使用费、车辆编解服务费、篷布使用服务费、外局货运机车占用费、车辆挂运服务费、空车调用费、集装箱使用服务费、货车空车调运费、货运机车修理服务费、其他服务费等。

（3）列入行包运输成本的付费支出项目：行包专列线路使用费、行包专列机车牵引费、行包专列车辆使用费、行李车邮政车使用费、行李包裹运输车辆使用费、行包跨企业电力机车接触网服务费、行包承运发送服务费、行包到达作业服务费、行包中转作业服务费、行李车修理服务费、行包运输劳务服务费、其他服务费等。

（4）列入基础设施成本的付费支出项目：线路设备修理服务费、其他服务费等。

企业间相互提供的跨企业机客车加油等支出、因企业间移动设备调转应分摊的设备修理支出实行成本转列制度，由双方核对一致后等额转入、转出成本。

4. 企业的运输设备维修、中修支出

企业的运输设备大修、中修、维修业务，首先立足于按照职责分工由运营单位自主完成，发生的支出在运输总支出中分要素核算。受生产能力和技术条件的限制，需委托其他单位修理的，应通过招投标方式确定施修单位，发生的支出在其他要素核算。

5. 分线成本

运输成本费用分线核算，是指将运输成本费用以线路为归集对象，按照不同线别进行分线核算。能够直接归集到线路的成本费用，在相应的科目号中增加"FX"标识，并按照统一的线路名称直接核算到该线路，不能直接归集的成本费用，按照规定方法分摊到相关线路。

三、主营业务成本核算的账务处理

运输生产领用材料、燃料、低值易耗品，借记"主营业务成本"科目，贷记"原材料""周转材料"等科目；

结算生产人员工资薪酬，借记"主营业务成本"科目，贷记"应付职工薪酬"科目；

支付生产用水、用电等其他费用，借记"主营业务成本"科目，贷记"银行存款"等科目；

按规定计提固定资产折旧费，借记"主营业务成本"科目，贷记"累计折旧"科目；

其他业务应分摊的间接费用，借记"其他业务成本"科目，贷记"主营业务成本"科目；

支付相关服务费，借记"主营业务成本"科目，贷记"银行存款"等科目。

期末应结转"主营业务成本"科目余额，借记"本年利润"科目，贷记"主营业务成本"科目，结转后"主营业务成本"科目应无余额。

【例 3-1】 NC 铁路局甲机务段检修车间 8 月 3 日领用检修客运 DF$_4$ 型机车电源柜（属一般互换配件）2 个，每个计划价格 3 000 元。当月甲机务段互换配件成本差异分摊率为 −2%。

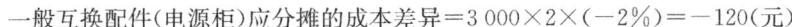

一般互换配件(电源柜)应分摊的成本差异＝3 000×2×(-2%)＝-120(元)

编制的会计分录如下。

(1)根据用料单：

借：	主营业 务成本	旅客运 输成本	机车互换 配件修理	其他互换 配件修理	6 000
	贷：原材料——一般互换配件				6 000

(2)结转材料成本差异：

借：	主营业 务成本	旅客运 输成本	机车互换 配件修理	其他互换 配件修理	120
	贷：材料成本差异——一般互换配件				120

【例3-2】　NC铁路局乙工务段8月5日领用一批新钢轨用于抽换旧钢轨，该批钢轨的计划成本为400 000元,成本差异分摊率为1%。

新钢轨应分摊的成本差异＝400 000×1%＝4 000(元)

编制会计分录如下。

(1)根据用料单：

借：	主营业 务成本	基础设 置成本	抽换新 钢轨	运行	×× 区间	400 000
	贷：原材料——线上料					400 000

(2)结转材料成本差异：

借：	主营业 务成本	基础设 置成本	抽换新 钢轨	运行	×× 区间	4 000
	贷：材料成本差异——线上料					4 000

【例3-3】　NC铁路局甲机务段8月10日领用内燃机车用燃料60吨,每吨计划成本4 000元。燃料成本差异率为2%。

领用燃料应分摊的成本差异＝4 000×60×2%＝4 800(元)

编制的会计分录如下。

(1)根据用料单：

借：	主营业 务成本	旅客运 输成本	内燃机车运 行用燃料	运行 机车	240 000
	贷：原材料——燃料				240 000

（2）结转材料成本差异：

借：主营业____旅客运____内燃机车运____运行   4 800
　　务成本　　输成本　　行用燃料　　机车

　　贷：材料成本差异——燃料   4 800

【例 3-4】　NC 铁路局 8 月 20 日购入电力机车高价互换配件一批 5 400 000 元。依据有关规定，其折旧年限为 8 年，预计净残值率为 2%，采用年限平均法折旧。

年折旧率＝（1－2%）÷8＝12.25%

9 月份应计提的折旧额＝5 400 000×12.25%÷12＝55 125（元）

编制的会计分录如下：

借：主营业务成本——机车高价互换配件折旧   55 125

　　贷：累计折旧——高价互换配件   55 125

第三节　铁路运输企业间接成本的确认与归集

一、间接生产成本核算原则

在《规程》附件 1"铁路运输成本费用科目表"中列示了间接生产费科目编号及名称，附件 2"铁路运输成本费用科目说明"对间接生产费科目核算内容及分摊方法进行了详细解释。

间接生产费中，能够直接区分成本类别的，对应列入相关类别成本，不能直接区分的，按附件 2 中规定的比例分摊计入旅客运输成本、货物运输成本、行包运输成本。

例如，调度所调度所发生的调度规章、表格、图纸、文具用品费用，电子计算机、传真机等调度设备的运用、维修费，家具备品、消防器材补充修理费用等，计入主营业务成本的基础设置成本。

又如，为机车及列车乘务人员服务的行车公寓、备班室发生的费用中，机务段备班室费用按客运、行包专列、货运机车总走行公里比例分摊列入旅客、货物、行包运输成本，再按行包运输总重占混合运输全部总重比例从旅客、货物运输成本分摊至行包运输成本。行车公寓的费用、企业支付行车公寓管理单位的服务费用列入基础设施成本。

二、间接生产成本核算内容

间接生产费核算内容及分摊方法,如表 3-3 所示。

表 3-3　　　　　　　　　间接生产费核算内容

科目编号	科目名称及核算内容	工作量计量单位	*要素	**主营业务成本类别
3601	调度所费用 调度所发生的有关费用,包括: 1. 调度规章、表格、图纸、文具用品。 2. 电子计算机、传真机等调度设备的运用、维修费。 3. 家具备品、消防器材补充修理费用。		 其 材其 材其	基
3602	行车公寓 为机车及列车乘务人员服务的行车公寓、备班室发生的费用,包括: 1. 家具、卧具、备品补充、修理、洗涤、消毒费用。 2. 制冷、制热设备的运用维修费用。 3. 食堂、浴池、茶炉及发电用燃料。 4. 食堂用炊具、餐具的消耗补充及修理费用。 5. 公寓保洁费用,清扫、照明、消毒、取暖用材料,消防器材的补充和修理费用。 6. 动力、照明用电力。 7. 食堂、浴池、茶炉用水。 8. 短途运输运用维修及运杂费。 9. 服务人员、炊事人员职业健康体检费用。 10. 受生产条件限制发生的服务和车辆租赁费用。 11. 支付行车公寓管理单位的服务费用。 注:机务段备班室费用按客运、行包专列、货运机车总走行公里比例分摊列入旅客、货物、行包运输成本,再按行包运输总重占混合运输全部总重比例从旅客、货物运输成本分摊至行包运输成本。行车公寓的费用、企业支付行车公寓管理单位的服务费用列入基础设施成本。	床位数/接待人次	 材其 材燃电其 燃 材其 材其 电 其 材燃其 其 其 其	客货行基

（续表）

科目 编号	科目名称及核算内容	工作量计量单位	要素	主营业务成本类别
3603	生产部门福利费			客货行基其
3603-1	工资 单位福利部门人员的工资支出。	平均人数	工	客货行基其
3603-2	折旧 单位集体福利设施对应的固定资产的折旧费用。		折	客货行基其
3603-3	工资附加费 单位福利部门的各项工资附加费。		其	客货行基其
3603-4	其他福利费 除以上内容以外的其他福利费支出。			客货行基其
	1. "三不让"补助基金。		其	
	2. 职工疗养、健康体检支出。		其	
	3. 供暖费补贴。按规定支付的职工冬季取暖补助。包括按当地省、市规定标准发放的职工冬季取暖补助，以及按当地省、市规定办法发生的职工暖气费用报销或补助支出。		其	
	4. 防暑降温费。核算按省、直辖市规定标准发生的职工防暑降温费用。		其	
	5. 集体福利设施支出。核算尚未分离的内设集体福利部门所发生的设备、实施费用。包括职工食堂、职工浴室、理发室、医务所、托儿所、集体福利部门设备、实施维修保养费用。		材其	
	6. 为职工提供的上下班班车、集体宿舍等尚未实行货币化改革的交通、住房、通信待遇相关支出。		材燃电其	
	7. 按规定支付的节日慰问支出、书报费、计划生育补贴及幼托费、职工文体活动、职工探亲车船补助费、职工异地安家费、职工遗属生活困难补助费。		材燃电其	
	8. 按规定计列的离职后福利。 注：工务段、电务段、供电段、水电段、建筑段、科研所、计量所、信息技术所、统计所、调度所、行车公寓、材料供应段人员，以及企业机关所属各种试验所（车）、业务处调度人员、收入稽查人员、安全监察人员、验收人员、劳保人员、环保人员等人员的职工福利费列入基础设置成本；车站、车务段、客运（列车）段、机务段、车辆段人员的职工福利费，能够直接区分成本类别的，对应列入相关类别成本，不能直接区分的，按工资比例分摊计入旅客运输成本、货物运输成本、行包运输成本。保价的职工福利费列入其他成本。		工其	

（续表）

科目编号	科目名称及核算内容	工作量计量单位	要素	主营业务成本类别
3604	生产用水 除已规定直接列入有关科目以外的生产用水支出（含随水费征收的污水处理费）。 注：能够按消耗场所直接区分的，对应直接列入相应类别成本；不能区分的，按生产人员比例分摊列入旅客运输成本、货物运输成本、行包运输成本、基础设施成本。	千吨	其	客货行基
3605	生产用电 除已规定直接列入有关科目以外的生产用电支出。 注：成本类别划分方法同 3604 科目。	千千瓦小时	电	客货行基
3606 3601-1 3601-2 3601-3	生产用燃料 生产用燃煤 生产用燃气 生产用燃油 除已规定直接列入有关科目以外的生产用煤炭、燃气、燃油等燃料支出。 注：成本类别划分方法同 3604 科目。	 千吨 千立方米 千吨	 燃	客货行基 客货行基 客货行基 客货行基
3607	生产用工具备品 除已规定直接列入有关科目以外的生产用工具、仪表、仪器、备品等的补充、修理及其他费用。 注：能按使用部门直接区分的，对应列入相关类别成本；不能直接区分的，按生产人员比例分摊列入旅客运输成本、货物运输成本、行包运输成本、基础设施成本。		材其	客货行基
3608	机械动力设备运用维修 机械、动力、传导设备（如电机、锅炉、风压机、制冷热设备及风、水管路等）。 注：成本类别划分方法同 3607 科目。	设备万元	材燃其	客货行基
3609 3609-1 3609-2	短途运输 汽车 其他运输工具 汽车、拖拉机、叉车、铲车、电瓶车、两轮及三轮摩托车等短途运输设备运用、维修用材料、燃料及其他相关费用。与运输生产直接相关的本地市内交通费。 注：成本类别划分方法同 3607 科目。	辆 辆 辆	 材燃其	客货行基 客货行基 客货行基

（续表）

科目编号	科目名称及核算内容	工作量计量单位	要素	主营业务成本类别
3610	办公费 办公用文具、纸张费用，印刷装订、邮电汇费，家具、备品补充修理及洗涤，报纸杂志、图书、资料费，办公设备运用、维修费，宣传费，会议费。 注：成本类别划分方法同 3607 科目。	平均人数	工材其	客货行基
3611	差旅费 按职工差旅费管理办法支付的差旅费。 注：成本类别划分方法同 3607 科目。	平均人数	其	客货行基
3612	劳动保护 按劳动保护有关规定发生的有关费用。包括： 1. 工作服及防护用品，特种劳动保护用品检测费。 2. 劳动保护性浴池及更衣室备品补充、修理费。 3. 有害作业营养保健费、体检费。 4. 劳动宣传宣传费用及不构成固定资产的劳动保护措施、设施费。 注：成本类别划分方法同 3607 科目。	平均人数	材其 材其 其 材其	客货行基
3614	制服补贴 按规定分摊的职工制服补贴。 注：能直接按领用制服人员从事业务性质区分的，对应列入相应类别成本；不能直接区分的，按生产人员比例分摊列入旅客运输成本、货物运输成本、行包运输成本、基础设施成本。	平均人数	其	客货行基
3615	电子计算机运用维修 除按规定直接列入有关科目以外的电子计算机运用、维修、软件维护费用。 注：成本类别划分方法同 3607 科目。		材其	客货行基
3616	标准计量费 标准计量工作发生的费用。包括： 1. 制定和修订技术、管理标准发生的试验、资料等费用。 2. 计量工作使用的不构成固定资产的计量检测仪表、器具补充及检定、修理费。 3. 备品（包括工作台、仪器台等）的补充和修理费。计量工作表格费等。 注：成本类别划分方法同 3607 科目。		材其 材其 材其	客货行基

（续表）

科目编号	科目名称及核算内容	工作量计量单位	要素	主营业务成本类别
3617	化验检验费 为保证运输生产安全、质量发生的化验、检验费用。包括： 1. 化验、检验用药品、材料。 2. 各种化验、检验用仪器、备品的补充、修理。 3. 委外化验、检验、修理费用。 注：成本类别划分方法同 3607 科目。	材其 材其 其		客货行基
3618 3618-1 3618-2 3618-3 3618-4	通信费 频率占用费 支付铁通公司结算费用 支付其他运营商结算费用 其他通信费用 除以上项目外的其他通信支出费用。主要核算运输生产单位发生的相关费用： 1. 租用电信部门的王阔、电路、光缆、槽道、管孔、机房等租金费用。 2. 支付电话、互联网专线、短消息等公用通信服务费和电信部门的通信费。 各单位按照费用支付单位分明细项目核算。 注：成本类别划分方法同 3607 科目。	其 其		客货行基 客货行基 客货行基 客货行基 客货行基
3620	堵漏保收奖 按规定列支的堵漏保收奖励。 注：按客运、货运堵漏收入的比例分摊列入旅客运输成本、货物运输成本。	工		客货
3621	合理化建议及技术改进奖 按规定程序批准列支的合理化建议奖、技术改进成果奖、全面质量管理奖。 注：成本类别划分方法同 3607 科目。	工		客货行基
3622	灾害预防及抢修 为防止灾害的发生，对线路、桥隧建筑物、信号、供电、房屋建筑物等主要运输设施进行预防性整治发生的费用；灾害发生后至恢复开通行车前发生的抢修费用。包括： 1. 预防路基、桥隧、涵渠、调节建筑物、防护设备、其他建筑物等被水冲刷、坍塌、沉陷及灾害抢修支出。	材其		客货行基

（续表）

科目编号	科目名称及核算内容	工作量计量单位	要素	主营业务成本类别
	2. 排除危石及灾害抢修支出。		材其	
	3. 预防雪砂设置的防砂、防雪栅栏,设置防雪标志,除雪设备的运用,防溜冰及防凌及灾害抢修支出。		材其	
	4. 线路、道岔防冻支出。		材其	
	5. 电务信号设备预防水害及灾害抢修费用。		材其	
	6. 供电设施预防水害及灾害抢修支出。		材其	
	7. 供电线路两侧危树整治及砍伐支出。		其	
	8. 运输用房屋建筑物灾害抢修支出。		材其	
	9. 抢修用机械设备租用费支出。		其	
	注:工务、电务、供电、水电部门列入基础设施成本;其他部门按设备用途分别列入旅客运输成本、货物运输成本、行包运输成本、基础设施成本。			
3623	事故损失性费用 由于运输事故等原因发生的损失性支出。包括:			客货行基
	1. 由于铁路事故造成旅客伤亡所支付的医疗费、赔偿金及相关事故处理费用。		其	
	2. 路外伤亡所支付的医药费、火化埋葬费。		其	
	3. 未办理保价的货物在运送中,由于本企业责任发生货物事故对收、发货人的事故赔偿费和倒装费以及按规定运输企业间互不清算的事故赔偿费和倒装费。		其	
	4. 未办理保价的行李、包裹在运送中,由于本企业责任发生行李、包裹事故对收、发货人的事故赔偿费以及按规定运输企业间互不清算的事故赔偿费。		其	
	5. 行车事故清理及设备修复费用。		材其	
	6. 收到事故赔偿费用冲减本科目(由于事故造成报废的资产赔偿费除外)。		其	
	注:旅客伤亡支出列入旅客运输成本。路外伤亡支出,纯客运站列入旅客运输成本;客货混合站列入货物运输成本。行车事故损失,车务、机务、车辆部门按事故的性质直接列入旅客运输、货物运输成本;工务段、电务段、供电段、水电段、房建等部门列入基础设施成本。			
3624	其他业务应摊费 运营单位承办其他业务应分摊的生产费用,按实际发生各项费用进行分摊。		材燃电其	客货行基

（续表）

科目编号	科目名称及核算内容	工作量计量单位	要素	主营业务成本类别
	注:1. 材料支出占收入的比重达到 70％以上的分摊间管费不得低于收入额的 3％；材料支出占收入额的比重低于 70％的分摊间管费不得低于收入额的 5％。 2. 按生产人员比例分摊列入旅客运输成本、货物运输成本、行包运输成本、基础设施成本。			
3625	租用费 租用其他单位(部门)线路、机车、客车、货车、电报电话及通信设备、站场等资产支付的租用费。 注:按租用设备设施用途对应列入旅客运输成本、货物运输成本、行包运输成本、基础设施成本。		其	客货行基
3626	生产用杂费 除已规定直接列入有关科目以外的与运输生产相关的其他费用。包括: 1. 生产用房屋清扫、照明、取暖、消毒等用材料,消防器材的补充及修理。 2. 生产用文具、纸张、表格、规章费用。 3. 支付外单位运杂费、垃圾清运费。 4. 材料、配件保管、养护费用。 5. 新建简易料棚及临时建筑物支出。 6. 规定内的材料、燃料自然减量。 7. 由本单位负担的交通事故费用(应扣除保险公司及责任人赔偿部分)。 8. 小型技术措施费。 9. 生产单位管理的单身宿舍费用(收取的房租冲减本科目)。 10. 企业内部招待所支出(向本企业职工收取得住宿费冲减本科目)。 注:成本类别划分方法同 3607 科目。		材其 其 其 材其 材其 其 其 材其 材其 材其	客货行基
3627	废旧物资回收冲减 回收除废旧轨料以外的其他废旧物资,根据点收的实际价值扣除收集费用后冲减本科目。 注:成本类别划分方法同 3607 科目。		材其	客货行基
3631	房屋建筑物维修 生产、办公、其他房屋建筑物(不含住宅)维修所发生的费用,包括:	千换算平方米		客货行基

（续表）

科目编号	科目名称及核算内容	工作量计量单位	要素	主营业务成本类别
	1. 生产、办公房屋维修费用和照明用材料。 2. 建筑物（道路、广场、下水道、场地、栏杆、站台、风雨棚、围墙、天桥、地道等）维修用费用。 3. 污物清理费、维修残料清理费。 4. 生产、办公房屋建筑物委外修理费。 注：1. 房建部门的间管费用在其他生产费用、管理费用相关科目中核算； 2. 能直接按房屋建筑物使用部门区分成本类别的，直接列入相应成本类别；不能直接区分的，按生产人员比例分摊列入旅客运输成本、货物运输成本、行包运输成本、基础设施成本。企业公共房屋建筑物维修列入基础设施成本。		材其 材其 其 其	
3632	**房屋供暖设备运用维修** 供暖用锅炉、辅件、传导设备运用、维修费用。 包括： 1. 锅炉、水泵等设备维修费用。 2. 管路传导等供暖设备维修、防寒用材料。 3. 供暖用电、水、燃料。 4. 按规定列入成本的生产办公房屋集中供暖费。 注：能直接按供暖设备使用部门区分成本类别的，直接列入相应成本；不能直接区分的，按生产人员比例分摊列入旅客运输成本、货物运输成本、行包运输成本、基础设施成本。企业公共房屋建筑物供暖列入基础设施成本。	千供暖平方米	材其 材 燃电其 其	客货行基
3651	**房屋建筑物大修** 为恢复房建设备原有性能，对房屋建筑物进行的周期性大修理发生的支出。 注：成本类别划分方法同3631科目。		材燃电其	客货行基
3652	**灾害复旧** 发生自然灾害，经抢修开通行车后，为恢复原有设备性能，按技术标准对工务、电务、供电、水电、房建等设备复旧的费用。 注：工务、电务、供电、水电设备复旧列入基础设施成本。其他设备按用途区分，对应列入旅客运输成本、货物运输成本、行包运输成本、基础设施成本。		材燃电其	客货行基

（续表）

科目编号	科目名称及核算内容	工作量计量单位	要素	主营业务成本类别
3653	其他生产设备大修			客货行基
	运输生产单位除机车、车辆、集装箱、线路、信号设备、电气化供电设备、水电设备、房屋建筑物以外的其他生产设备大修。		材燃电其	
	注：成本类别划分方法同 3607 科目。			
3661	保价业务支出			其
3661-1	保价赔偿费	损失件数		其
	保价货物、行李、包裹在运输过程中由于本企业责任发生货物、行李、包裹损失的净支出。包括：			
	1. 对旅客、托运人、收货人的赔偿支出。		其	
	2. 保价货物、行李、包裹变价收入冲减。		其	
3661-2	保价安全支出			其
	为保证保价运输货物、行包安全发生的支出。包括：			
	1. 组织人员维护车站及货场货物、行包安全的支出。		其	
	2. 按《铁路货物保价运输管理办法》规定，雇佣押运人员的支出。		其	
	3. 其他用于行包、货物安全防范发生的费用。		其	
3661-3	保价损失处理费			其
	处理保价货物、行包损失所发生的支出。含损失现场勘查、施救清理、工具材料购置、损失鉴定等费用。		其	
3661-4	保价委外代办业务费			其
	委托其他单位为铁路代办货物、行包保价运输业务支付的劳务费、手续费。		其	
3661-5	办公费		材其	其
3661-6	差旅费		其	其
3661-7	短途运输		材燃其	其
3661-8	营销宣传费			其
	用于保价营销及宣传的费用。		材其	
3661-9	保价大修支出		材燃电其	其
3661-10	运用维修费			其
	与保价运输有关的设置设备运用维护、维修等费用。		材燃电其	
3661-11	保价其他支出			其
	办理保价业务发生的除 3661-1～3661-10 科目以外其他费用。		材其	

（续表）

科目编号	科目名称及核算内容	工作量计量单位	要素	主营业务成本类别
3665	安全生产费 按规定提取和使用的安全生产费用。		其	客货
3672	生产人员工会经费 按规定计提的运输生产人员及运输生产单位管理、服务人员的工会经费。 注：成本类别划分方法同 3607 科目。		其	客货行基
3673	生产人员教育经费 按规定计提的运输生产人员及运输生产单位管理、服务人员的教育经费。 注：成本类别划分方法同 3607 科目。		其	客货行基
3674	生产人员失业保险费 按规定提缴的生产人员及运输生产单位管理、服务人员的失业保险费。 注：成本类别划分方法同 3607 科目。		其	客货行基
3675	生产人员工伤保险费 按规定提缴的生产人员及运输生产单位管理、服务人员的工伤保险费。 注：成本类别划分方法同 3607 科目。		其	客货行基
3676	生产人员基本养老保险费 按规定提缴的生产人员及运输生产单位管理、服务人员的基本养老保险费。 注：成本类别划分方法同 3607 科目。		其	客货行基
3677	生产人员住房公积金 按规定提缴的生产人员及运输生产单位管理、服务人员的住房公积金。 注：成本类别划分方法同 3607 科目。		其	客货行基
3678 3678-1 3678-2	生产人员医疗保险费 基本医疗保险费 补充医疗保险费 按规定提缴的生产人员及运输生产单位管理、服务人员的基本医疗保险费和补充医疗保险费。 注：成本类别划分方法同 3607 科目。		其	客货行基 客货行基 客货行基
3679 3679-1	生产人员其他工资附加费 企业年金 按规定提缴的生产人员及运输生产单位管理、服务人员的企业年金。		其	客货行基 客货行基

（续表）

科目 编号	科目名称及核算内容	工作量计 量单位	要素	主营业务 成本类别
3679-2 3679-3	生育保险费 按规定提缴的生产人员及运输生产单位管理、服 务人员的生育保险费。 其他 经批准按工资总额一定比例提缴的其他工资附 加费 注:成本类别划分方法同 3607 科目。		其 其	客货行基 客货行基

*:要素包括工资、材料、燃料、电力、折旧、其他人工、其他。

**:主营业务成本类别包括旅客运输成本、货物运输成本、行包运输成本、基础设施成本、其他成本。

第四节 铁路运输企业成本
报表与分析

一、铁路运输企业成本报表

依据《规程》附件 3 的要求,铁路运输企业应编制以下成本费用报表:

(1) 运输总支出表(见表 3-4)。

(2) 铁路运输单位成本、单位支出计算表(会铁 048 表)(见表 3-5)。

(3) 成本明细表(会铁 881 表)(见表 3-6)。

(4) 成本明细表(会铁 882 表—会铁 890 表)(略)。

这些成本费用报表是铁路运输企业成本费用核算的综合反映,也是铁路运输成本费用分析的依据。

表3-4

运输总支出表

编制单位：　　　　　　　　　　　　　年　　季度　　　　　　　　　　　　金额单位：元

项目	行次	计量单位	上年同期实际			本年同期预算			本年实际			要素							成本类别				
			工作量	定额	金额	工作量	定额	金额	工作量	定额	金额	工资金额	材料	燃料	电力	折旧	其他人工	其他	旅客运输	货物运输	行包运输	基础设施	管理财务等其他
运输总支出	1																						
（一）主营业务成本	2																						
1. 工资支出	3	平均人数																					
其中：（1）运输人员工资	4	平均人数																					
（2）机务人员工资	5	平均人数																					
（3）工务人员工资	6	平均人数																					
（4）通信人员工资	7	平均人数																					
（5）电务人员工资	8	平均人数																					
（6）客车人员工资	9	平均人数																					
（7）货车人员工资	10	平均人数																					
（8）动车组人员工资	11	平均人数																					

项目	编号	单位
(9) 大修人员工资	12	平均人数
(10) 其他人员工资	13	平均人数
2. 折旧支出	14	
	15	
其中:(1) 机车折旧	16	台
(2) 客车折旧	17	辆
(3) 动车组折旧	18	配属辆
(4) 货车折旧	19	辆
(5) 线路折旧	20	
(6) 信号折旧	21	
(7) 通信设备折旧	22	
(8) 其他折旧	23	
	24	
3. 大修支出	25	
其中:(1) 内燃,电力机车大修	26	台
(2) 内燃、电力和谐机车车六年检	27	台
(3) 客车,行李车大修	28	辆

（续表）

项目	行次	计量单位	上年同期实际 工作量	定额	金额	本年同期预算 工作量	定额	金额	本年实际 工作量	定额	金额	要素 工资	材料	燃料	电力	折旧	其他人工	其他	成本类别 旅客运输	货物运输	行包运输	基础设施	其他	管理财务等
(4) 动车组三级修	29	辆																						
(5) 动车组四级修	30	辆																						
(6) 动车组五级修	31	辆																						
(7) 货车大修	32	辆																						
(8) 换轨大修	33	公里																						
(9) 轨枕、道岔大修	34																							
(10) 清筛、路基、桥隧大修	35																							
(11) 信号设备大修	36																							
(12) 通信设备大修	37																							
(13) 电气化供电系统和电力设备大修	38																							
(14) 房屋建筑物大修	39																							
(15) 其他大修	40																							

项目	编号	计量单位
	41	
4. 直接生产费	42	
（1）运输部门支出	43	
其中：车站旅客服务	44	旅客发送千人
货物运输	45	货物发送千吨
车站调车机运转	46	
行李包裹运输	47	货物发送千吨
旅客列车服务	48	客车千辆公里
动车组列车服务	49	动车组千辆公里
接取送达费	50	接取送达千吨公里
包装费	51	包装货物千件
仓储费	52	货物仓储千吨日
装卸费	53	货物装卸千吨
抑尘费	54	货物抑尘千吨
客服费	55	
两端服务其他生产费	56	

（续表）

项目	行次	计量单位	上年同期实际 工作量	上年同期实际 金额	上年同期实际 工定额	本年同期预算 工作量	本年同期预算 金额	本年同期预算 工定额	本年实际 工作量	本年实际 金额	本年实际 工定额	要素 工资	要素 材料	要素 燃料	要素 电力	要素 折旧	要素 其他人工	要素 其他	成本类别 旅客运输	成本类别 货物运输	成本类别 行包运输	成本类别 基础设施	成本类别 其他	成本类别 管理财务等
其他	57																							
（2）机务支出	58																							
其中：机车整备	59																							
内燃机车运行用燃料	60																							
	61	万总重吨公里／油吨																						
其中：客运	62	万总重吨公里／油吨																						
货运	63	万总重吨公里／油吨																						
行包	64	万总重吨公里／油吨																						

项目	编号	单位
调车	65	千机小时
		油吨
电力机车(动车组)运行用电	66	万总重吨公里 / 千千瓦小时
其中:客运	67	万总重吨公里 / 千千瓦小时
货运	68	万总重吨公里 / 千千瓦小时
行包	69	万总重吨公里 / 千千瓦小时
动车组	70	万总重吨公里 / 千千瓦小时
内燃机车运行用油脂	71	千机公里
电力机车运行用油脂	72	千机公里
内燃机车维修	73	台数
内燃机车中修	74	台数

（续表）

项　目	行次	计量单位	上年同期实际 工作量	定额	金额	本年同期预算 工作量	定额	金额	本年实际 工作量	定额	金额	要素 工资	材料	燃料	电力	折旧	其他人工	其他	成本类别 旅客运输	货物运输	行包运输	基础设施	其他	管理财务等
内燃机车二年检	75	台数 定检千机公里																						
电力机车维修	76	台数																						
电力机车中修	77	台数																						
电力机车二年检	78	台数 定检千机公里																						
其他	79																							
	80																							
（3）工务部门支出	81																							
其中:工务三抽支出	82																							
补充道床	83	立方米																						
道岔维修	84	组																						
线路其他维修	85	延长公里																						

项目	编号	单位
路桥隧建筑物维修	86	千换算米
线路中修支出	87	公里
养路机械运用维修	88	
旧轨料回收冲减	89	
其他	90	
	91	
（4）电务通信部门支出	92	
其中：自动闭塞设备运用维修	93	闭塞公里
联锁道岔设备维修	94	换算道岔组
信号设备中修支出	95	换算道岔组
信号设备用电	96	千千瓦小时
电务其他支出	97	换算道岔组
通信设备运用维修	98	换算皮长公里
无线通讯设备维修	99	换算皮长公里
GSM-R系统运用维修	100	换算皮长公里
通信线路运用维修	101	换算皮长公里
通信设备中修	102	换算皮长公里
通信设备用电	103	千千瓦小时

（续表）

项目	行次	计量单位	上年同期实际			本年同期预算			本年实际			要素						成本类别					
			工作量	定额	金额	工作量	定额	金额	工作量	定额	金额	工资	材料	燃料	电力	折旧	其他人工	旅客运输	货物运输	行包运输	基础设施	其他	管理财务等
其他	104																						
（5）. 车辆部门支出	105																						
客车支出合计	106																						
其中:空调车运行用油	107	空调车千辆公里																					
	108	油吨																					
客车维修	109	配属辆数																					
客车空调设备维修	110																						
客车段修	111	辆																					
其他	112																						
动车组支出合计	113																						
其中:动车组维修	114	动车组千辆公里																					

项目	行次	配属辆数
动车组互换配件修理	115	辆
其他	116	
货车支出合计	117	
其中:货车维修	118	
机械冷藏车维修	119	配属辆数
货车段修	120	
货车占用费	121	
其他	122	
	123	
(6) 供水供电部门支出	124	
电气化供电系统运用维修	125	
电力设备运用维修	126	
其他	127	
其他	128	
(7) 保价部门支出	129	
其他	130	
5. 间接生产费	131	

（续表）

项目	行次	计量单位	上年同期实际 工作量	上年同期实际 定额	上年同期实际 金额	本年同期预算 工作量	本年同期预算 定额	本年同期预算 金额	本年实际 工作量	本年实际 定额	本年实际 金额	要素 工资	要素 材料	要素 燃料	要素 电力	要素 折旧	要素 其他人工	要素 其他	成本类别 旅客运输	成本类别 货物运输	成本类别 行包运输	成本类别 基础设施	成本类别 其他	成本类别 管理财务等
其中:(1) 工资附加费	132																							
其中:工会经费	133	万元																						
教育经费	134	万元																						
失业保险费	135	万元																						
工伤保险费	136	万元																						
基本养老保险费	137	万元																						
住房公积金	138	万元																						
基本医疗保险	139	万元																						
补充医疗保险	140	万元																						
其他工资附加费	141	万元																						
其中:企业年金	142	万元																						
(2) 行车公寓费用	143	床位数																						

项目	编号	单位
（3）生产用水、电、煤	144	
（4）生产用工具备品	145	
（5）短途运输	146	辆
（6）办公、差旅费	147	平均人数
（7）职工福利费	148	
（8）劳动保护费	149	
（9）通信费	150	
（10）堵漏保收奖	151	
（11）灾害预防及抢修	152	
（12）其他业务应摊费	153	
（13）生产用杂费	154	
（14）房屋建筑物维修	155	千换算平方米
（15）房屋供暖设备运用维修	156	千供暖平方米
（16）安全生产费	157	
（17）租用费	158	
（18）其他	159	
	160	

（续表）

项目	行次	计量单位	上年同期实际			本年同期预算			本年实际			要素							成本类别					
			工作量	定额	金额	工作量	定额	金额	工作量	定额	金额	工资	材料	燃料	电力	折旧	其他人工	其他	旅客运输	货物运输	行包运输	基础设施	其他	管理财务等
6. 货车使用费	161																							
7. 集装箱及篷布使用服务费	162																							
8. 其他付费支出	163																							
	164																							
（二）销售费用	165	平均人数																						
1. 工资支出	166	平均人数																						
2. 工资附加费	167																							
其中:(1) 工会经费	168	万元																						
(2) 教育经费	169	万元																						
(3) 失业保险费	170	万元																						
(4) 工伤保险费	171	万元																						
(5) 基本养老保险费	172	万元																						

项目	编号	单位
（6）住房公积金	173	万元
（7）基本医疗保险	174	万元
（8）补充医疗保险	175	万元
（9）其他工资附加费	176	万元
其中：企业年金	177	
3. 折旧支出	178	
4. 大修支出	179	
5. 其他营业费用	180	
其中：（1）福利费	181	
（2）办公、差旅费	182	
（3）短途运输	183	辆
（4）劳动保护费	184	
（5）制服补贴	185	
（6）营销费用	186	
（7）房屋建筑物维修	187	
（8）房屋供暖设备运用维修	188	
	189	

（续表）

项目	行次	计量单位	上年同期实际 工作量	上年同期实际 定额金额	本年同期预算 工作量	本年同期预算 定额金额	本年实际 工作量	本年实际 定额金额	本年实际 工资	要素 材料	要素 燃料	要素 电力	要素 折旧	要素 其他人工	要素 其他	成本类别 旅客运输	成本类别 货物运输	成本类别 行包运输	成本类别 基础设施	成本类别 其他	成本类别 管理财务等
（三）管理费用	190																				
1. 工资支出	191	平均人数																			
2. 工资附加费	192																				
其中:(1) 工会经费	193																				
(2) 教育经费	194	万元																			
(3) 失业保险费	195	万元																			
(4) 工伤保险费	196	万元																			
(5) 基本养老保险费	197	万元																			
(6) 住房公积金	198	万元																			
(7) 基本医疗保险	199	万元																			
(8) 补充医疗保险	200	万元																			
(9) 其他工资附加费	201	万元																			
	202	万元																			
其中:企业年金	203	万元																			

项目	单位	行次
3. 折旧支出		204
4. 大修支出		205
5. 上交共同费用		206
6. 管理的其他费用		207
管理的其他费用		208
其中:(1) 办公、差旅费		209
(2) 管理人员福利费		210
(3) 其他		211
		212
(四) 财务费用		213
		214
(五) 营业外支出		215
1. 工资总额	平均人数	216
2. 工资附加费		217
其中:(1) 工会经费	万元	218
(2) 教育经费	万元	219
(3) 失业保险费	万元	220
(4) 工伤保险费	万元	221
(5) 基本养老保险费	万元	222

（续表）

项 目	行次	计量单位	上年同期实际 工作量	工定额	金额	本年同期预算 工作量	工定额	金额	本年实际 工作量	工定额	金额	要素 工资	材料	燃料	电力	折旧	其他人工	其他	成本类别 旅客运输	货物运输	行包运输	基础设施	其他	管理财务等
（6）住房公积金	223	万元																						
（7）基本医疗保险	224	万元																						
（8）补充医疗保险	225	万元																						
（9）其他工资附加费	226	万元																						
其中:企业年金	227																							
	228																							
3. 折旧支出	229																							
4. 大修支出	230																							
5. 补贴支出	231																							
其中:移交补贴支出	232																							
补助公安经费	233																							
6. 非常损失	234																							
7. 其他营业外支出	235																							
8. 其中:(1)营业外人员福利费	236																							
（2）其他	237																							
	238																							
	239																							
（六）资产减值损失	240																							

表3-5

单位编码：
编制单位：

铁路运输单位成本、单位支出计算表

年　季度

报表：合铁048表
金额单位：元

项　目	行次	合计	旅客运输			货物运输			行包运输		
			直接列入	分摊列入	小计	直接列入	分摊列入	小计	直接列入	分摊列入	小计
一、客、货、行包运输总支出	1										
(一)客、货、行包运输成本	2										
1.旅客运输成本	3										
(1)工资	4										
(2)工资附加费	5										
(3)折旧	6										
(4)大修	7										
(5)直接生产费	8										
(6)间接生产费(不含工资附加费)	9										
(7)其他付费支出	10										
2.货物运输成本	11										
(1)工资	12										
(2)工资附加费	13										
(3)折旧	14										
(4)大修	15										
(5)直接生产费	16										
(6)间接生产费(不含工资附加费)	17										

（续表）

项　　目	行次	合计	旅　客　运　输			货　物　运　输			行　包　运　输		
			直接列入	分摊列入	小计	直接列入	分摊列入	小计	直接列入	分摊列入	小计
（7）机车牵引费收付费差（扣除接触网使用费）	18										
（8）集装箱及篷布使用费	19										
（9）货车使用费	20										
（10）其他付费支出	21										
其中:货车修理支出（运输总支出）	22										
3. 行包运输成本	23										
（1）工资	24										
（2）工资附加费	25										
（3）折旧	26										
（4）大修	27										
（5）直接生产费	28										
（6）间接生产费（不含工资附加费）	29										
（7）机车牵引费收付费差（扣除接触网使用费）	30										
（8）其他付费支出	31										
4. 基础设施成本	32										

（1）工资	33										
（2）工资附加费	34										
（3）折旧	35										
（4）大修	36										
（5）其他支出	37										
5. 其他成本（保价）	38										
（1）工资	39										
（2）工资附加费	40										
（3）折旧	41										
（4）大修	42										
（5）其他支出	43										
（二）销售费用	44										
（1）工资	45										
（2）工资附加费	46										
（3）折旧	47										
（4）大修	48										
（5）其他支出	49										
（三）管理费用	50										
（1）工资	51										
（2）工资附加费	52										

（续表）

项　目	行次	合计	旅　客　运　输			货　物　运　输			行　包　运　输		
			直接列入	分摊列入	小计	直接列入	分摊列入	小计	直接列入	分摊列入	小计
（3）折旧	53										
（4）大修	54										
（5）其他支出	55										
（四）财务费用	56										
（五）营业外支出	57										
（六）资产减值损失	58										
二、周转量（万人公里、万吨公里）	59										
三、单位成本（元/万人公里、万吨公里）	60										
四、单位支出（元/万人公里、万吨公里）	61										

说明：

1. 该表涉及及支出均以"运输支出总表"为依据。机车牵引费、接触网使用费等支出取自"成本明细表"，机车牵引费收入取自"营业收入计算表"。

2. 各项支出不含对本企业合并报表范围内的付费支出，但货物运输成本需包括跨局机车牵引费收付费差（扣除接触网使用费）、集装箱及篷布使用费、货车使用费，行包运输成本包括局机车牵引费支出（扣除接触网使用费）。

3. 周转量均为中转量口径。按照旅客、货物、行包实际运营周转量填列。

4. 主营业务"基础设施成本"中的属于纯客运、纯货运的支出，分别直接列入旅客、货物运输成本；其余的主营业务"基础设施成本"，按直接列入旅客、货物、行包运输成本的工资及工资附加费的比例分摊列入旅客、货物、行包运输成本，货物、行包运输成本，按照旅客、货运、行包的周转量比例分摊列入。

5. 主营业务"其他成本"中的属于纯客运、纯货运单位的支出，直接列入旅客、货物运输成本；其余的主营业务"其他成本"，行包运输成本，纯货运、纯货运支出中属于纯客运的，行包运输成本，其他支出按照旅客、分别直接列入旅客、货物、货物、行包的工资及工资附加费的比例分摊列入旅客、货运、货物、行包的周转量比例分摊列入。

6. 销售费用、管理费用中的财务费用、营业外支出，按直接列入货物运输成本的工资及工资附加费，行包总支出，货运总支出，其余支出，其余的销售费用，管理费用中的其他支出，以及其余的财务支出、营业外支出、资产减值损失，货物、行包按照旅客、货物、行包的比例分摊列入。

7. 铁路局在计算货物运输成本时，应扣除"货车修理支出"（运输总支出）。

表3-6

成本明细表

编制单位：　　　　　　　　　　　　　　年　　季度　　　　　　会铁881表　　　　　金额单位：

科目代码	科目名称	行次	计量单位	上年同期			本年实际			要素						成本类别					
				工作量	定额	金额	工作量	定额	金额	工资	材料	燃料	电力	折旧	其他人工	旅客运输	货物运输	行包运输	基础设施	其他	管理财务等
1001	车站客运人员工资	1	平均人数																		
1002	车站货运人员工资	2	平均人数																		
1003	车站行包运输人员工资	3	平均人数																		
1004	编组站调车人员工资	4	平均人数																		
1005	非编组站调车人员工资	5	平均人数																		
1006	车站运转人员工资	6	平均人数																		
1009	车站其他人员工资	7	平均人数																		
1011	旅客列车服务人员工资	8	平均人数																		
1011-1	动车组客运乘务人员工资	9	平均人数																		
1011-2	其他旅客列车服务人员工资	10	平均人数																		
1012	行李车乘务人员工资	11	平均人数																		
1019	旅客列车其他人员工资	12	平均人数																		
1051	接取送达人员工资	13	平均人数																		
1052	包装人员工资	14	平均人数																		

（续表）

科目代码	科目名称	行次	计量单位	上年同期		本年实际		工资	要素						成本类别					
				定额工作量	金额	定额工作量	金额		材料	燃料	电力	折旧	其他人工	其他	旅客运输	货物运输	行包运输	基础设施	其他	管理财务等
1053	仓储人员工资	15	平均人数																	
1054	装卸人员工资	16	平均人数																	
1055	抑尘人员工资	17	平均人数																	
1056	客服人员工资	18	平均人数																	
1059	两端服务其他人员工资	19	平均人数																	
1101	机车整备人员工资	20	平均人数																	
1101-1	内燃机车整备人员工资	21	平均人数																	
1101-2	电力机车整备人员工资	22	平均人数																	
1102	内燃机车乘务人员工资	23	平均人数																	
1102-1	运行机车	24	平均人数																	
1102-2	调车机车	25	平均人数																	
1103	电力机车乘务人员工资	26	平均人数																	
1104	动车组驾驶人员工资	27	平均人数																	
1105	内燃机车检修人员工资	28	平均人数																	

1106	内燃机车大修人员工资	29	平均人数																
1107	电力机车检修人员工资	30	平均人数																
1108	电力机车大修人员工资	31	平均人数																
1109	内燃和谐机车二年检人员工资	32	平均人数																
1110	内燃和谐机车六年检人员工资	33	平均人数																
1111	电力和谐机车二年检人员工资	34	平均人数																
1112	电力和谐机车六年检人员工资	35	平均人数																
1113	轮渡人员工资	36	平均人数																
1114	救援列车人员工资	37	平均人数																
1119	机务其他人员工资	38	平均人数																
1129	和谐机车检修其他人员工资	39	平均人数																
1201	线路维修人员工资	40	平均人数																
1201-1	运行——×××区间	41	平均人数																
1201-2	编组站——××××	42	平均人数																
1201-3	非编组站	43	平均人数																
1202	线路中修人员工资	44	平均人数																
1202-1	运行——×××区间	45	平均人数																

（续表）

科目代码	科目名称	行次	计量单位	上年同期			本年实际			要素							成本类别					
				工作量	定额	金额	工作量	定额	金额	工资	材料	燃料	电力	折旧	其他人工	其他	旅客运输	货物运输	行包运输	基础设施	其他	管理财务等
1202-2	编组站——××××	46	平均人数																			
1202-3	非编组站	47	平均人数																			
1203	线路大修人员工资	48	平均人数																			
1203-1	运行——××××区间	49	平均人数																			
1203-2	编组站——××××	50	平均人数																			
1203-3	非编组站	51	平均人数																			
1209	工务其他人员工资	52	平均人数																			
1301	信号修理人员工资	53	平均人数																			
1301-1	运行——××××区间	54	平均人数																			
1301-2	编组站——××××	55	平均人数																			
1301-3	非编组站	56	平均人数																			
1302	信号设备大修人员工资	57	平均人数																			
1302-1	运行——××××区间	58	平均人数																			
1302-2	编组站——××××	59	平均人数																			
1302-3	非编组站	60	平均人数																			
1303	通信维修人员工资	61	平均人数																			

1304	通信设备大修人员工资	62	平均人数											
1309	电务通信其他人员工资	63	平均人数											
1309-1	电务其他人员工资	64	平均人数											
1309-2	通信其他人员工资	65	平均人数											
1401	客车维修人员工资	66	平均人数											
1402	客车段修人员工资	67	平均人数											
1403	客车大修人员工资	68	平均人数											
1404	行李车维修人员工资	69	平均人数											
1405	行李车段修人员工资	70	平均人数											
1406	行李车大修人员工资	71	平均人数											
1407	客车乘务人员工资	72	平均人数											
1408	空调客车运行人员工资	73	平均人数											
1409	客车其他人员工资	74	平均人数											
1411	货车维修人员工资	75	平均人数											
1412	货车段修人员工资	76	平均人数											
1413	货车大修人员工资	77	平均人数											
1414	货车列检人员工资	78	平均人数											
1415	机械冷藏车运行人员工资	79	平均人数											
1419	货车其他人员工资	80	平均人数											
1421	动车组乘检人员工资	81	平均人数											

（续表）

科目代码	科目名称	行次	计量单位	上年同期 工作量定额	上年同期 金额	本年实际 工作量定额	本年实际 金额	工资	材料	燃料	电力	折旧	其他人工	其他	旅客运输	货物运输	行包运输	基础设施	其他	管理财务等
1422	动车组运用检修人员工资	82	平均人数																	
1423	动车组定期检修人员工资	83	平均人数																	
1424	动车其他人员工资	84	平均人数																	
1501	电气化铁路供电系统运用维修人员工资——×××区间	85	平均人数																	
1502	电气化铁路供电系统大修人员工资——×××区间	86	平均人数																	
1509	电气化铁路供电系统其他人员工资	87	平均人数																	
1511	供水人员工资	88	平均人数																	
1512	供电人员工资	89	平均人数																	
1519	水电其他人员工资	90	平均人数																	
1519-1	供水其他人员工资	91	平均人数																	
1519-2	供电其他人员工资	92	平均人数																	

编号	项目	序号	计量									
1609	其他部门人员工资	93	平均人数									
1609-1	调度所人员工资	94	平均人数									
1609-1	行车公寓人员工资	95	平均人数									
1609-3	其他人员工资	96	平均人数									
1651	其他设备大修人员工资	97	平均人数									
1661	保价运输人员工资	98	平均人数									
		99										
		100										
1701	管理人员工资	101	平均人数									
1701-1	机关人员工资	102	平均人数									
1701-2	直附属机构人员工资	103	平均人数									
1701-3	防疫人员工资	104	平均人数									
1702	长病人员工资	105	平均人数									
1703	辞退福利	106	平均人数									
		107										
1801	营销人员工资	108	平均人数									
1802	营销机构其他人员工资	109	平均人数									
		110										
1909	营业外人员工资	111	平均人数									

二、铁路运输成本的计算与分析

（一）铁路运输成本计算

《规程》中附件 5 是对铁路运输单位成本、单位支出计算的相关规定。铁路运输单位成本计算、单位支出计算均以"运输支出总表""成本明细表"和"营业收入计算表"中的数据为依据。各项支出不含对国铁企业（含控股合资公司）的付费支出，但货物运输成本需包括跨局机车牵引费收付费差（扣除接触网使用费）。周转量均为管界口径。计算周转量分摊比例时，旅客周转量、行包周转量需乘以系数 2.36。

1. 客运成本、货运成本、行包成本计算

（1）客运成本、货运成本、行包成本，分别以主营业务"旅客运输成本""货物运输成本"和"行包运输成本"扣除对国铁企业（含控股公司）的付费支出计算；但货运成本需包括集装箱及篷布使用费、跨局机车牵引费收付费差（扣除接触网使用费）和货车使用费；行包成本需包括跨局机车牵引费收付费差（扣除接触网使用费）。

（2）客运专线等单纯经营客运业务的铁路企业及单纯为客运服务的生产单位，其主营业务"基础设施成本"和"其他成本"直接列入客运成本；单纯经营货物运输的铁路企业及单纯为货运服务的生产单位，其主营业务"基础设施成本"和"其他成本"直接列入货运成本。

（3）除直列成本外，其余主营业务"基础设施成本"中的工资及工资附加费，按直接列入客运成本、货运成本、行包成本的工资及工资附加费的比例分摊列入客运成本、货运成本、行包成本，除工资及工资附加费外的支出，按照旅客、货物、行包的周转量比例分摊列入。

（4）除直列成本外，其余主营业务"其他成本"中的工资及工资附加费，按直接列入客运成本、货运成本、行包成本的工资及工资附加费的比例分摊列入客运成本、货运成本、行包成本，除工资及工资附加费外的支出，按照旅客、货物、行包的周转量比例分摊列入。

客运成本、货运成本和行包成本的计算，以公式表达如下：

$$
\begin{aligned}
\text{客运成本} =\ & \text{主营业务"旅客运输成本"} - \text{付费支出} + \text{直接列入的纯客运铁路企业及生产单位的主营业务"基础设施成本"和"其他成本"} \\
& + \text{分摊列入的直营业务"基础设施成本"和"其他成本"}
\end{aligned}
$$

$$
\begin{aligned}
\text{货运成本} =\ & \text{主营业务"货物运输成本"} - \text{付费支出} - \text{货车修理支出} + \text{集装箱及篷布使用费} \\
& + \text{跨局机车牵引费收付费差（扣除接触网使用费）} +
\end{aligned}
$$

$$\frac{货车使}{用费} + \frac{直接列入的纯货运铁路企业及生产单位的}{主营业务"基础设施成本"和"其他成本"} + \frac{分摊列入的直营业务}{"基础设施成本"和"其他成本"}$$

$$\frac{行包}{成本} = \frac{主营业务}{"行包运输成本"} - \frac{付费}{支出} + \frac{跨局机车牵引费收付费差}{(扣除接触网使用费)} + \frac{分摊列入的直营业务}{"基础设施成本"和"其他成本"}$$

2. 客运总支出、货运总支出、行包总支出计算

1) 主营业务成本的分摊

上述客运成本、货运成本、行包成本分别直接列入客运总支出、货运总支出、行包总支出。

2) 期间费用及营业外支出、资产减值损失的分摊

客运专线等单纯经营客运业务的铁路企业及单纯为客运服务的生产单位，其期间费用、营业外支出、资产减值损失直接列入客运总支出。单纯经营货物运输的铁路企业及单纯为货运服务的生产单位，其期间费用、营业外支出、资产减值损失直接列入货运总支出。

其余管理费用、销售费用中的工资及工资附加费，按直接列入客运总支出、货运总支出、行包总支出的工资及工资附加费的比例分摊列入客运总支出、货运总支出、行包总支出；其余管理费用、销售费用中除工资及工资附加费以外的支出，以及直列后剩余的财务费用、营业外支出、资产减值损失按照旅客、货物、行包的周转量比例分摊列入。

客运总支出、货运总支出、行包总支出的计算，以公式表达如下：

$$\frac{客运总}{支出} = \frac{客运}{成本} + \frac{直接列入的纯客运铁路企业及生产单位的}{期间费用、营业外支出、资产减值损失} + \frac{分摊列入的期间费用、营}{业外支出、资产减值损失}$$

$$\frac{货运总}{支出} = \frac{货运}{成本} + \frac{直接列入的纯货运铁路企业及生产单位的}{期间费用、营业外支出、资产减值损失} + \frac{分摊列入的期间费用、营}{业外支出、资产减值损失}$$

行包总支出＝行包成本＋分摊列入的期间费用、营业外支出、资产减值损失

3. 单位成本和单位支出计算

1) 单位成本计算

单位成本是按运输产品计算的单位产品主营业务成本，以客、货、行运输成本和对应周转量计算得出。

$$单位旅客运输成本 = \frac{客运成本}{旅客周转量}$$

$$单位货物运输成本 = \frac{货运成本}{货物周转量}$$

$$单位行包运输成本 = \frac{行包成本}{行包周转量}$$

$$单位核算周转量成本 = \frac{客、货、行成本合计}{换算周转量}$$

2）单位支出计算

单位支出是按运输产品计算的单位产品运输总支出，以客、货、行运输总支出和对应周转量计算得出。

$$单位客运支出=\frac{客运总支出}{旅客周转量}$$

$$单位货运支出=\frac{货运总支出}{货物周转量}$$

$$单位行包支出=\frac{行包总支出}{行包周转量}$$

$$单位换算周转量支出=\frac{客、货、行运输总支出合计}{换算周转量}$$

（二）铁路运输成本的分析

1. 影响铁路运输成本的因素

铁路运输成本是一个综合性的经济指标，其影响因素很多，既有企业内部因素，又有企业外部因素；既有生产技术上的因素，又有经营管理上的因素；既有主观因素，又有客观因素，而且这些因素是相互联系、相互影响的。通过对影响铁路运输成本的主要因素进行分析，可以了解运输成本发生变化的原因，便于找到运输成本控制的途径和方式。

1）运量变化对运输成本的影响

铁路所完成的运量大小是影响铁路运输成本的一个重要因素。根据铁路运输成本和运营工作量之间的依存关系，铁路运输成本可以分为固定成本、变动成本和混合成本三大类。在一定时间里，当运营工作量在现有的业务能力范围内增长时，在其他如运营工作量和材料燃料消耗定额等条件不变的情况下，变动成本随着运量的增长而增长，而固定成本相对保持不变，但单位运营工作量所分摊的固定成本减少，从而使单位运输成本降低。固定成本所占的比重越大，单位运输成本降低的幅度也就越大。运营工作量影响总成本和单位成本。

2）运量结构对运输成本的影响

除了上述运量增减外，运量结构即各种运输运量所占比重变化也会影响运输成本。在换算吨公里成本中，因旅客运输成本和货运运输成本高低不同，当客、货运输周转量在换算周转量中所占比重有较大变化时，就会影响换算吨公里成本水平变化。在货物运输中，各种货物运输成本的差别也是比较大的。一般来说，如煤炭、矿石、木材等大宗货物的运输成本较低，而如石油、鲜活易腐货物、五金电器、贵重金属等高附加值货物的运输成本较高。当各种货物在货物周转量中比重发生变化时，就会影响总的货物运输成本水平。运输成本低的货物比重增加，平均运输成本会降低；反之，运输成本将提高。同样，在旅客运输成本中,各种列出和车辆的旅客人均公里数在旅客周转量中的比重发生变化时,也会影响到旅客运输成本的水平。

另外,针对一个铁路局而言,管内、输出、输入和通过四种运输成本所占比重的变化,也会影响运输成本水平的高低。一般来说,管内货物运输成本较高,通过货物运输成本较低。所以,当管内货物运输比重增加时,运输成本就会提高;通过货物运输比重增大时,运输成本就会降低。

3) 运输距离对运输成本的影响

按照运输作业过程,运输支出可分为始发作业费、到达作业费、中转作业费和运行作业费。始发、到达作业费与运输距离无关,不随距离的长短而变化。中转作业费和运行作业费却随着运输距离的长短而相应变化。因此,当运输距离延长时,虽然运输支出总额也会增加,但单位运输成本的始发、达到作业费却会减少,从而使单位运输成本降低;相反,运输距离短,单位运输成本就提高。

4) 客货流不平衡对运输成本的影响

从理论上讲,最经济的运输客货流是上、下行客货流量严格保持一致。

客货流在方向上的不平衡对运输成本有明显的影响。因为线路上、下行方向客货流量的不平衡,必然产生空车运行和单机运行,引起一系列有关费用的增加,影响设备和人力的利用效率,从而导致运输成本的提高。

此外,客货流在时间上的不平衡,即1年各季、各月间运量发生波动,也对运输成本有影响。由于铁路技术设备和人员本来是以运量大时的需求来安排的,在运量较小的时间内,就会发生设备及人员不能充分利用的情况,从而影响运输成本的水平。

5) 组织措施对运输成本的影响

在一定类型的技术设备条件下,通过加强运输组织工作和采用先进的工作方法,改进机车车辆运行水平,可显著降低运输成本。

(1) 机车车辆运行效率的影响。机车车辆运行效率指标变化对运输成本有重要影响。因为,运输支出中与运量有关的变动支出和机车车辆运行及检修工作量,以及机车车辆需要量是直接关联的,提高机车车辆运行效率,无论是提高货车载重量还是机车牵引力的利用程度,加速机车车辆周转,都可以使完成一定货物周转量的机车车辆工作量或机车车辆的需要量减少,从而使运输成本降低。机车车辆运行效率指标对运输成本的影响有两种情况:第一种情况是指标与成本呈正比例关系,例如空车运行率、机车辅助运行率等指标,这些指标的提高会降低影响运输成本的提高或降低;第二种情况是指标与运输成本呈反比例关系,例如重车动载重、列车平均总重、列车旅行速度等指标,这些指标的提高会使运输成本降低。

（2）劳动生产率的影响。铁路是占用劳动力较多的一个运输部门。运营人员劳动生产率的高低，是影响运输成本的一个重要因素。由于工资薪酬在运输成本中占有相当比重，而工资薪酬的多少取决于职工人数和平均工资薪酬水平，所以提高劳动生产率可以节约活劳动的消耗。改善劳动组织，充分发挥员工的积极性和创造性，采用先进的操作方法，提高主要工种的劳动生产率，减少非生产人员所占的比重，就可以用较少的人力完成相同的运输任务，或以同样的人力完成更多的运输任务，从而节约人力，减少单位产品的工资薪酬支出，降低运输成本。

（3）材料、燃料和电力的消耗影响。在铁路运输生产过程中，生产动力特别是机车运行用燃料、电力和各项设备运用、维修用的材料数量是非常大的，其费用占运输支出的比重很大。采取各种措施，加强材料、燃料和电力的消耗定额管理，尽量节约各种物资的消耗，可显著降低运输成本。由于各项材料、动力消耗在工作量一定的情况下，与单位工作消耗定额呈正比，因此可以通过该项费用所占比重和消耗定额减少幅度来计算对运输成本的影响。

6）铁路技术设备对运输成本的影响

铁路运输各种技术设备的状态，直接影响运输成本水平。因为运输设备的运用和修理费、折旧费是运输成本的重要组成部分，采用不同的设备，这些费用的多少是不相同的。一般来说，采用先进技术设备，其生产效率提高，人力物力消耗减少，成本也就较低。例如，在铁路线路上部建筑中采用重型钢轨、铺设混凝土轨枕、增加道床厚度等，都可以减少维修费用。又如，进行牵引力改造、逐步采用大功率内燃和电力机车、使用大型货车等，都可以因其本身的技术改进，使运输成本降低。

先进的运输设备对运输成本的影响是通过提高设备运行效率和劳动生产率，以及节约材料、燃料等消耗来实现的，这和采用组织措施与先进工作方法来降低运输成本是相辅相成的。先进的技术设备必须有相应的组织措施和工作方法与之配合，才能充分发挥设备的效能。

2. 铁路运输成本分析的思路与方法

铁路运输成本分析分为日常分析、定期分析、专题分析、动态分析等形式，主要采用比较法、因素分析法、作业成本分析法、量本利分析法、回归分析法等方法，分析的内容通常涉及预算执行、盈亏和投入产出等情况。

1）成本预算执行情况分析

铁路运输企业要建立健全经济活动分析制度，检查和评价成本、费用预算执行情况，将本期运输成本有关指标与预算比较，查找节约和超支的具体原因，提出并落实改进经营管理的各项措施。

也可以同时将本期运输成本有关指标与历史水平（主要是上年同期水平）、与上月等进行比较。

2）盈亏分析

也就是收支配比，主要是支出的增减与收入的增减比较分析，列车开行盈亏分析、分线盈亏分析等。

3）投入产出分析

主要是机车车辆运用效率效益指标分析，机车车辆购置规模分析，分项的投入产出分析等。

以下运输企业成本因素分析和比较分析实例来源于广深铁路年度财务报告中的附注。

【例 3-5】　广深铁路（证券代码：601333）2014 年财务报告"董事会关于公司报告期内经营情况的讨论与分析"中，对主营业务成本和其他业务成本的分析，见表 3-7。

表 3-7　　　　　　　　　**成 本 分 析 表**　　　　　　金额单位：人民币元

分行业	成本构成项目	本期金额	本期占总成本比例（%）	上年同期金额	上年同期占总成本比例（%）	本期金额较上年同期变动比例（%）
主营业务	设备租赁及服务费	3 683 719 494	31.94	4 222 328 882	36.68	−12.76
主营业务	工资及福利	3 409 472 328	29.56	3 030 190 524	26.32	12.52
主营业务	固定资产折旧	1 401 962 421	12.15	1 387 538 969	12.05	1.04
主营业务	物料及水电消耗	1 310 106 009	11.36	1 587 251 276	13.79	−17.46
主营业务	维修及线路绿化费用	905 398 085	7.85	501 487 460	4.36	80.54
主营业务	旅客服务费	448 490 325	3.89	412 141 745	3.58	8.82
主营业务	其他	375 642 003	3.25	370 140 310	3.22	1.49
主营业务	小计	11 534 790 665	100.00	11 511 079 166	100.00	0.21
其他业务	工资及福利	349 492 560	40.88	386 191 960	43.68	−9.50
其他业务	物料及水电消耗	306 127 467	35.80	338 546 855	38.29	−9.58
其他业务	固定资产折旧	20 650 518	2.42	20 491 392	2.32	0.78

（续表）

分行业	成本构成项目	本期金额	本期占总成本比例（%）	上年同期金额	上年同期占总成本比例（%）	本期金额较上年同期变动比例（%）
其他业务	其他	178 721 653	20.90	138 928 406	15.71	28.64
其他业务	小计	854 992 198	100.00	884 158 613	100.00	−3.30
	合计	12 389 782 863	—	12 395 237 779	—	−0.04

- 主营业务成本增减变化的主要原因为：(a)因公司开行的长途车有所减少以及全国铁路路网清算单价下降,设备租赁及服务随之减少；(b)铁路客货运输从业人员增加、行业性工资上调以及住房公积金和社会保险缴费基数提高,工资及福利支出增加；(c)因铁路运输行业自 2014 年 1 月 1 日起实施"营改增"试点政策带来物资采购方面的税负下降以及报告期内机车牵引工作量有所减少,物料及水电消耗支出随之减少；(d)动车组、机车及客车维修工作量增加,维修费用随之增加；(e)自 2013 年 6 月 15 日全国铁路货运实行"一口价"收费政策后,与货物运输相关的接取送达、装卸搬运等两端服务统一作为货运业务处理,因此相关的成本纳入主营业务成本核算。
- 其他业务成本下降的主要原因为：自 2013 年 6 月 15 日全国铁路货运实行"一口价"收费政策后,与货物运输相关的接取送达、装卸搬运等两端服务统一作为货运业务处理,因此相关的成本纳入主营业务成本核算。

对费用的分析,见表 3-8。

表 3-8　　　　　　　　　　　　　费　　用　　　　　　金额单位：人民币元

项目名称	2014 年	2013 年	同比增减（%）	主要变动原因分析
营业税金及附加	90 978 306	394 922 122	−76.96	自 2014 年 1 月 1 日起,铁路运输行业实施"营改增"试点政策,铁路运输收入不再缴纳营业税。
销售费用	9 019 450	20 179 321	−55.30	—
管理费用	1 262 180 040	1 117 031 144	12.99	随着行业性工资上调以及住房公积金和社会保险缴费基数提高,列入管理费用的工资及福利支出增加。
财务费用净额	55 743 745	50 003 140	11.48	银行存款利息收入减少所致。
所得税费用	219 506 867	430 669 824	−49.03	税前利润总额随营业收入减少而减少所致。

收入、成本、毛利率变动幅度,见表 3-9。

表 3-9　　　　　　　　收入和成本、费用的增减幅度对比　　　　　单位：人民币元

分行业	营业收入	营业成本	毛利率（%）	营业收入比上年增减（%）	营业成本比上年增减（%）	毛利率比上年增减（个%）
主营业务	13 783 207 779	11 534 790 665	16.31	−6.21	0.21	−5.36
其他业务	1 017 573 097	854 992 198	15.98	−7.86	−3.30	−3.96
合　　计	14 800 780 876	12 389 782 863	16.29	−6.33	−0.04	−5.26

阅 读 文 献

[1] 张惠岐,等. 国外铁路旅客运输收益管理的研究[J]. 铁道运输与经济,2013(7).

[2] 吴昊. 车站旅客服务成本与运输工作量相关性研究[J]. 铁道运输与经济,2012(9).

[3] 刘萍. 铁路运营活动与运输成本关系研究[J]. 铁道运输与经济,2011(5).

[4] 唐晓立. 加强企业物流管理 降低铁路运输成本[J]. 铁路采购与物流,2011(1).

[5] 陈景东,高学好. 铁路运输企业的税收筹划[J]. 铁道运输与经济,2010(11).

[6] 赵雪梅. 机车运用成本影响因素分析[J]. 铁道运输与经济,2009(6).

[7] 杨瑜,王怀相. 高速铁路运输综合成本测算研究[J]. 铁道工程学报,2009(1).

[8] 王秋杰. 铁路运输企业战略成本管理研究[D]. 哈尔滨理工大学硕士学位论文,2011.

[9] 张珑. 可持续发展下的中国铁路企业成本管理研究[D]. 中国人民大学硕士学位论文,2010.

[10] 俞蒙. 铁路运输企业内部控制体系[M]. 北京:中国财政经济出版社,2011.

[11] 钱吉奎. 铁路运输企业管理[M]. 北京:中国铁道出版社,2010.

复 习 思 考 题

1. 铁路运输总支出包括哪些内容？

2. 铁路运输企业的成本计算对象是什么？

3. 铁路运输生产经营过程中发生的各种耗费,按成本、费用要素划分为哪些类别？

4. 铁路运输主营业务成本分为哪些类别进行核算？

5. 铁路运输间接生产费如何进行核算？

6. 铁路运输企业的成本费用报表一般包括哪些？

7. 铁路运输成本计算包括哪些内容？

8. 影响铁路运输成本的因素主要有哪些？

第四章 水路运输企业成本核算

【本章概要】

　　水路运输企业生产经营过程中发生的各种耗费支出,按其服务对象不同,划分为直接成本和间接成本。直接成本均在主营业务成本科目中进行核算,根据不同业务再分设不同的明细科目,如:运输支出、堆存支出、装卸支出等。不同类型的水路运输企业间接成本设置上有所区别,水路运输企业的间接成本的特点为:科目种类繁多,科目核算内容复杂,同一支出在不同类型企业中归属的科目也不同。除了各类企业普遍设置的营运间接费用、辅助营运费用、集装箱固定费用等科目之外,海洋运输企业的间接支出还特别设置了船舶固定费用、船舶共同费用等科目,内河运输企业则设置船舶维护费用,用于体现不同类别运输业务的特点。当然,间接成本的分配标准和分配方法也有一定的差别,因此不同类型企业的成本核算对象、会计期间和成本计算单位也有所不同。

第一节 水路运输企业成本核算的特点及内容

　　水路运输是利用船舶等水运工具,在江、河、湖、海及人工运河等水道运输旅客、货物的一种运输方式。水路运输企业主要包括在中华人民共和国境内的从事旅客、货物的内河、海洋运输业务的水上运输企业(简称"航运企业")和从事旅客接送、货物装卸、堆存及相关港务管理业务的港口、码头企业(简称"港口企业")。本书所指的水路运输企业主要指航运企业,该类企业的主要经营业务为水路航运运输业务,主要包括内河运输和海洋运输,如图4-1所示。

　　内河运输是指使用船舶和其他水运工具在国内江、河、湖泊进行的旅客及货物运输,该类运输业务的载运能力大,能耗少,运输成本低廉,受自然条件影响较大,连续性差,速度较慢。海洋运输根据船舶航行的海域范围,分为沿海运输和远洋运输。沿海运输是指使用船舶和其他水运工具沿国内海岸线进行的旅客及货物运输,该类运输业务运输能力大、运输成本低廉;运输速度比内河航运快。

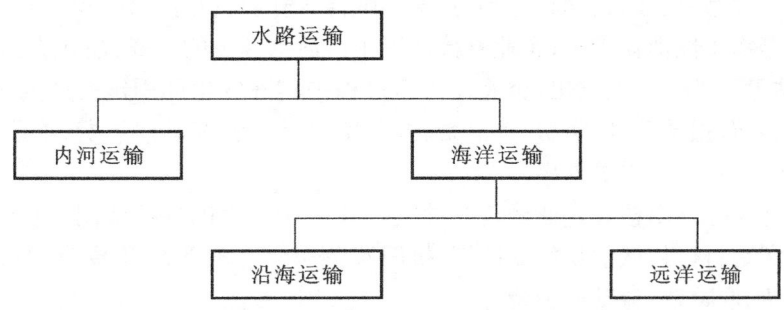

图 4-1 水路运输企业类型分类

远洋运输是指国际间的海上客货运输,该类运输主要为国际贸易服务,其特点基本上和沿海运输相同。船舶航行水面上进行货物运输,受自然条件和气候的影响较大,因此遇险的可能性也大。故该类企业的初次资本投入、船舶的后续养护支出以及保险损失等占企业成本费用的主要部分。

一、水路运输企业的成本构成

水路运输企业的耗费包括营业成本、营业税金及附加、期间费用和营业外支出,如图 4-2 所示。

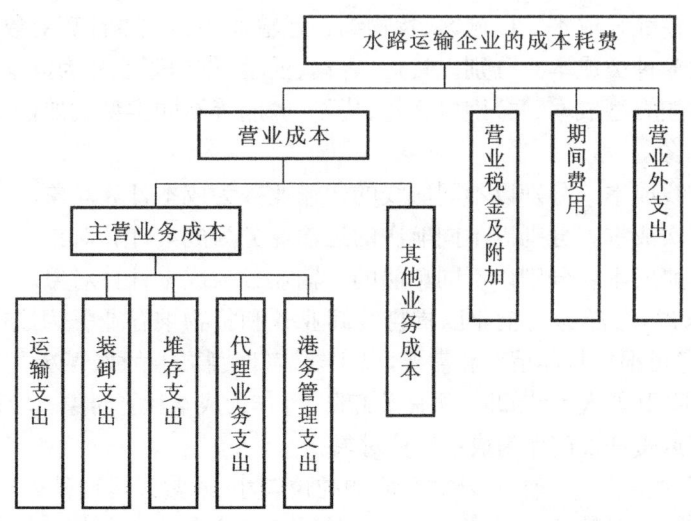

图 4-2 水路运输企业的成本耗费

水路运输企业的营业成本包括主营业务成本和其他业务成本。对于水路运输企业而言,主营业务成本主要是指运输支出,包括企业在营运生产过程中实际消耗的各种燃料、油料、润料等动力,备品配件、垫隔材料等材料,动力照明、低值易耗品等物质性消耗支出;企业直接从事生产活动人员的工资、福利费、奖金、津贴、补贴等人工劳务性支出;企业在营运过程中实际发生的固定资产的折旧费、修理费、经营租赁费、取暖费、水电费、办公费、保险费、劳动保护费、季节性以及修理期间的停工损失等支出。

代理业务支出核算企业经营各种代理业务所发生的各项费用,包括:工资、职工福利费、材料、低值易耗品摊销、折旧费、水电费、修理费、租赁费、差旅费、业务票据费、取暖费、劳动保护费等。

装卸支出、堆存支出、港务管理支出的具体项目和运输支出类似。

其他业务成本包括水路运输企业从事材料销售、租赁、救援等业务发生的相关费用,包括和这些业务相关的职工薪酬、差旅费、办公费、通讯费、折旧费、修理费、低值易耗品摊销等。

营业税金及附加、期间费用以及营业外支出等方面的内容都与一般运输企业无异,在此不再赘述。

二、水路运输企业成本核算的特点

（一）成本计算对象

通常,水路运输企业的成本计算对象可以依情况分为以下几类:

（1）运输综合成本。以旅客、货物综合运输业务为成本计算对象。

（2）运输种类成本。分别以货运、客运、油运、排运等业务为成本计算对象。

（3）船舶类型成本。分别以客轮、货轮、驳船等不同类型的船舶运输业务为成本计算对象。

（4）航线成本。分别以不同航线的运输业务为成本计算对象。

（5）航次成本。分别以不同航次的运输业务为成本计算对象。

（6）单船成本。分别以不同单船的运输业务为成本计算对象。

一般来说,海洋运输企业以货物装卸业务和货物堆存业务为成本计算对象的,装卸业务可根据具体情况和需要,以主要装卸货物的品种(煤炭、粮食、集装箱等)或责任部门(如人工装卸队、机械装卸队)等作为成本计算对象。堆存业务可以装卸作业区或责任部门作为成本核算对象。

内河运输企业由于航行线路短,船舶吨位较小,通常以运输种类(客运、货运、油运、排运等)或船舶类型(客轮、货轮、油轮、拖轮等)为成本计算对象;对于吨位较大的船舶也可单独进行单船归集。

沿海运输企业则一般计算单船成本,并在此基础上定期或者不定期地计算客运和货运成本;远洋运输企业由于航次时间较长,船舶大,各会计期间运输量和运输费用相差较大,成本计算一般以单船单航次为对象。

（二）成本计算期

沿海和内河运输的航次较短,未完航次的费用比较少,也比较稳定,所以,一般以月、季、年作为成本计算期。

远洋运输企业的航次普遍较长,因而远洋航次的成本计算期为每个航次的时间。远洋运输企业只计算报告期内已完成的航次成本,而将未完成的航次的运输费用转入下一期。

（三）成本计算单位

水路运输企业营运业务的运输单位成本是以运输总成本除以运输周转量得到的。

$$\text{水路运输企业营运业务的运输单位成本} = \text{运输总成本} \div \text{客货运输换算周转量（千换算吨公里/海里）}$$

$$\text{水路运输企业客运单位成本} = \text{客运总成本} \div \text{客运周转量（千人公里/海里）}$$

$$\text{水路运输企业货运单位成本} = \text{货运总成本} \div \text{货运周转量（千吨公里/海里）}$$

水路运输综合成本计算单位为千换算吨公里/海里。客运、货运周转量换算比例如下:

沿海运输、内河运输企业:

$$\text{1个铺位人公里或者3个座位人公里} = \text{1吨公里}$$

远洋运输企业:

$$\text{1人海里} = \text{1吨海里}$$

（四）成本核算项目

水路运输企业的成本主要为直接成本和间接费用之和。直接成本主要指和航行有关的,有明确服务对象的费用,即船舶航行成本或者是航次运行成本。间接费用除了包括营运间接费用、辅助营运费用、集装箱固定费用等科目之外,还依照不同类型企业特点,设置船舶维护费用（内河运输企业）、船舶固定费用、船舶共同费用（海洋运输企业）等。

综上所述,以上具体内容总结见表4-1。

表4-1　航运业务的成本计算对象、计算期、计算单位与主要成本项目

项 目	海洋运输企业	内河运输企业
成本计算对象	（1）运输综合业务:旅客、货物运输。 （2）客、货的运输业务:分别客运、货运（包括集装箱、干货、散货、油运、排运等）。 （3）单船（或船舶类型）:不同的船舶（或船舶类型）的运输。 （4）航次运输业务成本:经营船舶航次的运输。 （5）航线运输业务成本:经营船舶航行的不同区域、线路的运输	

(续表)

项 目	海洋运输企业	内河运输企业
成本计算期	航次(远洋)、会计期(沿海)	会 计 期
成本计算单位	(1) 运输综合成本:千换算吨/公里(海里)。 (2) 客运成本:千人/公里(海里)。 (3) 货运成本:千吨/公里(海里)。 (4) 集装箱运输成本:千标准箱海里(空箱不计)	
主要成本项目	**（一）航次运行费用** 1. 燃料费　2. 港口费　3. 货物费 4. 集装箱货物费　5. 中转费 6. 客运费　7. 垫隔材料费 8. 速遣费　9. 事故损失费 10. 航次其他运行费用 **（二）船舶固定费用** 1. 工资　2. 职工福利费　3. 润料 4. 物料　5. 船舶折旧费　6. 船舶修理费　7. 保险费　8. 税金 9. 船舶非营运期费用:① 燃料　② 港口费用　③ 其他非营运期费用 10. 船舶共同费用:① 工资　② 职工福利费　③ 职工教育经费　④ 养老保险基金　⑤ 工会经费　⑥ 失业保险基金　⑦ 船员服装费　⑧ 船员差旅费　⑨ 文体宣传费　⑩ 单证资料费　⑪ 电信费　⑫ 研究试验费　⑬ 专有技术使用费　⑭ 营运间接费用　⑮ 其他船舶共同费用 11. 其他船舶固定费用 **（三）集装箱固定费用** 1. 集装箱费用:① 空箱保管费　② 集装箱折旧费　③ 集装箱修理费　④ 集装箱租费　⑤ 集装箱保险费　⑥ 底盘车费用分摊　⑦ 其他集装箱固定费用 2. 底盘车费用:　① 底盘车保管费　② 底盘车折旧费　③ 底盘车修理费　④ 底盘车保险费　⑤ 底盘车租费　⑥ 其他底盘车固定费用 **（四）船舶租费、舱(箱)位租费** 1. 期租费　2. 程(航次)租费　3. 光租费　4. 舱(箱)位租费	**（一）船舶航行费用** 1. 燃料　2. 港口费　3. 工资 4. 润料　5. 物料　6. 职工福利费 7. 航养费　8. 过闸、翻坝费　9. 运输管理费　10. 折旧费　11. 修理费 12. 保险费　13. 租费　14. 税金 15. 劳动保护费　16. 事故损失费 17. 其他费用 **（二）船舶维护费用** 1. 工资 2. 职工福利费 3. 燃料 4. 材料 5. 保卫费 6. 破冰费 7. 其他费用 **（三）集装箱固定费用** 1. 折旧费 2. 修理费 3. 保管费 4. 保险费 5. 租费 6. 其他费用

（五）成本费用核算的主要账户设置

从成本计算的需要出发，各类水运企业营运费用主要分为直接成本和间接成本，具体的核算科目如表 4-2 所示。

表 4-2　　　　不同类别的水路运输企业会计科目设置一览表

企业类别	海洋运输企业	内河运输企业	港 口 企 业
直接成本	主营业务成本——运输支出（即航次运行费用）	主营业务成本——运输支出（即船舶航行费用）	(1) 主营业务成本——装卸支出 (2) 主营业务成本——堆存支出 (3) 主营业务成本——港务管理支出
间接成本	船舶固定费用 船舶共同费用 集装箱固定费用 营运间接费用 船舶租费	船舶维护费用 集装箱固定费用 辅助营运费用 营运间接费用 船舶租费	(1) 辅助营运费用 (2) 营运间接费用
期间费用	营业费用　管理费用 财务费用	营业费用　管理费用 财务费用	营业费用　管理费用 财务费用
其他	其他业务支出	其他业务支出	其他业务支出

第二节　水路运输企业直接成本的确认与归集

一、直接成本核算账户

水路运输企业的直接成本是指企业在运输、装卸或者其他业务中发生的能直接计入某成本计算对象的费用。在运输企业营运成本的构成中，没有像工业产品成本那样具有构成产品实体并占相当高的比重的原材料和主要材料，而多是与运输工具使用有关的费用，如燃料、修理、折旧等支出。所以，在一定时期内的运输生产成本可视为这一期间的产品销售成本。而根据现行会计制度，这些成本在运输企业的"主营业务成本"科目中核算。

一般来说，水路运输企业成本核算需要按照业务设置"主营业务成本——运输支出\装卸支出\堆存支出\代理业务支出\港务管理支出""其他业务成本"等科目。

二、直接成本核算的内容

(一)主营业务成本——运输支出

"主营业务成本——运输支出"科目核算沿海、内河、远洋运输企业经营旅客、货物运输业务所发生的各项费用支出。该科目应按成本计算对象(如船舶的类型、单船或者航线等)设立明细账,并按规定的成本项目进行明细核算,主要包括:

(1)企业在营运生产过程中实际消耗的各种燃料、油料、润料等动力,备品配件、垫隔材料等材料,专用工器具等物件,动力照明、低值易耗品等物质性消耗支出。

(2)企业直接从事营运生产活动人员的工资、福利费、奖金、津贴和补贴。

(3)企业在营运生产过程中发生的固定资产折旧费、修理费、经营租赁费、取暖费、水电费、办公费、保险费、劳动保护费、季节性以及修理期间的停工损失等支出。除此之外,水路运输企业的营运成本还包括下列费用:引水费、港务费、停泊费、代理费、理货费、拖轮费、开关舱费、扫舱费、翻舱费、洗舱费、烘舱费、转口费、倒载费等港口使用费。集装箱费用、破冰费、船舶检验费、速遣费、旅客接送费、水路运输管理费、航道养护费、灯塔费,以及航行国外及港澳地区船舶发生的吨税、过境税、运河费等营运性支出。

该科目的借方登记的是,能直接计入成本核算对象的运输业务的各种直接耗费和按照一定标准分配到各个成本核算对象的间接耗费。其中,能直接计入成本核算对象的直接耗费有燃料、工资、港口费等船舶航次费用;按照一定标准分配到各个成本核算对象的间接耗费是指那些不能直接计入成本核算对象的其他费用,这些费用首先应在"辅助营运费用"等间接费用科目中进行归集和核算,期末企业再将这些间接费用按照一定的分配标准,分配计入各有关的成本核算对象的成本中去。

该科目的期末余额应作为损益类科目结转至"本年利润"科目的借方,结转后该科目一般无余额。远洋运输企业按已完成航次作为核算期并结转成本的,其期末未完成航次所发生的费用,则可保留在该科目内。具体账户结构如下:

借方	主营业务成本——运输支出	贷方
期初余额		
(1) 直接计入成本对象的直接费用 (2) 按一定标准分配的间接费用(由分配的"辅助营运费用""营运间接费用""船舶固定费用""船舶维护费用""集装箱固定费用""船舶共同费用"等科目转入)	(1) 期末结转至"本年利润"	
期末余额		

（二）主营业务成本——装卸支出

"主营业务成本——装卸支出"科目核算海洋、内河运输企业因经营装卸业务所发生的各项费用支出。该科目应按照专业作业区、货种或者规定的成本项目进行明细核算。企业经营装卸业务所发生的各种耗费，应该按相应的成本计算对象和规定的成本项目进行汇集。凡是直接能计入成本核算对象的装卸费用支出，记入该科目的借方；对于不能直接计入成本对象的费用，则应先通过"营运间接费用"等科目归集和核算。期末，再将这些间接费用按照一定的标准进行分配，按照相应的成本核算对象记入本科目的借方。会计期末，应将损益类科目的"装卸支出"科目的余额结转入"本年利润"账户的借方，结转后该科目无余额。具体账户结构如下：

借方	主营业务成本——装卸支出	贷方
（1）直接计入成本对象的直接费用 （2）按一定标准分配的间接费用	（1）期末结转至"本年利润"	

（三）主营业务成本——堆存支出

"主营业务成本——堆存支出"科目核算企业因经营仓库和堆场业务所发生的费用支出。该科目应按照装卸作业区、仓库、堆场设备种类和规定的成本项目进行明细核算。企业经营堆存业务所发生的各项费用，应按照成本计算对象和规定的成本项目予以归集。各项直接费用和间接费用的财务核算与"主营业务成本——运输支出""主营业务成本——装卸支出"科目相同。具体账户结构如下：

借方	主营业务成本——堆存支出	贷方
（1）直接计入成本对象的直接费用 （2）按一定标准分配的间接费用	（1）期末结转至"本年利润"	

（四）主营业务成本——代理业务支出

"主营业务成本——代理业务支出"科目核算企业经营各种代理业务所发生的各项费用支出。包括：执行代理业务人员的工资、福利费、材料、低值易耗品、折旧费、水电费、修理费、租赁费、差旅费、业务票据费、取暖费、劳动保护费等。该科目应按照代理业务的种类和规定的成本项目进行明细核算。企业经营代理业务所发生的各项费用，应按照成本计算对象和规定的成本项目予以归集。各项直接费用和间接费用的财务核算与"主营业务成本——运输支出""主营业务成本——装卸支出"科目相同。具体账户结构如下：

借方	主营业务成本——代理业务支出	贷方
（1）直接计入成本对象的直接费用 （2）按一定标准分配的间接费用	（1）期末结转至"本年利润"	

（五）主营业务成本——港务管理支出

"主营业务成本——港务管理支出"科目核算海洋、内河运输企业所发生的各项港务管理支出。期末，该科目作为损益类科目，余额转入"本年利润"科目，结转后，该科目无余额。

具体账户结构如下：

借方	主营业务成本——港务管理支出	贷方
（1）直接计入成本对象的直接费用 （1）本期分配的港务管理支出	（1）期末结转至"本年利润"	

三、直接成本核算举例

（一）水路运输企业的直接成本的计算

水路航运企业的直接成本即为航次运行费用，亦称船舶航行费用。内河、沿海及远洋运输企业所发生的船舶费用均在"主营业务成本——运输支出"科目中归集。

客、货轮航次运行费用中，可以直接由客运和货运负担的费用，应直接分别计入客运成本和货运成本，如货物费、中转费、垫隔材料、速遣费、货损货差损失等，直接计入货运成本；而客运费、旅客伤亡事故损失等则直接计入客运成本。客、货轮船舶固定费用中凡可以直接由客运和货运负担的费用（如客运业务员、货运业务员的工资及福利费等），也应直接分别计入客运成本和货运成本。

客、货轮航次运行费和船舶固定费用中，凡不能直接计入客运、货运成本的共同性费用，企业应运用职业判断，采用一定的分配方法分配计入客运成本和货运成本。

（二）水路运输企业直接成本的会计处理

1. 企业耗用的燃料、润料的核算

水路运输业在流动资产中，存货品种和种类都较少，对存货管理的要求也较低，一般采用实际成本法进行存货计价，有时也可以根据需要采用计划成本法进行存货计价。燃料和备品配件是水路运输企业最重要的存货，在存货中占的比重较大，因此，加强对油耗的控制管理就成了水路运输企业存货管理最重要的内容。满油箱制油耗和盘存制油耗是水路运输企业的两种重要的燃料盘存制度。

　　企业耗用的燃料、润料应根据实际情况与方法来计量本期的实际消耗数,按企业需求设库存和船存明细。

　　企业船舶领用及外购燃料,应作为"船存燃料"处理,不得以领代耗。期末应实地盘点,查明存量,根据轮机日志计算、填制轮机报告,填明燃料上期结存,本期补给,本期结存的数量,经审核后,送交财会部门汇总编制"燃、润料消耗汇总表"。

　　装卸机械燃料的实际消耗,可采用"满油箱制"等办法,即在月初、月末和没单次油箱加满的前提下,当月各次加油的累计数就是当月燃料实际消耗数。因为这样车存燃料是一个固定数,即油箱的容积多少,车存燃料的数量就是多少(即领用即耗用)。实行油票管理办法的,每月由供应部门按定额发给司机油票,月末结算。

　　月末,企业财会部门应根据有关部门提供的原始凭证和"燃、润料消耗汇总表",核算本月运输船舶、装卸机械等实际耗用的燃、润料,按照成本计算对象和成本责任部门,分别计入有关业务成本或期间费用。

　　运输船舶耗用的燃、润料,应由相关的运输业务成本负担,记入"主营业务成本——运输支出"中的"燃料"和"船舶固定费用"中的"润料"项目。有封冻、枯水等非通航期的企业,非通航期用于船舶照明、取暖等所耗用的燃料,记入"船舶维护费"中的"燃料"项目。因发生洪水或建设水利、水电设施造成断航的,船舶在断航期用于船舶照明、取暖等所耗用的燃料,记入"营业外支出"项目。

　　企业的辅助营运部门及企业自营港埠、船队等耗用的各种燃料,应记入"辅助营运费用"和"营运间接费用"的有关成本项目,并按规定的分配方法,计入有关营运业务成本或期间费用。企业行政管理部门所耗用的各种燃、润料,记入"管理费用"中的有关项目。

　　1)满油箱制的核算

　　【例4-1】 顺水运输公司系一内河水路运输企业,其燃料换算采用满油箱制度,201×年3月末,企业根据原始凭证和"燃、润料消耗汇总表",核算本月运输船舶等实际耗用的燃、润料。具体耗用情况如表4-3所示。

表4-3　　　　　　　　　　　**满油箱制下燃料耗用计算总汇**

领用单位或用途	成　本(元)
客运一船	35 000
货运一船	50 000
企业交通船	7 500
对外销售	100 000
合　　计	187 500

借：主营业务成本——运输支出——客运　　　　　　　　　　　　　　35 000

　　　　　　　　　　　　　　　　——货运　　　　　　　　　　　　　　50 000

　　辅助营运费用　　　　　　　　　　　　　　　　　　　　　　　　　7 500

　　其他业务支出　　　　　　　　　　　　　　　　　　　　　　　　100 000

　　贷：原材料——燃料　　　　　　　　　　　　　　　　　　　　　　187 500

2）盘存制的核算

当月实际耗用数＝月初船存油料数＋本月领用油料数－月末船存油料数

【例 4-2】 顺水运输公司采用盘存法管理制度，按计划成本计价进行燃料核算。月末，根据燃料领料凭证及船存燃料盘点表等有关资料编制的燃料耗用计算如表 4-4 所示。

表 4-4　　　　　　　　　　　　　**燃料耗用计算总汇**

领用单位	本月领用（升）	期初存油（升）	期末存油（升）	本期耗用（升）	计划成本（元）	成本差异（2%）（元）
客　船	55 000	3 000	2 000	56 000	336 000	6 720
货　船	88 000	3 500	5 500	86 000	516 000	10 320
交通船	4 000			4 000	24 000	480
外　销	3 500			3 500	21 000	420
合　计	150 500	6 500	7 500	149 500	897 000	17 940

（1）油库向船队发出燃料时，按计划单位成本 6 元/升将"库存"转为"船库"：

借：原材料——燃料——船存　　　　　　　　　　　　　　　　　858 000

　　贷：原材料——燃料——库存［（55 000＋88 000）×6］　　　　858 000

（2）油库向交通船发出燃料和对外销售燃料时：

借：辅助营运费用　　　　　　　　　　　　　　　　　　　　　　24 000

　　其他业务支出　　　　　　　　　　　　　　　　　　　　　　21 000

　　贷：原材料——燃料——库存　　　　　　　　　　　　　　　　45 000

（3）结转本月船队耗用燃料计划成本时：

借：主营业务成本——运输支出——客运　　　　　　　　　　　　336 000

　　　　　　　　　　　　　　　　——货运　　　　　　　　　　　516 000

　　贷：原材料——燃料——车存　　　　　　　　　　　　　　　852 000

（4）结转本月材料成本差异时：

借：主营业务成本——运输支出——客运　　　　　　　　　　　6 720

　　　　　　　　　　　　　　——货运　　　　　　　　　　　10 320

　　辅助营运费用　　　　　　　　　　　　　　　　　　　　　480

　　其他业务支出　　　　　　　　　　　　　　　　　　　　　420

　　贷：材料成本差异　　　　　　　　　　　　　　　　　　　17 940

2. 客、货运业务核算

　　水路运输企业的客、货运业务的耗费若是可以直接由客运和货运成本负担的，应分别直接计入客货轮客运和客货轮货运成本。客货轮费用中不能直接计入客运或货运成本的共同性费用，应按客货运换算周转量的比例分摊。在归集和分配过程中，企业应注意分配标准的选择和标准之间的正确换算。

　　具体公式如下：

每千换算吨公里费用＝客货轮船舶直接费用÷客货运换算周转量(千换算吨公里)

客货轮客运应负担费用＝ 每千换算吨公里费用×客货轮客运换算周转量(千换算吨公里)

客货轮货运应负担费用＝每千换算吨公里费用×客货轮货运换算周转量(千换算吨公里)

　　【例4-3】　顺水运输公司的航次运行费按照客轮、货轮、客货轮、油轮等船舶类型归集，平时根据有关原始凭证费用分配表计入不同船舶的运输支出中，期末将上述按船舶类型归集的费用，再根据运输种类按一定标准进行分配，分别由客运、货运、油运等运输种类分摊。假设编制客货轮船费用分配表如表4-5所示，根据分配表编制分配船舶费用的会计分录：

表4-5　　　　　　　　　**客货轮船舶费用分配表**

201×年3月

项　目	单　位	数　量
客货轮船舶费用	元	240 000
客货轮营运人公里(定额铺位)	千人公里	100
客货轮营运人公里(定额座位)	千人公里	240
客货轮营运吨公里(定额载货吨)	千吨公里	80
总换算吨公里*	千换算吨公里	260
千换算吨公里费用	元	923.08
应分配给客运	元	166 153.85
应分配给货运	元	73 846.15

＊总换算吨公里＝100＋240÷3＋80＝260。

借：主营业务成本——运输支出——客运   166 153.85

          ——货运   73 846.15

  贷：主营业务成本——运输支出——客货轮   240 000.00

【例 4-4】 顺水运输公司拖轮的船舶费用通常按"每营运马力拖轮费用"和"使用拖轮马力天数"在拖驳客运、拖驳货运、拖驳油运之间计算分配。各拖驳运输种类成本负担的拖轮船舶费用，加上各自的驳船船舶费用，就是拖驳运输种类的船舶费用总额。假设编制拖轮、驳船船舶费用分配表如表 4-6 所示，根据分配表编制分配拖轮和驳轮费用的会计分录：

表 4-6   **拖轮、驳船船舶费用分配表**

            201×年 3 月   单位:元

项　　目	拖轮船舶费用			驳船船舶费	船舶费用合计
	千马力天	每千马力天船舶费用	金额		
拖驳客运	150	200	30 000	25 000	55 000
拖驳货运	3 000	200	600 000	510 000	1 110 000
拖驳油运	1 500	200	300 000	190 000	490 000
合　　计	4 650		930 000	725 000	1 655 000

借：主营业务成本——运输支出——拖驳客运   55 000

          ——拖驳货运   1 110 000

          ——拖驳油运   490 000

  贷：主营业务成本——运输支出——拖轮   930 000

          ——驳船   725 000

3. 装卸业务核算

水路运输企业可以按照不同业务进行成本核算，如果企业经营装卸业务，将其发生的成本费用单独归集和核算，则应分机械装卸和人工装卸编制装卸成本计算表核算装卸成本。装卸业务发生的工资、福利费、燃料、材料、折旧费、劳动保护费、外付装卸费、修理费以及有关费用均记入"主营业务成本——装卸支出"项目，据以计算装卸总成本和单位成本。装卸成本计算如表 4-7 所示。

【例 4-5】 某港口企业的装卸成本表及其计算。

装卸成本的计算程序和方法，以及计算用的各种分配表，与运输成本核算基本相同。装卸作业的单位成本为"元/千操作吨"，其计算公式如下：

表 4-7　　　　　　　　　　　　装卸成本计算表

编制单位：　　　　　　　　　　　201×年 3 月　　　　　　　　　　　　单位:元

项　目	本月实际	累计实际
一、装卸费用		（略）
应付职工薪酬——工资	860 000	
应付职工薪酬——福利费	120 400	
燃料	1 100 000	
材料	370 000	
折旧费	450 000	
修理费	160 000	
劳动保护费	70 000	
外付装卸费	90 000	
其他	120 000	
装卸总成本	3 340 400	
二、装卸作业量(千操作吨)	4 000	
三、单位成本(元/千操作吨)	835.1	

装卸单位成本(元/千操作吨)＝装卸总成本÷装卸操作量

会计处理如下：

期中，水路运输企业发生能直接计入成本计算对象的装卸支出、堆存业务支出、代理业务支出等时：

借：主营业务成本——装卸支出		3 340 400
贷：应付职工薪酬——工资		860 000
——福利费		120 400
原材料——燃料		1 100 000
——材料		370 000
累计折旧		450 000
营运间接费用		350 000
应付账款		90 000

当期期末，装卸支出应作为损益类科目结转至"本年利润"账户的借方，结转后该科目一般无余额。

借：本年利润		3 340 400
贷：主营业务成本——装卸支出		3 340 400

4. 堆存业务、代理业务核算

企业经营仓库和堆场业务所发生的各项费用,通过"主营业务成本——堆存支出"账户归集,并记入按成本项目设专栏的"堆存支出明细账",堆存业务发生的各项费用加上按规定分摊的营运间接费用即堆存业务的总成本。企业经营代理业务所发生的各项费用,通过"代理业务支出"科目归集,并记入按成本项目设专栏的"代理业务支出明细账",代理业务支出的计算和堆场业务支出类似,都只计算总成本,不必计算单位成本,也可以不编堆存业务、代理业务的成本计算表。

【例4-6】 某港口企业当月发生堆存业务支出如下:工资费用20 000元,福利费2 800元,燃料及动力费2 000元,材料费2 300元,折旧费5 000元,应分摊营运间接费用14 000元,则堆存业务总成本为:20 000+2 800+2 000+2 300+5 000+14 000=46 100(元)。会计处理如下。

期中,水路运输企业发生能直接计入成本计算对象的堆存业务支出时:

借:主营业务成本——堆存支出、代理业务支出	46 100
贷:应付职工薪酬——工资	20 000
应付职工薪酬——福利费	2 800
原材料——辅助材料(燃料及动力)	2 000
原材料——主要材料	2 300
累计折旧	5 000
营运间接费用	14 000

当期期末,堆存支出应作为损益类科目结转至"本年利润"科目的借方,结转后该科目一般无余额。

借:本年利润	46 100
贷:主营业务成本——堆存支出、代理业务支出	46 100

第三节 水路运输企业间接成本的确认与归集

一、间接成本核算账户

水路运输企业的间接成本是指企业在运输、装卸或者其他业务中发生的由多个成本核算对象负担的,不直接计入某成本计算对象的费用,如企业在营运生产过程中实际发生的固定资产的折旧费、修理费、经营租赁费、取暖费、水电费、办公费、保险费、劳动保护费、季节性以及修理期间的停工损失等支出。除此之外,还包括集装箱固定费用、不直接计入成本计算对象的船队费用、运输或港口企业发生的辅助船舶(包括由轮驳公司等集中管理的拖轮、驳船、浮吊、燃料物、供应船、交通船等所发生的辅助船舶费用)费用和港埠费用及企业辅助生产部门提供的维修劳务等。

各间接成本首先在各自的明细账进行归集,月末,沿海、内河运输企业根据成本计算要求或按直接费用的比例分配由运输、装卸、堆存和其他业务负担。远洋运输企业则按船归集,月末根据各船已完成航次和未完成航次的营运天数,分配由各航次承担的成本。

二、间接成本核算的内容

水路运输企业的间接成本科目依据不同类型企业不同业务,设置也不尽相同,总体来说,海洋、内河运输和港口企业之间既有共同的通设科目,核算的内容也大致一致,也有针对不同类型企业不同业务的专设科目,核算的内容差异也较大。具体分为以下几类。

(一)海洋、内河运输、港口企业通设科目——营运间接费用

"营运间接费用"科目核算企业营运过程中所发生的不能直接计入成本核算对象的各种间接生产费用和船队费用,如实行内部独立核算单位的船队、码头作业区管理费用、装卸队费用、自营港埠费用、船员管理部门费用以及相关杂费等。该科目应按照发生费用的不同部门设置明细科目,并分别按工资、职工福利费、燃料、润料、材料、低值易耗品、折旧费、修理费、办公费、水电费、业务费、差旅费等费用项目,设置专栏进行明细核算。

月中,企业按照具体业务,在发生营运间接费用时,借记"营运间接费用"科目,贷记"银行存款""应付职工薪酬""累计折旧"等科目。

期末,按照一定分配标准,将当期发生的营运间接费用在有关受益对象间进行分配。海洋运输企业借记"船舶共同费用——营运间接费用"科目,贷记该科目;内河运输企业借记"主营业务成本——运输支出"科目,贷记该科目;港口企业借记"主营业务成本——装卸支出\堆存支出\港务管理支出"等科目,贷记该科目。该科目分配后期末无余额。具体账户结构如下:

借方	营运间接费用	贷方
(1) 本期归集的各项营运间接支出	(1) 期末按一定标准结转分配至"主营业务成本——运输支出"(内河运输企业)或"船舶共同费用——营运间接费用"等成本费用类科目(海洋运输企业)	

(二)内河运输、港口企业共设科目——辅助营运费用

"辅助营运费用"核算航运企业、港口企业的辅助生产船舶所发生的辅助船

舶费用和企业其他辅助生产部门生产产品、提供劳务所发生的辅助生产费用。该科目一般应设置"辅助船舶费用"和"辅助生产费用"明细科目。

辅助船舶费用,是指运输、港口企业所属辅助营运部门为营运生产服务的辅助船舶发生的各项费用,包括由轮驳等部门集中管理的拖轮、驳船、浮吊、燃物料供应船、交通船等。辅助船舶费用应按单船(或船舶类型)设置三级明细科目,并按工资、福利费、燃料、润料、材料、折旧费、修理费、保险费、港口费、事故损失、税金、劳动保护费、其他等费用项目,设专栏进行明细核算。

辅助生产费用,是指企业所属辅助生产部门为营运生产提供工业性产品和劳务(如制造工具、备件,修理车、船、装卸机械,供应水、电、气等)所发生的各种辅助生产费用。企业可按辅助生产部门、生产的产品和劳务等设置三级明细科目,进行明细核算。

水路运输企业发生辅助营运费用时,先记入"辅助营运费用"科目的借方,贷记"应付职工薪酬""原材料——燃料\材料""营运间接费用"等科目。月末,按照规定的分配标准由各项受益业务对象负担时,借记"其他业务成本""主营业务成本——运输支出\装卸支出"等科目,贷记该科目。分配标准可以根据各部门生产的产品总成本和单位成本及提供劳务作业的劳务费进行确定,辅助生产的劳务费分配,应按受益部门进行。辅助生产部门之间相互提供的劳务作业,视其数量的大小,可进行交互分配,也可全部对外分配。

该科目结转后期末一般应无余额。若有余额,则反映从事工业性产品生产的辅助生产部门期末尚未完工的产品成本。T形账户列示为:

借方	辅助营运费用	贷方
(1) 本期归集的各项辅助营运费用		(1) 期末按一定标准结转分配至"主营业务成本——运输支出"等成本费用类科目
生产性辅助生产部门的未完工产品成本		

此外,企业发生的辅助船舶费用和其他辅助生产部门发生的产品、劳务成本,能直接计入各成本核算对象的,应直接计入有关成本对象的主营业务成本;不能直接计入的,按一定的分配标准分配计入各项成本对象的主营业务成本。

（三）海洋、内河运输企业通设科目——集装箱固定费用

集装箱固定费用是指为保证集装箱的良好使用状态所发生的经常性费用。"集装箱固定费用"科目核算企业自有或租入的集装箱在营运过程中发生的固定费用,包括集装箱的保管费、折旧费、修理费、保险费、租赁、底盘车费用以及其他费用等。其中,集装箱保管费,指空箱存放堆场支付的堆存费用,以及空箱在港口之间调运所发生的运送费;集装箱折旧费,指自有集装箱按集装箱价值和规定的折旧率

按月计提的折旧费;集装箱修理费,指修理集装箱所耗用的修理用配件、材料和其他修理费用;保险费指向保险公司投保集装箱安全险所支付的保险费用;底盘车费用指企业自有或租入的集装箱底盘车发生的保险费、折旧费、租金、保管费、修理费等。

另外,水路运输企业发生的集装箱货物费(包括集装箱装卸、绑扎、拆箱、换装、整理等费用)则直接计入"主营业务成本——运输支出"科目,不通过该科目核算。

该科目应该按集装箱类型和底盘车存放的港口、地区或国家分别设置明细账,并分别对集装箱费用(按空箱保管费、折旧费、修理费、保险费、租费、底盘车费用分摊、共同费用分摊、其他等费用项目)和底盘车费用(按底盘车保管费、折旧费、修理费、保险费、租费、其他等费用项目)设置三级明细科目进行核算。对于不能直接按港口、地区或国家归集的集装箱租金、折旧费、修理费等费用的核算,应单独设置"集装箱共同费用"明细科目核算。

集装箱固定费用科目借方用来归集平时发生的集装箱固定费用,业务发生时借记该科目,贷记"银行存款""应付账款""累计折旧""其他应付款"等科目。月末,应将通过"集装箱共同费用"明细科目归集的集装箱共同费用,分配记入各港口、地区和国家的集装箱固定费用和各船舶航次成本,借记该科目、"主营业务成本——运输支出——××轮——××航次"等科目,贷记该科目、"集装箱共同费用"科目。

底盘车一般在航区(线)内使用。期末,应先将当期发生的底盘车费用,结转至所在港口的集装箱费用,借记"集装箱固定费用——集装箱费用——底盘车费用分摊(××港口)"科目,贷记"集装箱固定费用——底盘车费用(××港口)"科目。期末,将各港口、地区或国家发生的集装箱固定费用(以下简称"区域集装箱费用"),分配由有关船舶的航次和集装箱出租成本负担,借记"主营业务成本——运输支出——××轮——××航次"和"其他业务成本"科目,贷记该科目。

若底盘车出租,参照上述集装箱出租的计算办法,先按当月出租车天数,将出租期内由底盘车出租成本负担的底盘车费用,从所在港口当月发生的全部底盘车费用内扣除,余额再转入该港集装箱费用,分配计入运输业务成本。该科目期末结转分配后没有余额。具体账户结构如下:

借方	集装箱固定费用	贷方
(1) 本期归集各项集装箱固定费用	(1) 期末按一定标准结转分配至"主营业务成本——运输支出"等成本费用类科目	

(四)海洋运输企业单设科目——船舶固定费用

"船舶固定费用"科目的核算是以计算航次成本为主的远洋运输企业为保持船舶适航状态所发生的费用,如船员的工资、津贴(包括船岸差、副食品价格补贴、回民伙食津贴、航行津贴、油轮津贴、运危险品津贴、船员伙食以及其他按规定支付的工资性津贴)、福利费、润料费(指船舶耗用的各项润滑油脂的支出)、物料费(指船舶在运输生产和日常维护保养中耗用、劳动保护以及事务耗用的各种材料、低值易耗品等)的材料消耗费、船舶的折旧及修理费、船舶保险费、车船税、牌照费、船舶证书费、检验费以及其他需经过分配由各船共同负担的固定费用。远洋运输船舶的航次运行费用,发生时直接计入"主营业务成本——运输支出"科目,不通过该科目进行核算。

该科目应按单船设置明细科目,并分别按工资、福利费、润料、物料、折旧费、修理费、保险费、税金、船舶非营运期费用、船舶共同费用、其他等费用项目,设置专栏进行明细核算。如果企业租入按合同需要负担固定费用的船舶,如光租租入船舶,应视同自有船舶,设置明细科目。

平时,该科目用来根据具体情况归集日常经营所发生的船舶固定费用,发生船舶固定费用时,借记该科目,贷记"应付职工薪酬""原材料""银行存款""待摊费用""预提费用""累计折旧""应付账款"等科目。期末,企业先按照船舶共同费用分配表列明的各船舶或船舶类型分配负担的船舶共同费用金额,借记该科目,贷记"船舶共同费用"科目。然后企业再按照规定的分配标准和方法,分配由航次成本或出租业务负担的船舶固定费用时,借记"主营业务成本——运输支出——××轮——××航次"等科目,贷记该科目。

船舶非营运期间的费用应先归集在"船舶固定费用"的"船舶非营运期间费"二级科目之内。期末再计算船舶非营运期间的全部费用。

如果企业出租部分舱(箱)位,应按出租舱(箱)位占该船舱(箱)位总数的比例,计算舱(箱)位出租成本应负担的固定费用。年末未完航次也应按年度内实际营运天数分担当年固定费用。该科目期末分配结转后,应无余额。具体账户结构如下:

借方	船舶固定费用	贷方
(1) 本期归集的各项船舶固定费用	(1) 期末按一定标准结转分配至"主营业务成本——运输支出"等成本费用类科目	

(五)海洋运输企业单设科目——船舶共同费用

船舶共同费用核算从事海洋运输业务的企业发生的由所有运输船舶共同受益,但不能分船直接负担,需经过分配由各船负担的费用。该科目应分别按工资、福利费、职工教育经费、工会经费、养老保险基金、失业保险基金、船员服装费、船员差旅费、文体宣传费、单证资料费、通讯导航费、研究试验费、专有技术使用费、营运间接费用、其他等费用项目,设置专栏进行明细核算。

当海洋运输企业发生各项船舶共同费用时,借记该科目,贷记"应付职工薪酬""其他应付款""无形资产""库存现金""银行存款""预提费用""待摊费用"以及"营运间接费用"等科目。

期末,应按规定的分配标准,分配于各运输船舶,借记"船舶固定费用——××轮"科目,贷记该科目。

船舶共同费用分配,可以按各船的营运艘天、吨天比例或其他比例分配。

该科目期末分配结转后应无余额。具体账户结构如下:

当然,在实务中企业也可以不单设"船舶共同费用"科目,而在"船舶固定费用"科目下设船舶共同费用二级科目。

借方	船舶共同费用	贷方
(1) 本期归集的各项船舶共同费用支出	(1) 期末按一定标准结转分配至"船舶固定费用——××轮"成本类科目	

（六）内河运输企业单设科目——船舶维护费用

"船舶维护费用"科目核算有封冻、枯水等非通航期的内河运输企业所发生的,应由通航期成本负担的船舶维护费用。主要包括:工资,指应计入船舶维护费的留船人员的工资;职工福利支出;燃料,指非通航期船舶照明用燃料;材料,指非通航期领用的维护用材料及低值易耗品;保卫费及破冰费;车船税;其他费用。该科目按照船舶的类型(或单船)设置明细账,并按工资、福利费、燃料、材料、保卫费、破冰费、其他等费用项目,设置专栏进行明细核算。企业在非通航期从事其他业务所发生的费用,应记入"其他业务支出"等科目,不通过这一科目核算。

在非通航期间,水路运输企业在该科目的借方归集非通航期发生的船舶维护费,借记该科目,贷记"应付职工薪酬""原材料——燃料""原材料——材料""银行存款""应付账款"等科目。期末,企业将所归集的船舶维护费用,采用适当的分配标准,分配至航期每个月各成本计算对象应负担的船舶维护费用。

通航期按规定的方法分配时,根据规定的分配标准,计算通航期每月份应负担的船舶维护费用,借记"主营业务成本——运输支出"科目,贷记该科目。在分配船舶维护费用时,为简化每月的财务核算工作量,也可以按计划费用分配数进行分配。但实际发生的船舶维护费用与计划分配数相差较大时,应及时调整分配标准。年度终了,企业应将全年的船舶维护费用实际发生数与分配数的差额,在本年度内调整有关运输业务成本,实际发生数大于分配数的差额,借记"主营业务成本——运输支出"科目,贷记本科目;实际发生数小于分配数的差额,用红字分录冲回。"船舶维护费用"年度终了结转分配后该科目没有余额。

企业在非通航期发生的船舶维护费用,航期前的费用视同"待摊费用"处理,航期后的费用视同"预提费用"处理。"船舶维护费用"科目具体账户结构设置如下:

借方	船舶维护费用	贷方
（1）本期归集的各项船舶维护费用	（1）期末按一定标准结转分配至"主营业务成本——运输支出"等成本费用类账户	

（七）内河、海洋运输企业其他共同科目——船舶租费

船舶的租费，指企业租入运输船舶参加营运，按照规定应列入成本的期租费或程租费。

月中，企业发生船舶租费时，借记"船舶租费"科目，贷记"库存现金""银行存款"等科目。期末，按照一定分配标准，将当期发生的船舶租费在有关受益对象间进行分配。该科目分配后期末无余额。具体账户结构如下：

借方	船 舶 租 费	贷方
（1）本期归集的各项船舶租费支出	（1）期末按一定标准结转分配至"主营业务成本——运输支出"等成本费用类科目	

三、间接成本核算举例

（一）间接费用的归集与分配

水路运输企业成本核算步骤首先是按照成本对象对直接支出消耗进行归集，计入主营业务成本。其次是月中时企业在运输或生产经营中发生的各种间接支出，分别在间接营运费用、船舶固定费用、辅助营运费用、集装箱固定费用等间接支出科目中归集。期末，按照一定的标准分配到各个成本对象中去，形成水路运输企业的运输业务成本。不同类型企业的具体核算步骤如下。

1. 海洋运输企业运输业务成本组成与分配（见图4-3、图4-4）

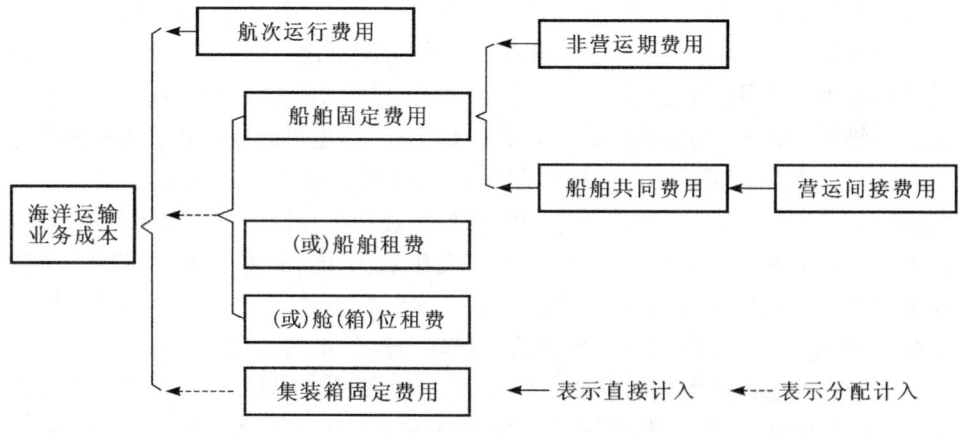

图4-3　海洋运输企业的成本核算步骤

原材料（燃料等）
应付职工薪酬
累计折旧
银行存款
主营业务成本——运输支出
直接费用
航次运行费用
间接费用
船舶固定费用
集装箱固定费用
航次成本结转
本年利润
船舶固定费用
间接费用归集
期末分配转出
船舶共同费用
间接费用归集
期末分配转出
集装箱固定费用
间接费用归集
期末分配转出
营运间接费用
间接费用归集
期末分配转出

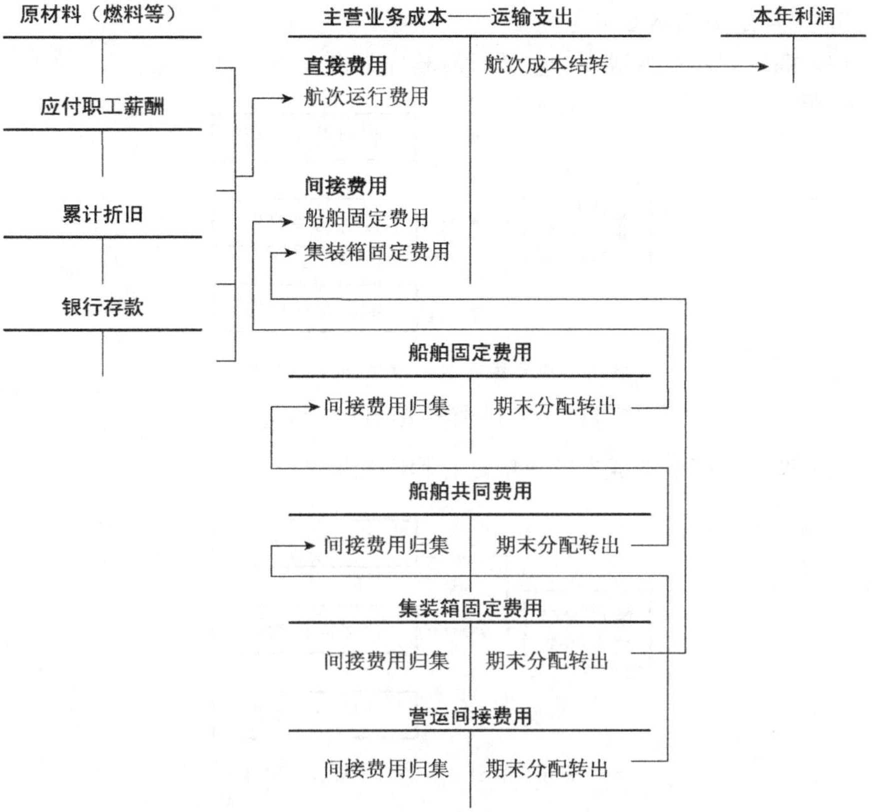

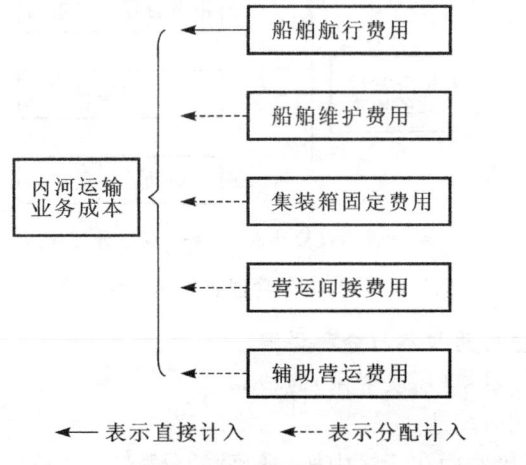

图 4-4 海洋运输企业运输业务船舶航次成本核算账务处理流程

2. 内河运输企业运输业务成本组成与分配(见图 4-5)

内河运输
业务成本
船舶航行费用
船舶维护费用
集装箱固定费用
营运间接费用
辅助营运费用
表示直接计入
表示分配计入

图 4-5 内河运输企业的成本核算步骤

3. 港口业务成本组成与分配

(1) 港口装卸业务成本的一般计算程序如图 4-6 所示。

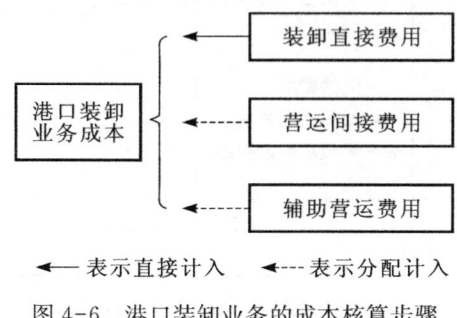

←—— 表示直接计入   ←--- 表示分配计入

图 4-6　港口装卸业务的成本核算步骤

(2) 港口堆存业务成本的一般计算程序如图 4-7 所示。

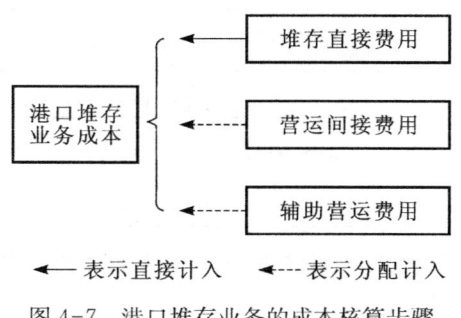

←—— 表示直接计入   ←--- 表示分配计入

图 4-7　港口堆存业务的成本核算步骤

(3) 港口港务管理业务成本的一般计算程序如图 4-8 所示。

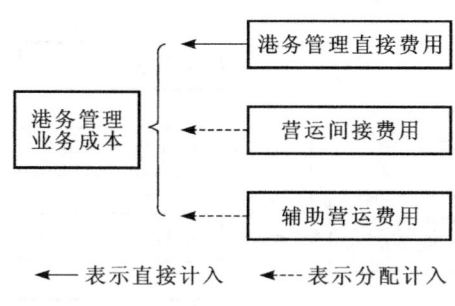

←—— 表示直接计入   ←--- 表示分配计入

图4-8　港口港务管理业务的成本核算步骤

(二) 间接费用的归集与分配详解

1. 营运间接费用(船队费用)的核算

1) 船舶费用分配法

(1) 营运间接费用在运输中按照船型的分配——内河、沿海运输企业。

$$\text{营运间接}_{\text{费用分配率}} = \frac{\text{运输业务应负担营运间接费用}}{\text{运输船舶的船舶费和集装箱固定费用}} \times 100\%$$

$$\text{单船(船型)负担}_{\text{营运间接费用}} = \text{营运间接费}_{\text{用分配率}} \times \text{该船(船型)船舶费用和集}_{\text{装箱固定费用及租金}}$$

（2）按照航次分配营运间接费用——远洋运输企业。

$$\text{营运间接}_{\text{费用分配率}} = \frac{\text{运输业务应负担营运间接费用}}{\text{运输船舶的船舶费和集装箱固定费用}} \times 100\%$$

$$\text{某船应承担}_{\text{营业间接费用}} = \text{营运间接费}_{\text{用分配率}} \times \text{该船已完航}_{\text{次船舶费用}}$$

$$\text{某船已完航次应}_{\text{负担营运间接费用}} = \text{营运间接费}_{\text{用分配率}} \times \text{该船该航}_{\text{次船舶费}}$$

2）船舶营运吨天比例分配法

按照在册船舶吨位大小进行分配。

$$\text{每营运吨天间}_{\text{接费用分配率}} = \frac{\text{运输业务应负担营运间接费用}}{\text{船舶营运总吨天数}} \times 100\%$$

$$\text{某船(船型)应负担}_{\text{营运间接费用}} = \text{每营运吨天营}_{\text{运间接费用}} \times \text{单船(船型)船}_{\text{舶营运吨天}}$$

【例4-7】 顺水运输公司2月发生的船舶类型费用总额为1 500 000元，其中：货船费用9 000 000元，油船费用300 000元，客船费用300 000元，营运间接费用共计300 000元。该公司的营运间接费用均由运输业务负担。请计算营运间接费用在各种运输业务中的分配额。

营运间接费用分配率＝300 000÷1 500 000＝0.2(元)

货船负担的营运间接费用＝0.2×9 000 000＝180 000(元)

油船负担的营运间接费用＝0.2×300 000＝60 000(元)

客船负担的营运间接费用＝0.2×300 000＝60 000(元)

借：主营业务成本——运输支出——货运成本　　　　　　　180 000

　　　　　　　　　　　　——客运成本　　　　　　　　 60 000

　　　　　　　　　　　　——油运成本　　　　　　　　 60 000

　贷：营运间接费用　　　　　　　　　　　　　　　　　 300 000

2. 辅助营运支出的核算

借：主营业务成本——运输支出、装卸支出、堆存支出、代理业务支出、

　　　　　　　　　港务管理支出、其他业务成本、在建工程等

　贷：辅助营运支出

3. 集装箱固定费用的核算

企业应设置"集装箱固定费用明细账"，按规定的费用项目设置专栏，按费用

发生的先后顺序,归集集装箱固定费用。月末,企业应编制"集装箱固定费用分配计算表",海洋运输企业按(重)箱天数比例分摊,计入各航次运输成本。内河运输企业则根据集装箱固定费用明细账归集的总额和全部船舶装运的集装箱的箱天数,计算出集装箱每一箱天的固定费用,作为集装箱固定费用的分配标准,或者按各运输种类船舶直接费用的比例分摊计入各运输种类成本。其计算公式分别如下:

1) 海洋运输企业

每标准箱天集装箱固定费用=集装箱固定费用÷集装箱标准箱天数

$$\text{船舶运输成本应摊集装箱固定费用}=\text{装用集装箱标准箱天数}\times\text{每标准箱天集装箱固定费用}$$

2) 内河运输企业(按船或者运输种类分)

$$\text{某船集装箱固定费用分配额}=(\text{集装箱固定费用总数}÷\text{全部船舶的使用天数})\times\text{该船使用箱天数}$$

$$\text{某运输种类成本应负担的集装箱固定费用}=\text{该运输种类船舶直接费用}\times\text{集装箱固定费用分配率}$$

集装箱固定费用分配率=集装箱固定费用÷各运输种类船舶直接费用总额

期末,根据分配结果将集装箱固定费用转入"主营业务成本——运输支出"科目的相应项目。

【例 4-8】 华远公司系一远洋运输企业。该企业使用的 20 英尺集装箱和 40 英尺集装箱,数量分别为 100 只和 50 只,201×年 9 月共支付集装箱固定费用 525 000 元,×轮×航次装 20 英尺集装箱 10 只,该航次计 25 天。求应分摊集装箱固定费用。

注:其中 40 英尺的集装箱折算成 2TEU(标准集装箱)

每标准箱天集装箱固定费用=525 000÷[30×(100+50×2)]

=87.5(元/天箱)

船舶分摊集装箱固定费用=装用集装箱标准箱天数×每集装箱天集装箱固定费用

即: 25×10×87.5=21 875(元)

4. 船舶固定费用的核算

船舶固定费用,应按规定费用项目设立"船舶固定费用明细账",运输船舶所发生的固定费用,应根据原始凭证或费用计算表编制记账凭证,分别按不同的成本计算对象,直接记入各船"船舶固定费用"的有关项目。

(1)按单船核算成本的企业,船舶固定费用应按月计入各月运输成本。

(2)按航次核算成本的企业,月度终了将船舶固定费用按各船营运天数分配计入该船本月内已完和未完的航次成本。其计算公式如下：

$$某船每营运天船舶固定费用＝某船的船舶固定费用÷某船年度营运天$$
$$某航次应负担船舶固定费用＝某船每营运天船舶固定费用×某航次营运天$$

（3）船舶从事与运输无关工作，如临时出租等，均按各项工作的营运天数和每营运天数的费用计算。其计算公式如下：

$$运输无关工作应负担的船舶固定费用＝每营运天船舶固定费用×从事运输工作无关天数$$

（4）船舶固定费用的分配，还可以采用计划分配方法，其计算公式如下：

$$某船计划每营运天的船舶固定费用＝该船年度计划船舶固定费用÷该船年度计划营运天数$$
$$某航次应负担的船舶固定费用＝该船计划每营运天的船舶固定费用×该航次实际营运天数$$

按此种方法分配船舶固定费用应当在年度决算时，按日历年度费用的实际发生额和营运天数，计算各船实际营运天费用额，重新调整按计划定额分配计入已完航次成本、未完航次成本和船舶出租业务成本。

此外，海洋运输企业还会发生船舶非营运期费用。船舶非营运期费用是指船舶在非营运期内发生的燃料、港口费和其他非营运期费用。

① 计算船舶非营运期全部费用时，"船舶固定费用"（不包括船舶非营运期费用）可以按船舶营运吨天和非营运吨天的比例分摊计算。其计算公式如下：

$$船舶非营运的全部费用＝船舶非营运期费用＋船舶固定费用÷船舶总时间（吨天）×船舶非营运吨天$$

② 船舶非营运期费用发生时，直接在"船舶固定费用明细账"内归集，可不单独设立明细账。

5. 船舶共同费用的核算

船舶共同费用是指应由企业所有船舶共同负担，需要经过分配再由各船负担的船员费用和船舶业务费用。

（1）船舶共同费用发生时，应根据有关记账凭证和费用汇总表，按照费用发生的先后记入"船舶固定费用——船舶共同费用"或者单设"船舶共同费用"科目，并按规定费用项目设立费用明细账进行归集登记。

（2）船舶共同费用在月度终了，通常按各船的艘天、吨天或其他比例分摊编制"船舶共同费用分配表"，分别记入各船的"船舶固定费用——船舶共同费用"

账户。

6. 船舶维护费用的核算

内河运输企业在非通航期发生的船舶维护费用,应设置"船舶维护费用明细账"予以归集。冬季航道封冻、枯水等非通航期的内河运输企业的船舶维护费,可按航期前后分别设置明细账予以归集,由通航期各成本计算期的运转成本负担,分配方法有两种:

1) 第一种方法

(1) 航期前的船舶维护费用:按船舶维护费的全年预算数和全年计划通航期天数计算计划分配率,据以在各月份分配。计算公式如下:

计划分配率＝航期前实际发生船舶维护费用÷全年计划通航天数

通航期某月运输成本应负担的船舶维护费＝该月份通航天数×计划分配率

(2) 航期后的船舶维护费用:

计划分配率＝航期后的船舶维护费预算数÷全年计划通航期天数

通航期某月份运输成本应负担船舶维护费用＝该月份通航天数×计划分配率

企业应将通航期每月运输成本应负担的船舶维护费用,按照各运输种类船舶费用的比例分摊,编制"船舶维护费用分配表",据此计入各运输种类成本。

年度终了,企业应将全年的船舶维护费用实际发生数与分配数之差额,调整到当年的运输成本。

非通航期归集该期间发生的船舶维护费用的会计处理如下:

借:船舶维护费用
　贷:应付职工薪酬、原材料、银行存款等

期末分配:

借:主营业务成本——运输支出
　贷:船舶维护费用

2) 第二种方法

将封航期船舶维护费用作为在通航期摊销的待摊费用处理,或者在通航期采用预提办法计提。

企业将通航期每月运输成本应负担的船舶维护费用,再按各运输种类船舶费用的比例分配,编制船舶维修费用分配表,据此计入各运输种类成本。

非通航期作为待摊或预提处理如下:

借：船舶维护费用
　　贷：待摊费用、预提费用

期末分配：

借：主营业务成本——运输支出
　　贷：船舶维护费用

年终时，企业应根据全年船舶维护费用的实际发生数与分配数的差额，调整当年运输成本。

7. 船舶租费的核算

企业租入船舶（不包括融资租入），按合约支付的船舶租费中，程租费按船舶航次计入航次结束月度的单船成本，期租费按航次日历天数分摊计入有关航次成本。航次跨年度时，按会计核算年度日历天数分配，属于未完航次的租费，记入"未完航次支出"项目。

实行单船核算成本的企业，船舶租费按月度划分，分别计入有关月度的单船成本，上年支付属于下年的船舶租费，做待摊费用处理。

（三）费用归集和分配中的其他问题

1. 营运中断期间发生费用的处理

由于水路运输企业的生产经营活动都是在自然环境中进行的，直接受自然条件的制约。自然条件对水路运输企业生产经营活动的影响因素可以分为可预见与不可预见两种情况。前者如有一定季节规律的封冻与枯水期，造成运输船舶的停航；后者如没有定规的洪水、大雾，造成运输船舶的停航。除此之外，还有一种是因建造水利、发电设施或其他建设项目，而造成断航或断运。在以往的水路运输企业会计制度与会计实务中，对因封冻、枯水造成非通航期间发生的船舶人工费用、燃材料消耗费用、折旧费、修理费用等，一般列入"船舶维护费用"账户，再根据一定的方法分摊于通航期的船舶运输成本。

但对于因发生洪水或建设水利、水电设施造成断航期间发生的船舶费用如何进行处理，相关制度没有进行明确。因发生洪水或建造水利、水电设施造成断航期间发生的船舶费用不能采用与因封冻、枯水造成非通航期间发生的费用相同的处理方法，原因在于封冻、枯水造成非通航是有季节规律的，而发生洪水或建设水利、水电设施造成断航属于偶发性的，并且也是难以像因封冻、枯水造成非通航期间发生的船舶费用那样分摊于通航期的。

为此，对于营运中断期间发生的费用，可根据造成营运中断原因是否可预见与是否经常发生来进行判断作出处理。对于可预见的、非偶发性的原因而造成的营运中断,如发生具有一定规律的封冻与枯水期,造成运输船舶的停航期间发生的船舶维护费用应先进行归集,然后按一定的方法将其分摊于通航期的船舶运输成本;对于不可预见的、偶发的原因而造成的营运中断,如洪水、大雾以及因建造水利、发电设施或其他项目,而造成断航或断运期间发生的船舶费用,应列入"营业外支出"。不论何种原因发生断航、断运,如果在断航、断运期间船舶从事其他业务,则根据受益原则应将这一期间发生的船舶费用列入"其他业务成本",由其他业务成本负担。

2. 事故损失费用的处理

水路运输企业发生的事故,从性质上可以分为质量事故与非质量事故两类,前者如货损、货差,后者如海损、机损、行车事故和人身伤亡事故;从可否可抗上可以分为可抗力事故与不可抗力事故;从责任上可以分为责任事故与非责任事故。对于水运企业发生的事故损失费用,应区分类别来进行处理。

对于非不可抗力的事故所发生的损失费用,应该计入营运成本,对于不可抗力的事故损失所发生的费用,则应作为营业外支出处理;对于非责任事故所发生的损失费用,应该计入营运成本,对于责任事故所发生的损失费用,则应由相关责任人来承担。通常对于运输船舶与被运输的对象都进行保险,有关事故损失费用的金额,应该按照扣除保险公司赔款后的损失净额来确定。

为此,在具体的会计处理中,水路运输企业发生的海损、机损、行车事故和人身伤亡事故的损失费用,应按实际发生的净损失,即事故损失减去保险公司赔款后的差额,计入当期相关业务的营运成本。当年不能结案的事故,可按规定估计净损失预提事故费用,计入当年相关业务的营运成本;以后年度结案时,再按实际净损失与预提数的差额,调整结案年度相关业务的营运成本。水路运输企业发生的货损、货差等质量事故损失费用(包括货物在运输或装卸过程中,因企业的责任所发生的货物丢失、短缺、毁损、受潮、污染、差错等事故,以及受损货物的削价损失费用等),在扣除保险公司赔款或过失人支付的赔款后,按净损失计入有关业务的营运成本。属于不可抗力造成的事故损失费用,按实际损失扣除残值和保险公司赔款后的净损失,计入当期营业外支出。

3. 与运输无关费用的处理

与运输无关费用是指运输船舶在营运生产中从事与运输无关业务,如旅客服务业务,港内作业,救援遇难船舶等工作。在计算运输成本时,必须在运输船舶费用中扣除完成这些业务所发生的与运输无关费用,计入"其他业务成本"中。

船舶费用中扣除与运输无关费用的方法如下:

（1）按本期从事运输工作和非运输工作天数的比例，分船计算。

$$每营运天费用额＝本月船舶费用额÷本月营运天数$$
$$非运输工作应分配船舶费用额＝非运输工作天数×每营运天费用额$$

对能够分清属于非运输工作的其他业务应负担的费用，如燃料费用、港口费用等项目，可直接列入"其他业务成本"，在分配时剔除这些直接计列的费用项目。

（2）在非运输工作天数较少的情况下，按营运吨天数计算扣除。

$$每营运吨天的船舶费用＝船舶费用额÷船舶营运吨天数$$
$$非运输工作应分\atop配船舶费用额＝船舶从事非运输工作的营运吨天数×每营运吨天船舶费用$$

【例 4-9】　某远洋运输企业用 20 英尺集装箱 200 只，40 英尺集装箱 100 只，201×年 6 月份共支付集装箱固定费用 1 200 000 元，×轮×航次装载 20 英尺集装箱 10 只，40 英尺集装箱 10 只，该航次共计用时 20 天。另通过归集，已知该船 6 月份的固定成本为 60 000 元，该月份共营运 30 天，其中除×航次外，该船还从事了打捞施救工作 4 天，另外出租 6 天，请计算×轮×航次应该分摊到的船舶固定成本和集装箱固定成本。

分配的船舶固定成本：

$$每营运天费用额＝60\ 000÷30＝2\ 000（元/天）$$
$$非运输工作应分配船舶费用额＝10×2\ 000＝20\ 000（元）$$
$$该船运输工作应分配的船舶费用＝60\ 000－20\ 000＝40\ 000（元）$$

分配的集装箱固定费用：

$$每标准箱天集装箱固定费用＝1\ 200\ 000[30×(200＋100×2)]$$
$$＝100（元/天箱）$$

船舶分摊集装箱固定费用＝装用集装箱标准箱天数×每集装箱天集装箱固定费用

即：
$$20×(10＋10×2)×100＝60\ 000（元）$$

（四）水路运输企业间接费用核算例题

1．工资和福利费的归集和分配

【例 4-10】　顺水公司系经营内河运输业务的水路运输企业，主要业务有客、货运业务，下辖一个独立核算的船队以及由轮驳等部门集中管理的交通船。客货轮总换算吨天为 260 千换算吨天，按照一定标准分配之后，客轮的工作量为 180 千人天，货轮为 80 千吨天。本月发生的各项营运费用如表 4-8 所示。

表 4-8   **工资和福利费分配表**

201×年 3 月 31 日   单位:元

项　　目	工　资	福利费	合　　计
客运成本	220 000	30 800	250 800
货运成本	180 000	25 200	205 200
独立核算船队支出	70 000	9 800	79 800
供应船支出	45 000	6 300	51 300
行政管理部门	10 000	1 400	11 400
合　　计	525 000	73 500	598 500

根据分配表,编制会计分录如下:

借:主营业务成本——运输支出——客运成本(工资、福利费)　　　250 800

　　　　　　　　　　　　——货运成本(工资、福利费)　　　205 200

　　营运间接费用　　　　　　　　　　　　　　　　　　　　　　79 800

　　辅助营运费用　　　　　　　　　　　　　　　　　　　　　　51 300

　　管理费用　　　　　　　　　　　　　　　　　　　　　　　　11 400

　　贷:应付职工薪酬——工资　　　　　　　　　　　　　　　　　525 000

　　　　　　　　　——福利费　　　　　　　　　　　　　　　　73 500

2. 燃料费用的归集和分配

水路运输企业消耗的燃料,应根据实际耗用量计入各运输业务的成本。

【例 4-11】　顺水公司燃料、材料费用消耗如表 4-9 所示。

表 4-9   **燃料、材料费用分配表**

201×年 3 月 31 日   单位:元

项　　目	燃　料	润　料	合　　计
客运成本	60 000	2 000	62 000
货运成本	40 000	2 000	42 000
独立核算船队支出	20 000	25 000	45 000
供应船支出	10 000	13 000	23 000
合　　计	130 000	42 000	172 000

根据表 4-9,编制会计分录如下:

借：主营业务成本——运输支出——客运成本——原材料 62 000
　　　　　　　　　　　——货运成本——原材料 42 000
　　营运间接费用 45 000
　　辅助营运费用 23 000
　贷：原材料——燃料 130 000
　　　　　　——润料 42 000

3. 其他直接费用的归集和分配

折旧费的归集和分配。水路运输企业一般按工作量法计提折旧，即按换算吨天计算折旧额，船舶折旧一般采用不同船舶类型分别计算。

【例4-12】 顺水公司折旧费分配如表4-10所示。

表4-10

折旧费分配表

201×年3月31日　　　　　　　　　　　　　　单位：元

应借账户	本月计提折旧			合　　计
	船舶	机器	房屋	
客运成本	125 000			125 000
货运成本	104 000			104 000
独立核算船队	1 000		25 000	26 000
供应船	500	5 000	10 000	15 500
行政管理部门		2 000	10 000	12 000
合　　计	230 500	7 000	45 000	282 500

根据表4-10，编制如下会计分录：

借：主营业务成本——运输支出——客运成本 125 000
　　　　　　　　　　　——货运成本 104 000
　　辅助营运费用 15 500
　　营运间接费用 26 000
　　管理费用 12 000
　贷：累计折旧 282 500

4. 辅助营运费用归集和分配

将顺水公司供应船本月发生的辅助营运费用合计数按照营运业务小时进行分配，其分配结果参见表4-11。

【例4-13】 期末，顺水公司按照营运业务小时分配辅助营运费用，编制费用分配表如表 4-11 所示。

表 4-11 **辅助营运费用分配表**

201×年 3 月 31 日 单位:元

项 目	分配标准(小时)	分配率	分配金额
客运成本	10 000		17 960
货运成本	15 000		26 940
其他业务支出	25 000		44 900
合 计	50 000	1.796	89 800

根据表 4-11,编制会计分录如下:

借:主营业务成本——运输支出——客运成本 17 960

　　　　　　　　　　　——货运成本 26 940

　　其他业务支出 44 900

　贷:辅助营运费用 89 800

5. 营运间接费用归集和分配

将本月归集的营运间接费用总额按船舶费用或者船舶营运吨天比例分配计入其营运成本,计算结果参见表 4-12。

【**例 4-14**】 顺水公司营运间接费用总额为 150 800 元,月末按照船舶费用本题指客货船费用进行分配,编制的分配表如表 4-12 所示。

表 4-12 **营运间接费用分配表**

201×年 3 月 31 日 单位:元

项 目	分配标准(元)	分配率	分配金额
客运成本	437 800		83 676
货运成本	351 200		67 124
合 计	789 000	0.191 1	150 800

根据表 4-12,编制会计分录如下:

借:主营业务成本——运输支出——客运成本 83 676

　　　　　　　　　　　——货运成本 67 124

　贷:营运间接费用 150 800

第四节　水路运输企业成本报表与分析

一、水路运输企业成本报表

（一）水路运输企业基本成本报表格式

水路运输企业的主要企业有海洋和内河运输企业，本节就水路运输企业特殊的成本报表加以说明，管理、销售以及财务等费用明细表和其他类型企业无异，本节不再赘述。以下分别以海洋和内河水路运输企业为例，列示这两类主要企业的成本报表的主要内容：

（1）海洋运输成本表（见表4-13）

（2）内河运输成本表（见表4-14）

（3）装卸成本表（略）

（4）堆存成本表（略）

（5）港务管理成本表（略）

（6）管理费用明细表（略）、财务费用明细表（略）、销售费用明细表（略）

（7）营业外支出明细表（略）

表4-13　　　　　　　　　　　**海洋运输成本表**

编制单位：　　　　　　　　____年或者××航次　　　　　　　单位:元

项　　　目	行　　次	金　　额
一、航次运行费用	01	
1. 燃料费	02	
2. 港口费	03	
3. 货物费	04	
4. 集装箱货物费	05	
5. 中转费	06	
6. 垫隔材料	07	
7. 速遣费	08	
8. 客运费	09	
9. 事故损失	10	
10. 航次其他费用	11	

(续表)

项　目	行　次	金　额
二、船舶固定费用	12	
1. 工资	13	
2. 职工福利费	14	
3. 润料	15	
4. 物料	16	
5. 船舶折旧费	17	
6. 船舶保险费	18	
7. 船舶修理费	19	
8. 税金	20	
9. 船舶共同费用	21	
10. 船舶非营运期费用	22	
11. 其他船舶固定费用	23	
加:上年未完航次支出	24	
减:本年未完航次支出	25	
计入运输成本的船舶固定费用	26	
三、集装箱固定费用	27	
四、船舶租费	28	
五、营运间接费用	29	
减:与运输无关支出	30	
六、运输总成本	31	
其中:客运成本	32	
货运成本	33	
七、运输周转量	34	
客运周转量(千人海里)	35	
货运周转量(千吨海里)	36	
八、运输单位成本(元/千换算吨海里)	37	
客运单位成本(元/千人海里)	38	
货运单位成本(元/千吨海里)	39	

（续表）

项　　目	行　　次	金　　额
九、成本降低额	40	
客运成本降低额	41	
货运成本降低额	42	
十、成本降低率	43	
客运成本降低率（％）	44	
货运成本降低率（％）	45	
补充资料	46	
本年耗油数（吨）	47	

单位负责人：　　　　　　　　审核人：　　　　　　　　填报人：

表 4-14　　　　　　　　　　**内河运输成本表**

编制单位：　　　　　　　　　___年　　　　　　　　单位:元

项　　目	行　　次	金　　额
一、船舶直接费用	01	
1. 工资	02	
2. 职工福利费	03	
3. 燃料	04	
4. 润料	05	
5. 物料	06	
6. 港口费	07	
7. 航养费	08	
8. 过闸费	09	
9. 折旧费	10	
10. 修理费	11	
11. 事故损失	12	
12. 租费	13	
13. 保险费	14	
14. 劳动保护费	15	
15. 税金	16	
16. 其他费用	17	

(续表)

项　　目	行　　次	金　　额
二、船舶维护费用	18	
三、集装箱固定费用	19	
四、辅助营运费用	20	
五、营运间接费用	21	
减：与运输无关费用	22	
六、运输总成本	23	
其中：客运成本	24	
货运成本	25	
七、运输周转量	26	
客运周转量（千人公里）	27	
货运周转量（千吨公里）	28	
八、运输单位成本（元/千换算吨公里）	29	
客运单位成本（元/千人公里）	30	
货运单位成本（元/千吨公里）	31	
九、成本降低额	32	
客运成本降低额	33	
货运成本降低额	34	
十、成本降低率	35	
客运成本降低率（%）	36	
货运成本降低率（%）	37	
补充资料	38	
本年耗油数（吨）	39	

单位负责人：　　　　　　审核人：　　　　　　填报人：

（二）水路运输企业运输成本的计算

水路运输总成本分别客船运输总成本、货船运输总成本和客、货船综合运输总成本进行计算。期末，企业应根据"主营业务成本"明细账汇集的营运直接成本和间接成本，以及其他有关资料，编制"主营业务成本表"，反映主营业务成本总额和营运单位成本。

各类营运业务的总成本除以各自完成的业务周转量,即为该运输种类的单位成本,其计算公式如下:

(1) 内河运输企业的运输总成本:

$$\begin{array}{l}\text{内河运输企业}\\ \text{的运输总成本}\end{array} = \begin{array}{l}\text{船舶航行}\\ \text{费用}\end{array} + \begin{array}{l}\text{船舶维护}\\ \text{费用}\end{array} + \begin{array}{l}\text{集装箱固定}\\ \text{费用}\end{array} + \begin{array}{l}\text{营运间接}\\ \text{费用}\end{array}$$

其中:

船舶航行费用,指航行中发生的直接费用,包括燃料费用、材料费用、工资及福利费用、折旧费、修理费、租赁费、港口费、养河费、保险费等。

船舶维护费用,指有封冻、枯水等非通航期的企业在非通航期间发生的船舶维护费用,包括非通航期间的工资及福利费、修理费、燃料费、材料费、破冰费、保卫费等。

集装箱固定费用,指企业集装箱在营运过程中发生的固定费用,包括集装箱保管费、折旧费、保险费、租赁费、底盘车费等,集装箱货物费不包括在内。

营运间接费用,指企业在运营过程中发生的不能直接计入成本计算对象的各种间接费用,包括通讯业务费用、船队经费、拖船和浮吊等的辅助船舶费等。

(2) 海洋运输企业总成本:

$$\begin{array}{l}\text{海洋运输企}\\ \text{业总成本}\end{array} = \begin{array}{l}\text{航次运}\\ \text{行费用}\end{array} + \begin{array}{l}\text{船舶固}\\ \text{定费用}\end{array} + \begin{array}{l}\text{船舶租费、}\\ \text{舱(箱)位租费}\end{array} + \begin{array}{l}\text{集装箱固}\\ \text{定费用}\end{array} + \begin{array}{l}\text{营运间}\\ \text{接费用}\end{array} + \begin{array}{l}\text{上年未完}\\ \text{航次支出}\end{array} - \begin{array}{l}\text{本年未完}\\ \text{航次费用}\end{array}$$

其中:

航次运行费用,指在运输过程中发生的直接费用,包括燃料费、港口费、货场费、中转费、速遣费、客运费、垫隔材料费、事故损失费等。

船舶固定费用,指为保持船舶适航状态所发生的费用,包括工资及福利费、折旧费、保险费、修理费、非营运期费用等。

集装箱固定费用,指企业集装箱在营运过程中发生的固定费用,包括集装箱保管费、折旧费、保险费、租赁费、底盘车费等,集装箱货物费不包括在内。

值得注意的是,无论航次开始在哪一个成本报告期,航次运行费用都以航次结束的期间作为核算的会计期间,而船舶固定费用则按照日期分摊。

【例 4-15】 华洋远洋运输公司某船某航次从 3 月 26 日从上海驶出,4 月 16 日抵达地中海某港,那么,在核算 3 月份的航次成本不应把该航次计算在内,而是计算在 4 月份,作为 4 月份的前期未完成航次成本的一部分。而 4 月份该船该航次分摊的固定费用则按在该月里运行 16 天来分摊 16 天的费用。

(3) 成本降低率的计算:

运输成本降低额=上年实际单位成本×本期实际周转量-本期实际成本

成本降低率=成本降低额÷(上年实际单位成本×本年实际周转量)×100%

【例 4-16】 承[例 4-14]，顺水公司 3 月的货船周转量为 900 000 千换算吨公里，客船周转量为 400 000 千换算吨公里。上月运输单位成本、客运和货运的单位成本分别为 0.608 2 元、1.427 75 元和 0.384 69 元。请根据[例 4-10]至[例 4-14]有关数据资料，编制主营业务成本计算表。结果如表 4-15 所示。

表 4-15

内河运输成本表

编制单位:顺水公司 201×年 3 月 单位:元

项 目	行次	货运	客运	合计金额
一、船舶航行费用	01	351 200	437 800	789 000
1. 工资	02	180 000	220 000	400 000
2. 职工福利费	03	25 200	30 800	56 000
3. 燃料	04	40 000	60 000	100 000
4. 润料	05	2 000	2 000	4 000
5. 折旧费	06	104 000	125 000	229 000
二、船舶维护费用	07			
三、集装箱固定费用	08			
四、辅助营运费用	09	26 940	17 960	44 900
五、营运间接费用	10	67 124	83 676	150 800
减:与运输无关支出	11			
六、运输总成本	12	445 264	539 436	984 700
七、运输周转量	13	900 000	400 000	1 300 000
八、运输单位成本(元/千换算吨公里)	14	0.494 738	1.348 59	0.757 46
九、成本降低额	15	−99 043	31 664	−194 040
十、成本降低率	16	−28.61%	5.54%	−24.54%

单位负责人: 审核人: 填报人:

顺水公司的运输单位成本计算如下:

运输单位成本＝984 700÷1 300 000＝0.757 46(千吨海里)

客运总成本＝539 436÷400 000＝1.348 59(千人海里)

货运单位成本＝445 264÷900 000＝0.494 738(千吨海里)

运输单位成本降低额＝0.608 2×1 300 000−984 700＝−194 040(元)

运输单位成本降低率＝−194 040÷(0.608 2×1 300 000)×100%＝−24.54%

表 4-16

××航运公司

内河运输成本计算表

201×年×月

单位:万元

项　目	本月计划数			累计计划			本月实际数			累计实际		
	客运	货运	合计	客运	货运	合计	客运	货运	合计	客运	货运	合计
一、船舶航行费用	(略)	(略)	(略)	(略)	(略)	(略)	324.3	75.7	400	(略)	(略)	(略)
1. 燃料费							280	60	340			
2. 材料费							5	2	7			
3. 外埠港口费							6.3	1.2	7.5			
4. 中转费							3	1.5	4.5			
5. 事故损失费							30	11	41			
二、船舶维护费用							52	13	65			
三、集装箱固定费用							24	6	30			
四、辅助营运费用							33.8	12.4	46.2			
五、营运间接费用							29	9.8	38.8			
六、运输总成本							463.1	116.9	580			
七、周转量（千换算吨公里）							19 633	2 287	21 920			
八、单位成本（元/千换算吨公里）							0.023 588	0.051 115	0.026 46			

单位负责人:　　　　审核人:　　　　填报人:

货运运输成本降低额＝0.384 69×900 000－445 264＝－99 043(元)

货运成本降低率＝－99 043÷(0.384 69×900 000)×100%＝－28.61%

客运运输成本降低额＝1.427 75×400 000－539 436＝31 664(元)

客运成本降低率＝31 664÷(1.427 75×400 000)×100%＝5.54%

此外,企业还可以根据需要,对成本表项目进行增设。例如,增设计划成本等项目,以便进行成本比较和考核。

【例 4-17】　增设计划成本等项目编制某内河运输企业成本计算表如表4-16所示。

二、水路运输企业成本分析

水路运输企业成本分析可以及时发现并解决企业实际中存在的成本问题,提高经济效益。通过不同企业间成本核算的对比,可以明确企业在行业中的优势及劣势,为成本预测、成本决策、成本控制、成本考核等成本管理活动提供重要的依据。水路运输企业成本分析的方法主要有成本报表整体分析法、指标分析法、因素分析法、成本习性分析法等。

(一)水路运输企业成本报表整体分析法

1. 趋势分析法

【例 4-18】　假设顺水公司于 201×年 1 月开始营运,根据该公司的比较成本表(见表 4-17),用趋势分析法加以分析并进行简单说明。

(1)从定基动态比率比较角度看,顺水公司的船舶直接费用 2 月和 3 月的定基动态比率分别是 86.71%和 93.01%,说明 2 月份、3 月份的船舶费用较 1月份有一定程度的下降,分析其原因,可能是由于 1 月份正值元旦和中国传统佳节——春节,企业的运输业务可能社会需求量大,导致成本上升。因此,运输周转量 2 月和 3 月的定基动态比率分别是 70.00%和 65.00%,业务周转量的下降能直接解释了船舶直接费用的下降。客运周转量和季节联系较为紧密,而货运周转量和季节的关系则不是特别明显。从顺水公司的运输单位成本来考察,运输单位成本 2 月和 3 月的定基动态比率分别是 116.16%和 144.66%,比 1 月份有所增加,这可能是由于水路运输企业成本中,相当大一部分是固定成本,业务量的减少会导致运输单位成本的增加。客运单位成本、货运单位成本 2 月的定基动态比率分别是 205.25%和 193.87%,3 月的定基动态比率分别为96.03%和 123.51%。客运单位成本的增加可能是由于客运量的减少,而 2 月份货运单位成本在货运周转量比 1 月份减少的前提下却有所降低,企业需要进一步分析降低的原因,考虑是否由于材料等价格的下降的因素带来了企业货运单位成本的降低。

表4-17

内河运输比较成本表

201×年3月

编制单位:顺水运输公司　　　　　　　　　　　　　　　　　　　　　　　　　　　金额单位:元

项目	行次	1月	2月	3月	2月定基动态比率	3月定基动态比率	2月环比动态比率	3月环比动态比率
一、船舶直接费用	01	848 300	735 600	789 000	86.71%	93.01%	86.71%	107.26%
1. 工资	02	420 000	360 000	400 000	85.71%	95.24%	85.71%	111.11%
2. 职工福利费	03	58 800	50 400	56 000	85.71%	95.24%	85.71%	111.11%
3. 燃料	04	115 000	90 000	100 000	78.26%	86.96%	78.26%	111.11%
4. 润料	05	4 500	3 200	4 000	71.11%	88.89%	71.11%	125.00%
5. 折旧费	07	250 000	232 000	229 000	92.80%	91.60%	92.80%	98.71%
6. 其他费用	08							
二、船舶维护费用	09							
三、集装箱固定费用	10							
四、辅助营运费用	11	38 000	22 000	44 900	57.89%	118.16%	57.89%	204.09%
五、营运间接费用	12	160 900	93 884	150 800	58.35%	93.72%	58.35%	160.62%
六、运输总成本	13	1 047 200	851 484	984 700	81.31%	94.03%	81.31%	115.65%
其中:客运成本	14	556 500	428 325	539 436	76.97%	96.93%	76.97%	125.94%
货运成本	15	480 700	423 159	445 264	88.03%	92.63%	88.03%	105.22%
七、运输周转量	16	2 000 000	1 400 000	1 300 000	70.00%	65.00%	70.00%	92.86%

（续表）

项　目	行次	1月	2月	3月	2月定基 动态比率	3月定基 动态比率	2月环比 动态比率	3月环比 动态比率
客运周转量（千人公里）	17	800 000	300 000	400 000	37.50%	50.00%	37.50%	133.33%
货运周转量（千吨公里）	18	1 200 000	1 100 000	900 000	91.67%	75.00%	91.67%	81.82%
八、运输单位成本（元/千换算吨公里）	19	0.523 6	0.608 2	0.757 46	116.16%	144.66%	116.16%	124.54%
客运单位成本（元/千人公里）	20	0.695 63	1.427 75	1.348 59	205.25%	193.87%	205.25%	94.46%
货运单位成本（元/千吨公里）	21	0.400 58	0.384 69	0.494 738	96.03%	123.51%	96.03%	128.61%
九、成本降低额	22		−118 444	−194 040				163.82%
客运成本降低额	23		−219 636	31 664				−14.42%
货运成本降低额	24		17 479	−99 043				−566.64%
十、成本降低率	25		−16.16%	−24.54%				151.86%
客运成本降低率（%）	26		105.25%	5.54%				5.26%
货运成本降低率（%）	27		−3.97%	−28.61%				720.65%

单位负责人：　　　　　　　　　　　审核人：　　　　　　　　　　　填报人：

（2）从环比动态比率比较的角度看,顺水运输公司的船舶直接费用 2 月份和 3 月份的环比动态比率分别是 86.71％和 93.01％,由于 2 月份的环比动态比率和定基动态比率均以 1 月份的数据为基础,故两个比率相同。3 月份的船舶直接费用的环比动态比率为 93.01％,说明 3 月份的船舶直接费用比 2 月份有所降低,数额为 2 月份的 93.01％。而 3 月份的总运输周转量较 2 月份有所降低,这可能是导致 3 月份成本降低的原因。3 月份的客运周转量为 400 000 千人公里,比 2 月份有所增加,而货运周转量为 900 000 千吨公里,比 2 月份减少,两类业务的一增一减导致 3 月份总成本比 2 月份有所降低,这主要是因为客运和货运的单位成本不同所致。此外,3 月份的运输周转量、客运周转量和货运周转量的环比动态比率分别为 92.86％、133.33％和 81.82％,说明除了客运周转量之外,企业其他业务比 2 月份有所减少,而单位成本除了客运单位成本是因为周转量增加而比 2 月份有所降低外,其余的则由于业务量的减少而有不同程度的增加。

（3）此外,企业还可以就成本报表里的其他项目再作分析和说明,此处不一一赘述。

2. 共同比分析法

【例 4-19】 沿用[例 4-16]中,顺水公司 201×年 3 月的内河运输成本表,计算各成本项目占主营业务总成本的百分比,以及各业务周转量占总周转量的百分比,结果如表 4-18 所示。

表 4-18　　　　　　　　　　　　内河运输成本表

编制单位:顺水运输公司　　　　　　　201×年 3 月　　　　　　　　单位:元

项　目	行次	货运	构成百分比	客运	构成百分比	合计	构成百分比
一、船舶直接费用	01	351 200	35.67％	437 800	44.46％	789 000	80.13％
1. 工资	02	180 000	18.28％	220 000	22.34％	400 000	40.62％
2. 职工福利费	03	25 200	2.56％	30 800	3.13％	56 000	5.69％
3. 燃料	04	40 000	4.06％	60 000	6.09％	100 000	10.16％
4. 润料	05	2 000	0.20％	2 000	0.20％	4 000	0.41％
5. 折旧费	06	104 000	10.56％	125 000	12.69％	229 000	23.26％
二、船舶维护费用	07						

(续表)

项　　目	行次	货运	构成百分比	客运	构成百分比	合计	构成百分比
三、集装箱固定费用	08						
四、辅助营运费用	09	26 940	2.74%	17 960	1.82%	44 900	4.56%
五、营运间接费用	10	67 124	6.82%	83 676	8.50%	150 800	15.31%
六、运输总成本	11	445 264	45.22%	539 436	54.78%	984 700	100.00%
七、运输周转量	12	900 000	69.23%	400 000	30.77%	1 300 000	100.00%

单位负责人：　　　　　　　　审核人：　　　　　　　　　填报人：

（二）指标分析法

指标分析法主要包括比较分析法和比率分析法。

1. 比较分析法

对比分析法是根据实际成本指标与不同时期的指标进行对比，来揭示差异，分析差异产生原因的一种方法。比较分析法适用于同质指标的数量对比，在采用对比分析时，应注意本期实际指标与对比指标的可比性，以使比较的结果更能说明问题，揭示的差异符合实际。若不可比，则可能使分析的结果不准确，甚至可能得出与实际情况完全不同的相反的结论。

企业可采取实际指标与计划指标对比，本期实际与上期（或上年同期，历史最好水平）实际指标对比，本期实际指标与国内外同类型企业的先进指标对比等形式。通过对比分析，可一般地了解企业成本的升降情况及其发展趋势，查明原因，找出差距，提出进一步改进的措施。在采用对比分析法时，可采取绝对数对比，增减差额对比或相对数对比等多种形式。

2. 比率分析法

1）相关指标比率分析法

相关指标比率是将两个性质不同但又相关的指标进行对比求出的比率。例如，水路运输企业的成本利润率、变动成本率等都是在一定程度上反映水路运输企业的盈利能力的比率指标。又如，水路运输企业的产值工资率，该指标可以用来考核人工费的支出水平。

2）构成比率分析法

除了一些通用的构成比率之外，水路运输企业常用的构成比率还有：

（1）平均使用船舶数：

平均使用船舶数＝船舶总时间÷报告期天数

或　　　　　船舶总时间(不包括卧冬期)÷报告期平均通航期

$$= \sum (每艘船舶吨位数 \times 报告期内通航天数) \div \sum (每艘船的船舶总时间)$$

(2) 船舶营运率:

$$船舶营运率 = (营运时间 \div 船舶总时间) \times 100\%$$

(3) 航行率:

$$航行率 = 航行时间 \div 营运时间 \times 100\%$$

(4) 重航率:

$$重航率 = (载重航行时间 \div 营运时间) \times 100\%$$

(5) 船舶平均航行速度:

$$船舶平均航行速度 = 船舶吨位(客位)公里数 \div 船舶航行吨位(客位)天数$$

(6) 平均重行速度:

$$平均重行速度 = 重船舶吨位(客位)公里 \div 重航吨位(客位)天$$

(7) 船舶载重量利用率:

$$船舶载重量利用率 = 货物周转量 \div 船舶吨公里 \times 100\%$$

(8) 重航载重率:

$$重航载重率 = 自载换算周转量 \div 重航船舶吨位(客位)公里 \times 100\%$$

(9) 拖带效率:

$$拖带效率 = 拖带换算周转量 \div 拖轮千瓦公里$$

(10) 重航拖带效率:

$$重航拖带效率 = 拖带换算周转量 \div 重航拖轮千瓦公里$$

(11) 船吨产量:

$$船吨产量 = 货物换算周转量 \div 船舶平均吨位$$

(12) 平均航次周转期:

$$平均航次周转期 = 营运吨位天数 \div 船舶吨位次数$$

(13) 平均船舶数:

$$平均船舶数 = 驳运船舶总吨位天 \div 报告期日历天数$$

（14）平均每吨位船驳运量：

$$平均每吨位船驳运量 = 驳运量 \div 平均船舶数$$

（15）拖轮航行率：

$$拖轮航行率 = 拖轮航行千瓦天 \div 拖轮营运千瓦天 \times 100\%$$

（16）出船吨次：

$$出船次数 = \sum (船舶定额吨位数 \times 瓦载次数)$$

（17）装载率：

$$装载率 = 驶运量 \div 出船吨次 \times 100\%$$

（18）周转率：

$$周转率 = 出船次数 \div 平均营运吨位$$

（19）船舶平均每次在港停泊天数：

$$船舶平均每次在港停泊天数 = 船舶停泊总艘天数 \div 船舶停泊总艘次$$

（20）船舶千吨货物装卸小时：

$$船舶千吨货物装卸小时 = 船舶装卸小时 \div 装卸货物吨数 \times 1\,000$$

（21）船舶平均每装卸千吨货在港停泊天数：

$$船舶平均每装卸千吨货在港停泊天数 = \frac{(生产性停泊艘时 + 非生产性停泊中港方原因艘时) \div 24}{装卸货物吨数 \div 1\,000}$$

（22）船舶平均每次作业在港停泊天数：

$$船舶平均每次作业在港停泊天数 = 船舶停泊总艘天数 \div 船舶作业总艘次数$$

（23）非生产性停泊比重：

$$非生产性停泊比重 = 非生产性停泊艘天数 \div 船舶停泊总艘天数 \times 100\%$$

（三）因素分析法

1. 连环替代法

【例4-20】 顺水运输公司燃料采用计划成本核算，3月燃料耗用成本资料如表4-19所示。

表 4-19 顺水运输公司燃料成本明细表

项 目	计 划	实 际
运输周转量(千换算吨公里)	1 000	1 100
千换算吨公里耗油量(公斤)	3	2.8
燃料单价(元)	20.4	21
燃料成本(元)	61 200	64 680

根据以上资料,采用因素分析法,分别计算运输周转量、千换算吨公里耗油量和燃料单价的变动对燃料成本的影响。

(1)分析燃料成本的关联因素:影响水路运输企业燃料成本的因素主要有运输周转量、千换算吨公里耗油量和燃料单价,三项因素之间的关系为相乘。即:

$$燃料成本=运输周转量×千换算吨公里耗油量×燃料单价$$

(2)确定本期燃料成本差异额。

本期燃料计划成本=1 000×3×20.4=61 200(元)

本期燃料实际成本=1 100×2.8×21=64 680(元)

燃料成本差异=实际成本-计划成本=64 680-61 200=3 480(元)

即:本期燃料超支 3 480 元,下面用因素替代法分析不同因素对燃料成本的影响。

(3)进行因素替代计算分析。

本期燃料计划成本=1 000×3×20.4=61 200(元)

首先,替换运输周转量因素:1 100×3×20.4=67 320(元)

由此得到运输周转量变化对燃料成本的影响=67 320-61 200=6 120(元)

其次,替换千换算吨公里耗油量因素:1 100×2.8×20.4=62 832(元)

由此得到千换算吨公里耗油量变化对燃料成本的影响=62 832-67 320=-4 488(元)

最后,替换燃料单价因素,1 100×2.8×21=64 680(元)

由此得到燃料单价变化对材料成本的影响=64 680-62 832=1 848(元)

三项因素的变化对燃料成本的总影响是 3 480 元(6 120-4 488+1 848)。对其基本分析如下:

第一,企业本月的运输周转量超过了计划运输周转量,使燃料成本比计划成本增加了 6 120 元。运输周转量的增加直接导致了燃料运输成本的增加,并且运输周转量的增加对燃料成本的变化影响显著。

第二,千换算吨公里耗油量的下降使燃料成本比计划成本节约了4 488元。油耗的下降对企业来说有多方面的原因,可能是司船人员的技术水平,也可能是设备或者是航行环境的因素,企业应积极总结经验,并尽可能地推广和应用。

第三,燃料单价的上升使燃料成本比计划成本上升了1 848元。燃料单价由国家调控,属于运输企业成本管理中的不可控因素。

因此,通过燃料成本因素分析,企业应进一步总结千换算吨公里耗油量降低计划以及运输周转量超额完成计划的主、客观原因,并将其中的主观原因、可控因素,落实到具体部门或个人,加以推广或奖惩,以实现有效的成本控制。

2. 差额计算法

差额计算法是连环替代法的一种简化形式,先确定各个因素实际数与计划数之间的差异,然后按照各因素的排列顺序,依次求出各因素变动的影响程度。

【例4-20】 以[例4-19]的分析资料为基础,采用差额计算法进行分析。

由于运输周转量增加对燃料费用的影响=(1 100-1 000)×3×20.4=6 120(元)

由于燃料单耗变动对燃料费用的影响=1 100×(2.8-3)×20.4=-4 488(元)

由于燃料单价变动对燃料费用的影响=1 100×2.8×(21-20.4)=1 848(元)

各因素变动对燃料费用的影响=6 120-4 488+1 848=3 480(元)

两种方法的计算结果相同,但采用差额计算法显然要比第一种方法简化多了。

值得注意的是,企业还可以利用以上不同方法对单个成本项目进行详细、细致的分析。例如:

(1) 船员工资分析:可以从船员人数的影响和工资水平的影响等角度分析。

(2) 燃料费用分析:可以从数量差异(数量计划和实际的差别)和价格差异(计划价格和实际价格的差别)等角度分析。

(3) 润料、材料分析:可以从数量差异(数量计划和实际的差别)和价格差异(计划价格和实际价格的差别)等角度分析。

(4) 船舶折旧的分析:船舶折旧率是相对固定的,一般企业会在财务计划中预先扣除。计划和实际的差异往往是计划外的。

(5) 船舶修理费用分析:船舶修理费用要按照月份预摊,修理费用的变动往往比较大,和船舶使用情况有关。

(6) 港口费用的分析:包括场装费、码头费、熏蒸费、报关费、商检费、包干费、冷柜验箱费、代理费用等,需要分析每一停泊吨天的费用。

(7) 事故损失分析:这是计划外的支出,需要将发生的事故费用和往年的费用水平比较,找出事故发生的原因,加以杜绝。

（四）成本习性分析法

1. 固定成本

远洋运输企业的固定成本主要包括以下项目，如表4-20所示。

表4-20   远洋运输企业固定成本分类表

1. 船舶折旧	
2. 船舶租金	(1) 期租费 (2) 程(航次)租费 (3) 光租费
3. 集装箱箱位租金	
4. 集装箱固定费用	
5. 船员费用	(1) 伙食费 (2) 在航工资 (3) 津贴 (4) 滑油费 (5) 上下船舶差旅费 (6) 培训费
6. 机务费用	(1) 修理费 (2) 备件费 (3) 物料费 (4) 滑油费 (5) 检验费 (6) 设备改造费 (7) 通导费 (8) 油漆费
7. 管理费	(1) 机关通讯费 (2) 机关差旅费 (3) 招待费 (4) 房租 (5) 会议费 (6) 车辆费 (7) 宣传费
8. 海务费用	
9. 船舶共同费用	(1) 替补船员工资 (2) 船员服装 (3) 工会经费
10. 保险费	
11. 其他固定费用	(1) 车船税 (2) 船舶证书费 (3) 事务用品修理费

2. 变动成本

一般来说，以远洋运输企业为例，水路运输企业变动成本主要包括以下项目，如表4-21所示。

表4-21   远洋运输企业变动成本分类表

1. 货物费	(1) 装卸工力费	加班费、起重费、绑扎费
	(2) 集装箱站场费	过磅费、检验费、堆场费
	(3) 其他货物费	驳运费、扫舱费、洗舱费
2. 中转费	(1) 改港费 (2) 陆运费 (3) 中转货物装卸费	
3. 客运费	(1) 旅客生活用品费 (2) 旅客伙食费 (3) 客运代理费	

（续表）

4. 燃料费	(1) 轻柴油费　(2) 重柴油费 (3) 燃料油费	
5. 垫隔材料费		
6. 制冷材料费		
7. 速遣及滞期费		
8. 港口费	(1) 船舶吨税	
	(2) 港口费	① 入港费　② 港务费　③ 引水费 ④ 拖轮费　⑤ 码头费　⑥ 解系缆费　⑦ 停、移泊费
	(3) 过境费/运河费用 (4) 代理费 (5) 其他港口费	
9. 事故损失		
10. 其他费用	(1) 破冰费 (2) 领事签证费 (3) 污水处理费 (4) 港口招待费 (5) 清洁洗涤费	

阅 读 文 献

［1］邵瑞庆. 水运企业会计核算办法——关于营运成本、费用的核算问题［J］. 交通财会，2005(5).

［2］财政部，交通部. 交通运输企业成本费用管理核算办法. 交财发(1995)445号.

［3］贺志东. 交通运输企业财务管理［M］. 广州：广东省出版集团图书发行有限公司，2011.

［4］丁波. 交通运输企业管理［M］. 北京：机械工业出版社，2005.

［5］方晓平，毛成辉. 交通运输企业管理［M］. 长沙：中南大学出版社有限责任公司，2012.

［6］贾连军. 远洋运输船舶成本分析与控制的研究［D］. 首都经贸大学硕士学位论文，2002.

复习思考题

1. 水路运输企业的成本费用包括哪些具体内容？

2. 水路运输企业的成本计算单位是什么？内河运输企业的成本计算单位和海运企业的成本计算单位有何不同？

3. 水路运输企业的成本计算期如何确定,内河运输和海洋运输企业的成本计算期的确定有何区别?

4. 海洋运输企业的船舶固定费用与船舶共同费用有何区别?

5. 归纳海洋运输企业船舶固定费用和集装箱固定费用如何在航次上分摊?

6. 水路运输企业的船舶维护费用包括哪些? 它和海洋运输企业的船舶固定费用有何区别?

7. 水路运输企业营运间接费用如何分配和核算?

8. 水路运输企业的运输总成本如何确定? 内河运输和海洋运输的运输总成本的计算是否有不同?

9. 公路运输企业的成本报表一般包括哪些?

第五章　航空运输企业成本核算

【本章概要】

　　航空运输企业生产经营过程中发生的各种耗费支出,按照是否计入企业的航空运营生产成本,可划分为直接成本和间接支出。和其他运输企业一样,航空运输企业的直接成本均在主营业务成本科目中进行核算,根据不同业务再分设不同的明细科目,如:运输支出、通用航空业务成本、机场业务成本等。航空运输企业的间接费用不多,大多数费用基本都有明确的对象,计入主营业务成本,少部分间接费用归集在营运间接费用科目中核算。会计期末,航空运输企业应根据会计记录,核算企业的航空运输企业总成本、各机型的运输单位成本。并编制航空运输企业应编制的航空运输支出计算表,以反映运输总成本与单位成本,为成本分析提供依据。

第一节　航空运输企业成本核算的特点及内容

一、航空运输企业成本的构成

　　航空运输企业的耗费包括营业成本、营业税金及附加、期间费用和营业外支出,如图5-1所示。

　　航空运输企业的营业成本包括主营业务成本和其他业务成本。对于航空企业而言,主营业务成本主要是指运输支出,包括飞行费用和飞机维修费用两大类:

　　(1)飞行费用。它是指执行飞机任务而发生的、与飞机飞行直接相关的费用,具体包括:空勤人员工资及福利费、航空油料消耗、飞机折旧费、飞机大修理费用、飞机租赁费、飞机起降服务费、飞机保险费、旅客供应服务费等。

　　(2)飞机维修费。它是指除飞机、发动机大修、改装以外的各种检修和技术维护费。

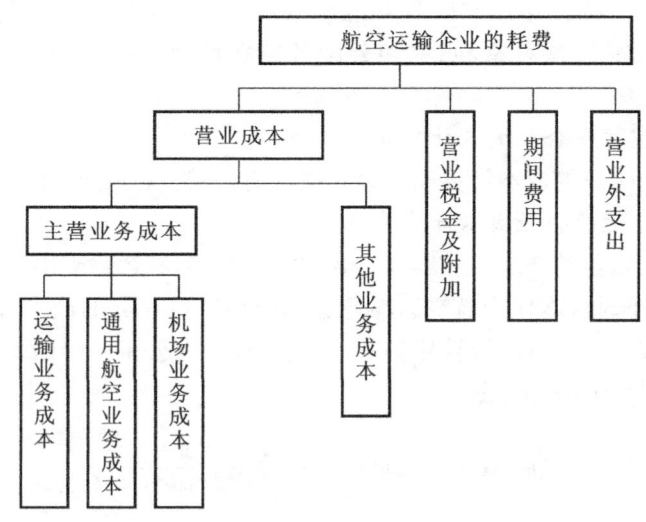

图 5-1 航空运输企业的成本耗费

此外,航空运输企业的营运成本还应包括熟练飞行训练费和乘客紧急救护费等支出。

其他业务成本包括航空运输企业从事材料、餐食销售,租赁等业务发生的相关费用,包括和这些业务相关的职工薪酬、差旅费、办公费、通讯费、折旧费、修理费、低值易耗品摊销等。

营业税金及附加、期间费用以及营业外支出等方面的内容都与一般运输企业无异,在此不再赘述。

二、航空运输企业成本核算的特点

(一)成本计算对象

航空运输企业的主要业务分为:①飞机的维修;②航空运输的生产与经营;③通用航空业务。该类企业的特点为:行业受政府的管制较大,属于国家控制的产业;航空运输的成本昂贵,投资较大;国内外航空运输企业之间的关系非常密切;航空运输的技术含量高,操作比较复杂。

航空运输企业的成本核算特点和其他交通运输企业一样,具有成本计算对象的多样性、营运成本的发生期间和会计期间一致、营运成本按照制造成本法计算运输支出、根据营运业务特点确定营运成本的核算内容、按月定期计算成本、成本计算采用复合计量单位等特点,此外还有其企业自身的一些特点。

航空企业一般拥有多种机型,各种类型飞机的技术性能不同,单位运输支出有很大差别。为便于成本管理和经济效益分析,航空企业成本核算一般以各种机型为成本计算对象,归集和分配各类费用,计算各种型号飞机的机型成本。

（二）航空运输企业成本计算期

航空运输企业的成本计算期为会计报告期,一般以月、季、年为成本计算期。

（三）航空运输企业成本计算单位

航空运输企业的产品是旅客和货物的空中位移,其运输支出分别以元/吨公里和元/飞行小时成本作为航空运输业务和通用航空业务的成本计算单位。货运周转量和客运周转量的换算比例为:国内航线 1 人公里＝0.072 吨公里,国际航线 1 人公里＝0.075 吨公里。

$$某机型吨公里成本(元/吨公里)=\frac{机型总成本(元)}{该机型运输周转量(吨公里)}$$

$$某机型的生产飞行小时成本(元/飞行小时)=\frac{该机型的总成本}{该机型的生产飞行小时}$$

（四）成本核算方式

航空运输企业的主营业务成本也是通过直接计入和分配计入两种方式核算确定的。

直接计入成本一般直接在主营业务成本中进行核算,有的企业也可以设置直接运输成本科目。

间接计入成本主要在营运间接费用科目中核算,也有企业开设间接运输成本进行核算。

（五）航空运输企业成本核算的特点

航空公司的运输支出费用与其他运输企业的成本费用在科目的设置、核算的程序与方法等方面都有许多相同之处,但在航空运输支出的具体构成内容及相关费用的分摊方面仍有较大差别。

此外,在流动资产方面,由于飞机的维修是其生产经营活动的重要组成部分,因此,维修中使用的物资以及航材消耗件就成为航空运输企业存货的主要组成部分。由于航材消耗件、高价周转件等单价高、消耗量大,因而,在财务核算上具有一定的灵活性。

在固定资产方面,由于航空公司的主要生产设备是飞机,而飞机的价格相当昂贵,每架飞机都以亿美元计算,所以,很多航空公司的飞机往往以融资租赁的手段购入。总之,融资租赁固定资产在航空公司固定资产中占的比重比较大,是其他任何行业所无法比拟的。

第二节 航空运输企业直接成本的
确认与归集

一、航空运输企业的直接成本核算的内容

航空运输企业的直接成本是指企业在运输、装卸或者其他业务中发生的能直接计入成本计算对象的费用。由于航空运输企业的成本核算主要是以飞机机型为对象归集各类成本费用,因而该类企业的直接成本主要包括不同机型的飞机在执行航空运输业务过程中所发生的各项费用。包括:能直接计入机型成本的直接运营费,如空勤人员、机务人员工资及福利费,取暖降温费,上下班交通补贴,制服费,航空油料消耗,国外加油价差,飞机(含发动机)折旧费,经营性租赁飞机的租赁费,修理费,保险费,高价周转件折旧或摊销,飞行训练费,国内外起降服务费,旅客餐宿供应品费,客舱服务费,赔偿费,营运过程货物,行李损失,丢失赔偿净损失,以及其他直接飞行费用等。

二、航空运输企业的直接成本账户的设置及账户说明

(一)运输业务直接成本科目:主营业务成本——运输支出

航空运输企业一般设置“主营业务成本——运输支出”科目来核算航空运输企业的直接成本。运输支出科目核算企业在执行航空运输业务过程中所发生的各项费用,包括:能直接计入机型成本的直接营运费用和不能直接计入机型成本,需按照一定办法进行分摊的间接运营费。

能直接计入机型成本的直接营运费用主要有:空勤人员、机务人员工资及福利费,取暖降温费,上下班交通补贴费,制服费,航空油料消耗,国外加油价差,飞机(含发动机)及高价周转件折旧费,经营性租赁飞机的租赁费,修理费,保险费,飞行训练费,国内外起降服务费,旅客餐宿供应品费,客舱服务费,赔偿费,运营过程货物,行李损失、丢失赔偿净损失、航班延误赔偿业务等地面服务业务以及其他直接飞行费用等。

不能直接计入机型成本,需按照一定办法进行分摊的间接营运费主要有:工资和福利费、折旧费、维修费、办公费、水电费、差旅费、保险费、机物料消耗、制服费、劳动保护费、票证印制费、警卫消防费、职工教育经费、环境绿化费、地面运输费、租赁费等。

企业发生各项运输支出,借记“主营业务成本——运输支出”科目,贷记“库存现金”“银行存款”“航材消耗件”“高价周转件”“累计折旧”“机上供应品”“低值

易耗品""应付职工薪酬——工资"等科目。期末,应将该科目的余额转入"本年利润"科目。结转后该科目无余额。该科目应按照机型或机号、费用项目设置明细账,进行明细核算。具体账户结构如下:

借方	主营业务成本——运输支出	贷方
期初余额		
(1) 直接计入成本对象的直接费用 (2) 按一定标准分配的间接费用	(1) 期末结转至"本年利润"	

此外,为更加明晰航空企业的成本核算,业务比较简单的航空企业可以根据自身业务的特点,不再设置"主营业务成本——运输支出"科目,而用"直接运输成本"科目替代,该科目下设航空油料消耗(机务耗油、本场训练、调机试航、航油成本差异、不正常航班),机场起降服务费[起降费、训(熟)练费、试飞飞行和备降、备降机场起降服务费],民航基础设施建设基金,餐食,供应品费(饮料、食品、书报杂志、纪念品)等明细科目。

【例 5-1】 乘风航空公司 201×年 3 月计算当月暂估机务消耗航油成本 1 800 000元,甲型飞机为 1 00 000 元,乙型飞机为 800 000 元,月末经结算发生实际航油成本 1 850 000 元。乙型飞机航油消耗超支 50 000 元。

(1) 暂估价账务处理:

借:主营业务成本——运输支出——航空油料消耗——甲型飞机/直接运输成本——航空油料消耗——机务耗油——甲型飞机 1 000 000

主营业务成本——运输支出——航空油料消耗——乙型飞机/直接运输成本——航空油料消耗——机务耗油——乙型飞机 800 000

贷:应付账款——暂估款——油料/应付暂估款——油料 1 800 000

(2) 结算实际航油成本账务处理:

借:主营业务成本——运输支出——航空油料消耗——航油成本差异——乙型飞机/直接运输成本——航空油料消耗——航油成本差异——乙型飞机 50 000

应付账款——暂估款——油料/应付暂估款——油料 1 800 000

贷:应付账款——航线成本类——航油款(××公司) 1 850 000

【例 5-2】 乘风航空公司 201×年 3 月计算当月暂估机场起降服务费 300 000元,其中甲型飞机为 180 000 元,乙型飞机为 120 000,月末经结算发生实际起降服务费成本 280 000 元,甲型飞机起降服务费节约 20 000 元。

（1）暂估价账务处理：

借：主营业务成本—运输支出—机场起降服务费—甲型飞机/直接运输成本—机场起降服务费—起降费—甲型飞机　180 000

　　主营业务成本—运输支出—机场起降服务费—乙型飞机/直接运输成本—机场起降服务费—起降费—乙型飞机　120 000

　　贷：应付账款—暂估款—起降/应付暂估款—起降　300 000

（2）结算实际机场起降服务费账务处理：

借：主营业务成本—运输支出—机场起降服务费—起降费—甲型飞机/直接运输成本—机场起降服务费—起降费—甲型飞机　20 000

　　应付账款—暂估款—起降/应付暂估款—起降　300 000

　　贷：应付账款—航线成本—起降服务费（××机场）　280 000

【例5-3】　乘风航空公司201×年3月计提当月民航基础设施建设基金70 000元，甲型飞机为50 000元，乙型飞机为20 000元。

借：主营业务成本—运输支出—民航基础设施建设基金—甲型飞机/直接运输成本—民航基础设施建设基金—甲型飞机　50 000

　　主营业务成本—运输支出—民航基础设施建设基金—乙型飞机/直接运输成本—民航基础设施建设基金—乙型飞机　20 000

　　贷：应交税费—应交民航基础设施建设基金　70 000

【例5-4】　乘风航空公司201×年3月乙型飞机发生航班延误赔偿支出60 000元，超售赔偿20 000元，共计支出80 000元，已用现金支付给相关人员。

借：主要业务成本—运输支出—航班延误现金赔偿—乙型飞机/直接运输成本—赔偿—航班延误现金赔偿—乙型飞机　60 000

　　销售费用—超售赔偿　20 000

　　贷：库存现金　80 000

注：一般来说，我国航空公司国内航班延误 4～8 小时，一般采用现金补偿方式；延误 4～5 小时补偿 100 元；5～6 小时补偿不超过 200 元；6～8 小时补偿不超过 300 元，各航空公司各站站长可根据现场实际情况在标准范围内灵活处理。

【例 5-5】 乘风航空公司 201×年 3 月甲型飞机计算发生的因航班延误、取消产生的旅客餐食、住宿、交通等不正常航班费用，按协议应支付给机场 32 000 元。发生旅客行李赔偿费 1 500 元，已经以现金方式支付给相关旅客。

借：主营业务成本——运输支出——不正常航班食宿及供应品费用——甲型飞机/直接运输成本——不正常航班食宿及供应品费用——甲型飞机　32 000

主营业务成本——运输支出——其他起降服务——甲型飞机/直接运输成本——其他起降服务——甲型飞机　1 500

贷：应付账款——其他起降服务　32 000

库存现金　1 500

【例 5-6】 乘风航空公司 201×年 3 月计算应支付给供应商的经济舱餐食食品费用 48 000 元，其中甲型飞机消耗 30 000 元，乙型飞机消耗 18 000 元。

借：主营业务成本——运输支出——餐食——外配经济舱——甲型飞机/直接运输成本——餐食——旅客外配经济舱——甲型飞机　30 000

主营业务成本——运输支出——餐食——外配经济舱——乙型飞机/直接运输成本——餐食——旅客外配经济舱——乙型飞机　18 000

贷：应付账款——餐食类——外站餐食（××公司）　48 000

航空公司为节约成本，自行生产和代理生产各种航空餐食业务的成本核算同制造业企业生产产品一样，开设"生产成本"科目用来核算生产航空餐食的直接成本和人工支出，在生产餐食、配备机上所需用品过程中，所产生的间接费用，通过"制造费用"科目进行归集。期末将完工餐食等用品自"生产成本"科目转入"库存商品"科目。待企业领用餐食时，将"库存商品"转入"主营业务成本"或者是"直接运输成本"科目中去。

【例 5-7】 乘风航空公司 201×年 3 月自行生产航空餐食——番茄酱，月初没有未完工产品。本期生产餐食消耗原材料 50 000 元，人工支出 10 000 元，和番茄酱相关的间接费用 2 000 元。本月生产番茄酱全部完工入库，月末，公司领用当月生产的 50% 番茄酱用于经济舱航空服务，甲、乙两机型飞机各一半；领用

10%作为两舱休息室的服务费;甲型飞机航班延误,发生地面加餐食,消耗5%;食堂小卖部领用5%对外销售。

发生番茄酱直接生产费用时:

借:生产成本——餐食——番茄酱		60 000
贷:原材料——餐食原材料——番茄		50 000
应付职工薪酬——工资		10 000

结转番茄酱的间接生产成本:

借:生产成本——餐食——番茄酱	2 000
贷:制造费用	2 000

结转完工番茄酱生产成本:

借:库存商品——餐食——番茄酱	62 000
贷:生产成本——餐食——番茄酱	62 000

公司领用番茄酱:

借:主营业务成本——运输支出——餐食——内配经济舱——甲型飞机/直接运输成本——餐食——旅客内配经济舱——甲型飞机　　15 500

主营业务成本——运输支出——餐食——内配经济舱——乙型飞机/直接运输成本——餐食——旅客内配经济舱——乙型飞机　　15 500

主营业务成本——赔偿——不正常航班食宿及供应品费用——甲型飞机/直接运输成本——赔偿——不正常航班食宿及供应品费用——甲型飞机　　3 100

营运间接费用——两舱休息室服务费/间接运输成本——两舱休息室服务费　　6 200

其他业务成本——食堂成本——小卖部成本　　3 100

　贷:库存商品——餐食——番茄酱　　43 400

（二）通用航空业务直接成本科目:主营业务成本——通用航空成本

　　一般航空运输企业通过主营业务成本——运输支出或者直接运输成本科目核算直接成本,而开展通用运输业务的航空公司,除设置上述科目之外,还应该设置"主营业务成本——通用航空成本"科目。航空运输作为民用航空的一个部分划分出去之后,民用航空的其余部分统称为通用航空,因而通用航空包罗多项内容,范围十分广泛,可以大致分为下列几类:

(1)工业航空:包括使用航空器进行工矿业有关的各种活动,具体的有航空摄影、航空遥感、航空物探、航空吊装、石油航空、航空环境监测、航空探矿、航空摄影等。

(2)农业航空:包括为农、林、牧、渔各行业的航空服务活动,如森林防火、灭火、撒播农药等。

(3)航空科研和探险活动:包括新技术的验证、新飞机的试飞,以及利用航空器进行的气象天文观测和探险活动。

(4)飞行训练:除培养空军驾驶员外还培养各类飞行人员的学校和俱乐部的飞行活动。

(5)航空体育活动:用各类航空器开展的体育活动,如跳伞、滑翔机、热气球以及航空模型运动。

(6)公务航空:大企业和政府高级行政人员用单位自备的航空器进行公务活动。跨国公司的出现和企业规模的扩大,使企业自备的公务飞机越来越多,公务航空就成为通用航空中一个独立的部门。

(7)私人航空:私人拥有的航空器进行的航空活动。通用航空在我国主要指前面五类,后两类在我国才开始发展,但在一些航空强国,公务航空和私人航空所使用的航空器占通用航空的绝大部分。

通用航空成本科目核算企业在执行通用航空业务过程中所发生的各项费用。其包括:可以直接计入机型成本的费用,如空勤人员、机务人员工资及福利费、取暖降温费,上下班交通补贴,制服费,航空油料消耗,国外加油价差,飞机发动机折旧费,修理费,保险费,高价周转件摊销,飞行训练费,国内起降服务费,作业准备费,作业赔偿费及其他直接飞行费等,以及不能直接计入机型成本,需按一定办法进行分摊的间接费用,如工资和福利费、折旧费、维修费、办公费、水电费、差旅费、机物料消耗、制服费、劳动保护费、票证印制费等。

企业发生通用航空成本,借记该科目。期末,应将该科目的余额转入"本年利润"科目,结转后该科目无余额。该科目应按机型或机号、费用项目设置明细账,进行明细核算。具体账户结构如下:

借方	主营业务成本——通用航空成本	贷方
期初余额		
(1)直接计入成本对象的直接费用 (2)按一定标准分配的间接费用	(1)期末结转至"本年利润"	

（三）机场业务直接成本科目：主营业务成本——机场服务费用

1. 机场的分类

机场又称空港，主要包括军用机场和民用机场两种。其中，民用机场又包括：①航空港（重要空港、一般空港、通用空港、备用空港）；②单位或私人机场。

本书只研究航空港。航空港是指民用机场中用于商业性航空运输的机场。我国一般称大型的民用机场为航空港，称小型的民用机场为航站，但按照国际航空的惯例，民用机场无论大小一律称为空港。空港分为：重要空港，是指一个国家在航空运输中占据核心地位的空港，在我国一般指年客流量在50万人次以上的大型机场；一般空港，指重要空港之外的小型空港，在我国一般指规模较小的航站；通用空港，指用于通用航空，也为专业航空的小型飞机或直升机服务的空港；备用空港，是指平时不安排航班，只为通用航空和航空爱好者服务，但一旦交通拥挤时，可以暂时地为商业航空服务的空港。

2. 机场的主要业务

空港日常的主要业务有几项，如表5-1所示。

表5-1　　　　　　　　　　　　空港日常的主要业务

空港日常的主要业务	飞机服务业务	为各航空公司提供有偿起降、停航、加油等服务，并保证飞行区、地面运输区的安全运行
	过港旅客服务业务	这包括为旅客提供检票、安检、候机、海关、检疫及各种公共设施服务和商业设施服务等
	设备、地皮出租业务	这是指空港将候机楼内的场地租赁给他人用于办公或经营，出租给航空公司等
	安全营运保护业务	为确保空港的安全营运所进行的道面的维修、除雪和除冰，急援救，安全保卫，地面勤务，空港总体安全检查等

3. 机场服务费用的核算

该科目核算机场为各航空公司飞机起降、进出港旅客、货物、行李、邮件以及驻机场单位提供服务时发生的与服务直接相关的各种费用，如机场服务人员、安检消防人员、航行调度人员、机场管理维护人员、通讯服务管理人员的工资，空地勤人员的工资及伙食费，各种燃料及动力，器材，配件，工具，低值易耗品，水电消耗，制服费，折旧费，租赁费，维护修理费，紧急救治费，空难急救费，防汛、防灾、防疫费，机场绿化费，环卫费，排污及污水处理费，机场跑道、停机坪、铁路专用线维护修理费，行李、货物损失赔偿费，业务费，差旅费，办公费，保险费，运输费等。具体如表5-2所示。

表 5-2 机场服务费用核算的内容

	种　类	具体内容举例
机场服务费用核算的内容	飞行场地支出	包括跑道、滑行道、机坪的维护费用,照明、服务车辆、救火设施的使用维护费用
	候机楼的支出	包括候机楼各种设施和建筑的维护,停车场的维护,候机楼的供电、供水、供热、废物的处理,候机楼的环境美化和绿化等费用
	机库、货运设施等建筑和空港的地面设施的支出	包括空港环境保护和美化,机库等建筑的维护、空港进出道路的维护、各种管道(上水、下水、供热、供油)的维护等费用
	经常性管理费用	包括行政人员、后勤人员的工资及其他管理费用

企业发生机场服务费用,借记该科目。期末,应将该科目的余额转入"本年利润"科目,结转后该科目无余额。该科目应按机型或机号、费用项目设置明细账,进行明细核算。具体账户结构如下:

借方　　　　　主营业务成本——机场服务费用　　　　　贷方	
期初余额	
(1) 直接计入成本对象的直接费用 (2) 按一定标准分配的间接费用	(1) 期末结转至"本年利润"

账务处理如下:

借:主营业务成本——运输支出/通用航空成本/机场服务费用等

贷:航材消耗件/高价周转件/普通器材/累计折旧/应付职工薪酬——工资、福利费等

第三节　航空运输企业间接成本的确认与归集

一、航空运输企业的间接成本

航空企业按月计算成本,其成本项目分为飞行费用与飞机维修费用两大类。飞行费用大部分是直接计入费用,费用发生时,可以直接计入有关的机型成本,即直接成本。飞机维修费一般由材料费、人工费以及间接维修费 3 个项目组成,凡属可以直接汇集某一机型成本的维修费为直接计入成本,不能直接汇集于某机型成本的费用先要通过营运间接费用账户进行归集,然后按一定标准分配到

各个机型成本中去。航空运输企业各种机型的飞行费用和飞机维修费之和组成各机型总成本。将各机型总成本相加就得到航空运输总成本。将航空运输总成本除以运输周转量就得到运输单位成本。每月月末,航空运输企业应编制航空运输支出计算表。

二、航空运输企业间接成本核算科目

航空运输企业的间接成本用"营运间接费用"科目进行归集和分配。

"营运间接费用"科目核算企业营运过程中所发生的不能直接计入成本核算对象的各种间接生产费用。该科目应按照发生费用的不同部门设置明细科目,并分别按工资、职工福利费、航材消耗件、机上供应品、折旧费、修理费、制服费、劳动保护费、警卫消防费、地面运输费、租赁费、办公费、水电费、差旅费等费用项目,设置专栏进行明细核算。

月中,企业按照具体业务,在发生营运间接费用时,借记"营运间接费用"科目,贷记"库存现金""银行存款""原材料""应付职工薪酬""累计折旧"等科目。

期末,按照一定分配标准,将当期发生的营运间接费用在有关受益对象间进行分配。借记"生产成本——运输支出/通用航空成本"科目,贷记"营运间接费用"科目;该科目分配后期末无余额。具体账户结构如下:

借方	营运间接费用	贷方
(1)本期归集的各项营运间接费用支出	(1)期末按一定标准结转分配至"主营业务成本——运输支出"等成本费用类科目	

三、航空运输企业间接成本及其他成本核算举例

航空运输企业在营运过程中发生的飞行费用大多能直接计入各个机型的主营业务成本中,只有少部分不能直接计入各个成本对象的飞行费用才按照一定的标准在不同成本对象之间进行分配。而维修费用则大部分是先通过营运间接费用进行归集,期末时按照一定的标准在各成本对象中进行分配。

(一)飞行费用的归集和分配

1. 航空油料消耗

航空油料消耗是指飞机在飞行或在地面机修试车时所消耗的航空油料和润滑油。该项费用按机型的发生数直接记入各机型飞行费用明细账。如果有由各机型分摊的配用,一般按照机型的飞行时间等标准进行分配。

2. 工资及福利费

工资及福利费是指直接从事飞机飞行的空勤人员和乘务人员的工资及福利

费,凡直接从事某种机型飞行的空勤人员的工资、福利费属直接费用,按所飞的机型,分别计入各种机型成本。凡从事多种机型飞行的乘务人员的工资及福利费,应按一定的标准分配后计入各种机型成本。分配标准可以是各种机型乘务员配备人数和本月飞行小时。

【例 5-8】 乘风航空公司有甲、乙两种机型各一架从事运输生产,本月直接计入甲机型和乙机型的空勤人员工资分别为 5 万元和 6.4 万元,另外发生乘务员工资 8 万元需在甲、乙之间进行分配。甲、乙机型每架乘务员配备分别为 4 人和 6 人,飞行小时均为 100 小时,根据上述资料,乘务员工资分配如下:

甲型飞机应分配乘务员工资＝80 000×[4×100÷(4×100＋6×100)]＝32 000(元)
乙型飞机应分配乘务员工资＝80 000×[6×100÷(4×100＋6×100)]＝48 000(元)
计入甲型飞机的工资＝(50 000＋32 000)＝82 000(元)
计入乙型飞机的工资＝(64 000＋48 000)＝112 000(元)

发生人工费时先在营运间接费用中归集:

借:主营业务成本——运输支出——甲型飞机   50 000
        ——乙型飞机   64 000
  营运间接费用   80 000
  贷:应付职工薪酬——工资   194 000

按照一定标准分配后,计入各机型的直接成本:

借:主营业务成本——运输支出——甲型飞机   32 000
        ——乙型飞机   48 000
  贷:营运间接费用   80 000

3. 飞机、发动机大修理费用

它是指各机型飞机、发动机进行大修理所发生的费用。飞机、发动机大修理费用核算可采用两种方法:一是按月预提大修理费用;二是大修理费用发生后按月摊销。

4. 飞机、发动机折旧费

航空运输企业的飞机和发动机折旧费的计提方法有两种:一是按实际工作量(飞行小时)计提折旧;二是按使用年限平均计提折旧。

5. 飞机保险费

它是指航空运输企业向保险公司投保的航空险,包括机身险、旅客和货物意外险、战争险、第三者责任险等。企业预付的保险费在"待摊费用"科目核算,按月平均摊销记入各机型飞行费用明细科目。

6. 飞机租赁费

它是指经营性租入飞机所支付的租赁费。融资租入飞机所支付的租赁费记入"长期应付款"科目，不计入飞机租赁费。航空企业对飞机租赁费核算可采用两种方法：一是按月预提飞机租赁费；二是预付后按月摊销。

7. 旅客供应服务费

它是指在飞机上提供各种服务所发生的费用，以及由于航空原因取消飞行，按规定由航空企业负责的旅客餐宿费等。对于能分清机型的旅客供应服务费，直接记入各机型飞行费用明细账科目。对于不能分清机型的旅客供应服务费，可按照各机型完成的周转量比例分配记入各机型飞行费用明细科目。

8. 飞机起降服务费

它是指航空运输企业在国内外机场起降，按规定标准或协议支付给机场和航管等部门的各项服务费。飞机起降服务费发生时，分机型记入各机型飞行费用明细科目。

【例 5-9】　乘风航空公司 201×年 3 月发生两舱休息室费用 22 000 元。

借：营运间接费用——两舱休息室费用　　　　　　　　　　　　22 000
　　贷：应付账款——其他起降服务费　　　　　　　　　　　　　　22 000

9. 熟练飞行训练费用

企业发生的熟练飞行训练费用经归集后，应按运输周转量、飞行小时等标准分配计入各机型成本。

【例 5-10】　承[例 5-1]至[例 5-9]，乘风航空公司 201×年 3 月将本期发生的除人工费之外的间接服务费按照客运周转量分配到甲、乙两类飞机中去，其中甲型飞机的客运周转量为 2 000 000 人公里，乙型飞机的客运周转量为 1 000 000 人公里。

本期发生的营运间接费用＝6 200＋22 000＝28 200(元)
甲型飞机分配的营运间接费用＝(28 200÷3 000 000)×2 000 000＝18 800(元)
乙型飞机分配的营运间接费用＝(28 200÷3 000 000)×1 000 000＝9 400(元)

借：主营业务成本——运输支出——甲型飞机　　　　　　　　　18 800
　　　　　　　　　　　　　　——乙型飞机　　　　　　　　　　9 400
　　贷：营运间接费用　　　　　　　　　　　　　　　　　　　　28 200

（二）飞机维修费的归集和分配

间接维修费是不能直接计入某个机型或成本核算对象的飞机、发动机及零附件因维护检修所发生的费用。飞机维修费应归集在按机型设置的明细账中，企业发生飞机维修费，先按修理机型进行汇总，修理完毕后，各机型飞机的直接维修费直接转入各机型成本，间接维修费应按各机型的修理小时等分配计入各机型成本。

企业应按机型设置"间接飞机维修费"账户进行核算,在"飞机维修费"账户下设置材料费、人工费、间接维修费三个明细账账户。因维护检修飞机而领用的高价周转件摊销、消耗性材料以及按耗用工时计算的人工费,作为直接费用应直接记入各机型飞行维修费明细账科目。有关管理和监督维修工作发生的间接维修费,应按适当的标准(如消耗维修工时数)分配记入各机型飞行维修费明细账户。

月末航空企业根据飞行维修费明细账,编制飞机维修费分配表,其格式见表5-3。

表5-3   **飞行维修费分配表**

201×年×月   单位:元

项 目	直 接 费 用			间 接 费 用			合计
	消耗材料	高价周转件摊销	其他直接维修费	分配标准(维修工时)	分配率	应分配费用	
甲机型 乙机型							
合 计							

(三)运输总成本和单位成本的计算

航空运输企业的各机型运输支出就是该机型的飞行费用和飞机维修费用之和,某机型的运输支出去除以该机型的运输周转量就得到该机型的运输单位成本。各机型运输支出之和就是航空运输企业总成本,航空运输企业总成本除以总运输周转量即得运输单位成本。月末,航空运输企业应编制航空运输支出计算表,以反映运输总成本与单位成本,其格式见表5-4。

表5-4   **××航空公司运输支出计算表**

201×年×月   单位:元

项 目	行 次	甲 型	乙 型	......	合 计
一、飞行费用					
1. 航空油料费					
2. 空勤人员工资及福利费					
3. 飞机、发动机大修费					
4. 飞机、发动机折旧费					
5. 飞机保险费					

（续表）

项　目	行　次	甲　型	乙　型	……	合　计
6. 飞机租赁费					
7. 旅客供应服务费					
8. 飞机起降服务费					
9. 其他					
二、飞机维修费					
三、运输总成本					
四、周转量					
五、运输单位成本					

四、器材物资的财务核算

航空运输企业用于维护和修理飞机、发动机以及地面各种设备的各种器材及物资，统称为器材物资。由于航空飞机的机型较多，各种机型的器材基本上相互通用，所需器材向国外订货的周期较长，而且飞机在国内、国际航线上飞行，或为工农业生产从事专业飞行，停经各地，均需进行维护和修理，均需储备器材。另外，各种地面设备（如地面通信、导航设备、机动车辆、房屋建筑物等）也需要进行维护和修理，也需储备器材物资，因此，航空公司器材物资的储备量较大，占用的资金较多。下面简单地介绍器材物资的财务核算方法。

（一）器材物资的分类

物资按照使用的对象以及在营运中的作用不同，可以分为以下几类。

1. 航空器材

航空器材物资指专供维护和修理飞机机体、动力装置、电子仪表装置以及其他系统的各种物资。飞机由机体、动力装置和电子仪表装置三部分构成。机体由机身、机翼、尾翼、起落架等组成，是飞机的躯干；动力装置由发动机、螺旋桨、辅助动力装置等组成，是飞机的心脏；电子仪表装置由通信系统、导航系统和飞机控制仪表等组成，是飞机的大脑和神经系统。为保证飞机的正常运行，航空公司必须储备相关的器材物资，包括机体所需的飞机轮胎、起落架、方向舵、作用筒、滑油管，动力装置所需的汽缸活塞环、火星塞、磁电机、尾喷管、压气管等，电子仪表装置所需的气压高度表、空速表、电子综合仪表、油量表、自动驾驶仪及通信导航器材等。

航空器材按价值高低、使用时间长短、是否采用序号跟踪管理等，又可分为航材消耗件和航材周转件。

（1）航材消耗件。一般指一次性领用并被消耗的零附件。航材消耗件价值较低，日常收发的数量较多，装机以后，从经济角度考虑不适合进行修复，一般不再修理，只有少数航材消耗件装机以后进行修理，如飞机的轮胎和发动机的叶片等。航空运输企业的航材消耗件主要有：油滤、螺栓、垫片等以及维修生产活动中由用户自己决定用量的所谓消耗品：如原材料、化工品等。此类件通常只有件号而没有序号。

（2）航材周转件。按照我国航空界的一般认识，所谓航材周转件又叫高价周转件，是指飞机在正常情况下维修和经常更换的而可被恢复正常使用状态的部件。此类部件价值比较高、有时间限制、除具备件号外还有序号进行跟踪管理，可以进行多次修复保用的零附件。据统计，高价周转件一般占到航空公司航材储备的 80%。

高价周转件包括两部分：一部分指飞机在正常情况下经常维修和经常更换的、价值较高、有时间限制、有序号进行跟踪管理的零附件，如飞机的自动驾驶仪、惯性导航设备、气象雷达等；另一部分指大型成套、价值较高、不经常使用，又必须准备的零附件，如起落架、操纵面等。

2. 普通器材

普通器材指用于维护和修理各种地面设备的器材。其主要包括：

（1）通信器材，指维修地面通信、导航设备用的各种器材。

（2）车辆器材，指维修各种机动车辆用的器材。

（3）建筑材料，指维修房屋建筑物用的材料。

（4）金属材料，指维修用的各种有色金属和黑色金属等。

（5）其他油料及材料，指航材油料和材料之外的其他各种油料及材料。

3. 低值易耗品

低值易耗品是指使用年限在 1 年以内的各种物资，如各种工具、管理用具、仪器、飞行制服、工作等。

4. 机上供应品

机上供应品是指在飞机上为旅客提供的各种用品，如书报杂志、食品、纪念品等。机上供应品可以外购、自制或委托加工、每次飞行结束后，剩余的机上供应品应该退库，日后对外销售或作其他处理。

在实际工作中，为加强器材物资的管理，航空器材通常在上述分类的基础上，再根据飞机的机型进行细分，如 B-737，B-747，B-757，B-767，A-300，A-310，MD-80，MD-82，MD-11，SAAB-340，TU-154，BAE-146，C-130 等。由于器材物资种类繁多，所以，会计部门除进行总分类和明细分类核算之外，还应编制"物资目录",以列明器材物资的类别、编号、名称、规格、性能、计量单位等。

（二）器材物资的财务核算方法

与原材料相似,器材物资有两种核算方法:实际成本核算法和计划成本核算法。从财务核算方法来看,可以比照原材料进行。但由于器材物资的性质、用途及特点与原材料不完全相同,因而,一般应该设置不同的科目,比如"航材消耗件""高价周转件""低值易耗品""普通器材""机上供应品""器材采购""在途物资"或"材料采购"等。根据企业会计准则,也可以设置各行业通用的科目,比如"周转材料"等来核算器材物资。

1. 航材消耗件的财务核算

航材消耗件是指一次性领用就被消耗的零附件、标准件。一般来说,航材消耗件消耗价值低,通常是一次装机使用后,不再进行修理;但也有些是可以多次修理的器材,如飞机轮胎、发动机叶片等。航材消耗件的财务核算需设置"航材消耗件"科目。"航材消耗件"科目用来核算企业库存的航材消耗件的实际成本。该科目借方登记入库航材消耗件的实际成本,贷方登记出库航材消耗件的实际成本,余额在借方,表示月末库存航材消耗件的实际成本。该科目应按航材消耗件的种类和机型设置明细科目。

企业购入航材消耗件时,根据发票账单支付物资价款和运杂费、关税等,按应计入航材消耗件成本的金额,借记"材料采购"科目(如采用实际成本核算航材消耗件,则借记"在途物资"科目,后同),按支付或应付的金额,贷记"银行存款""应付账款""预付账款"等科目。

航材消耗件验收入库时,根据入库单,借记"航材消耗件"科目,贷记"材料采购"科目,并同时结转材料成本差异,实际成本大于计划成本的差异,借记"材料成本差异"科目,贷记"材料采购"科目;实际成本小于计划成本的差异,编制相反会计分录。

已验收入库但尚未收到发票账单的,月末时暂估入账,借记"航材消耗件"科目,贷记"应付账款——暂估应付账款"科目,下月初用红字编制同样的会计分录,予以冲回。

已领用的航材消耗件报废,其残料收入冲减当月主营业务成本,借记"银行存款""其他应收款"等科目,贷记"主营业务成本"科目。

未领用的航材消耗件因机型退役或其他技术方面原因,导致无法使用而形成的报废,根据航材消耗件报废清单,借记"待处理财产损溢"科目,贷记"航材消耗件"科目。采用计划成本核算的,还应同时结转材料成本差异。有残料收入的,借记"银行存款"科目,贷记"待处理财产损溢"科目,残料收入应缴纳的税金,借记"待处理财产损溢"科目,贷记"应交税费"科目。已计提存货跌价准备的存货跌价准备,借记"待处理财产损溢"科目。报废损失应于期末结账前处理完毕,计入当期损益,借记"管理费用"科目,贷记"待处理财产损溢"科目。盘盈的航材消耗件,应冲减当期管理费用;盘亏或毁损的航材消耗件,在减去过失人或者保险公司等赔款及残料价值后,计入当期管理费用;属于由于自然灾害等非常原因造成的损失,在扣除残料价值和过失人、保险公司赔款后的净损失,计入当期营业外支出。

下面举例说明按实际成本计价的航材消耗件的财务核算。

【例5-11】 乘风航空公司购买的航材消耗件入库,价款及运杂费共500 000元(不含税)。根据发票账单和入库单按实际成本记账,应编制会计分录如下:

借:航材消耗件　　　　　　　　　　　　　　　　　　　500 000
　　应交税费——应交增值税(进项税额)　　　　　　　　　85 000
　　贷:银行存款　　　　　　　　　　　　　　　　　　585 000

【例5-12】 乘风航空公司维修部门领用甲型飞机的航材消耗件计200 000元,用于维修和修理收音机、发动机。根据领料单,按实际成本记账,应编制会计分录如下:

借:主营业务成本——运输支出——飞机修理费——甲型飞机　200 000
　　贷:航材消耗件　　　　　　　　　　　　　　　　　200 000

2. 高价周转件的财务核算

高价周转件是指可反复修理使用、价值较高、具有单独序号的航空器材。在航空公司的器材物资中,高价周转件的财务核算比较特殊。高价周转件价值较高,可以多次参加运输生产而不改变其实物形态,其价值是逐渐转移到航空运输支出中的,使用期间在1年以上,根据现行会计准则,列为固定资产管理,并按规定计提折旧。目前在实务中也有企业将其按照存货核算,如铁路运输企业。

1) 企业按固定资产管理航材周转件时的账务处理

(1) 航材周转件增加时的会计分录:

第一,外购航材周转件时:

借:固定资产——航材(高价)周转件
　　应交税费——应交增值税(进项税额)
　　贷:银行存款

第二,维修、索赔以后重新入库高价周转件时:

借:固定资产——高价周转件
　　贷:银行存款等

第三,企业将航材消耗件作周转件转换处理时:

借:固定资产——航材周转件
　　贷:航材消耗件——飞机发动机

　　航材周转件维修与一般器材维修的不同之处在于高价周转件维修的费用不列入当期的"管理费用——维修费",而是列入"主营业务成本"。如果维修能改善和提高高价周转件的性能,在重新入库时作为成本记入"固定资产——高价周转件"科目中,并随着高价周转件一并计提折旧。

　　(2)高价周转件减少时的会计分录:
　　首先,对外销售和报废时,减少高价周转件:

借:固定资产清理
　　累计折旧
　　贷:固定资产——高价周转件

　　其次,按取得的收入:

借:银行存款
　　贷:固定资产清理
　　　　应交税费——应交增值税(销项税额)

　　最后,按照固定资产清理的期末余额转入营业外支出或营业外收入:

借:固定资产清理
　　贷:营业外收入/营业外支出(红字)

　　(3)高价周转件折旧的方法及会计分录:
　　高价周转件的折旧直接计入主营业务成本。

借:主营业务成本——运输支出——飞机周转件折旧费
　　贷:累计折旧——周转件

　　2)企业按存货管理高价周转件时的账务处理
　　(1)高价周转件增加时的会计分录:
　　第一,外购高价周转件时:

借:材料采购
　　应交税费——应交增值税(进项数额)
　　贷:银行存款
借:高价周转件——在库
　　贷:材料采购
借或贷:材料成本差异

第二,维修、索赔以后重新入库的高价周转件时:

借:高价周转件——可用件
　　材料成本差异——高价周转件
　　贷:银行存款等

高价周转件维修费用不列入当期的成本费用,而是在重新入库时作为可用件成本记入"高价周转件"科目中并随着高价周转件一并进行摊销。

(2)高价周转件减少时的会计分录:

第一,维修部门领用维修飞机时:

借:高价周转件——摊销
　　贷:高价周转件——在库
借或贷:材料成本差异

第二,对外销售和报废时,按高价周转件的余额:

借:其他业务成本
　　贷:高价周转件——在库

同时,按取得的收入:

借:银行存款
　　贷:其他业务收入
　　　　应交税费——应交增值税(销项税额)

(3)高价周转件摊销的方法及会计分录:

第一,高价周转件的摊销方法:

高价周转件的摊销额一般按 4 年计算:第一年摊销高价周转件净增加价值的 50%;第二年摊销净增加价值的 25 %;第三年摊销净增加价值的 15%;第四年摊销净增加价值的 10%。某年高价周转件摊销额合计应该等于上 1 年起以往连续 4 年每年高价周转件摊销额的合计数,用公式表示如下:

$$\text{高价周转件年摊销额} = \text{4 年前高价周转件净增加额} \times 10\% + \text{3 年前高价周转件净增价值增加额} \times 15\% + \text{2 年前高价周转件净增价值增加额} \times 25\% + \text{1 年前高价周转件净增价值增加额} \times 50\%$$

【例 5-13】　幸运航空公司高价周转件作为存货进行核算,20×1 年增加 500 万元,减少 200 万元;20×2 年增加 300 万元,减少 150 万元;20×3 年增加 400 万元,减少 200 万元;20×4 年增加 450 万元,减少 150 万元,则 20×5 年高价周转件的摊销额应为 252. 5 万元,计算过程如下:

$$20 \times 4 \text{ 年摊销额} = (450-150) \times 50\% = 150(\text{万元})$$
$$20 \times 3 \text{ 年摊销额} = (400-200) \times 25\% = 50(\text{万元})$$
$$20 \times 2 \text{ 年摊销额} = (300-150) \times 15\% = 22.5(\text{万元})$$
$$20 \times 1 \text{ 年摊销额} = (500-200) \times 10\% = 30(\text{万元})$$

20×5 年摊销额合计为 252.5 万元。

高价周转件在摊销时应该注意以下几点：第一,高价周转件摊销额是根据其库存量、消耗量和周转天数确定的。购入的高价周转件不管是几月份购入的,当年都不摊销成本,一律从第二年开始摊销,按季度或月份摊销。第二,对于两种和两种以上机型通用的高价周转件的摊销,原则上将通用高价周转件摊入最新的机型中,其次列入数量最多的机型中,当然也可以按照机型的比例摊销。第三,高价周转件的维修费,一般作为可用的高价周转件价值入库,所以,在计算摊销额时应将其作为购入的高价周转件数额参与摊销。第四,财务部门根据航材库每月报来的高价周转件汇总凭证,编制季度、月份或年度的高价周转件进出汇总表,并据以编制季度、月份或年度的高价周转件摊销表见表 5-5、表 5-6。

表 5-5　　　　　　　　**20×4 年度高价周转件进出汇总表**　　　　　　单位:万元

季度	增　加　数			减　少　数			待摊销高价周转件的成本(净增加额)
	购入数调入数	可用件维修费用	合　计	本单位领用数	所属单位领用	合　计	
1			150			50	100
2			100				100
3			100			50	50
4			100			50	50
合计			450			150	300

表 5-6　　　　　　　　　**20×4 年度购进高价周转件摊销表**　　　　　　单位:万元

季度	成本	20×5 年(50%)	20×6 年(25%)	20×7 年(15%)	20×8 年(10%)
1	100	50	25	15	10
2	100	50	25	15	10
3	50	25	12.5	7.5	5
4	50	25	12.5	7.5	5
合　计		150	75	45	30

表 5-5 和表 5-6 中的高价周转件是按季度摊销,20×4 年度高价周转件净增加额是 300 万元,按照 4 年摊销法这 300 万元应该分别在 20×5 年、20×6 年、20×7 年和 20×8 年摊销完,每年摊销的比例分别是高价周转件净增加额的 50%、25%、15% 和 10%,摊销的金额分别是 150 万元、75 万元、45 万元和 30 万元,为准确核算摊销额,每年每个季度的摊销额可以按照 20×4 年每个季度高价周转件增加额的净额计算。

第二,高价周转件摊销时的会计分录:

借:主营业务成本——运输支出
　　贷:高价周转件——摊销
借或贷:材料成本差异

3. 机上供应品的财务核算

为核算航空公司机上供应品的计划成本或实际成本,企业应设置"机上供应品"科目。该科目借方登记验收入库机上供应品的计划成本或实际成本,贷方登记发出机上供应品的计划成本或实际成本,期末借方余额表示库存机上供应品的计划成本或实际成本。当按规定领用航线运营中免费为旅客提供的机上供应品时,乘务员应按领用清单上的数量和金额计入运输支出。航空公司销售机上供应品而取得的收入记入"其他业务收入"科目,其成本结转到"其他业务成本"科目中。与机上供应品核算相关的会计分录如下。

(1) 领用免费机上供应品时:

借:主营业务成本——运输支出
　　贷:机上供应品

(2) 当飞行结束,剩余机上供应品办理退库时:

借:机上供应品
　　贷:主营业务成本——运输支出

(3) 销售机上供应品,并结转成本时:

借:库存现金
　　贷:其他业务收入
　　　　应交税费——应交增值税(销项税额)
借:其他业务成本
　　贷:机上供应品

第四节　航空运输企业成本报表与分析

一、航空运输企业成本报表

航空运输企业的成本报表是对各会计期间成本费用进行日常核算后的综合体现,是用来反映运输生产运营所发生的成本费用情况的会计报表,是会计报表的重要组成部分。对成本报表进行分析可以考核企业成本计划执行结果。同时,成本报表所提供的信息也是进行成本预测、决策、控制和分析等成本管理活动的重要依据。

(一)航空运输企业主要成本报表

(1)运输成本表(见表 5-7)

(2)通用航空成本表(见表 5-8)

(3)机场服务费用表(见表 5-9)

(4)间接营运费用明细表(见表 5-10)

(5)根据管理需要设置的其他的成本费用或辅助表格〔(见表 5-11、表 5-12、表 5-13、表 5-14、表 5-15、表 5-16)〕

表 5-7　　　　　　　　　　　　运 输 成 本 表

编制单位:　　　　　　　　　　　年　　季　　　　　　　　　　金额单位:元

项　　目	行次	所有机型	机型1	机型2	机型3
一、运输成本	1				
1. 直接营运费	2				
其中:工资、奖金、津贴和补贴	3				
其中:空勤伙食费	4				
地勤伙食费	5				
飞行小时费	6				
福利费	7				
制服费	8				
航空油料消耗	9				
航材消耗件消耗	10				
高价周转件摊销	11				

（续表）

项　目	行次	所有机型	机型 1	机型 2	机型 3
飞机、发动机折旧费	12				
飞机、发动机大修理费	13				
飞机、发动机日常修理费	14				
飞机、发动机保险费	15				
经营性租赁费	16				
国内机场起降服务费	17				
国外机场起降服务费	18				
国内航线餐食供应品费	19				
国际航线餐食供应品费	20				
飞行训练费	21				
客舱服务费	22				
行李、货物、邮件赔偿费	23				
其他直接营运费	24				
2.　间接营运费	25				
二、运输飞行小时(小时)	26				
三、运输总周转量(万吨公里)	27				
四、单位成本	28				
1.　每飞行小时成本(元)	29				
2.　每吨公里成本(元)	30				
3.　每飞行小时耗油量(公斤)	31				

表 5-8　　　　　　　　　　　**通用航空成本表**

编制单位：　　　　　　　　　年　　季　　　　　　　金额单位:元

项　目	行次	所有机型	机型 1	机型 2	机型 3
一、通用航空成本	1				
1.　直接营运费	2				
其中:工资、奖金、津贴和补贴	3				

（续表）

项　　目	行次	所有机型	机型1	机型2	机型3
其中:空勤伙食费	4				
地勤伙食费	5				
飞行小时费	6				
福利费	7				
制服费	8				
航空油料消耗	9				
航材消耗件消耗	10				
高价周转件摊销	11				
飞机、发动机折旧费	12				
飞机、发动机大修理费	13				
飞机、发动机日常修理费	14				
飞机、发动机保险费	15				
经营性租赁费	16				
国内机场起降服务费	17				
国内航线餐食供应品费	18				
作业准备费	19				
作业赔偿费	20				
飞行训练费	21				
其他直接营运费	22				
2. 间接营运费	23				
二、通用航空飞行小时(小时)	24				
三、单位成本	25				
1. 每飞行小时成本(元)	26				
2. 每飞行小时耗油量(公斤)	27				

表 5-9　　　　　　　　　　　机场服务费用表

编制单位：　　　　　　　　　　年　季　　　　　　　金额单位：元

项　　目	行次	金　　额
1. 工资、奖金、津贴和补贴	1	
其中:空勤伙食费	2	
地勤伙食费	3	
飞行小时费	4	
2. 福利费	5	
3. 制服费	6	
4. 各种燃料及动力	7	
5. 器材、配件和工具	8	
6. 低值易耗品	9	
7. 水电消耗	10	
8. 折旧费	11	
9. 修理费	12	
10. 租赁费	13	
11. 保险费	14	
12. 办公费	15	
13. 业务费	16	
14. 差旅费	17	
15. 急救费	18	
16. 防汛、防灾、防火、防疫费	19	
17. 绿化、环卫费	20	
18. 排污及污水处理费	21	
19. 行李、货物赔偿费	22	
20. 运输费	23	
21. 专用线路维护费	24	
22. 劳动保护费	25	
23. 其他费用	26	
机场服务费用合计	27	

表 5-10 间接营运费用明细表

编制单位： 年 季 金额单位:元

项 目	行次	运输成本	通用航空成本	合计
1. 工资、奖金、津贴和补贴	1			
其中:空勤伙食费	2			
地勤伙食费	3			
飞行小时费	4			
2. 福利费	5			
3. 制服费	6			
4. 折旧费	7			
5. 维修费	8			
6. 办公费	9			
7. 水电费	10			
8. 差旅费	11			
其中:空勤人员误餐补助	12			
9. 保险费	13			
10. 租赁费	14			
11. 机物料消耗	15			
12. 劳动保护费	16			
13. 警卫消防费	17			
14. 地面运输费	18			
15. 环境绿化费	19			
16. 职工教育经费	20			
17. 其他费用	21			
间接营运费合计	22			

表 5-11 任务成本表

编制单位： 年 季 金额单位:元

项 目	行次	所有机型	机型 1	机型 2	机型 3
一、国内航线成本费用合计	1				
1. 运输成本	2				
其中:航空油料消耗	3				
飞机、发动机折旧费	4				

（续表）

项　　目	行次	所有机型	机型 1	机型 2	机型 3
2. 营业费用	5				
3. 管理费用	6				
4. 财务费用	7				
二、国际航线成本费用合计	8				
1. 运输成本	9				
其中:航空油料消耗	10				
飞机、发动机折旧费	11				
2. 营业费用	12				
3. 管理费用	13				
4. 财务费用	14				
三、香港航线成本费用合计	15				
1. 运输成本	16				
其中:航空油料消耗	17				
飞机、发动机折旧费	18				
2. 营业费用	19				
3. 管理费用	20				
4. 财务费用	21				
四、澳门航线成本费用合计	22				
1. 运输成本	23				
其中:航空油料消耗	24				
飞机、发动机折旧费	25				
2. 营业费用	26				
3. 管理费用	27				
4. 财务费用	28				
五、通用航空成本费用合计	29				
1. 通用航空成本	30				
2. 营业费用	31				
3. 管理费用	32				
4. 财务费用	33				
六、成本及费用合计	34				

表 5-12　　　　　　　　　　**工资总额及工资基金表**

编制单位：　　　　　　　　　　年　　季　　　　　　　　金额单位:元

项　目	行次	金额	项　目	行次	金额
一、职工工资总额	1		9. 油料人员工资	24	
（一）工资总额主要构成	2		其中:地勤人员伙食费	25	
1. 岗位工资	3		10. 管理人员工资	26	
2. 绩效工资	4		11. 其他人员工资	27	
3. 年功工资	5		其中:临时工工资	28	
4. 基础工资	6		合　计	29	
5. 加班加点工资	7		二、工资基金	30	
6. 其他	8		（一）年初数	31	
合　计	9		（二）工资总额调整数	32	
（二）各类人员工资	10		（三）本年提取数	33	
1. 运输空勤人员工资	11		1. 挂钩工资	34	
其中:空勤人员伙食费	12		其中:飞行小时费	35	
飞行小时费	13		2. 空勤人员伙食费	36	
2. 通用航空人员工资	14		3. 地勤人员伙食费	37	
其中:空勤人员伙食费	15		4. 其他	38	
飞行小时费	16		（四）本年支出数	39	
3. 机务维修人员工资	17		1. 挂钩工资	40	
其中:地勤人员伙食费	18		其中:飞行小时费	41	
4. 运输服务人员工资	19		2. 空勤人员伙食费	42	
5. 空中交通管制人员工资	20		3. 地勤人员伙食费	43	
6. 通信导航人员工资	21		4. 其他	44	
7. 气象人员工资	22			45	
8. 场务车辆人员工资	23		（五）年末结余	46	

表 5-13　　　　　　　　**基建借款及专用借款表**

编制单位：　　　　　　　　　　年　　季　　　　　　　金额单位:元

项　目	行次	金额	项　目	行次	金额
一、拨改贷基建借款:	1		本年增加数	24	
年初未还数	2		(1) 借入数	25	
本年增加数	3		(2) 应付利息	26	
(1) 借入数	4		(3) 外币折合差额	27	
(2) 应付利息	5		本年归还数	28	
本年减少数	6		年末未还数	29	
年末未还数	7		五、日元贷款:	30	
二、其他基本建设借款:	8		年初未还数	31	
年初未还数	9		本年增加数	32	
本年增加数	10		(1) 借入数	33	
(1) 借入数	11		(2) 应付利息	34	
(2) 应付利息	12		(3) 外币折合差额	35	
本年归还数	13		本年归还数	36	
年末未还数	14		年末未还数	37	
三、技术改造借款:	15		六、其他长期借款:	38	
年初未还数	16		年初未还数	39	
本年增加数	17		本年增加数	40	
(1) 借入数	18		(1) 借入数	41	
(2) 应付利息	19		(2) 应付利息	42	
本年归还数	20		(3) 外币折合差额	43	
年末未还数	21		本年归还数	44	
四、车船飞机借款:	22		年末未还数	45	
年初未还数	23				

表 5-14　　　　　　　　　　航空公司生产业务数据采集表

编制单位：　　　　　　　　　　　　　年　季

航线	行次	国内/国际	机型	班次	飞行小时	耗油量(公斤)	旅客人数(人)	起降架次	飞行公里	可供座位	货邮行运量(吨)				最大吨公里	最大客公里	旅客客公里	周转量吨公里					
											合计	行李运量	货运运量	邮件运量				合计	客运	货邮行吨公里			
																				小计	行李	货物	邮件
栏次	0	1	2	3	4	5	6	7	8	9	10	11	12	13	14	15	16	17	18	19	20	21	22

表 5-15　　　　　　　　　固定资产、存货及运输生产指标表

编制单位：　　　　　　　　　　年　季　　　　　　　　　　金额单位:元

项　目	行次	金额	项　目	行次	金额
一、固定资产情况：	1		高价周转件	17	
（一）固定资产原价	2		房屋、建筑物	18	
1. 年初数	3		其中:跑道、滑行道	19	
2. 本年增加数	4		车辆	20	
（1）购入	5		设备	21	
（2）融资租入	6		其他	22	
（3）盘盈	7		（2）非生产用固定资产	23	
（4）其他	8		其中:房屋、建筑物	24	
3. 本年减少数	9		车辆	25	
（1）报废清理	10		设备	26	
（2）盘亏	11		其他	27	
（3）其他	12		（3）租出固定资产	28	
4. 年末数	13		（4）未使用固定资产	29	
（1）生产用固定资产	14		（5）不需用固定资产	30	
其中:飞机	15		（6）土地	31	
发动机	16		（二）年末累计折旧	32	

（续表）

项　目	行次	金额	项　目	行次	金额
（三）年末固定资产净值	33		澳门	52	
（四）融资租入固定资产原价	34		（五）完成飞行小时	53	
1. 飞机	35		（六）客公里产出(万人公里)	54	
2. 发动机	36		其中:国内	55	
3. 设备	37		国际	56	
其中:模拟机	38		香港	57	
特种车辆	39		澳门	58	
（五）湿租固定资产价值	40		（七）旅客运输量(万人)	59	
二、流动资产:			其中:国内	60	
（一）航材消耗件	41		国际	61	
（二）机上供应品	42		香港	62	
三、主要生产指标:	43		澳门	63	
（一）期末飞机架数	44		（八）货邮运输量(吨)	64	
（二）投入座位数(个)	45		（九）正班客座率(%)	65	
（三）最大吨公里投入(万吨公里)	46		其中:国内	66	
（四）最大客公里投入(万人公里)	47		国际	67	
	48		香港	68	
其中:国内	49		澳门	69	
国际	50		（十）正班载运率(%)	70	
香港	51		（十一）飞机日利用率(小时/日)	71	

表 5-16

航空公司航线经营成果分析表

编制单位：　　　　　　　　　年　　季

项目	行列号
项目	
班次飞行小时	1
耗油量	2
旅客人数	3
起降架次	4
飞行公里	5
可供座位	6
货邮行运量 合计	7
行李运量	8
货邮件运量	9
（运量）	10
（运量）	11
旅客周转量 最大吨公里	12
最大客运量	13
旅客客公里	14
客运 合计	15
客运	16
货邮周转量 小计	17
货邮	18
行	19
邮件	20
收入	
利润	21
人均票价	22
行李运价	23
货运 斤运价	24
货邮件	25
民航基金	26
税金及附加	27
收入净额	28
变动成本	
合计	29
飞行小时费	30
航油消耗	31
航材消耗	32
飞发日常修理费	33
起降费	34
餐食费	35
客仓服务费	36
行李货物赔偿费	37
代理手续费合计	38
客运代理手续费 合计	39
其中:BSP费用	40
客运代理费用	41
货运代理手续费 合计	42
其中:CASS费用	43
货运代理费用	44
电脑订座费	45
贡献毛益	46
贡献毛益率%	47

合计	48
固定成本	
工资*	49
福利费	50
高价服务费	51
飞发折旧	52
飞发保险	53
经营性租赁	54
飞行训练费	55
其他直接营运费用	56
其他直接营运费用	57
间接营运费用	58
其他销售费用	59
管理费用	60
租机费用	61
利息	62
飞发大修理费	63

利润	64
人均票价	65
货邮行 斤运价	66
邮件	67
货物	68
行李	
吨公里 收入	69
吨公里变动成本	70
吨公里固定成本	71
吨公里贡献毛益	72
吨公里变动成本	73
客公里 收入	74
客公里变动成本 小计	75
客公里变动成本	76
客公里固定成本	77
客公里贡献毛益	78
客公里利润	79
每班次收入	80
每班次变动成本 小计	81
每班次变动成本	82
每班次固定成本	83

飞行小时收入	84
飞行小时成本 小计	85
飞行小时变动成本	86
飞行小时固定成本	87
代理费比例（%）	88
客运代理费比例（%）	89
货运代理费比例（%）	90
飞行小时耗油量	91
吨公里耗油量	92
航线收入 利润率（%）	93
航线成本 利润率（%）	94

（二）航空运输企业运输成本的计算

航空运输企业的各机型运输支出就是该机型的飞行费用和飞机维修费用之和，某机型的运输支出除以该机型的运输周转量就得到该机型的运输单位成本。各机型运输支出之和就是航空运输企业总成本，航空运输企业总成本除以总运输周转量即得运输单位成本。月末，航空运输企业应编制航空运输支出计算表，以反映运输总成本与单位成本。具体计算公式如下：

$$航空运输企业运输总成本＝各机型的飞行费＋飞机维修费用$$

$$航空运输企业单位运输成本＝航空运输企业总成本÷总运输周转量$$

其中，航空运输业务和通用航空业务的成本计算单位分别为元/吨公里和元/飞行小时成本。货运周转量和客运周转量的换算比例为：国内航线 1 人公里＝0.072 吨公里，国际航线 1 人公里＝0.075 吨公里。

$$\frac{某机型吨公里}{成本(元/吨公里)}＝\frac{该机型的}{总成本}÷\frac{该机型运输}{周转量(吨公里)}$$

$$\frac{某机型的生产飞行}{小时成本(元/飞行小时)}＝\frac{该机型的}{总成本}÷\frac{该机型生产飞行}{小时(飞行小时)}$$

【例 5-14】 乘风航空公司 201×年 3 月甲型机承担国内客运周转量为 3 000 000 人公里，乙型机承担国际客运周转量为 2 000 000 人公里，丙型机承担货运业务，发生运输总成本 2 700 000 元（具体分项成本见表 5-15 相关项目），货运周转量为 6 000 000 吨公里。请编制主营业务成本计算表，如表 5-17 所示。

$$\frac{甲型机国内客运周转量}{换算成总运输周转量}＝3\ 000\ 000×0.072＝216\ 000(吨公里)$$

$$\frac{乙型机国内客运周转量}{换算成总运输周转量}＝2\ 000\ 000×0.075＝150\ 000(吨公里)$$

$$\frac{公司所有机型}{总运输周转量}＝216\ 000＋150\ 000＋6\ 000\ 000＝6\ 366\ 000(吨公里)$$

$$\frac{乘风公司单}{位运输成本}＝\frac{航空运输企}{业总成本}÷\frac{总运输}{周转量}＝5\ 317\ 800÷6\ 366\ 000＝0.835\ 344(元/吨公里)$$

$$甲型机吨公里成本＝1\ 460\ 900÷216\ 000＝6.763\ 4(元/吨公里)$$

$$乙型机吨公里成本＝1\ 156\ 900÷150\ 000＝7.712\ 666\ 7(元/吨公里)$$

$$丙型机吨公里成本＝2\ 700\ 000÷6\ 000\ 000＝0.45(元/吨公里)$$

表 5-17   运 输 成 本 表

编制单位:乘风航空公司   201×年 3 月   金额单位:元

项　　目	行次	所有机型	甲型机	乙型机	丙型机
一、运输成本	1	5 317 800	1 460 900	1 156 900	2 700 000
1. 直接营运费	2				
其中:工资、奖金、 　　　津贴和补贴	3	214 000	50 000	64 000	100 000
其中:空勤伙食费	4				
地勤伙食费	5				
飞行小时费	6				
福利费	7				
制服费	8				
航空油料 　　　消耗	9	3 850 000	1 000 000	850 000	2 000 000
航材消耗件 　　　消耗	10	400 000	200 000		200 000
高价周转件 　　　折旧	11				
飞机、发动机 　　　折旧费	12				
飞机、发动机 　　　大修修理费	13				
飞机、发动机 　　　日常修理费	14				
飞机、发动机 　　　保险费	15				
经营性租 　　　赁费	16				
国内机场起 　　　降服务费	17	245 100	95 100		150 000
国外机场起 　　　降服务费	18	180 000		180 000	

（续表）

项　目	行次	所有机型	甲型机	乙型机	丙型机
国内航线餐食供应品费	19	45 500	45 500		
国际航线餐食供应品费	20	33 500		33 500	
飞行训练费	21				
客舱服务费	22				
行李、货物、邮件赔偿费	23	171 500	1 500	20 000	150 000
其他直接营运费	24	50 000	50 000		
2. 间接营运费	25	128 200	18 800	9 400	100 000
二、运输飞行小时（小时）	26				
三、运输总周转量（万吨公里）	27	636.6	21.6	15	600
四、单位成本	28				
1. 每飞行小时成本（元）	29				
2. 每吨公里成本（元）	30	0.835 344	6.763 4	7.712 666 7	0.45
3. 每飞行小时耗油量（公斤）	31				

二、航空运输企业成本分析

（一）成本报表整体分析法

1. 趋势分析法

【例 5-15】 假设乘风公司于 201×年 1 月开始营运，该公司的比较成本表如表 5-18 所示，用趋势分析法加以分析并进行简单说明。

表5-18

编制单位:乘风航空公司

运输成本表

201×年3月

金额单位:元

项　　目	行次	1月份	2月份	3月份	2月定基动态比率(%)	3月定基动态比率(%)	2月环比动态比率(%)	3月环比动态比率(%)
一、运输成本	1	8 367 700	7 023 900	5 317 800	83.94	63.55	83.94	75.71
1.直接营运费	2							
其中:工资、奖金、津贴和补贴	3	368 000	347 000	214 000	94.29	58.15	94.29	61.67
航空油料消耗	4	6 025 000	4 980 000	3 850 000	82.66	63.90	82.66	77.31
航材消耗件消耗	5	560 000	510 000	400 000	91.07	71.43	91.07	78.43
国内机场起降服务费	6	310 000	260 000	245 100	83.87	79.06	83.87	94.27
国外机场起降服务费	7	235 000	220 000	180 000	93.62	76.60	93.62	81.82
国内航线餐食供应品费	8	124 000	88 000	45 500	70.97	36.69	70.97	51.70
国际航线餐食供应品费	9	64 000	55 000	33 500	85.94	52.34	85.94	60.91
行李、货物、邮件赔偿费	10	30 700	22 900	1 500	74.59	4.89	74.59	6.55
其他直接营运费	11	380 000	311 000	220 000	81.84	57.89	81.84	70.74
2.间接营运费	12	271 000	230 000	128 200	84.87	47.31	84.87	55.74
二、运输飞行小时(小时)	13							
三、运输总周转量(万吨公里)	14	1 236.2	993.7	636.6	80.38	51.50	80.38	64.06
四、单位成本	15							
1.每飞行小时成本(元)	16							
2.每吨公里成本(元)	17	0.676889	0.70684	0.835344	104.42	123.41	104.42	118.18
3.每飞行小时耗油量(公斤)	18							

(1) 依据报表给定的数据,分别计算各项成本的 2 月定基动态比率、3 月定基动态比率、2 月环比动态比率和 3 月环比动态比率。(结果见表 5-18)

(2) 从定基动态比率比较角度看,乘风航空公司的运输总成本 2 月和 3 月的定基动态比率分别是 83.94% 和 63.55%,即 2 月份、3 月份的运输总成本较 1 月份有一定程度的下降。结合 1 月份、2 月份、3 月份的运输总周转量,分析其原因,可能是由于 1 月份正值元旦和中国传统佳节——春节,企业的运输业务可能社会需求量大,导致成本上升。运输周转量 2 月和 3 月的定基动态比率分别是 80.38% 和 51.50%,运输业务周转量的下降能直接解释公司运输总成本的下降。从乘风公司的运输单位成本来考察,运输单位成本 2 月和 3 月的定基动态比率分别是 104.42% 和 123.41%,均比 1 月份有所增加,这可能是由于在固定成本不变的情况下,航空运输业务量的减少会导致运输单位成本的增加。其他运输费用的分析也参照此方法,总体来说,各运输成本的变动和运输周转量基本呈同方向变动趋势。

(3) 从环比动态比率比较的角度看,乘风航空公司的运输总成本 2 月和 3 月的环比动态比率分别是 83.94% 和 75.71%,由于 2 月份的环比动态比率和定基动态比率均以 1 月份的数据为基础,故两个比率相同。3 月份的运输总成本的环比动态比率为 75.71%,说明 3 月份的运输总成本比 2 月份有较大幅度的降低,数额为 2 月份的 75.71%。而 3 月份的总运输周转量较 2 月份有所降低,故这可能是导致 3 月份成本大幅降低的原因。此外,2 月份、3 月份的运输周转量的环比动态比率分别为 80.38% 和 64.06%,说明 2 月和 3 月的周转量较前 1 个月有逐步下降的趋势。企业应查明原因,考虑上述业务量的下降,除了有季节影响因素之外,是否还有别的因素存在。

另外,企业还可以就成本报表里的其他项目再作分析和说明,此处不一一赘述。

2. 共同比分析法

【例 5-16】 沿用[例 5-14]中,乘风航空公司 201× 年 3 月的主营业务成本明细表,计算各成本项目占主营业务总成本的百分比,以及各机型业务周转量占总周转量的百分比,如表 5-19 所示。

从共同比分析表中,我们发现乘风航空公司的主要业务量是由丙机型承担的,占了总体运输周转量的绝大部分。而承担国内和国际货运的甲型机和乙型机的运输周转量很少,并且国际运输的周转量最小。在总成本构成比例中,丙型机的总运输成本只占了整个公司总成本的一半,即丙型机用了一半的成本承担了公司绝大部分业务,故丙型机承担的货运业务的单位成本也最低。相比之下,甲、乙两种类型的飞机业务量不大,但成本却占了企业总成本的一半,而且两种机

表5-19

编制单位：乘风航空公司

运输成本表

201X年3月

金额单位：元

项　目	行次	所有机型	构成百分比(%)	甲型机	构成百分比(%)	乙型机	构成百分比(%)	丙型机	构成百分比(%)
一、运输成本	1	5 317 800	100.00	1 460 900	27.47	1 156 900	21.76	2 700 000	50.77
1. 直接营运费	2								
其中：工资、奖金、津贴和补贴	3	214 000	4.02	50 000	0.94	64 000	1.20	100 000	1.88
航空油料消耗	4	3 850 000	72.40	1 000 000	18.80	850 000	15.98	2 000 000	37.61
航材消耗件消耗	5	400 000	7.52	200 000	3.76			200 000	3.76
高价周转件折旧	6								
国内机场起降服务费	7	245 100	4.61	95 100	1.79			150 000	2.82
国外机场起降服务费	8	180 000	3.38			180 000	3.38		
国内航线餐食供应品费	9	45 500	0.856	45 500	0.86				
国际航线餐食供应品费	10	33 500	0.630			33 500	0.63		
行李、货物、邮件赔偿费	11	171 500	3.225	1 500	0.03				
其他直接营运费	12	50 000	0.9402	50 000	0.94	20 000	0.38	150 000	2.82
2. 间接营运费	13	128 200	2.41	18 800	0.35	9 400	0.18	100 000	1.88
二、运输飞行小时(小时)	14								
三、运输总周转量(万吨公里)	15	636.6	100.00	21.6	3.39	15	2.36	600	94.25

型成本相差 5.71%，这主要也是因为国内和国外业务的需求量不同所致。同时，企业还可以逐一比较成本表其他项目。

总体来说，乘风公司要不断巩固现有的业务优势——货运运输，并应努力拓展国内外航线的客运业务，这样才能取得规模效应，不断降低客运业务成本。

（二）指标分析法

1. 比较分析法

企业可采取实际指标与计划指标对比，本期实际与上期（或上年同期，历史最好水平）实际指标对比，本期实际指标与国内外同类型企业的先进指标对比等形式。通过对比分析，可一般地了解企业成本的升降情况及其发展趋势，查明原因，找出差距，提出进一步改进的措施。在采用对比分析法时，可采取绝对数对比，增减差额对比或相对数对比等多种形式。

2. 比率分析法

除了一些通用的构成比率之外，航空运输企业常用的构成比率还有：

（1）运输飞行每吨公里成本降低率 $= \left[1 - \left(\dfrac{\text{每吨公里本期实际成本}}{\text{每吨公里计划成本（或上期实际成本）}} \right) \right] \times 100\%$

（2）通用航空每换算小时成本降低率 $= \left[1 - \left(\dfrac{\text{本期每换算小时实际成本}}{\text{本期每换算小时计划成本或上期每换算小时计划成本或上期每换算小时实际成本}} \right) \right] \times 100\%$

（3）综合成本降低率 $= \left\{ 1 - \dfrac{\text{运输飞行及通用航空成本之和}}{\left(\text{运输每吨公里计划成本} \times \text{实际完成总周转量} \right) + \left(\text{通用航空每换算小时计划成本} \times \text{实际完成换算小时} \right)} \right\} \times 100\%$

（4）运输飞行成本降低率 $= \left[1 - \dfrac{\text{通用航空实际成本之和}}{\left(\text{运输飞行每吨公里计划成本} \times \text{运输飞行实际完成总周转量} \right)} \right] \times 100\%$

（5）通用航空成本降低率 $= \left[1 - \dfrac{\text{通用航空实际成本之和}}{\left(\text{通用航空飞行每换算小时计划成本} \times \text{通用航空飞行实际总换算小时} \right)} \right] \times 100\%$

（6）衡量航空公司运营效率的指标运营率 $=$ 运营支出 $\div$ 运营收入 $\times 100\%$

（7）衡量飞机运力的使用比例指标座位利用率 $=$ 乘客数 $\div$ 座位数 $\times 100\%$

（三）因素分析法

1. 连环替代法

【例 5-17】 乘风航空公司丁型飞机的相关资料见表 5-20，分析该型号飞机 201× 年销售利润的完成情况，计算各因素单独变动对指标的影响数。

表 5-20　　　　　　　乘风航空公司丁型飞机 **201×年周转、销售情况表**

	201×年计划	201×年实际
运输总周转量(万吨公里)	10 000	8 000
每吨公里单位售价(元)	2	2.2
平均综合税率(%)	10	15
每吨公里单位成本(元)	1.5	1.45

(1) 分析丁型飞机销售的关联因素:销售利润的公式是:销售利润=运输周转量×[每吨公里售价×(1-税率)-每吨公里单位成本]。因素替换的顺序是先换周转量,再换成本,再换单价,最后换税率。这也是按照企业可控制性来排列的。

(2) 确定本期销售利润差异额。

本期计划销售利润=10 000×[2×(1-10%)-1.5]=3 000(万元)

本期实际销售利润=8 000×[2.2×(1-15%)-1.45]=3 360(万元)

销售利润差异=实际利润-计划计划=3 360-3 000=360(万元)

即:本期销售利润超额完成任务 360 万元,下面用因素替代法分析不同因素对销售利润的影响。

(3) 进行因素替代计算分析。

本期计划销售利润=10 000×[2×(1-10%)-1.5]=3 000(万元)

首先,替换运输周转量因素:

8 000×[2×(1-10%)-1.5]=2 400(万元)

注意销量为实际期数据,其他三者为基期数据。

由此得到运输周转量变化对燃料成本的影响=2 400-3 000=-600(万元)

其次,替换成本因素,注意销量和成本均为实际期数据,其他两者为基期数据。

8 000×[2×(1-10%)-1.45]=2 800(万元)

由此得到每吨公里成本变化对企业销售利润的影响=2 800-2 400=400(万元)

最后,替换每吨公里销售单价,注意销量成本和单价均为实际期数据,税率为基期数据。

8 000×[2.2×(1-10%)-1.45]=4 240(万元)

由此得到每吨公里销售单价变化对企业销售利润的影响=4 240-2 800=1 440(万元)

（4）替换综合税率因素。

$$8\,000 \times [2.2 \times (1-15\%) - 1.45] = 3\,360(万元)$$

由此得到综合税率变
化对销售利润的影响 $= 3\,360 - 4\,240 = -880(万元)$

三项因素的变化对燃料成本的总影响是 360 万元（$-600 + 400 + 1\,440 - 880$）。对其基本分析如下：

第一，企业本月的运输周转量和计划运输周转量有所降低，可能是季节的因素，也可能是企业营销措施不够到位，使企业销售利润比计划降低了 600 万元。运输周转量的降低直接导致了企业销售利润的减少，并且运输周转量的减少对销售利润的影响较为显著。

第二，每吨公里成本的下降使销售利润比计划增加了 400 万元。企业应积极总结成本下降的经验，并尽可能地推广和应用。

第三，替换每吨公里销售单价的上升使得销售利润比计划利润上升了 1 440 万元。销售单价的上升对企业利润的影响是最为显著的，但是企业应注意认识到，企业单独一个公司提高销售价格，可能会使企业在竞争中比较被动，限于上游和下游企业的夹击之中，一味地以提高售价来增加企业利润不是企业的可持续发展之策。

第四，税率的提高使企业的利润较计划减少了 880 万元，这属于运输企业成本管理中的不可控因素，但企业要重点研究并控制可控因素来降低成本，提高企业的利润。

因此，通过销售利润因素分析，企业应进一步总结每吨公里成本下降以及运输周转量下降的主、客观原因，并将其中的主观原因、可控因素，落实到具体部门或个人，加以推广或奖惩，以实现有效的成本控制。同时，企业也要积极采取对策，稳定销售价格，才能有利于企业的长久发展。

2. 差额计算法

【例 5-18】 以[例 5-17]的分析资料为基础，采用差额计算法进行分析。

运输周转量增加对
销售利润的影响 $= (10\,000 - 8\,000) \times [2 \times (1-10\%) - 1.5] = -600(万元)$

每吨公里成本变动
对销售利润的影响 $= 8\,000 \times [2 \times (1-10\%) - 1.5] - 8\,000 \times [2 \times (1-10\%) - 1.45]$

$$= 400(万元)$$

销售单价变动对
销售利润的影响 $= 8\,000 \times [2.2 \times (1-10\%) - 1.45] - 8\,000 \times [2 \times (1-10\%) - 1.45]$

$$= 1\,440(万元)$$

$$\begin{aligned}\text{税率变动对销} \atop \text{售利润的影响} &= 8\,000 \times [2.2 \times (1-15\%)-1.45] - 8\,000 \times [2.2 \times (1-10\%)-1.45] \\ &= -880(\text{万元})\end{aligned}$$

$$\text{各因素变动对燃} \atop \text{料费用的影响} = -600+400+1\,440-880 = 360(\text{万元})$$

两种方法的计算结果相同,但采用差额计算法显然要比第一种方法简化多了。

值得注意的是,企业还可以利用以上不同方法对其他单个成本项目进行详细、细致的分析。

（四）成本习性分析

根据航空公司成本费用与业务量的相互关系,可将航空公司的成本费用划分为:固定成本和变动成本。

1. 变动成本

变动成本是指在相关范围内,与业务量的变动呈一定比例关系的成本费用。如航空油料消耗、航材消耗件消耗、国内外机场起降服务费、国内国际航线餐饮及供应品费、电脑订座费、销售代理手续费和飞行小时费等。

2. 固定成本

固定成本是指在相关范围内,与业务量变动无直接因果关系的成本,如主营业务成本中的空地勤人员工资、奖金、津贴及补贴(固定发放部分)以及计提的福利费、空地勤制服费、高价周转件折旧或摊销、飞机发动机折旧费、飞机发动机大修费、飞机发动机保险费、经营租赁费(指以月为计算单位的经营性租赁费,如果租赁协议中签订的租赁协议按飞行小时计收,则将其列入变动运输成本)、飞行训练费、其他固定发生的直接营运费、间接营运费;销售费用中除航空公司支付给代理人费用之外的全部费用,包括航空公司本部售票处和派驻国内外销售机构人员的工资、福利费、制服费、业务费、广告费、运输费、保险费、租赁费、票证印刷费、驻外交际费、差旅费以及管理费用和财务费用等。

（五）成本的可控性分析

根据航空公司对成本费用的可控程度,可将航空公司的成本费用划分为不可控成本和可控成本。

航空公司的不可控成本是指在相关范围内,与航空公司非可控因素相关的成本费用。如与非航空公司可控的航油价格相关的航空油料消耗、与航空公司非可控的购买飞机关税和增值税相关的飞机、发动机折旧费、经营性租赁费、高价周转件摊销、飞机发动机保险费、国内外机场起降服务费、计算机电脑订座费等。

航空公司的可控成本是指在相关范围内,与航空公司的经营管理相关的成本费用,如工资、奖金、津贴和补贴、福利费、制服费、国内国际航线餐饮供应品费、飞行训练费、客舱服务费、其他直接和间接运营费,以及管理费用、财务费用、销售费用中的很大一部分。

将航空公司的成本划分成可控和不可控的标准并不是一成不变的。例如,在销售费用中,航空公司给代理人的费用一般采用累进代理费率制①,其基础部分是按国家规定的固定比例支付给代理人,这一部分是航空公司不可控的费用,而销售额超过一定量以后的代理费虽是由航空公司自己确定,但还要受市场竞争的影响,这一部分的费用性质难以准确界定。在航空公司的成本费用中还有不少类似性质的成本费用项目,在此不一一列举。

据统计,在航空公司的成本费用中,最多只有1/3的成本费用是与航空公司的经营管理相关的,另2/3的成本是航空公司不可控成本。航空公司要降低成本,除自身努力外,还需要借助外界力量,如给航空公司用油以一定的价格优惠政策,或购买飞机的关税及增值税优惠政策等,将对航空公司降低成本产生积极作用。

阅 读 文 献

[1] 柳莹. 山东航空公司成本管理研究[D]. 山东大学硕士学位论文,2012.

[2] 罗军. 美国公共航空承运人的运输成本分析[J]. 航空运输,2010(4):41-44.

[3] 财政部关于印发《民航企业会计核算办法》的通知. 财会[2003]18号.

[4] 刘欣. 中国民航业成本控制问题研究[D]. 吉林大学硕士学位论文,2007.

[5] 夏洪山. 现代航空运输管理[M]. 北京:科学出版社,2012.

[6] 彭本红,吴桂平. 航空公司运营管理[M]. 武汉:武汉理工大学出版社,2010.

复 习 思 考 题

1. 航空运输企业的成本费用包括哪些具体内容?

2. 航空运输企业的成本计算单位是什么?如何理解?

3. 航空运输业的航材消耗件和航材周转件有何区别?其各自应怎样核算?

4. 航空运输企业的直接费用包括哪些内容?

5. 航空运输企业间接费用如何核算?

6. 航空运输企业的成本报表一般包括哪些?

7. 航空运输企业成本分析的方法一般有哪些?

---

① 累进代理费率制:一般情况下,航空公司按固定比例支付代理手续费。但为鼓励代理人多销售,代理人销售额越大,航空公司会相应提高代理手续费标准。

第六章 作业成本法与作业成本管理

【本章概要】

　　作业成本法是一种先进的成本计算方法,它不仅适用于制造企业,也适用于运输企业。本章第一节主要是作业成本法概述;第二节主要论述作业成本法和作业成本管理之间的关系;第三节阐述作业成本法在铁路运输企业成本核算中的具体应用,并进行举例说明,从铁路运输成本核算的特点分析铁路运输成本核算适合采用作业成本法。采用作业成本法计算点到点铁路运输成本首先必须确定铁路各种运输的中间作业,其次必须分析影响每项作业活动的成本动因。根据成本动因,确定完成客货运专线运输产品所需的各项运营作业量;根据资源动因,确定与各项运营作业相对应的单位作业支出,这样才能计算出各项中间作业成本。与运输全过程相衔接的各项(中间)运营作业成本相加汇总就可以计算出客货运专线运输全程总成本。

第一节　作业成本法概述

一、作业成本法基本概念

（一）作业

　　美国会计师詹姆斯・A・布林逊(James. A. Brimson)在《作业会计》一书中认为,作业(activity)是企业为提供一定量的产品或劳务所消耗的人力、技术、原材料、方法和环境等的集合体。换言之,作业是指某个组织为了某一特定的目的而进行的消耗资源的活动或事项。

（二）作业的分类

　　1. 作业按是否能增加顾客价值分类

　　1）增值作业和非增值作业的判定

　　依据"作业是否能增加顾客价值"可将作业区分为增值作业和非增值作业。所谓增值作业是指那些能让顾客感到对其所购买的产品或服务增加了效用的作业,比如在产品的加工以及完工产品的包装;非增值作业指不会增加顾客所购买的产品或服务效用的作业,比如原材料或在产品未被下一道工序及时加工而存在等待作业,这一作业也要耗费时间和资源。一项作业是否增加顾客价值,可按以下步骤加以判断:

如对以下问题中的其中一个为肯定,则可以推论该作业为增值作业,否则为非增值作业。

(1) 该项作业是否和用户需要直接相联系?

(2) 用户愿意支付这一作业价格吗?

(3) 该项作业是否是和最终产成品紧密联系的作业过程?

(4) 该项作业是否和最终目标直接联系?

如果至此尚无法确定,则需进一步回答以下问题:

(1) 该项作业是否为解决某一产品问题而进行?

(2) 该项作业是否为弥补某一质量问题或性能障碍而进行?

如对上述两个问题之一的回答为肯定,则该项作业归为非增值作业。典型的非增值作业有储存、等待、检测等,不必要的非增值作业称为无效作业。

2) 增值作业和非增值作业的成本效益分析

作业成本法注重间接费用的归集与分配,使成本核算更加准确。但任何一个成本系统并不是越准确就越好,关键还需考虑其成本,进行成本效益分析。作业成本法需要进行大量的作业分析确认、记录和计量,增加了成本动因的选择和作业成本的分配工作。如企业在运用价值工程进行产品设计时,需利用作业成本法开展增值作业和非增值作业分析和管理,以改进产品设计。企业应根据自身实际情况,运用成本效益原则衡量采用作业成本法能否为企业增效,实施作业成本法的成本是否超过收益。如果企业发现采用作业成本法,计算的结果与现行成本计算法下的结果没有任何实质性差异,则不但不能解决成本管理问题,反而会加大费用开支,形成巨大浪费。

在企业的日常运营中,很多作业都是非增值的或者对企业使命的实现起次要作用。非增值成本包括除了增加企业价值所需要的最少的设备、原材料、部件、场地以及工人时间以外的成本,从本质上讲,非增值成本是一种浪费,它是非增值作业所消耗的资源。通过删减或消除非增值作业,非增值成本也可以最大限度地减少或消除。企业在进行作业成本管理前要反复权衡:作业成本法是否解决现存的成本管理问题,作业成本法实施创造的收益是否超过实施花费的成本。

2. 作业按受益范围分类

(1) 产量水平作业(unit-level activities)——使单位产品或服务受益的作

业,此类作业是重复进行的,每生产一个单位产品就需要作业一次,其所耗的成本与产品产量呈比例变动。例如,直接材料、直接人工的运用,部件的插入,每一项检验和机器运行等。

(2) 批次水平作业(batch-level activities)——使一批产品受益的作业,作业的成本与产品的批次数量呈正比,但对每批产品的产量而言,又是固定的。例如,对每批产品的设备调试、生产准备、订单处理、原材料处理、检验及生产规划等。批次水平作业和产量水平作业的主要区别在于完成批量作业所需要的资源不依赖于每批次所包含的单位数。

(3) 产品水平作业(product-level activities)——使某种产品的每个单位都受益的作业,这些作业消耗着那些用来开发产品或生产和销售产品的各类投入,其作业量与相应的成本均随不同产品数目的增加而增加,但与产品种类或产品线的数量呈比例变动。例如,(产品)设计变化、开发产品测试程序、引进新产品和产品赶工等。这种作业的成本与单位数和批数无关。

(4) 设施水平作业(facility-level activities)——为维持企业正常生产,而使所有产品都受益的维持性作业,该类作业在某种水平上有益于某个机构或某个部门。这些作业与产品的种类、生产的批次、每种产品的生产数量无关。常见的维持性作业有:供水供电、维护厂区和提供车间保卫等。

(三)作业成本法

作业成本法起源于 20 世纪 80 年代,是由美国芝加哥大学的罗宾·库帕和哈佛大学教授罗伯特·S·卡普兰在 20 世纪 80 年代后期提出的,即把企业经营过程划分成一系列作业(各种活动),通过对作业成本的计算,间接计算出产品成本的方法。其理论基础是成本动因理论,即把成本的分配与促使成本产生的原因联系起来,按成本产生的原因进行成本控制、汇集和分配,并在此基础上进行管理分析和决策。

作业成本法的基本管理思想是:以顾客链为导向,以作业链—价值链为中心,对企业的"作业流程"进行根本性、充分的改造,强调协调企业内外部顾客的关系,从企业整体出发,协调各部门、各环节的关系,要求企业物资供应、生产和销售等环节的各项作业形成连续、同步的"作业流程",消除作业链中一切不能增值的作业,使企业处于持续改善状态,促进企业整体价值链的优化,增强企业竞争优势,提高顾客价值。

二、作业成本法的发展

作业成本法从理论到实务,主要经历了三个发展阶段:

(1) 第一阶段:强调产品成本的计算。第一阶段将成本动因划分为数量成本动因和交易成本动因,第一次确认了在一个企业中有多少成本动因,并把对成本动因的分析与管理作为成本管理和控制的手段。通过不断改进,消除不增加价值的成本动因及作业。在此阶段,还没有将企业内外的各成本动因联系起来,工作的重点是资源的最优利用,而不是成本形成的全过程。因此,产品成本信息还不能满足企业长期决策的需要。

(2)第二阶段:既重视产品成本,又分析成本形成的过程,拓宽了企业内部的作业范围。这一阶段是先确认成本形成的工序,再将作业与工序加以联系,使作业适应工序。但此阶段只是局限于内部作业及其成本动因的分析,未能深入到外部作业及其成本动因的分析。

(3)第三阶段:中心目标是整个企业,而不是某个作业或特定工序。在这一阶段,分析考核企业整个作业链及如何利用辅助作业来取得竞争优势,通过价值链的分析,把企业的战略目标与作业管理有机地结合起来,具有战略性的意义。

作业成本法系统是适应成本管理的需要而不断发展与完善的,其发展阶段的主要特征见表 6-1。

表 6-1 作业成本法发展阶段的主要特征

	第一阶段	第二阶段	第三阶段
分析重点	产品	工序	整个企业
中心	产品成本	工序成本	价值链分析
成本动因	内部	内部	内部及外部
作业联系	无	有	有
成本控制	成本中心	成本中心	整个企业
成本分析	战术性	战术性	战略性

三、作业成本法适用条件

虽然作业成本法有很多优点,但并不是所有的企业都适合采用这种方法。作业成本法的使用需要企业具有某些特征,只有具备了以下这些特征之一,企业才比较适合采用作业成本法。

1. 产品或者服务的差异化

在只有单一产品或者服务的企业中,所有发生的成本均可以直接地追溯到该产品或者该服务中去,成本的核算不会发生扭曲,而在多产品或多服务的企业中,复杂程度不同的产品或者服务数量越多,其复杂性差异就越大,传统成本法产生的成本扭曲的可能性和幅度就越大,因为产品或者服务越复杂,它需要的辅助活动就越多,其辅助成本的消耗情况就越复杂,而作业成本法可以通过成本和作业动因准确地分配成本。

2. 间接成本的重要性

直接成本与其成本对象之间的逻辑关系一目了然,但由于间接成本的特殊性使其并不能直接追溯到特定产品或者服务中去,所以间接成本的存在是成本核算扭曲和成本管理艰难的根本原因。由此可见,间接成本的重要性直接影响着传统成本核算的有效性。间接成本占比越大,传统成本核算方法造成的特定产品或者服务成本就会越扭曲,那么在这种情况下,企业则更适合采用作业成本法。

3. 市场的竞争性

在竞争激烈的市场中,企业是市场价格的接受者,不存在定价的话语权,所以企业的盈利水平完全取决于对成本的管理。而作业成本法可以为企业提供更加准确的成本信息,使企业能够进行合理的成本管理并制定正确的经营决策。

第二节 作业成本法与作业成本管理

1991 年,作业成本管理(ABM)的理念在作业成本法的基础上应运而生。作业成本管理是一种关注如何减少成本及如何在经营方面使用这些信息的管理方法。它将企业管理深入到作业层次,从产品的生命周期出发,以作业作为成本控制和管理的对象,通过运用作业成本预算、作业成本分析等方法来实现成本的改善,不断发掘不增值作业,并尽可能地予以剔除;发掘低效作业,并予以精简、删除和合并等;改善各个作业之间的接口,使作业间的价值传递更加通畅,并努力缩短作业间的距离,从而不断压缩和改善企业的成本。

一、作业成本管理的基本方法及相关运用

作业成本管理的原理是视企业的工作流程为一系列作业的集合,根据市场需求,以顾客订单为起点,采取"倒挤法"从后向前确定相关作业,核定作业消耗量、作业成本,揭示资源动因、作业动因,并进而进行成本动因管理、作业管理,以消除不增值作业,提高增值作业运作效率,减少供产销各环节的存货积压、资金占用,提高公司经营效益。这种以作业为成本控制点,对作业进行价值分析就是作业成本控制的基本方法,同时也是确认并最终消除浪费,达到降低成本的有效手段。由此可见,作业成本管理是一种系统以及综合的方法,它使管理层的注意力放在那些目标是增加顾客价值、并通过提供这种价值获得利润的作业上,其具体运用包括作业成本预算和作业改进。

（一）作业成本预算

按成本—效益原则对各项作业进行事先成本预算,同时将每个员工的薪水和升迁与其负责的业务流程和作业的业绩挂钩,培养企业全体员工的成本意识、节约意识和作业改进意识。在作业成本预算编制中识别增值作业和非增值作业,并根据分析结果制定和采取行动计划,减少和消除这些非增值作业。这些行动计划可以整合到员工的业绩考核中以保证行动计划得到很好的实施,从而使非增值作业减少或者被消除,之前消耗在非增值作业上面的资源也可以转移到增值作业上。这样既可以消除浪费(即减少非增值作业),也可以进一步促进增值作业绩效的改进和质量的改进,同时还能起到简化作业的作用。

（二）作业改进

一方面,采用作业分析,可以通过对每个作业(或主要作业)的流程时间与实际生产周期进行比较,进而得出无效时间,它是改进作业的依据。一般来说,许多企业增值作业所占百分比往往为企业流程总时间的 10%～25%,如果通过作业流程重组使增值作业增至 40%～80%,由此带来的效益可谓巨大,这将促进企业业绩取得突破性的进展,增值作业比重越高,则业绩改善越显著。企业要想方设法改善为提高顾客满意度而设计的作业。另一方面,采用动因分析可以识别企业不同职能区、不同流程发生成本的根本原因,知道成本产生的根本原因后,就可以采取措施改进该作业。为此企业可以在成本动因基础上对作业进行合并、精简和删除。

简而言之,可采用以下三个步骤对作业进行改进。第一,识别哪些产品属性被顾客认为是最重要的,这些属性主要包括产品质量、可靠性和价格等。结合铁路运输产品的特点,这些属性主要包括客货运输的安全性、舒适度、准时性、价格等。第二,辨别哪些是在操作中(如客货运输)进行的必要作业活动,并评价这些作业活动是否增加产品或服务价值。第三,确认并消除产生非增值活动的动因,如线路的合理布置可以减少等待时间等。

二、作业成本法与作业成本管理之间的关系

作业成本法与作业成本管理之间的关系可表述为以下两个方面:

（1）作业成本法在作业成本管理中处于核心的位置。它坚持二维的成本概念:成本分配观和成本过程观。一方面,产品引起对作业的需求,作业又引起对资源的需求,这是成本分配观的资源流动;另一方面,将资源的成本依资源动因分配到作业,然后将作业的成本依成本动因追溯到产品,这是成本分配观的成本流动。图 6-1 的水平部分反映过程分配观,它向企业提供作业是由什么引起的(成本动因)以及完成得怎么样(业绩计量)的信息。企业利用这些信息,可以对

整个作业链进行改进,增加顾客获得的产品最终价值。作业成本法从纵横两方面为企业改进作业链、减少作业耗费、提高作业的产出提供有用的信息。

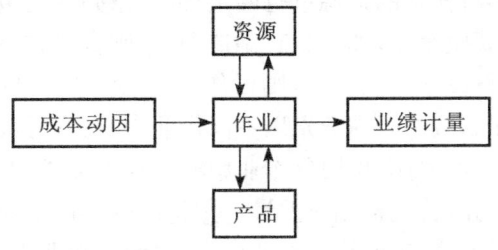

图 6-1　作业成本法与作业成本管理

资料来源:转引自刘希容、方跃:《作业成本法:机理、模型、实证分析》,国防工业出版社 1999 年版。

(2)作业成本法是作业成本管理的基础和核心,作业成本管理利用作业成本法提供的增值作业与非增值作业成本的信息,可以帮助企业提高作业完成的效率和质量水平,在所有环节上减少浪费并降低资源消耗,正确地进行产品投资及客户服务的政策,并将企业置于不断改进的环境中,以促进企业生产经营整个价值链的水平得以提高。

第三节　作业成本核算

一、作业成本计算的基本程序

作业成本计算是将企业消耗的资源按资源动因分配到作业以及将作业成本按作业动因分配到成本对象(产品)的计算方法,如图 6-2 所示。作业成本法的基本原理就是"产品需要作业,作业消耗资源",其核心是"成本动因"理论,这种理论认为分配费用应着眼于这些成本的来源,把成本的分配与导致其发生的原因结合起来。

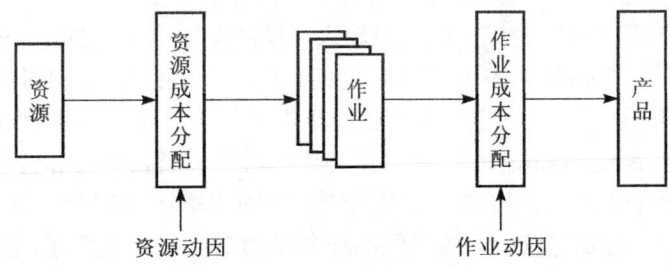

图 6-2　作业成本计算步骤

计算过程可以分为四个步骤,具体过程如下:

(1) 对各类资源耗费进行确认和计量并归集至各类资源库。当资源被耗费后,需要按资源种类对耗费的资源进行归集,但价值归集的范围一般和企业经营的规模有关。对小规模企业,如果只有制造中心,则直接在整个范围按类别归集耗费的资源。如果只设立作业中心,则以作业中心为范围归集耗费的资源。对大规模制造企业,在制造中心内分别以不同作业中心为范围归集耗费的资源。

(2) 分清主要作业,确认并划分作业中心。作业是产品生产程序的组成部分,进行作业成本计算,首先根据重要性原则将产品生产过程中的主要作业加以确认,并对作业进行区分,进而形成作业中心,以便按作业中心汇集费用,披露成本信息,如将与制造费用有关的作业划分为整备、检验、电费、维护等。

(3) 确立资源动因,以作业为中心将费用归集至成本库。成本库是指以某一成本动因揭示其成本变动的成本集合。在作业成本计算中,每一作业成本库所代表的是该作业中心所引发的全部成本。为简化计算,可将同质的成本库合并为同质成本库。由于资源动因是资源耗费分配给不同作业的基础,所以根据资源动因将各资源库价值分配到特定范围内的各作业成本库中,每个作业成本库汇集到的各项资源价值的总和即形成作业成本库的价值。

(4) 确定作业动因,将各作业成本库费用分配到最终产品中。在作业成本计算方式下:产品成本由作业成本构成,由于作业动因是将作业成本库费用分配给不同产品成本的基础,所以根据作业动因将上一步汇集的费用分配到各个产品中,计算各产品的价值。

二、作业成本法在铁路运输企业成本核算中的适用性分析

铁路运输产品是旅客和货物在时间和空间上的位置变化即出发点至到达点的位移,每项产品的完成是铁路生产各部门各项作业联合协作共同完成的。铁路运输成本核算具有以下特点:共同成本占运输成本的比重较大;客货运输成本大多混合;费用的发生期与收益期不匹配;资本成本数额较大;市场竞争加剧。这些特点都决定铁路运输成本核算适合采用作业成本法。

(1) 共同成本占运输成本的比重较大。铁路运输成本不同于一般的工业产品,在一般工业产品的构成中原材料这种直接费用占相当比重而且耗用材料的品种和类别都易于区分。但铁路运输需要进行大量的投入,比如线路、机车、车辆、信号设备、编组站和枢纽等,并使用必要的材料、燃料、电力和劳动力,而且投资的这些资产使用寿命周期较长,因此产生的固定资产折旧费和修理费占运输成本比重较大,需要与较长一段时间的业务量相对应。综上所述,这些成本费用多表现为共同成本,这种共同成本类似于间接费用,需要在不同时期、不同运输

产品对象间进行分配,如投资一条线路的初始成本和日常运营中需要进行维修和养护所发生的各种成本之和表现为这条线路的总成本,需要在旅客运输和各种货物运输中进行分摊,但如果要计算每一运输对象(旅客运输或者货物运输)所耗费的线路有关成本,首先就要确定采用何种分配标准对线路的共同成本在旅客运输或者货物运输间进行分配。信号设备的成本同线路基本相同。机车和车辆的成本表现为一定时期各种运输的共同耗费,比如折旧费用和修理费用,所以要计算某一特定运输对象所耗费的机车和车辆成本,也存在分配的问题。此外,管理费用也需要进行分配。所以,作业成本法可以更加准确地对这些不能直接追溯到特定对象上的费用进行分摊,进而减小由于传统核算方法带来的成本扭曲。

(2)客货运输成本大多混合。我国铁路运输企业的客货运输是兼营的,所以铁路运输的混合成本并不能直接分摊到特定对象中去。铁路运输成本费用核算中可以直接计入的,如客运站费用、旅客费用、客车运用及修理费、客运机车用燃料费等需要直接列入客运成本,货物列车及编组站费用、货车修理费、货运机车用燃料费等需要直接列入货运成本。但还存在大量不能直接追溯到特定核算对象(客运成本或货运成本)的客货运混合成本,目前我国铁路车站大多为既办理货运业务又办理客运业务的客货混合车站,比如线路和信号设备是为客货运共同服务的,这些混合成本费用需要在客货运输中进行分摊。此外,如水电、房建、通信部门的费用及管理费用等均是客货运混合成本。所以,大量的混合成本使得传统的成本核算方法不再适用于铁路运输业,而作业成本法可以准确地对混合成本进行分配。

(3)费用的发生期与收益期不匹配。由于铁路运输业需要对固定资产进行大量的投资,而且投资的这些固定资产使用寿命周期较长,所以在其使用期内难免会发生维修费用,如线路的大修费用,在费用发生当期列入成本,但由于大修费用的收益期会从当期延续到下一个大修期,这就会存在一定时期的成本费用与运输业务不匹配的问题。其他大修费用、线路中修、机车中修、车辆段修等也存在相同的问题。另外,如遇线路提速等,也会发生线路、信号设备等强化和整治费用,但其收益期不止1年,所以铁路运输成本要用作业成本法在各个收益期进行合理的分摊。

(4)资金成本数额较大。作为劳动和资金密集型的铁路运输企业,修建铁路和购置机车车辆等都需要投入大额资金,同时铁路的运营也需要消耗大量的材料和燃料,大量材料和燃料的储备会占用大量资金,进而形成数额巨大的资金成本。如果资金成本没有利用作业成本法进行准确的分摊,会造成成本确认和计量的严重失真。

（5）市场竞争加剧。改革开放以来，我国不断加大对基础设施的投资力度，除铁路以外，我国公路，尤其是高速公路发展迅猛，同时航空运输也有了较快的发展，这无疑给铁路运输造成了巨大的竞争压力。在激烈的市场竞争中，成本控制无疑成为铁路运输业盈利的关键，只有采用作业成本法对成本进行准确的计量，才能更为有效地进行成本管控。

在传统的运输成本计算方法中，把每单位产品或服务耗用的某一项成本标准（如吨公里、人公里以及换算吨公里等指标）当成了对所有费用进行分配的比率，该方法分配标准单一，显然无法在客货运之间合理、准确地分摊共同成本。而作业成本法以资源耗用的因果关系进行成本分配，依据资源动因将资源的成本分配到作业，再按照作业动因将作业的成本分配到各个成本对象，这种方法大大拓展了成本核算的范围，改进了成本分配方法，能提供比较准确的成本分配信息。综上所述，作业成本法更适用于运输企业客货运成本的核算。

三、作业成本法在铁路运输企业成本核算中的具体应用

（一）铁路运输企业作业成本核算的基本思路与计算程序

铁路运输产品是实现顾客或货物的"位移"，而实现顾客或货物的"位移"是一个完整的作业。它是由许多中间作业结合起来的，有偿提供给旅客或货主，就形成一点到一点的运输，铁路运输成本的计算也就是点到点运输成本的计算，而采用作业成本法计算铁路点到点运输成本的具体思路是：首先，根据铁路运输生产特点，将提供铁路运输产品过程划分为许多个中间作业，确定每个中间作业环节的成本动因；其次，根据成本动因，确定完成客货运专线运输产品所需的各项运营作业量；然后，利用成本计算模型寻找各作业过程中成本支出与运营工作量之间的数学关系，确定各项支出的变动率，同时确定完成各种运输产品所需要各个中间作业的运营工作量指标数量，把两者相乘并累加起来，就可以计算出客货运专线点到点运输成本。用公式表示如下：

$$点到点运输成本 = \sum 作业成本 = \sum 运营工作量 \times 单位作业支出变动率$$
$$= 运营工作量1 \times 单位成本1 + 运营工作量2 \times 单位成本2 + \cdots$$
$$+ 运营工作量n \times 单位成本n$$

采用作业成本法计算铁路点到点运输成本的具体计算程序如下。

1. 确定作业中心，设置作业成本账户

产品需要作业，作业耗费资源。一个完整的铁路运输过程通过很多作业构成的作业链完成，尽管运输过程的作业流程种类繁多，但能够完成运输服务的部

门却是几个固定的作业单位。我国铁路目前完成客货运输的直接作业部门是车务、机务、车辆、列车服务、工务、电务(信号)部门,管理、房建、通信、水电等部门为直接作业部门服务。根据目前我国铁路运输生产组织特点,结合作业成本计算原理要求,铁路运输生产过程各项作业按是否同质原则归纳划分为发送、运行、中转、到达4个作业中心,作业成本库也根据这4个作业中心设置账户,并分客运、货运两大类,具体如图6-3所示。

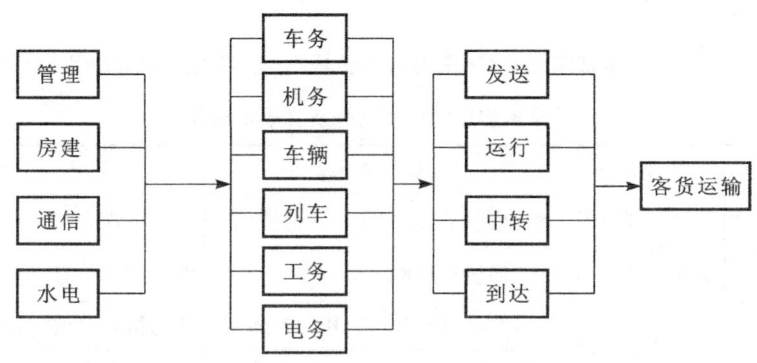

图 6-3　铁路运行作业简图

资料来源:转引《自管理会计应用与发展的典型案例研究》课题组:《作业成本法在我国铁路运输企业应用的案例研究》,《会计研究》2001 年第二期。

其中,旅客运输作业过程又可以细分为车站发送作业、取车调车作业、机车作业、客车车辆作业、列车服务作业、工务作业、信号作业、车站运转作业、车站到达作业、送车调车作业、行包发送、到达作业以及中转作业等;货物运输作业过程可细分为货物发送作业、发送调车作业、机车作业、货车车辆作业、工务作业、信号作业、车站运转作业、编组站调车与非编组站调车、零担集装箱中转作业、卸车作业以及到达环节调车作业,具体见表6-2和表6-3。

2. 将作业中心汇集的资源费用分配到各同质成本库

铁路运输成本费用按照运输作业过程与距离的关系可以将营运成本分为发送作业费、中转作业费、运行作业费和到达作业费,这些费用应按作业进行汇集,集中于成本库。每一成本库所代表的是其作业中心所引发的成本,各产品之间耗用比率相同的作业为同质作业。为简化计算,可以将同质作业引发的成本归并入同质成本库,合并后进行分配,铁路客货运输作业成本库具体见表6-2和表6-3。

3. 将作业成本库价值分配计入成本核算对象

1) 计算作业成本库分配率

在将铁路运输产品分解为各项作业后,需要围绕作业中心,确定代表各项作业的运营工作指标的名称和数量,即铁路运营的成本动因。成本动因是驱动成本发生的因素,也可作为计算成本分配率的基准。成本动因选择的主要原则是成本动因和消耗资源之间具有较高的相关程度。在不同的作业之间,混合的资源成本分配到不同的作业成本库,也需要合理选择成本动因。铁路客货运输过程各作业成本动因的确定,见表 6-2 和表 6-3。

确定成本动因之后,铁路客货运企业需要计算不同作业成本库对应的成本分配率,即:

$$单项作业成本库分配率=单项作业成本库费用额÷成本动因$$

表 6-2 　　　　　　　　　　**铁路旅客运输作业划分及其成本动因**

作 业 划 分		成 本 库	成 本 动 因
发送作业	车站发送作业	售票服务、候车室及其他费用	旅客发送人
	取车调车作业	专调机车成本	客运调车小时
运行作业	机车作业	机车用燃料、电力、机车整备费	客运机车总重吨公里
		其他机务成本	客运机车公里
	客车车辆作业	客车车辆内的服务费用	客车公里
	列车服务作业	客运段为列车提供服务费用	旅客列车公里
	工务作业	工务线路养护、修理费用	客运机车车辆总重吨公里
	信号作业	电务段提供服务费用	旅客列车公里
	车站运转作业	接、发车、通过等支出	旅客列车公里
到达作业	车站到达作业		旅客发送人
	送车调车作业		取送车调车小时
行包作业	行包发送、到达作业		发送吨
	中转作业		中转吨

资料来源:转引自《管理会计应用与发展的典型案例研究》课题组:《作业成本法在我国铁路运输企业应用的案例研究》,《会计研究》2001 年第二期。

表 6-3 　　　　　　　　　　**铁路货运作业划分及其成本动因**

作 业 划 分		成 本 库	成 本 动 因
发送作业	货物发送作业	承运及装车等费用	装车数
	发送调车作业	调车费用	发送调车小时

（续表）

作 业 划 分		成 本 库	成 本 动 因
运行作业	机车作业	机车用燃料、电力及机车费	货运总重吨公里
	货车车辆作业	货车车辆运行和修理作业费用	货车车辆公里
	工务作业	工务线路养护、修理费用	机车车辆总重吨公里
	信号作业	电务段服务费用	货物列车公里
	车站运转作业	车站接、发车、通过等服务费用	货物列车公里
中转作业	编组站调车与非编组站调车作业	解体、编组、摘挂、取送调车以及其他调车作业费用	调车小时
	零担、集装箱中转作业	中转装卸等费用	零担货物周转吨 集装箱周转吨
到达作业	卸车作业	卸车费用	卸车数
	到达环节调车作业	调车费	到达调车小时

资料来源：转引自《管理会计应用与发展的典型案例研究》课题组：《作业成本法在我国铁路运输企业应用的案例研究》，《会计研究》2001 年第二期。

2）计算单项成本动因成本

分配铁路运输共同成本（制造费用）的最后一步是根据计算出的各单项作业成本库分配率，把铁路客运所耗用的成本费用分配到各项作业成本动因，即：

$$单项成本动因成本 = \sum（单项作业成本库分配率 \times 成本动因数量）$$

3）计算单次客货运列车成本

计算单次客货运列车成本是作业成本计算的最终目标，将分配单次客货运列车的各作业成本（库）分摊成本合并汇总，进而得出单次客货运列车从始发站到终点站的运输总成本，即：

$$单次客货运输成本 = \sum 单项成本动因成本$$

（二）铁路运输企业实施作业成本法应注意的问题

作业成本法是一种先进的成本计算方法，它不仅适用于制造企业，也适用于运输企业。但考虑到铁路运输企业特有的运营特征，所以在使用作业成本法时应注意以下一些问题：

（1）必须做好管理工作。实施作业成本法必须做好管理工作，在管理工作中应注意：①建立完善的提供运输成本和运营统计等基础信息的数据系统，确保原始数据资料的准确性,避免资源的浪费;②在完善基础管理工作的同时还要加强配套管理工作,因为作业成本法的实施要求注意运输生产的全过程,比如市场营销、运输作业等的改革也要到位,一环扣一环。

(2) 努力实现全员参与,加大培训力度。由于作业成本法的计算方法较传统成本核算方法更为复杂,加上我国目前财会人员的专业水平还较低,所以做好对全体财务人员的培训是成功实施作业成本法的基础;此外,由于作业成本法实施的关键一环是进行作业分析和动因分析,这就要求不仅要具有会计和管理知识,还要懂得一定的技术和工艺流程,所以作业成本法专题组应由财会人员、技术工艺人员以及其他经济管理人员组成;由此可见,提高全员成本意识,避免和消除非增值作业,提高效率进而降低成本需要全员参与才能成功实施。

(3) 实施作业成本法时要同时注意完善。在借鉴北美铁路作业成本法时要注意"取其精华,去其糟粕",不能生搬硬套,而是要结合我国的国情进行逐步地完善,同时也要保留我国一些行之有效的成本控制方法;而且作业成本法实施成本高,收益具有不确定性,所以在实施作业成本法之前最好要进行可行性分析,即遵循成本效益原则。

(4) 与电子计算机信息管理系统相结合。国外及我国一些应用作业成本法的企业将其作为企业资源计划(ERP)和制造资源计划(MRP)的一个子系统,我国铁路企业可以将此方法作为铁路财务会计信息管理系统的一个子系统,与企业的电子计算机信息管理系统相结合可以有效降低实施成本。

(三) 作业成本法在铁路公司成本核算中的应用

下面以某铁路公司某次旅客列车点到点旅客运输成本计算为例,说明铁路运输作业成本的计算。本次列车从始发站发出,经过一段时间的运行到达目标站,通过查阅成本区间信息表得知区间距离为 150 公里。该列车由某新型机车牵引,该列车拟编组为:硬座车 5 辆;软座车 4 辆;发电车 1 辆,共 10 辆,上座率为 80%。

1. 计算客运指标作业量

1) 计算客运机车牵引总重吨公里

根据列车编组查客车车辆信息表求得列车自重为 580 吨,列车载重吨为 450 吨。客运机车牵引总重吨公里按成本计算区间计算,其计算公式如下:

$$该列客车产生的机车牵引总重吨公里 = \sum (列车自重 + 载重) \times 区间距离$$
$$= (580 + 450) \times 150 = 154\,500(吨公里)$$

2) 计算客运通过总重吨公里

客运通过总重吨公里的计算公式如下:

客运通过总重吨公里＝客运机车牵引总重吨公里＋客运机车自重吨公里

已知内燃机车自重为 150 吨,机车走行公里为 164 公里。

该列客车产生通过总重吨公里＝154 500＋150×164＝179 100(吨公里)

3) 计算客车车辆公里

客车车辆公里按客车车型分别计算,其计算公式如下:

$$客车车辆公里 = 客车编组辆数 \times 运行距离$$
$$硬座车车辆公里 = 5 \times 150 = 750(公里)$$
$$软座车车辆公里 = 4 \times 150 = 600(公里)$$
$$发电车车辆公里 = 1 \times 150 = 150(公里)$$
$$\sum 车辆公里 = 750 + 600 + 150 = 1\,500(公里)$$

4) 计算客运牵引机车走行公里

机车走行公里的计算公式如下:

$$机车走行公里＝(1＋机车辅助走行率)\times 区段距离$$

通过查区间信息表得知本车运行机车辅助走行率为 12%。

则该列客车产生的机车走行公里＝(1＋12%)×150＝168(公里)

5) 计算客运列车公里

$$客运列车公里＝列车全程运行距离＝150(公里)$$

6) 计算客运机车运行用燃料消耗

机车运行用燃料消耗量计算公式如下:

$$机车运行用能源＝每万吨公里燃料消耗 \times 机车牵引总重吨公里$$

机车运行用燃料消耗,是分别按牵引机车类型统计或计算的。查机车能耗信息表,可以获得机车运行用能耗为柴油 775 公斤。

7) 计算客运专调分钟

客运专调分钟主要是指客车出入库调车分钟,大型客运站应分别统计,计算客车出入库调车时间。该列客车始发站和目标站的平均调车时间分别为每列 30 分钟和每列 35 分钟,则该列客车消耗的客运专调分钟为 65 分钟(30＋35)。

8) 计算旅客发(到)人数

$$旅客发(到)人数＝编组客车定员人数 \times 旅客上座率$$

通过查列车编组表和客车定员表得知,本次列车不同席别的客车定员为硬座车 940 人,软座车 144 人。

则该次列车不同席别的发(到)人数分别如下:

$$硬座车发(到)人数 = 940 \times 0.8 = 752(人)$$
$$软座车发(到)人数 = 144 \times 0.8 = 115(人)$$
$$\sum 发(到)人数 = 752 + 115 = 867(人)$$

9) 行包发(到)吨

$$行包发送吨 = 人均行包发送吨 \times 旅客发送人$$
$$该次列车的行包发送吨 = 0.02 \times 867 = 17.34(吨)$$

10) 计算行包中转作业量

行包中转作业量的计算公式如下:

$$行包中转吨 = 行包发送吨 \times 行包中转次数$$

不同级别列车的行包中转次数可以根据历史统计资料确定。本次优质优价列车行包平均中转距离为 200 公里。

$$则该次列车的行包中转吨 = 17.34 \times (150 \div 200) = 13(吨)$$

通过上述计算,该次客运列车从始发站到终点站消耗的各项作业量如表6-4所示。

表 6-4   **客运作业量汇总表**

指 标 名 称	作业量	指 标 名 称	作业量
旅客发到量	867	软座车车辆公里	600
其中:硬座发到人	752	发电车车辆公里	150
软座发到人	115	机车牵引总重吨公里	154 500
始发站调车分钟	30	客运机车通过总重吨公里	179 100
行包发到吨	17.34	客运列车公里	150
行包中转吨	13	客运机车走行公里	168
客车车辆公里	1 500	机车运行用燃料	775
硬座车车辆公里	750	终点站调车分钟	35

2. 计算客运列车点到点运输成本

将各项作业的单位成本与对应工作量相乘,然后加总便可得到运送该批旅客的点到点运输成本,具体见表 6-5。

表 6-5　　　　　　　　　**某客运作业成本计算表**

指　标　名　称	作业量	单位支出	支出额
旅客发送人	867	0.9	780.3
行包发送吨	17.34	8.5	147.39
行包中转吨	13	0.05	0.65
通过总重吨公里	179 100	4	716 400
客运调车分钟	65	0.8	52
列车公里	150	1.2	180
机车走行公里	168	6.5	1 092
硬座车客车车辆公里	750	2.5	1 875
软座车客车车辆公里	600	2.8	1 680
发电车车辆公里	150	1.8	270
机车总重吨公里	154 500	0.000 05	7.725
机车运行用燃料	775	5.6	4 340
成本合计			726 825.1

通过上述计算,该次列车的点到点成本为 726 825.1 元。由此计算过程可见,作业成本法以作业为成本归集的最小单位,通过作业细分,提高了成本归集对象的多元化与间接费用的归集和分配标准,加强了成本费用的可归属性,使成本计算结果更加令人信服,反映的成本核算信息更准确,更具有相关性和配比性。

阅 读 文 献

[1] 詹姆斯·A·布里姆森,约翰·安托斯. 作业成本预算[M],北京:经济科学出版社,2006.

[2]《管理会计应用与发展的典型案例研究》课题组. 作业成本法在我国铁路运输企业应用的案例研究[J]. 会计研究,2001(2).

[3] 李岱安,范秀君. 中国铁路成本计算系统[J]. 中国铁路,2001(10).

[4] 郭彦群. 作业成本法在铁路运输企业中的应用[J]. 中国铁路,2006(7).

[5] 徐扬. 我国运输企业的作业成本管理探索[J]. 山东省农业管理干部学院学报,2009(6).

[6] 刘志华.作业成本管理理论与应用研究[D].湖南大学硕士学位论文,2005(10).

复习思考题

1. 简述作业成本法和作业成本管理的关系。

2. 比较传统成本计算方法和作业成本法的优缺点。

3. 作业成本法中铁路客运运输包含哪些作业？其对应的成本动因有哪些？

4. 怎样理解作业成本法中作业与成本动因之间的关系？

5. 作业成本法在铁路运输企业应用的成本计算程序如何？

6. 如何判定一项作业是增值作业还是非增值作业？

7. 如何进行作业增值与非增值的成本效益分析？

第七章 标准成本控制与定额成本管理

【本章概要】

　　标准成本和定额成本是企业进行成本管理的有效手段,也是一种产品成本核算制度。标准成本是有效经营条件下发生的一种目标成本,也叫"应该成本",而不是实际发生的成本;产品(或者零部件、工序、项目等)的标准成本可以通过对生产过程的写实,或者对生产过程中动作的研究来确定;标准成本的主要作用是衡量工作效率和对成本进行控制。定额成本和标准成本一样,也是一种目标成本;定额成本的制定、作用和标准成本类似。两者用于成本控制,主要是通过计算实际成本和标准成本或定额成本之间的差异来实现的;当实际成本偏离标准成本或定额成本,超出容许的范围时就要采取控制措施,同时还要分析差异产生的原因,并和责任者的利益相联系,以保证实现成本目标。

　　在现实中,尤其是在信息不对称的情形下,制定标准成本是一项复杂的工作,除了上述两种方法外,实情诱导模型和邯钢的倒逼成本可以使实际成本逐渐逼近标准成本。因此也是制定标准成本可参考的方法。

第一节 标准成本控制

一、标准成本涵义

　　标准成本是目标成本的一种。目标成本是一种预计成本,是指产品、劳务、工程项目等在生产经营活动前,根据预定的目标所预先制定的成本。这种预计成本与目标管理的方法结合起来,就称为目标成本。目标成本一般指单位成本,一般有计划成本、定额成本、标准成本和估计成本等,而标准成本相对来讲是一种较科学的目标成本。

　　标准成本一词一般地讲有两种含义:一种是指"单位产品的标准成本",它是根据产品的标准消耗量和标准单价计算出来的(单位产品标准成本＝单位产品标准消耗量×标准单价),它又被称为"成本标准";另一种含义是指"实际产量的标准成本",它是根据实际产品产量和成本标准计算出来的(标准成本＝实际产量×单位产品标准成本)。前者多用于标准成本的制定,后者则多用于标准成本控制。除此之外,还有零部件,甚至工序的标准成本;或者单位产品(或零部件)的某个项目的成本标准,如货运吨公里油耗、电耗标准成本等。上述含义只是标准成本形式上的含义,关注的是标准成本的数量方面,实质上,标准成本是指在正常和高效率的运转情况下生产产品的成本,而不是指实际发生的成本,是有效经营条件下发生的一种目标成本,也叫"应该成本"。

标准成本按其制定所依据的生产技术和经营管理水平,分为理想标准成本、正常标准成本和现实标准成本。理想标准成本是现有生产条件所能达到的最优水平的成本,这种成本难于实际运用;正常标准成本是根据正常的工作效率,正常的生产能力利用程度和正常价格等条件制定的标准成本,它一般只用来估计未来的成本变动趋势;现实标准成本,是根据适用期合理的耗费量、合理的耗费价格和生产能力可能利用程度等条件制定的切合适用期实际情况的一种标准成本,标准成本制度中一般采用现实标准成本。

标准成本产生于20世纪20年代的美国,是泰罗制与会计相结合的产物。第二次世界大战以后,随着管理会计的发展,它在成本预算的控制方面得到广泛的应用,并发展成为包括标准成本的制定、差异的分析、差异的处理等三个组成部分的完整的成本控制系统。它以目标成本(标准成本)为基础,把实际发生的成本与标准成本进行对比,揭示出成本差异,使差异成为向人们发出的一种"信号";以此为线索,企业可以查明形成差异的原因和责任,并据以采取相应的措施,巩固成绩,克服缺点,实现对成本的有效控制。标准成本一般适用于大批量、连续生产作业、工艺相对固定、管理成熟、相关信息记录完整的企业,如机械制造、服装业、运输业、采矿业、建筑业、金属冶炼、食品业、木材造纸等。

由上述标准成本的涵义可以看出,标准成本是对于一个具体的企业而言的。也就是说,即使是同行业、生产相同产品的企业,由于各企业生产设备、工艺和管理水平的不同,标准成本也是不同的。比如交通运输业,同样是客运,铁路、公路运输,还有水运和航空运输,将同一乘客运送相同的距离,发生的运输成本显然是有区别的;即使是同一个运输公司,同一种运输方式,相同的运输条件,实际发生的单位运输成本也未必相同。但这并不影响标准成本的存在和实施,正是因为生产经营条件相同而所发生的成本不同,才彰显了标准成本的作用和应用标准成本进行控制的意义。

二、标准成本的作用

标准成本的主要作用是衡量工作效率和控制成本。从理论上说,相同的生产经营条件,生产相同的产品,其产品的成本应该是相同的;如果产品的成本不同,说明较高的产品成本生产中存在不合理的因素,标准成本的作用首先就是作为衡量的标准,通过将实际的成本与标准成本进行对比,找出这些不合理因素产生的原因,并尽最大可能将其消除,将成本控制在预期的范围内。其次是用于决策,标准成本通常用来作为确定销售价格的基础,特别是在确定不属于同批产品的销售价格时,更要以标准成本为基础。再次是用于存货和销售成本的计价,确定成本标准、制定成本项目后,不仅可以简化成本核算,还可核算出实际成本与标准成本之间的差异。最后是便于分清责任,标准成本的每个成本项目都采用单独的价格标准和数量标准。因而可以确定每个成本项目实际脱离标准的差异的责任归属,从而分清各部门的责任。还有,标准成本也是编制预算的基本依据。

正是标准成本的上述作用,卡普兰与库珀在《相关性的遗失——管理会计兴衰史》中,相当清醒地依据财务服务管理的思想进一步提出了后工业化时代成本理论发展的驱动力,标准成本法与预算结合在一起形成了企业赖以决策的利器,量化并细化了目标导向下企业各部门在经营发展中的工作成效。

三、标准成本的制定

(一)泰罗制

从泰罗创立标准成本制度来看,标准成本制定的原始做法有:一是对生产过程的写实,即通过记录产品生产过程每个环节所应耗费的资源(包括时间、材料、资金等)来确定产品(或者零部件、工序、项目等)的标准成本;二是对生产过程中动作的研究,计算出所应该发生的成本来确定产品(或者零部件、工序、项目等)的标准成本。比如,现行的一些建筑工程的预算定额就是基于这样的原理制定出来的。一些文献资料(包括教科书)所介绍的标准成本的制定也是基于上述原理,现择取要者介绍如下:

众所周知,产品成本由材料费、人工费和制造费用构成,标准成本也按照这三个项目确定。

1. 直接材料标准成本的制定

某单位产品耗用的直接材料的标准成本是由材料的用量标准和价格标准两项因素决定的。因此,直接材料标准成本利用下述公式计算:

单位产品耗用的第 i 种材料的标准成本 = 材料 i 的价格标准 × 材料 i 的用量标准.

单位产品直接材料的标准成本 = $\sum$ 材料 i 的价格标准 × 材料 i 的用量标准

2. 直接人工标准成本的规定

直接人工标准成本是由直接人工的价格标准和直接人工用量标准两项因素

决定的。所以有：

$$标准工资率 = 标准工资总额 \div 标准总工时$$
$$单位产品直接人工标准成本 = 标准工资率 \times 工时用量标准$$

3. 制造费用标准成本的制定

制造费用的标准成本是由制造费用价格标准和制造费用用量标准两项因素决定的。因此,其计算公式如下：

$$制造费用分配率标准 = 标准制造费用总额 \div 标准总工时$$
$$制造费用标准成本 = 工时用量标准 \times 制造费用分配率标准$$

4. 单位产品标准成本卡

制定了上述各项内容的标准成本后,企业通常要为每一产品设置一张标准成本卡,并在该卡中分别列明各项成本的用量标准与价格标准,通过直接汇总的方法来得出单位产品的标准成本,如表 7-1 所示。

表 7-1 　　　　　　　　　**某产品单位标准成本卡**

标准设定日期：

	代　号	数量	标准单价	一部门	二部门	三部门	四部门	合计
直接材料								
	合　计							
直接人工	作业编号	标准工时	标准工资率/小时					
	合　计							
制造费用	标准工时	标准分摊率/人工小时						
	合　计							
单位产品成本								

　　单位产品标准成本卡是针对制造产品的,如果是运输产品,只要将运输企业营运过程中发生的行车杂费、车辆牌照检验费、车辆清洗费、车辆冬季预热费、养路费、公路运输管理费、过路费、过桥费、过隧道费、过渡费,司机途中宿费、取暖费等,按照上述方法分项目制定,即可得到运输产品的单位标准成本卡。

　　值得指出的是,上述制定产品标准成本的方法,是从标准成本基本原理出发的,虽然通俗易懂,但在实际运用中却需要做大量复杂的工作,如轿车,大约有三十多万个零件,只有制定出每个零件的标准成本才能得到一辆轿车的单位标准成本,将其喻为一项巨大的工程,一点都不夸张。下列几种方法虽然不像上述方法那样严谨,但可逐渐地逼近"应该成本"——"标准成本",而且,也是实用和可行的。

　　(二)实情诱导模型

　　报酬制度模型(亦称实情诱导模型——Truth-Inducing Model):

$$R = w + k_1 \times_B + k_2 (\times - \times_B) \qquad 若 \times \geqslant \times_B$$

$$R = w + k_1 \times_B + k_3 (\times - \times_B) \qquad 若 \times < \times_B$$

式中　R——下级经理(预算或计划执行者)的总报酬。

　　　　w——总报酬中的固定工资部分。

　　　　$\times$——实际指标。

　　　　$\times_B$——预算或计划指标。

　　　　k_1, k_2——上级设定的报酬系数。

　　　　k_3——上级设定的惩罚系数。

　　在此模型中,关键在于上级如何搭配 k_1、k_2、k_3 3 个系数。如果上级将 3 个系数的关系确定为 $0 < k_2 < k_1 < k_3$,那么,下级将在其可能的范围内尽量使自己的预算或计划符合实际。因为只有在这种情况下下级的报酬才能最大化。同理,若 $0 < k_1 < k_2 < k_3$,下级将在其可能的范围内尽量压低自己的预算或计划。若 $0 < k_3 < k_2 < k_1$,那么,下级将在其可能的范围内尽量抬高自己的预算或计划,完全可以不顾在多大程度上完不成预算或计划。

　　根据实情诱导模型的原理,只要科学地设置计划指标 $\times_B$ 和 k_1, k_2, k_3 3 个系数,即可逐渐地逼近标准成本。

　　(三)邯钢模式

　　邯钢模式就是实施"模拟市场核算,实行成本否决"的经营机制。成本否决,就是没有实现成本目标就否决奖金,甚至工资。邯钢的成本目标(或成本标准)是通过销售收入和目标利润倒挤出来的,它却可以启发人们去寻求邯钢的标准成本。其原理如图 7-1 所示。

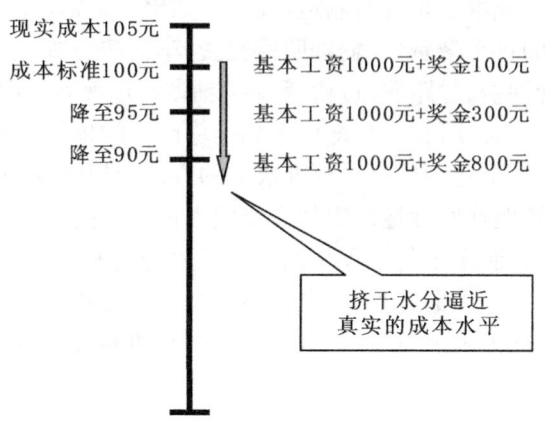

图 7-1 邯钢模式挤干水分逼近真实成本示意图

如果现实单位成本为 105 元,将目标成本确定为 100 元,如果完成目标,则可得基本工资 1 000 元,还可得 100 元奖金;如果超额实现目标,将单位成本降低到 95 元则可得基本工资 1 000 元,还可得 300 元奖金。如果大部分部门都能实现目标,则下一期间的成本标准就从 100 元降低到 95 元。这样即可逐渐地逼近标准成本。

(四)网络计划技术

网络计划技术是指用于工程项目的计划与控制的一项管理技术。这种计划借助于网络表示各项工作与所需要的时间,以及各项工作的相互关系。通过网络分析研究工程费用与工期的相互关系,并找出在编制计划及计划执行过程中的关键路线。在此基础上,应用价值工程等先进的管理方法,对网络计划方案进行优化(包括时间、劳动力、物资供应、成本费用等),通过优化,择取最优方案。实际上,按照最优方案计算的项目成本就基本近似于标准成本。也就是说,利用网络技术也可以寻求标准成本。

(五)流程优化(价值链分析)

流程,即由两个及以上的业务步骤,完成一个完整的业务行为的过程。企业中的流程,常常划分为以下三种基本类型:管理流程、运作流程和支持流程,上述流程常被笼统地称为业务流程。设计良好的业务流程,具有更高的效力(增加客户价值)和效益(降低企业成本)。作业(activity),是指企业为了达到其生产经营目标所进行的与产品相关或对产品有影响的各项具体活动。作业链(activity chain),是相互联系的一系列作业活动组成的链条。现代企业实际上是一个为了最终满足顾客需要而设计的一系列作业活动实体的组合,所以企业就是作业链。价值链(value chain),是从货币和价值的角度反映的作业链。由此可见,流程就是作业链,作业是构成流程的基本元素,是企业生产产品或提供服务的活动。根据作业成本管理理论,企业的产品或服务消耗作业,作业消耗资源,所以产品成本的高低,就依赖于业务流程(作业链)是否最优。哈佛商学院教授卡普兰等学者认为,立足于经营的最后一个环节(即产品销售到顾客的环节)来看,能够产生和增加顾客价值的作业是需要大力加强的有效作业,不增加价值的作业是维持作业或无效作业,需要严格控制。因此,作业成本管理(流程优化、价值链分析)的根本任务,就是对价值链不断地优化组合,如努力减少各环节的无效作业,使之逼近于零;在各环节有效作业中,提高其产出比例等,如 JIT,"零存货""零缺陷"和"单元式"生产制度就是优化价值链组合的重要手段。

不难看出,流程优化、价值链分析的目的是降低成本,将所有不应该发生(剩下的就是应该发生的)的成本尽最大可能地消除或降低到最低程度。所以,优化后的产品价值链的价值累积就是产品的标准成本。

(六)标准成本制定模式比较和选择

上述五种制定标准成本的模式均可找到产品(零部件、项目)的标准成本。比较而言,从理论上说,泰罗制、网络计划技术和流程优化条件下制定的标准成本科学性较强,和现实标准成本最为接近。尤其是流程优化条件下制定的标准成本,由于它运用最为先进的现代管理理论作指导,是科学性最高的。但这三种模式下标准成本的制定都需要付出艰苦的努力,需要做大量的、浩繁的工作才能实现目标。实情诱导模型和邯钢模式,虽然不能一步得到标准成本,但经过几次调整可以逐步地逼近,尽管科学性不如前三种模式下的标准成本来得准确,但非常实用和奏效。

企业究竟应该使用哪种模式下的方法来制定标准成本,要根据企业自身的管理基础工作的扎实、细致程度和管理技术的水平来确定。如果企业的管理基础工作比较扎实,平时积累了丰富的基础数据资料(如工艺、工序比较成熟,各工序的时间记录比较完整),则采用泰罗制下的方法较为合适;如果企业已经对业务流程进行了优化,并实施 ERP 计划,则应用流程优化条件下的模式制定标准成本;如果企业的管理比较粗放,既缺乏管理基础资料,又没有对业务流程进行优化,实情诱导模型和邯钢模式,也不失为省时、省力,而且奏效的选择。

四、标准成本适用条件

标准成本的适用条件,并不是说所列条件具备时才能实施标准成本制度,而是说这些条件具备时,更有利于标准成本制度的实施,应用效果会更佳,这些条件有:

(1) 企业环境相对稳定。随着竞争的加剧和风险的增加,企业的经营环境在不断地发生变化。无论传统行业还是新兴行业都随时面临经营环境的变化，市场价格瞬息万变，企业经营的环境已经处于复杂多变的状态。而标准成本的起源是依赖于相对稳定的经营环境，所以目前的标准成本的应用条件已经发生了巨大变化，并非适用于所有企业，或企业的所有生产经营活动。不然标准就变得没有标准了。

（2）产品相对稳定。客户的需求越来越趋于多元化和个性化。大批量的生产模式也受到极大的挑战，企业产品单一化无疑是明日黄花。这种趋势迫使企业必须以市场客户需求为导向，使自身产品差异化和特性化，产品的变化也因此复杂。而标准成本应具有相对的稳定性，不能朝令夕改，不然标准也就不能称其为标准。

（3）企业生产模式一般为少品种、大批量。标准成本一般不适应客户化的定制产品的成本管理，除非产品的主体存在共性的部分。在稳定环境下标准成本才可以得到较好的使用。但这并不意味着单件、小批量的生产就不能应用标准成本，从成本效益的观念看，单件、小批量的生产，其标准成本制定需要付出代价，而应用的产品或项目又相对较少，在经济上未必划算。

（4）项目不宜过多。从哲学上讲，矛盾的主要方面决定着事务的性质和发展方向。所以实行标准成本管理，就应该注重产品成本中主要的成本项目，比如交通运输成本包括：固定设施成本、移动设备成本和运营成本三个部分。从成本控制的角度看，这三项成本中，重点是运营成本，在运营成本中有两类是直接与运输量相关的成本，一类是直接运营人员的工资；另一类是运输工具消耗的燃料、动力。这两类成本相对于间接运营成本（包括辅助人员、管理人员的工资，以及所需要的工作开支等）不仅数额大，而且项目数量少，实施标准成本管理，效益显著，所以，标准成本的项目应重点关注这两类成本。

（5）价格相对稳定。无论是直接材料、直接人工，抑或是制造费用标准成本，均由价格标准和用量标准两个要素决定，如果价格变动频繁，而且价格变动不由企业控制，相应的上述三项标准成本将会经常发生变动，作为控制成本的标准就不稳定，也就失去控制标准的作用。所以，价格相对稳定，有利于标准成本制度的实施。

除上述五项条件外，如企业的管理基础工作的规范程序等，也是实施标准成本制度必须考虑的因素。

五、标准成本控制

制定标准成本是为了对企业的经营活动所耗费的资源（实际成本）进行控制，使之发生在预定的标准范围之内，以便实现成本目标，进而获得预期的利润。

标准成本控制是成本控制中应用最为广泛和有效的一种成本控制方法,有的也称为标准成本制度、标准成本会计或标准成本法。它是以制定的标准成本为基础,将实际发生的成本与标准成本进行对比,揭示成本差异形成的原因和责任,采取相应措施,实现对成本的有效控制。其中,标准成本的制定与成本的事前控制相联系,成本差异分析、确定责任归属、采取措施改进工作则与成本的事中和事后控制相联系。

标准成本制度的产生,标志着"先干后算"的成本核算模式被"先算后干"的成本核算模式所代替,对成本的控制从事后发展到了事前。实行标准成本制度,既有利于企业加强成本控制、进行经营决策,又有利于简化日常成本核算。自该制度产生起,就深受西方企业界的欢迎,尤其在采用大规模流水线生产的工厂里得到了广泛运用。

（一）标准成本控制机制

标准成本控制机制（它也是说明管理的基本原理）可用图7-2来表示。

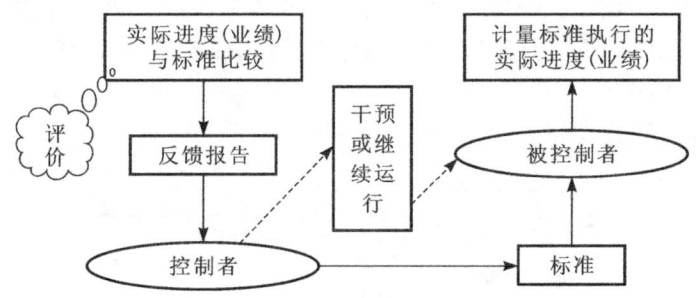

图7-2 标准成本控制机制

企业要对具体从事经营活动的部门或个人进行标准成本控制,首先是制定行为标准——标准成本,其次由被控制者执行,再次是对执行者实际执行的结果进行计量,同时将实际执行的结果与标准进行比较,并编制反馈报告,最后是控制者根据反馈报告,观察实际结果和标准之间的差异是否在容许的范围之内,如果在容许的范围内,则由被控制者继续执行,如果超出容许的范围,则进行必要的干预,责令其改进工作,以保证其执行的结果符合标准。由此可以看出,实施标准成本控制的关键有二:一是制定标准,二是进行评价,分析实际结果和行为标准之间的差异,所以,管理大师彼得·F·德鲁克曾经说:"如果你不能评价,你就无法管理。"

（二）标准成本差异揭示

产品标准成本是一种预定的目标成本,实际成本由于种种原因可能与预定的目标成本不符,实际成本与标准成本之间的差额,称为成本差异,凡实际成本大于标准成本的超支差异,称为不利差异;实际成本小于标准成本的节约差异,称为有利差异。

标准成本的差异分析主要包括成本差异揭示、差异原因分析和提出控制措施。由于产品成本是由直接材料、直接人工和制造费用三部分组成的,所以,成本差异也分为直接材料成本差异、直接人工成本差异和制造费用成本差异三个部分。其中:直接材料、直接人工和变动制造费用的成本差异又分为价格差异和用量差异。标准成本差异计算的通用公式如下:

$$
\left.
\begin{array}{l}
① \text{ 实际价格} \times \text{实际数量} \\
\qquad AP \qquad\qquad AQ \\
② \text{ 标准价格} \times \text{实际数量} \\
\qquad SP \qquad\qquad AQ \\
③ \text{ 标准价格} \times \text{标准数量} \\
\qquad SP \qquad\qquad SQ
\end{array}
\right\}
\begin{array}{l}
①-②=\begin{array}{l}\text{价格}\\\text{差异}\\PV\end{array}
\left\{\begin{array}{l}\text{材料价格差异}\\\text{工资率差异}\\\text{变动制造费用开支差异}\end{array}\right. \\
②-③=\begin{array}{l}\text{数量}\\\text{差异}\\QV\end{array}
\left\{\begin{array}{l}\text{材料用量差异}\\\text{人工效率差异}\\\text{变动制造费用效率差异}\end{array}\right.
\end{array}
\left\}
\begin{array}{l}
①-③=\\
\text{实际成本与}\\
\text{标准成本的}\\
\text{总差异 } TV
\end{array}
\right.
$$

显然,上述标准成本差异计算是对变动成本差异的计算。有学者主张对固定制造费用也要进行差异分析,具体的分析方法有两差异分析和三差异分析,其差异计算公式如下:

两差异计算公式如下:

$$
\left.
\begin{array}{l}
① \text{ 实际分配率} \times \text{实际工时} \\
② \text{ 标准分配率} \times \text{预算工时}
\end{array}
\right\} ①-② = \text{耗费差异}
$$

$$
\left.
③ \text{ 标准分配率} \times \begin{array}{l}\text{实际}\\\text{产量工时}\end{array}
\right\} ②-③ = \text{能量差异}
$$

三差异计算公式如下:

$$
\left.
\begin{array}{l}
① \text{ 实际分配率} \times \text{实际工时} \\
② \text{ 标准分配率} \times \text{预算工时}
\end{array}
\right\} ①-② = \text{耗费差异}
$$

$$
\left.
③ \text{ 标准分配率} \times \text{实际工时}
\right\} ②-③ = \text{生产能力利用差异}
$$

$$
\left.
④ \text{ 标准分配率} \times \begin{array}{l}\text{实际产量}\\\text{应耗工时}\end{array}
\right\} ③-④ = \text{效率差异}
$$

我们不主张对固定制造费用进行差异分析,因为尽管固定制造费用的差异分析可以反映生产能力的利用情况,但其并不能反映执行标准成本的情况,也没有办法分清产生差异的具体原因和责任。而应当按照费用项目,或者按照费用发生的部门、单位进行分析,这样既便于查找原因,也便于责任归属。对此,中央财经大学李天民教授在其《现代管理会计学》[1]中指出:由于固定制造费用是由

---

[1] 参见李天民编著:《管理会计学》,立信会计出版社 2001 年版。

许多明细科目组成的,而上述成本差异所反映的预算差异只是一个总数,不便于对各个明细科目进行控制与考核。因此,还必须根据固定制造费用各个明细科目的静态预算与实际发生数进行对比,并编出实绩报告。就预算差异来说,其产生的原因可能是:资源价格的变动(如工资率增加或减少,税率变动等);某些酌量性固定成本(职工培训费,差旅费等)因管理上的新决定而有所增减;资源的数量比预算增加或减少(如增加或减少职工),以及部门领导有的怕完不成预算而延缓酌量性成本的支出,有的怕实际支出过少会削减下期的预算而增加不必要的开支,等等。所有这些,应分别具体情况采取相应的对策。

(三)标准成本差异分析

1. 直接材料成本差异分析

直接材料实际成本与标准成本之间的差额,是直接材料成本差异。该项差异形成的基本原因有两个:一个是材料价格脱离标准(价差),另一个是材料用量脱离标准(量差)。

材料价格差异是在采购过程中形成的,采购部门未能按标准价格进货的原因主要有:供应厂家价格变动、未按经济采购批量进货、未能及时订货造成的紧急订货、采购时舍近求远使运费和途耗增加、不必要的快速运输方式、违反合同被罚款、承接紧急订货造成额外采购等。

材料数量差异是在材料耗用过程中形成的,形成的具体原因有:操作疏忽造成废品和废料增加、工人用料不精心、操作技术改进而节省材料、新工人上岗造成多用料、机器或工具不适用造成用料增加等。有时多用料并非生产部门的责任,如购入材料质量低劣、规格不符也会使用料超过标准;又如加工工艺变更、检验过严也会使数量差异加大。

2. 直接人工成本差异分析

直接人工成本差异,是指直接人工实际成本与标准成本之间的差额。它也被区分为"价差"和"量差"两部分。价差是指实际工资率脱离标准工资率,其差额按实际工时计算确定的金额,又称为工资率差异。量差是指实际工时脱离标准工时,其差额按标准工资率计算确定的金额,又称人工效率差异。

工资率差异形成的原因,包括直接生产工人升级或降级使用、奖励制度未产生实效、工资率调整、加班或使用临时工、出勤率变化等。

直接人工效率差异形成的原因,包括工作环境不良、工人经验不足、劳动情绪不佳、新工人上岗太多、机器或工具选用不当、设备故障较多、作业计划安排不当、产量太少无法发挥批量节约优势等。

3. 变动制造费用的差异分析

变动制造费用的差异,是指实际变动制造费用与标准变动制造费用之间的差额。它也可以分解为"价差"和"量差"两部分,价差是指变动制造费用的实际小时分配率脱离标准,按实际工时计算的金额,称为耗费差异。量差是指实际工时脱离标准工时,按标准的小时费用率计算确定的金额,称为变动费用效率差异。

变动制造费用的耗费差异是部门经理的责任,他们有责任将变动费用控制在弹性预算限额之内。

变动制造费用效率差异形成原因与人工效率差异相同。

六、标准成本的账务处理

为了同时提供标准成本、成本差异和实际成本三项成本资料。标准成本系统的账务处理具有以下特点:

(1)"原材料""生产成本"和"产成品"账户登记标准成本。无论是借方和贷方均登记实际数量的标准成本,其余额亦反映这些资产的标准成本。

(2)设置成本差异账户分别记录各种成本差异。在需要登记"原材料""生产成本"和"产成品"账户时,应将实际成本分离为标准成本和有关的成本差异,标准成本数据记入"原材料""生产成本"和"产成品"账户,而有关的差异分别记入各成本差异账户。

各差异账户借方登记超支差异,贷方登记节约差异。

(3)各会计期末对成本差异进行处理。各成本差异账户的累计发生额,反映了本期成本控制的业绩。在月末(或年末)对成本差异的处理方法有两种:

第一种:结转本期损益法。按照这种方法,在会计期末将所有差异转入"本年利润"账户,或者先将差异转入"主营业务成本"账户,再随同已销产品的标准成本一起转至"本年利润"账户。

采用这种方法的依据是确信标准成本是真正的正常成本,成本差异是不正常的低效率和浪费造成的,应当直接体现在本期损益之中,使利润能体现本期工作成绩的好坏。此外,这种方法的账务处理比较简便。这种方法的缺点是如果差异数额较大或者标准成本制定得不符合实际的正常水平,则不仅使存货成本严重脱离实际成本,而且会歪曲本期经营成果,在成本差异数额不大时采用此种方法为宜。

第二种:调整销货成本与存货法。按照这种方法,在会计期末将成本差异按比例分配至已销产品成本和存货成本。

采用这种方法的依据是税法和会计制度均要求以实际成本反映存货成本和销货成本。本期发生的成本差异,应由存货和销货成本共同负担。这种方法的缺点是会增加一些计算分配的工作量。

标准成本的账务处理程序,如图 7-3 所示。

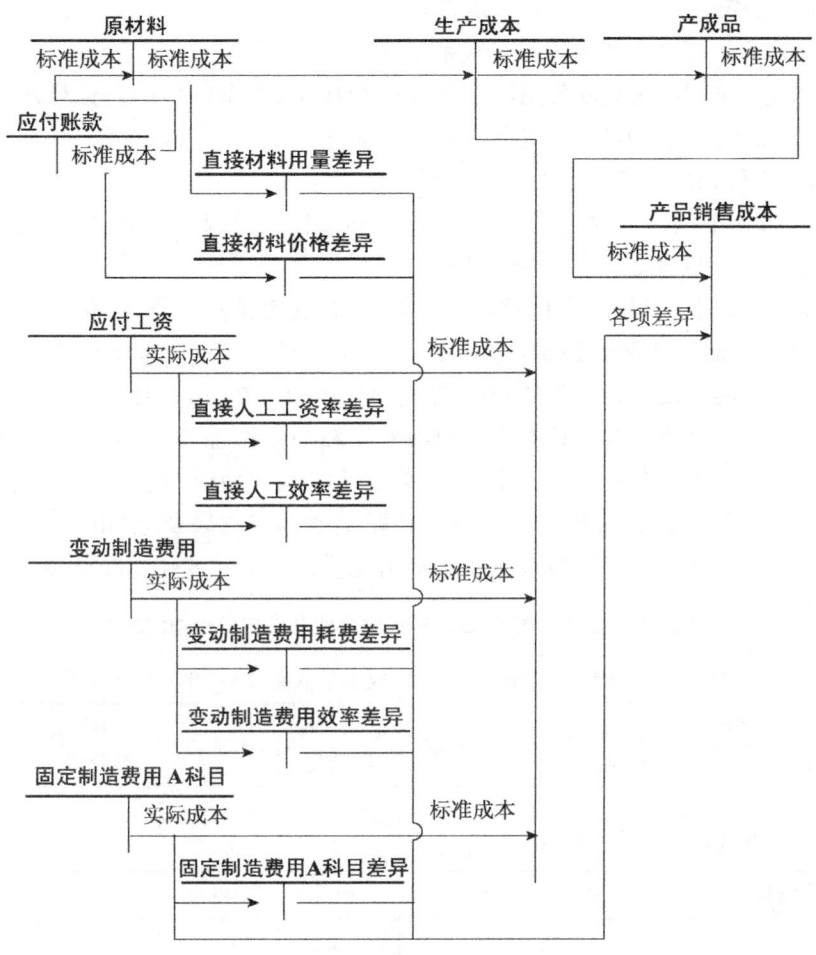

图 7-3　标准成本账务处理程序

七、标准成本控制案例

不同运输方式的成本构成是不同的,现以公路(汽车)运输为例,说明标准成本的应用。

汽车运输成本划分为车辆费用和企业管理费两类共 10 个项目。车辆费用指营运车辆为进行运输生产而发生的各项费用,包括驾驶员工资、福利基金、燃料、轮胎、保修、大修、折旧、养路费、其他等 9 个项目;企业管理费为一个项目,是指企业及其所属的汽车站、汽车队为经营管理和组织生产所发生的各项管理费用和业务费用,包括管理人员工资及福利基金、办公费、水电费、差旅费、管理和业务部门固定资产的折旧费和维修费等。

（一）QQ公路汽车运输公司成本状况

SX省、地（市）属QQ公路汽车运输公司成本，在全国居中游偏低水平。以成本较高期的2005年为例，货车千吨公里成本247.04元，在全国29个省（市）中居第12位，高于HB省237.91元的3.83％，低于GX自治区255.23元的3.21％。客车千人公里成本20.51元，居全国第7位，高于BJ市19.50元的0.52％，低于SD省20.54元的0.14％。

成本构成中，燃料所占比重最大，约30％，其次是汽车修理（包括保养，小、中、大修）、轮胎消耗和养路费，这3项共占40％～50％。成本构成项目的实绩决定着成本水平，2000年成本160.23元，较1990年的243.81元下降了83.58元。其中除养路费和汽车基本折旧两项费用较前期增加外，其他7个成本项目的费用均有下降，燃料、轮胎、汽车保修费和汽车大修理费4个项目共降低76.65元，占下降总数的91.71％。SX公路交通部门省属及地（市）汽车运输企业运输成本高、低、中年份的水平及成本构成项目实绩的变化情况见表7-2。

表7-2　　**SX省、地（市）属QQ公路汽车运输企业几个年份运输成本表**

序号	成本项目	成本较高期（2005年）		成本最低期（2000年）		成本中游期（2010年）	
		元/千换算吨公里	占成本	元/千换算吨公里	占成本	元/千换算吨公里	占成本
1	司助工资及工资附加费	21.54	6.96％	13.33	8.30％	12.57	6.70％
2	燃料	63.61	20.56％	51.00	31.80％	55.46	29.40％
3	轮胎	16.62	5.37％	15.26	9.50％	14.01	7.40％
4	汽车保修费	38.05	12.30％	25.81	16.10％	32.89	17.40％
5	汽车基本折旧	16.95	5.48％	11.35	7.10％	9.31	4.90％
6	汽车大修理费	17.06	5.51％	4.33	2.70％	13.90	7.40％
7	其他费用	70.18	22.69％	27.4	17.1％	23.54	12.5％
8	企业管理费	65.32	21.13％	11.75	7.40％	27.12	14.30％
10	合计	309.33	100％	160.23	100％	188.80	100％

QQ公司为了控制成本，拟采用标准成本控制，由于表7-2中的后4～8项目一般不随运输业务量变化，而且前3项是运输成本的主要项目，占整个成本的60％，所以，重点是前3项标准成本的控制。

（二）标准成本制定

QQ 公司通过对燃油市场和轮胎市场的调查，以及公司内部司助工资及工资附加费等历史数据的分析，制定了表 7-3 的千换算吨公里标准成本卡。

表 7-3 　　　　　　　　千换算吨公里标准成本卡

标准设定日期：2012 年 12 月 1 日

	代号	数量（升）	标准单价（元）	合计（元）
燃料	0# 柴油	100	7.00	700
	……	…	…	…
	……	…	…	…
	合　计			700
司助工资及工资附加费	人员	标准工时	标准工资率/小时	
	司机	100	50	5 000
	助理司机	100	40	4 000
	合　计			9 000
轮胎	型号	磨损量	价格	
	1000R20	0.10	1 300	130
	……	…	…	…

（三）实际运行状况

2013 年 5 月份，QQ 公司共计某辆 DF 卡车（共 10 只轮胎）运行 100 万吨公里，耗费 0# 柴油 1 100 升，实际价格 7.10 元/升；2 名司助人员工资及附加费共计 36 万元，其中，司机 9 万元，助理司机 15 万元；共计运行 90 工时；轮胎磨损0.11，轮胎价格 1 350 元/只。

（四）差异分析

完成 100 万吨公里运输任务的标准成本差异分析计算，如表 7-4 所示。

表 7-4 　　　　　100 万吨公里运输任务的标准成本差异计算表

单位：元

项　目	实　际		标　准		$AP \times AQ$	$SP \times AQ$	$SP \times SQ$
	价格 AP	数量 AQ	价格 SP	数量 SQ			
0# 柴油	7.1	1 100	7.0	1 000	7 810	7 700	7 000
司机	70	90	50	100	6 300	4 500	5 000

（续表）

项　目	实　际		标　准		$AP \times AQ$	$SP \times AQ$	$SP \times SQ$
	价格 AP	数量 AQ	价格 SP	数量 SQ			
助理司机	50	90	40	100	4 500	3 600	4 000
1000R20（只）	1 350	0.11	1 300	0.10	1 485	1 430	1 300
总计	—	—	—	—	20 095	17 230	17 300

注：表中轮胎费用标准是单只的，后三列的结果是 10 只轮胎的耗费。

1. 0#柴油耗费

油耗总差异＝实际价格×实际耗油量－标准价格×标准耗油量
$$= AP \times AQ - SP \times SQ = 7\ 810 - 7\ 000 = 810(元)(不利差异)$$

计算结果表明，由于 0#柴油价格实际比标准提高 0.1 元/升、耗油量实际比标准增加 100 升，使得柴油消耗实际高出标准 810 元。

其中：

0#柴油价格差异：

柴油价格差异＝实际价格×实际耗油量－标准价格×实际耗油量
$$= AP \times AQ - SP \times AQ = 7\ 810 - 7\ 700 = 110(元)(不利差异)$$

即，由于油价实际比标准提高了 0.1 元/升，致使柴油耗费实际比标准增加了 110 元。

柴油用量差异＝标准价格×实际耗油量－标准价格×标准耗油量
$$= SP \times AQ - SP \times SQ = 7\ 700 - 7\ 000 = 700(元)(不利差异)$$

即，由于耗油量实际比标准增加了 100 升，使得柴油消耗实际高出标准 700 元。

原因分析：经了解，该批运输任务，客户有时间要求，所以，司机运行速度较之以前有所提高，不能在最佳经济时速运行，致使耗油量增加；再加之油价提高，使柴油耗费增加。建议该公司在运输任务紧张时适当增加车辆，以便车辆在最经济时速运行，以节约燃料成本。

2. 司助工资及工资附加费

人工总差异＝实际工资率×实际工时用量－标准工资率×标准工时用量
$$= AP \times AQ - SP \times SQ = 10\ 800 - 9\ 000 = 1\ 800(元)(不利差异)$$

计算结果表明，由于司机工资率每小时提高了 20 元，司机助理工资率每小时提高了 10 元,所用工时实际比标准减少 10 个小时,使司助工资及工资附加费实际高出标准 1 800 元。

其中:

人工工资率差异 = 实际工资率 × 实际工时用量 - 标准工资率 × 实际工时用量

$$= AP \times AQ - SP \times AQ = 10\,800 - 8\,100 = 2\,700(元)(不利差异)$$

即,由于司机工资率每小时提高了 20 元,司机助理工资率每小时提高了 10 元,致司助工资及工资附加费实际比标准增加了 2 700 元。

人工效率差异 = 标准工资率 × 实际工时用量 - 标准工资率 × 标准工时用量

$$= SP \times AQ - SP \times SQ = 8100 - 9\,000 = -900(元)(有利差异)$$

即,由于司机提高运行速度,实际比标准节省运行时间 10 个小时,使司助工资及工资附加费实际比标准降低 700 元。

原因分析:司助工资及工资附加费产生差异 2 700 元,主要是公司为了满足客户时间要求,提高了奖励工资,即司机工资率每小时提高了 20 元,司机助理工资率每小时提高了 10 元。

3. 轮胎磨损费

轮胎磨损费总差异 = 实际价格 × 实际磨损量 - 标准价格 × 标准磨损量

$$= AP \times AQ - SP \times SQ = 1\,485 - 1\,300 = 185(元)(不利差异)$$

计算结果表明,由于轮胎价格实际比标准每只提高了 50 元,轮胎磨损实际比标准增加了 0.01,使得轮胎磨损费实际高出标准 185 元。

其中:

轮胎价格差异 = 实际价格 × 实际磨损量 - 标准价格 × 实际磨损量

$$= AP \times AQ - SP \times AQ = 1\,485 - 1\,430 = 55(元)(不利差异)$$

即,由于轮胎实际比标准提高了 50 元/只,致使轮胎耗费实际比标准增加了 55 元。

轮胎耗费量差异 = 标准价格 × 实际磨损量 - 标准价格 × 标准磨损量

$$= SP \times AQ - SP \times SQ = 1\,430 - 1\,300 = 130(元)(不利差异)$$

即,轮胎磨损实际比标准增加了 0.01,使得轮胎耗费支出实际高出标准 130 元。

原因分析:轮胎磨损费支出实际比标准增加 185 元,一是轮胎价格上涨,提高了 50 元/只;二是运输任务紧迫,运行速度提高,磨损加剧,实际比标准增加 0.01。

从上述原因分析可以看出,之所以油耗、工资及轮胎实际支出高于标准,原因在于公司管理部门任务协调不够理想,责任在于公司的生产调度。

4. 完成 100 万吨公里运输任务的总成本差异分析

$$总差异 = 实际价格 \times 实际用量 - 标准价格 \times 标准用量$$
$$= AP \times AQ - SP \times SQ = 20\,095 - 17\,300 = 2\,795(元)(不利差异)$$

即,由于柴油耗费量、司机、助理司机工时用量、轮胎磨损量,以及上述三项的价格偏离标准,实际比标准多支出 2 795 元。

$$价格差异 = 实际价格 \times 实际用量 - 标准价格 \times 实际用量$$
$$= AP \times AQ - SP \times AQ = 20\,095 - 17\,230 = 2\,865(元)(不利差异)$$

由于柴油价格、司机、助理司机工资率、轮胎价格,偏离标准,实际比标准多支出 2 865 元。

$$用量差异 = 标准价格 \times 实际用量 - 标准价格 \times 标准用量$$
$$= SP \times AQ - SP \times SQ = 17\,230 - 17\,300 = -70(元)(不利差异)$$

由于柴油耗费量、司机、助理司机工时用量、轮胎磨损量,偏离标准,实际比标准节约 70 元。

第二节 定额成本管理

一、概述

(一)定额成本含义

定额成本和标准成本一样,也是目标成本的一种。在工业企业里,根据某一日期(一般是当月 1 号)所确定的各种产品成本项目的耗费定额、当期费用预算和其他有关资料计算的一种预计成本。定额成本是企业产品生产成本的现行定额,它反映了当期应达到的成本水平。合理的现行成本定额是衡量企业成本节约或超支的尺度。把一定时期的定额成本与实际成本进行比较,便可以揭示实际脱离定额的差异,指出生产和成本管理中的成绩和存在的问题。它主要适用于产品已经定型,产品品种与工艺规程基本稳定,各项定额较为齐全、准确,原始记录及计量等方面具备健全的管理制度的大量大批生产企业。

(二)定额成本制度和定额成本法

定额成本制度是将事前制定产品的定额成本作为目标成本,在生产费用发生的当时将实际发生的费用与目标成本进行对比,揭示差异,并找出原因,及时控制、监督实际生产费用的支出,加强成本差异的日常核算、分析和控制的一种制度。

定额成本法是企业为了及时地反映和监督生产费用和产品成本脱离定额的差异,加强定额管理和成本控制而采用的一种成本计算方法。在按实际成本法核算产品成本时,生产费用的日常核算,都是按照生产费用的实际发生额进行的,产品的成本也都是按照实际生产费用计算的实际成本。这样,生产费用和产品成本脱离定额的差异及其发生的原因,只有在月末时通过实际资料与定额资料的对比、分析,才能得到反映,而不能在费用发生的当时反映出来,因而不能很好地加强成本控制,定额成本法正是针对以上方法的不足所采用的一种成本计算辅助方法。因此,有的也称定额成本法为定额成本制度。

定额成本制度的主要内容有:定额成本制定,实际成本计算(在实行定额成本控制制度的企业,产品实际成本由定额成本、定额差异和定额变动三部分组成,其计算公式如下:产品实际成本＝产品定额成本＋定额差异＋价格差异＋定额变动)和定额成本控制。

定额成本制度的特点:一是事前制定产品的消耗定额、费用定额和定额成本作为降低成本的目标;二是在生产费用发生的当时将符合定额的费用和发生的差异分别核算,加强对成本差异的日常核算、分析和控制;三是月末在定额成本的基础上加减各种成本差异,计算产品的实际成本,为成本的定期分析和考核提供数据。因此,定额成本法不仅是一种产品成本计算的方法,更重要的,还是一种对产品成本进行直接控制、管理的方法。

（三）适用范围和应用条件

1. 适用范围

定额成本法需要事先制定定额成本,才能进行成本的核算和差异的核算。因此,定额成本法主要适用于定额管理制度比较健全,定额管理基础工作比较好,产品生产已经定型,各项消耗定额比较准确、稳定的企业。

2. 应用条件

（1）企业有较完善的定额管理制度,各生产部门能够有效地贯彻定额计划。

（2）产品的生产工艺比较稳定,可以较准确地估算各项费用的定额标准。

（3）企业需要利用产品成本资料进行成本管理和成本分析,需要具备较完备的成本历史资料。

（四）定额成本控制的优缺点

1. 优点

（1）通过对生产耗费(生产费用)脱离定额(计划)差异的日常核算,能够在生产耗费(生产费用)发生的当时就反映和监督其脱离定额(计划)的差异,从而加强成本控制,及时、有效地促进节约生产耗费,降低生产成本。

（2）由于产品实际成本是按照定额成本和各种成本差异分别反映的，因而便于进行产品成本的定期分析，有利于进一步挖掘降低成本的潜力。

（3）通过脱离定额差异和定额变动差异的核算，有利于提高成本管理和计划管理的工作水平。

2. 缺点

由于要制定定额成本，单独计算脱离定额的差异，在定额变动时还要修订定额成本和计算变动差异，因而计算工作量较大。

二、定额成本的制定

（一）基本原则

第一，制定定额的有关部门，应经常深入车间、工段、班组和各工作地点，熟悉和了解各生产工艺、技术要求、产品性质、设备能力、资金使用、物质储备、消耗、能耗利用等情况，掌握第一手材料作为制定定额的资料依据。第二，加强对各种原始记录的工作管理，实行统一管理，分工负责，凡属业务范围内的各部门，应对本部门的原始记录及时进行检查、分析、整理、汇总、确保统计数字的真实性、可靠性，做好统计资料的积累。第三，制定定额要本着科学性、先进性、群众性的原则。所谓科学性，就是有代表性资料作根据，有数据论证，不凭主观臆断；先进性就是追求同行业先进水平，因地制宜，结合本单位实际情况，在正常条件下多数人经过努力能够达到，部分人能够超过，少数人能够接近，确实达到先进合理，积极可靠，留有余地，便于调动职工积极性的目的；所谓群众性就是广泛发动职工讨论，积极争取各部门意见，反复酝酿，上下协商，有利于职工自觉接受，积极争取，努力实现。第四，对于核定的各类定额，在实施考核过程中，确与实际情况有偏差，差异较大，有关部门必须经过认真审查，找出原因，及时提出调整方案和意见。第五，由于工艺改变，采用新技术，新工艺调整产品品种等诸因素时，对各类定额要立即做发展性修改，以便适应客观条件变化后的实际情况。第六，定额制定和定额调整合理，是提高企业经济效益的关键条件之一。

（二）准备工作

成本定额是企业在一定生产技术水平和组织条件下，人力、物力、财力等各种资源的消耗达到的数量界限，主要有材料定额和工时定额。成本控制主要是制定消耗定额，只有制定出消耗定额，才能在成本控制中起作用。工时定额的制定主要依据各地区收入水平、企业工资战略、人力资源状况等因素。在现代企业管理中，人力成本越来越大，工时定额显得特别重要。在工作实践中，根据企业生产经营特点和成本控制需要，还会出现动力定额、费用定额等。定额管理是成本控制基础工作的核心，建立定额领料制度，控制材料成本、燃料动力成本，建立人工包干制度,控制工时成本,以及控制制造费用,都要依赖定额制度,没有很好的定额,就无法控制生产成本;同时,定额也是成本预测、决策、核算、分析、分配的主要依据,是成本控制工作的重中之重。因此,企业制定成本定额,应着重做好以下几个方面的工作。

1. 标准化工作

标准化工作是现代企业管理的基本要求,它是企业正常运行的基本保证,它促使企业的生产经营活动和各项管理工作达到合理化、规范化、高效化,是成本控制成功的基本前提。在成本控制过程中,下面三项标准化工作极为重要。第一,计量标准化。计量是指用科学方法和手段,对生产经营活动中的量和质的数值进行测定,为生产经营,尤其是成本控制提供准确数据。第二,价格标准化。成本控制过程中要制定两个标准价格,一是内部价格,即内部结算价格,它是企业内部各核算单位之间,各核算单位与企业之间模拟市场进行"商品"交换的价值尺度;二是外部价格,即在企业购销活动中与外部企业产生供应与销售的结算价格。标准价格是成本控制运行的基本保证。第三,质量标准化。质量是产品的灵魂,没有质量,再低的成本也是徒劳的。成本控制是质量控制下的成本控制,没有质量标准,成本控制就会失去方向,也谈不上成本控制。第四,数据标准化。制定成本数据的采集过程,明晰成本数据报送人和入账人的责任,做到成本数据按时报送,及时入账,数据便于传输,实现信息共享;规范成本核算方式,明确成本的计算方法;规范使用统一的成本计算图表格式,做到成本核算结果准确无误。

2. 制度建设

在市场经济中,企业运行的基本保证,一是制度,二是文化,制度建设是根本,文化建设是补充。没有制度建设,就不能固化成本控制运行,就不能保证成本控制质量。成本控制中最重要的制度是定额管理制度、预算管理制度、费用审报制度等。在实际中,制度建设有两个问题:一是制度不完善,在制度内容上,制度建设更多地从规范角度出发,看起来像命令。正确的做法应该是制度建设要从运行出发,这样才能使责任人找准位置,便于操作。二是制度执行不力,总是强调管理基础差,人员限制等客观原因,一出现利益调整内容,就收缩起来,导致制度形同虚设。

(三)定额成本制定

定额成本既是计算产品实际成本的基础,也是进行成本控制与考核的依据。制度产品的定额成本,可按以下公式进行:

直接材料费用定额 ＝ 产品直接料消耗定额 × 直接材料计划单价

生产工资费用定额 ＝ 产品生产工时定额 × 计划小时工资率

制造费用定额 ＝ 产品生产工时定额 × 计划小时费用率

其中,计划小时工资率、计划小时费用率可用下列公式计算:

$$计划小时工资率 = \frac{预计某车间全年生产工人工资总额}{预计该车间全年定额工时总数}$$

$$计划小时费用率 = \frac{预计某车间全年制造费用总额}{预计该车间全年定额工时总数}$$

直接材料应分别按各种原材料、燃料与动力等的消耗定额乘以其相应的计划价格,并加总得出其定额成本。同样,直接工资也应分别按各车间、工序的工时定额乘以相应的计划工资率,并加总得其定额成本。制造费用则应根据各车间部门的费用计划,按照一定比例分配到单位产品上去,并加总得出其定额成本。将上述直接材料、直接工资和制造费用的定额成本加以汇总就可得出单位产品的定额成本。也可根据工艺流程,先分别各生产车间制定直接材料、直接工资和制造费用的定额成本,然后将各车间的定额成本加以汇总得出单位的产品的定额成本。若产品由多种零部件构成,一般可先按照以上方法制定出零件的定额成本,然后再制定部件和产品的定额成本。若产品零件较多,也可不编制零件定额成本,而编制零件定额卡,再根据零件的原材料和工时的消耗定额以及原材料计划单价、计划工资率和费用率,以直接编制部件定额成本卡片的形式进行。

三、定额成本差异

实行定额成本制度,能在生产耗费发生的当时,随时揭示脱离定额的各种差异,有利于考核生产各个环节成本控制的成效,进一步挖掘降低成本的潜力。在具体实行时,应当注意各类差异的区分。当耗用原材料、人工工时发生数量差异,以及工资发生差异、制造费发生差异时,都要单独反映。对于发生的各种差异,均要分析原因,并找出有关的责任者,以便于对产品成本进行有效的监督与控制,防止各种浪费和损失,并总结经验及时采取措施,以改进企业的经营管理。定额成本控制,要与企业的经济责任制结合起来,并建立在职工参加管理的基础上,使责、权、利三者结合起来,达到降低成本的目的。

(1)　　直接材料成本差异 ＝ 直接材料用量差异 ＋ 直接材料价格差异

　　　　直接材料用量差异 ＝ 计划价格×(实际用量 － 定额用量)

　　　　直接材料价格差异 ＝ 实际用量×(实际价格 － 计划价格)

(2)　　直接人工成本差异 ＝ 直接人工效率差异 ＋ 直接人工工资率差异

　　　　直接人工效率差异 ＝ 计划工资率×(实际工时 － 定额工时)

　　　　直接人工工资率差异 ＝ 实际工时×(实际工资率 － 计划工资率)

（3）变动制造费用差异 ＝ 变动制造费用效率差异＋变动制造费用分配率差异

变动制造费用效率差异 ＝ 计划变动费用分配率×（实际工时－定额工时）

变动制造费用分配率差异 ＝ 实际工时×（实际分配率－计划分配率）

（4）固定制造费用差异 ＝ 固定制造费用实际开支数－固定制造费用定额数

成本差异分为有利差异和不利差异。凡实际成本大于定额成本为超支、不利因素，差异分析为正数；凡实际成本小于定额成本为节约、有利因素，差异分析为负数。

四、定额变动差异及其计算

由于生产技术和劳动生产率的提高，原来制定的消耗定额或费用定额一定时期后需要修订，修订后的新定额与修订前的老定额之间的差异，就是定额变动差异。

定额的变动一般在月初进行，如果定额降低，定额变动差异则为"＋"号；相反，如果定额提高，定额变动则为"－"号。

月初在产品定额变动的差异可以根据发生定额变动的在产品盘存数或在产品账面结存数乘以修订后的新定额，得到定额修订后的定额成本，然后与老定额进行比较，就可得到定额变动差异。然而，如果是机械制造企业，定额计算需要从零件、部件到产品，如此计算工作量较大。为了简化计算工作，也可以按照定额变动系数进行计算，其公式如下：

$$定额变动系数 = \frac{按新定额计算的单位产品成本}{按老定额计算的单位产品成本}$$

$$月初在产品定额变动差异 = \frac{按老定额计算月初在产品成本}{} \times (1 - 定额变动系数)$$

五、标准成本法与定额法的比较

（一）标准成本法与定额法的联系

（1）实施功能和目的相同。两者具有基本相同的功能和实施环节，均包括成本的计划、控制、执行、分析、考核及计算等环节。两种方法应用的目的大体相同，都是为加强企业成本控制并进行行业绩评价。

（2）重视成本控制。两者都不是单纯的成本核算方法，而是具有核算功能且同时兼具控制功能。定额法的本质最终要体现产品实际成本，不过在实施的过程中离不开成本控制。虽然标准成本法不计算产品实际成本，但在制定标准成本过程中，通过成本差异账户可以积累实际成本信息，有能力计算出产品的实际成本,只不过标准成本法更注重成本控制而已。

（3）分析成本差异。两种方法均在事前确定目标成本,当作成本控制的依据,并进一步计算、分析成本差异,研究差异产生的原因。对各责任者在成本控制方面的业绩进行考核,明确经济责任,以达到挖掘成本降低潜力,加大成本控制的力度,利润增长的目的。

（二）标准成本法和定额法的区别

（1）制定目标成本的依据不一致。标准成本的制定形式较多,较为灵活,各成本项目的标准成本均按标准用量和标准单位成本（标准费用率）确定;定额成本是按不同成本项目的现行数量定额以及计划单位成本制定的。

（2）目标成本稳定性不同。标准成本是有效经营条件下发生的目标成本,具备约束性和稳定性,年度内基本不变,不涉及目标成本变动差异的计算;而定额成本的确定依据是现行定额,当外界经济环境、企业生产条件等方面发生变化时,现行定额要随之修订,即一个会计年度内定额成本可能发生变化,应确定其变动的趋势和金额。

（3）差异处理不同。标准成本法下,没有单独设置差异凭证,一般由某会计期间产品的实际消耗量及实际价格与实际产量的标准消耗量及标准价格的比较来核算差异。差异的种类也较多,对每种差异均单独设置账户,年终统一处理,或转为主营业务成本,或计入当期损益;定额法下的差异通过差异凭证反映,记录各项生产费用的实际支出脱离现行定额或预算的数额。差异种类相对较少,核算较为简单,只核算各成本项目的差异,未单设会计科目。

（4）提供产品成本资料不同。这是标准成本法与定额法的根本性区别。标准成本法的成本差异不按产品分配计算,只按标准成本对期末在产品、库存商品及已售产品计价,核算过程简便、及时,并不计算各种产品真实成本;定额法下,最终要确定产品实际成本,将三类差异在各种产品间分配,也在对应存货中分配,将定额成本调整为实际成本。

（5）提供管理信息的详细程度与侧重点不同。标准成本法按成本形态划分成本,可以确定责任的归属,有助于促进各部门和车间的相互配合,建立经济责任制;定额法计算出的产品成本则需要按成本项目反映,日常核算揭示材料数量,由其强调材料成本的控制,除材料以外的费用需要用实际数减去预算数得到差异。

（6）成本动因的分析存在差异。标准成本法需要分项目求出成本差异,进而对差异原因深入分析,可以得到较为详尽的成本差异数据,在实际管理活动中减少实际成本与标准成本之间的不利差异;定额法则只按成本项目计算成本差异,不考虑成本差异发生的根本原因,可能出现有利差异遮掩不利差异的情况。

六、定额成本法的案例分析

定额成本是事前制定的产品的消耗定额、费用定额和定额成本,作为降低成本的目标;在生产费用发生的当时,将符合定额的费用和发生的差异分别核算,月末在定额成本的基础上加减各种成本差异,计算产品的实际成本,为成本的定期分析和考核提供数据。

需要指出的是,定额成本法主要适用于定额管理制度比较健全,定额管理基础工作比较好,产品生产已经定型,各项消耗定额比较准确、稳定的企业。因此,定额成本多用于制造业企业。对于交通运输企业来说,很少计算单个运输产品的单位成本(如一位旅客的单位运输成本,一件行李的单位运输成本等;一般计算一定数量的周转量成本,如万吨公里运输成本等),另外,运输企业一般不存在在产品,但这并不是说交通运输企业不可以应用定额成本,交通运输企业可将定额成本用于费用的消耗,如燃料、动力、配件等的定额成本控制和管理。为了对定额成本有一个全面的了解,仍以制造业企业为例,说明定额成本的应用。

某企业生产A产品,采用定额法计算产品成本。该产品的上月定额成本资料如表7-5所示。投产情况如下:月初在产品100件,本月投产500件,本月完工550件,月末在产品50件。实际发生费用如下:原材料37 200元,生产工人工资12 950元,制造费用10 630元。定额变动情况:本月初原材料定额成本改为73.5元/件。

根据上述资料,A产品成本计算(见表7-5)如表7-6所示。

表7-5　　　　　　　　　　**上月份产品定额成本资料金额**

单位:元

成本项目		原材料	工资	制造费用	合计
产成品定额成本		75	24	20	119
在产品定额成本		75	12	10	97
月初在产品成本 (100件)	定额成本	7 500	1 200	1 000	9 700
	定额差异	−125	36	43	−46
	定额变动				

表 7-6 　　　　　　　　A 产品成本计算表

单位:元

成本项目		原材料	工资	制造费用	合计
月初在产品（100件）	定额成本	7 500	1 200	1 000	9 700
	定额差异	−125	36	43	−46
	定额变动				0
月初在产品定额变动	定额成本调整	−150			−150
	定额变动	±150			±150
本月发生费用	实际发生	37 200	12 950	10 630	60 780
	定额成本	36 750	12 600	10 500	59 850
	定额差异	450	350	130	930
合计	定额成本	44 100	13 800	11 500	69 400
	定额差异	325	386	173	884
	定额变动	−150			−150
分配率	定额差异	0.737%	2.797%	1.504%	
	定额变动	−0.340%			
产成品（550件）	定额成本	40 425	13 200	11 000	64 625
	定额差异	298	369	165	832
	定额变动	−137			−137
	总成本	40 586	13 569	11 165	65 320
	单位成本	73.79	24.67	20.30	118.76
月末在产品（50件）	定额成本	3 675	600	500	4 775
	定额差异	27	17	8	52
	定额变动	−13			−13

月末,企业相关部门应当对上述差异进行分析,找出原因,纠正偏差,以便实现成本管理目标。

阅 读 文 献

［1］吴利民.太原铁路局机车小辅修标准成本体系的研究［J］.山西财经大学学报,2006(2).

[2] 孙绍良. 定额成本核算与标准成本核算[J]. 吉林财贸学院学报, 1982(2).

[3] 苑凯, 贺建伟. 标准成本的技术设计测算和分析[J]. 煤炭经济研究, 1984(1).

[4] 易庭源, 黄翊枢, 陈水蒲. 生产过程成本控制论[J]. 湖北财经学院学报, 1980(3).

[5] 李世新, 黄力进, 刘斌. 基于作业标准成本的定制化产品成本估算方法[J]. 统计与决策, 2005(2).

[6] 阎希曦, 李世新, 刘莉. 成本差异分析应注意的若干问题[J]. 财会月刊, 1999(4).

[7] 王坚, 胡星, 程长虹. 武钢标准成本管理系统的研究与应用[J]. 冶金自动化, 2011(1).

[8] 刘晓冰, 周世宽, 蒙秋男, 薄洪光, 杨静萍. 基于作业的标准成本差异分析[J]. 计算机集成制造系统, 2012, 8(1).

[9] 张红英. PDCA 工作法在定额成本工作中的应用[J]. 煤炭经济研究, 1987(1).

[10] 朱谱瑞. 充分发挥定额法对成本控制的作用[J]. 江西财经学院学报, 1981(3).

[11] 李俊华. 定额成本承包经济责任制是提高企业经济效益的较好形式[J]. 改革与战略, 1985(1).

[12] 翟文莹. 从功能——成本分析入手提高技术经济效益[J]. 现代财经, 天津财经学院学报, 1983(3).

[13] 王通之. 对推行目标成本管理的几点看法[J]. 经济管理, 1987(6).

[14] 魏振雄. 试论目标成本会计在我国的应用[J]. 中央财政金融学院学报, 1984(S1).

[15] 解振锁. 定额法与标准成本法之比较[J]. 财会月刊, 2003:138.

[16] 周宁, 谢晓霞, 郑筠. 现代企业成本控制与优化[M]. 第一版. 北京: 机械工业出版社, 2012(3).

[17] 孟全省, 王民权. 企业成本管理工作标准[M]. 第一版. 北京: 中国财政经济出版社, 2013(5).

[18] 王亦冬. 成本控制的 60 种方法[M]. 第一版. 北京: 经济科学出版社, 2011(6).

复习思考题

1. 什么是标准成本? 标准成本有几种?

2. 标准成本是如何制定的?

3. 什么是定额成本? 定额成本是如何制定的?

4. 标准成本、定额成本的作用有哪些?

5. 如何进行标准成本差异分析?

6. 如何进行定额成本差异分析?

7. 实施标准成本制度和定额成本制度的条件有哪些?

8. 标准成本和定额成本有何区别?

9. 什么情况下宜使用标准成本?

10. 什么情况下宜使用定额成本?

第八章　责任成本评价与质量成本考核

【本章概要】

　　责任成本是以企业内部的经济责任单位为对象,依照可控制性原则,按责任归属当期发生的各种生产费用,用于进行预算控制和业绩考核的一种成本。责任成本法是将战略目标按照责任中心(责任单位)进行分解(责任传递)的有效方法,责任传递的程序是:战略→平衡计分卡→预算→责任成本(预算)。责任成本管理,是根据各责任中心的权、责、利关系,来考核其工作业绩的一种成本管理模式。

　　质量成本是企业为了保证和提高产品或服务质量而支出的一切费用,以及因未达到产品质量标准,不能满足用户和消费者需要而产生的一切损失,主要包括:预防成本、鉴定成本、内部损失成本和外部损失成本。质量成本的计量有两种模型:菲根堡姆模型和朱兰模型。运输企业的质量成本控制,主要是通过考核质量成本率,百元产值事故成本率,百元运输收入事故成本率等指标来实施的;而质量成本管理主要是建立质量成本控制标准和质量成本目标体系,并实施"三全"控制。

第一节　责任成本评价

一、概述

(一)责任成本

　　责任成本是以企业内部的经济责任单位为对象,依照可控制性原则,按责任归属当期发生的各种生产费用,用于进行预算控制和业绩考核的一种成本,也称为可控制成本。所谓可控,是指在责任中心内,能为该责任中心所控制,并为其工作好坏所影响。责任成本是按照谁负责谁承担的原则,以责任单位为计算对象来归集的,所反映的是责任单位与各种成本费用的关系。因此,确定责任成本的关键是可控性。

从成本发生地点来看,责任成本有以下两种形式:第一,本责任中心所发生,并且能够为本责任中心所控制和影响的成本。第二,发生在其他部门而应由本责任中心承担的成本,但不为本责任中心所控制和影响的成本。一般是指本责任中心的其他部门所提供的材料、半成品、机械费用、劳务费用及其他相关费用。

一项成本是否为责任成本,主要看它是否具备责任成本的条件。从一般的意义上讲,责任成本应该具备以下四个条件:

第一,可预计性。也就是说,责任中心有办法知道它的发生。

第二,可计量性。责任中心有办法计量这一耗费的大小。

第三,可控制性。责任中心完全可以通过自己的行动来对其加以控制与调节。

第四,可考核性。责任中心可以对耗费的执行过程及其结果进行评价与考核。

（二）责任成本法

责任成本法是以责任中心为核算主体,以责任成本为核算对象,应用财务会计进行成本核算的一种成本核算方法。采用责任成本法,一是可以合理确定与划分各部门的责任成本,明确各部门的成本控制责任范围,进而从总体上有效地控制成本;二是使成本的控制有了切实的保障机制,由于将各责任部门、责任人的责任成本与其自身的经济效益密切结合,可将降低成本的目标落实到各个具体部门及个人,使其自觉地把成本管理纳入本部门或个人的本职工作范围,使成本管理落到实处;三是使成本的控制有了主动力,建立成本责任制,可促使企业内部各部门及个人主动寻求降低成本的方法,积极采用新材料、新工艺、新能源、新设备,充分依靠科学技术来降低成本。

标准成本法、定额成本法与责任成本法既有相同之处,又有严格的区别。相同点是三者都要制定成本目标,计算差异,并把成本计算与成本控制、成本分析结合起来。不同之处,一是成本计算对象不同。标准成本法和定额成本法都是以产品为成本计算对象;责任成本核算是以责任中心的可控成本作为成本计算对象。二是成本分类不同。标准成本法和定额成本法都以产品成本的三个项目来分类,标准成本法还划分固定成本和变动成本,但都不按可控性分类;责任成本核算虽然也分直接材料、直接人工和制造费用三项,但主要是按可控性分类,把可控成本归入各责任成本中心。

（三）责任成本管理

责任成本管理是指将企业内部划分成不同的责任中心,明确责任成本,并根据各责任中心的权、责、利关系,来考核其工作业绩的一种成本管理模式。责任成本管理和其他形式成本管理所不同的是,它是企业全员、全过程、全环节和全方位的管理,是将商品使用价值和商品价值结合的管理,是将经济和技术结合的管理。

1. 责任成本管理的特点

(1) 传统成本管理重在管事，责任成本管理重在管人。责任成本管理重视对人的激励和引导，通过正确引导，使他们朝着有利于完成企业目标的方向发展。通过对责、权、利严格划分，层层签订责任成本合同，把工程项目的每一项支出与职工的经济利益联系起来，促使职工发挥主观能动性，积极探索新工艺、新方法，增效减耗，增加个人收益的同时也提高了企业的经济效益。

(2) 偏重科学合理的测算和分析。传统成本管理办法偏向于主观判断，责任成本管理依据科学合理的测算和分析，更具实效性和可操作性。

(3) 责任成本管理更新了管理观念。将战略成本管理、成本企划、作业成本管理等先进的现代管理理论和责任成本法相结合，使成本管理从传统的过程控制转向进行事前预测、事中控制、事后分析的全过程、全方位管理，对于设计、生产工艺的改进，对推动企业科技进步具有积极意义，是促进国有企业由劳动密集型向技术密集型转变，由粗放管理向集约型、精细化管理转变的有效措施。

2. 责任成本管理的实施原则

责任成本管理是包括事前预测、事中控制和事后分析全过程、全方位的管理，无论是什么性质的企业，无论企业的组织机构如何，企业从上到下所有部门，直至每位员工都必须目标一致，政令畅通，统一步骤，协调运作。所以，责任成本管理必须遵循总体性原则、可控性原则、及时性原则。

3. 责任成本管理的实施程序

责任成本管理的实施程序如图 8-1 所示。

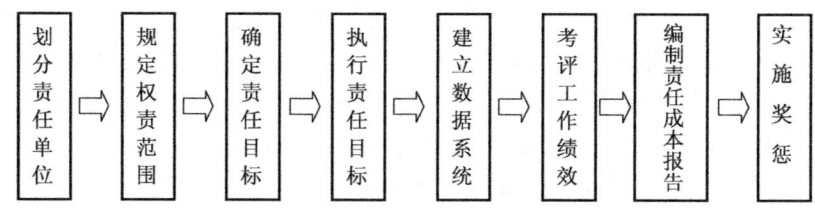

图 8-1　责任成本管理的实施程序

二、责任成本预算编制和执行

责任成本是企业内部责任单位的可控制成本，它是根据什么确定的呢？它可能源于企业的战略目标，也可能源于企业主管部门的计划，还可能源于客户的某项合同。比如源于企业的战略目标，按照现代管理理论和管理方法，企业应首先绘制战略地图，然后应用平衡计分卡理论和方法，转化为年度目标（包括根据平衡计分卡的财务、学习、内部流程、客户四个维度确定关键业绩指标），再根据企业各个责任单位（包括企业的各个职能部门和员工）在完成这些关键业绩指标中的地位和作用进行分解,各责任单位所承担的指标中具有成本属性的指标,就是该责任单位的责任成本。

当然,在关键业绩指标分解之前,要应用成本企划、价值工程、流程再造或改进等方法对企业进行组织机构整合、对既有的产品设计、工艺流程等进行优化,是企业现代化管理的要求,也是提升企业管理水平和核心竞争力的必要手段,同时也是企业降低成本的最有效的措施。

不难看出,责任成本实际上就是责任成本预算①,因此,确定责任单位的责任成本,就是确定责任成本预算;然而,确定责任成本预算,就必须了解责任预算管理,这就是为什么在本节概述中专门阐述责任成本管理的原因。

（一）责任成本预算编制

预算编制流程是指相关预算管理机构在预算编制中的动态衔接过程。图8-2是从一家集团公司预算编制过程中概括出来的流程图。

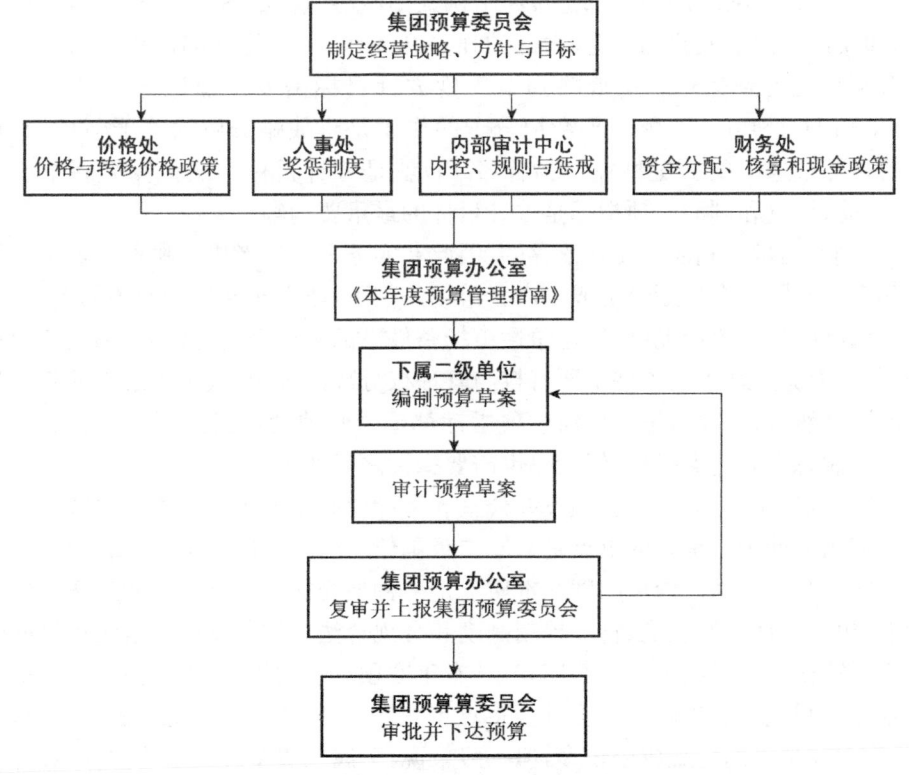

图 8-2　预算编制流程图

---

① 责任成本预算和责任预算是不同的,责任预算既包括财务指标,也包括非财务指标。财务指标中有利润、收入和成本指标,只有成本指标才是责任成本。

根据图 8-2,整个预算的编制是从集团预算委员会制定经营战略、方针与目标开始,然后集团预算办公室将这些战略、方针和目标,还有价格、人事、内部审计和财务等部门制定的各项制度以及预算编制和执行过程中的各种时间安排汇集成《本年度预算管理指南》,并发送给下属二级单位(分、子公司和公司总部职能处室),下属二级单位据以编制预算草案。预算草案经集团内部审计中心审计后上报集团预算办公室;经集团预算办公室审核后如果不合乎要求则退回下属二级单位重新修订,然后再经集团内部审计中心报集团预算办公室。集团预算办公室认为合乎要求后,附上审批重点和建议,报集团预算委员会审批,批准后下达执行。这就是预算编制的整个流程。通过这个流程,上下之间权责的分派和接受同时完成。

对于图 8-2 有两个问题还需要说明:

第一,集团预算委员会如何制定经营战略、方针与目标,其内容是什么。

一般来说,战略的制定都是按照哈佛大学波特教授的 SWOT 分析方法进行的,即找出外部的威胁和机会,内部的强点和弱势,然后将外部机会与内部强点结合起来就得到战略。从战略到本年度方针目标需要平衡记分卡(Balanced Scorecard)过渡才有可能。平衡记分卡的作用是将战略分解为若干项指标,从这些指标中选出的关键性业绩指标(KPI)就是方针目标。从预算编制角度考虑,产能、销量和利润三项指标是方针目标的最重要内容。

产能、销量与利润是相互依存的,因此在实务上必须考虑将哪项指标作为预算起点的问题。在计划经济或生产者市场条件下,或者垄断性行业中的企业,其预算编制的起点为产能(量);竞争性市场条件下的独资企业,其预算编制的起点为销量;而竞争性市场条件下所有权与管理权分离的公司,其预算编制的起点为利润。当然,这三项指标中任何一项指标都要受其他两项指标制约,换句话说,预算编制总得有起点指标,但最终也需要指标之间的平衡。

第二,集团预算委员会、预算办公室和审计中心审核预算的哪些内容。

集团审计中心审核的重点是下属二级单位的内控制度健全程度和预算数据的真实性和完整性。内控制度在本质上是一种最简捷和最有效率的工作或作业标准,包括会计控制制度、管理控制制度和合规合法性控制制度。集团预算办公室主要审核下属二级单位是否遵守了《本年度预算管理指南》以及预算编制中的技术标准和规则。集团预算委员会重点审核预算编制中的重大问题。当然,所谓"重大",包含的主观成分较多,但一般来说,下属二级单位编制的预算在产能、销量和利润等方面与《本年度预算管理指南》规定有明显差异,即为重大问题。例如,《本年度预算管理指南》拟订利润为 10 亿元,而汇总的各下属二级单位预算的利润为 8 亿元,有 2 亿元的差异。这就需要集团预算委员会决策:是接受这个现实,还是继续坚持原先拟订的数额?情况很可能是:要实现 10 亿元利润,市场没有问题,但产能短缺;如果产能能够保障 10 亿元利润,需要投资 9 000 万元;公司现金不足,公司为此至少向外部筹资 5 000 万元以应付增加产能投资;但资金能否筹措到则有很大的不确定性。这些只能由集团预算委员会定夺。

对于责任预算编制,还有两个问题需要述及。

一个是编制起点问题。对此学术界有以下几种观点:一是生产能量起点论,也叫生产数量起点论或产能起点论,主张从生产或确认生产任务开始编制企业预算(或财务计划)。二是销售起点论,是现在我国非常盛行的主流观点。销售起点论在"以销定产"的思想理念指导下,以销量为预算编制的起点,即"销售搞定则其他全部搞定"。三是目标利润起点论,目标利润起点论是指管理者首先通过科学预测确定企业应实现的目标利润,其他预算都以目标利润为导向,围绕着目标利润的实现进行编制。不同的编制起点适用于不同的情况,而且决定着预算编制过程对预算编制起点的依赖程度,生产能量起点论对产量的依赖程度最高,销售起点论对销售量的依赖程度最高,而利润起点论则对预算编制起点的依赖程度相应降低。因此,不同的编制起点各有其优势和局限。一般来说,对于供不应求的企业产品或服务,以及具有垄断性的行业,以产能为起点为宜;对于供过于求,或者竞争程度较高的企业产品或服务,以销售为起点编制较为适宜;而对于企图提高利润、改善企业管理、降低营运成本的企业,比如以利润最大化为目标的企业或大型企业集团的利润中心等,则以利润为起点较为适宜。需要指出的是,影响企业经营活动的变量因素错综复杂,是多方面的。往往并不局限于一项,因此,不能简单地将一个单项因素作为企业整个预算的自变量。即使在以销定产的企业,商品的销售量可作为预算体系中的重要变化因素,也不能将其固定为唯一变化因素。责任预算应配合企业战略目标,提供并分析有关企业财务、学习和成长、内部经营过程、顾客等的综合信息,通过运用财务和非财务信息体现企业战略方针,利用更为灵活合理的全面预算编制方法构筑较完善的责任预算并成为战略管理体系的核心部分。

另一个是责任预算的编制标准。从逻辑关系说,应该依照企业的目标,如果实际编出的责任预算(如果不存在预算松弛),目标能够达成,则该责任预算是合理的、可行的;否则,是不可行的。从先进程度说,依照第七章的标准成本为依据编出的责任预算是最先进的,一般来说,依照标准成本编出的责任预算对于实现企业目标是不成问题的,如果依照标准成本编出的责任预算,不能满足企业目标的需要,所需继续的工作就是进行成本企划或者价值工程的研究,以及流程的优化或改进,以寻求更为先进的编制标准。如果还不能满足企业目标的要求,说明企业目标超出了现实,应该修订企业目标。

（二）责任预算执行

预算执行流程是指相关预算管理机构在预算执行中的动态衔接过程。图8-3是图8-2中的一家集团公司预算编制流程的继续——预算执行流程图。

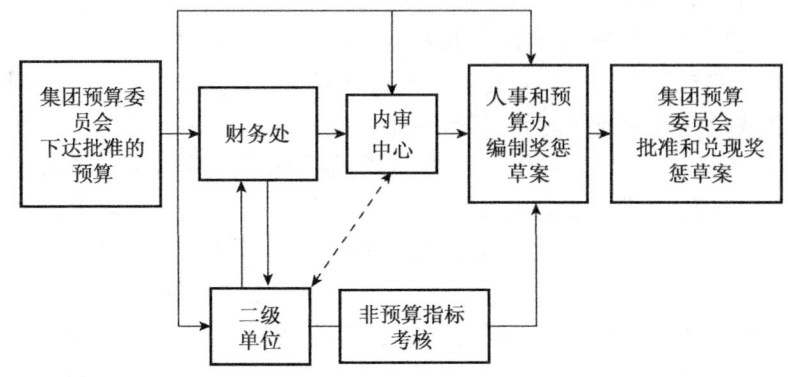

图 8-3　预算执行流程图

图 8-3 与图 8-2 是相互连接的。图 8-2 中以集团预算委员会批准预算结束，而图 8-3 则以集团预算委员会下达批准的预算开始。从图 8-3 可以看到：

（1）集团预算委员会将批准的预算分别下达到财务部门作为结算、核算和监督财务收支的依据；下达到二级单位作为经营活动的依据；下达到人事部门作为业绩评价和实施奖惩制度的依据；下达到审计中心作为预算审计的依据。

（2）下属二级单位根据预算组织本身的经营活动，其资金的收支通过集团财务部门完成。集团财务部门可以集中办理下属二级单位的核算和结算业务，也可以将结算、核算业务分散到下属二级单位。但无论哪种形式，必须保证财务部门能够取得整个集团的结算和核算的数据，以达到集中监督的目的。

（3）财务部门汇集的结算和核算数据就是预算的执行进度或结果，其用途有三个：一是反馈给下属二级单位；二是传送给内部审计中心，经过审计，连同审计意见报送人事部门和预算办公室，继而编制奖惩草案，并报集团预算委员会批准兑现；三是作为预算管理的反馈信息报告给集团公司总经理，以控制整个集团公司。

（4）在编制奖惩草案之前，还要兼顾下属二级单位非预算或实物预算指标的完成情况。

通过图 8-3 所描述的预算执行流程，下属二级单位或预算执行者在完成企业目标（预算）的同时也实现了自己的目标（得到奖赏）。

三、责任成本评价

（一）评价指标

在实行责任成本管理的条件下，评价是对责任单位履行责任预算执行情况的评价。按照管理会计理论，企业的责任单位有成本中心、利润中心和投资中心，它们在企业的生产经营中各自的责权不同，评价的内容也不同，如表 8-1 所示。

表 8-1   **责任单位考核指标**

	权利	考核范围	考核办法	考核指标	指标计算公式	特点（优缺点）
成本中心	最小（可控成本的控制权）	可控的成本、费用	只以货币形式计量投入，不以货币形式计量产出	预算成本节约额	目标成本降低额＝目标（或预算）成本－实际成本	成本中心不考核收益，只考核成本 成本中心只对可控成本负责，不负责不可控成本 责任成本是成本中心考核和控制的主要内容
				预算成本节约率		
利润中心	较高（不仅要降低绝对成本，还要寻求收入的增长，使之超过成本，即更要强调相对成本的降低）	成本、费用、收入、利润	不进行投入、产出的比较	边际贡献总额	边际贡献＝销售收入总额－变动成本总额	反映了该利润中心的盈利能力，但它对业务评价没有太大的作用
				可控边际贡献	可控边际贡献＝边际贡献－该中心负责人可控固定成本	是评价利润中心管理者业绩的理想指标
				部门边际贡献	部门边际贡献＝可控边际贡献－该中心负责人不可控固定成本	部门边际贡献反映了部门为企业利润和弥补与生产能力有关的成本所作的贡献，它更多地用于评价部门业绩而不是利润中心管理者的业绩

（续表）

	权利	考核范围	考核办法	考核指标	指标计算公式	特点（优缺点）
投资中心	最高（投资决策权）	成本、费用、收入、利润、投资效率	进行投入、产出比较	投资报酬率	投资报酬率＝营业利润/平均营业资产	能够反映投资中心的综合获利能力，并具有横向可比性（相对数指标，可用于部门之间以及不同行业之间的比较） 不仅可以促使经理人员关注营业资产运用效率，并有利于资产存量的调整，优化资源配置 会引起短期行为的产生，追求局部利润最大化而损害整体利益最大化目标，导致经理人员为眼前利益而牺牲长远利益
				剩余收益	剩余收益＝经营利润－（经营资产×最低投资报酬率）	剩余收益指标弥补了投资报酬率指标会使局部利益与整体利益相冲突的不足 由于其是一个绝对指标，故而难以在不同规模的投资中心之间进行业绩比较 剩余收益同样仅反映当期业绩，单纯使用这一指标也会导致投资中心管理者的短期行为

（二）差异计算

对责任单位履行责任预算执行情况进行评价，就是将责任单位预算执行的结果和责任预算进行比较，确定存在的差异，其计算方法和第七章标准成本差异的计算原理是相同的。只是将差异的计算公式中的"标准"替换为"预算"即可。

$$
\begin{array}{l}
① \text{ 实际价格 } \times \text{ 实际数量} \\
\quad AP \qquad\quad AQ
\end{array}\Bigg\}\ ①-②=\begin{array}{l}\text{价格}\\\text{差异}\\PV\end{array}\begin{cases}\text{材料价格差异}\\\text{工资率差异}\\\text{变动制造费用开支差异}\end{cases}\Bigg\}\begin{array}{l}①-③=\\\text{实际成本与}\end{array}
$$

$$
\begin{array}{l}
② \text{ 标准价格 } \times \text{ 实际数量} \\
\quad SP \qquad\quad AQ
\end{array}
$$

$$
\begin{array}{l}
③ \text{ 标准价格 } \times \text{ 标准数量} \\
\quad SP \qquad\quad SQ
\end{array}\Bigg\}\ ②-③=\begin{array}{l}\text{数量}\\\text{差异}\\QV\end{array}\begin{cases}\text{材料用量差异}\\\text{人工效率差异}\\\text{变动制造费用效率差异}\end{cases}\Bigg\}\begin{array}{l}\text{标准成本的}\\\text{总差异}\ TV\end{array}
$$

需要指出的是，差异的计算是实际成本和责任成本的比较，实际成本是应用责任成本法,并以责任单位为主体进行归集核算的,因而会计信息的真实可靠就显得尤为重要。因为,评价的结果要和奖惩结合,也就是和责任主体的利益挂钩,因此,责任主体就存在通过其行为影响会计信息,并朝着有利于自身利益方向发展的动机,此时,企业的内部审计必须对责任会计信息进行鉴证,以保证其真实。就目前阶段而言,真正影响员工积极性的不是实施责任成本管理的责、权、利结合,而是利益分配的公正和公平,也就是说,利益的激励可以激发员工的积极性,而利益分配的公正、公平和合理才能保证积极性的持续。

（三）责任成本报告

责任成本报告是反映责任单位执行责任预算情况的说明,也是对责任单位实施奖惩的依据。责任成本报告的内容应包括上述差异及其原因分析,为了工作的方便,责任成本报告最好由预算反馈表和原因分析组成。根据所反映的重点不同,分为标准责任成本报告、简式反馈报告和专项反馈报告。

1. 标准责任成本报告

对于责任成本报告需要特别指出的有以下几点:

（1）预算反馈表与预算表一样,应该从项目、产品和单位三个角度编制。

（2）在预算执行的过程中,所有的预算表格都应配有一张预算执行的标准反馈表,该表为预算标准反馈表的通用格式,第二列中的项目（或单位）与相应的预算表格的内容相同。如表 8-2 所示。

表 8-2　　　　　　　　　　　　　　预算标准反馈表

编制单位:

序号	项目(产品或单位)	预算	实际	差异

（3）该表在实际运用时,还可增添三栏:①差异率,表示差异程度,还可以设置预警差异率;②预算累计数;③实际累计数。

（4）预算数来自于预算编制过程、实际数来自于实际的会计核算系统。

2. 简式反馈报告

简式反馈报告有两种:一种是集团公司预算执行情况简式反馈表,另一种是子公司预算执行情况简式反馈表。前者是反馈给集团公司总经理的报告,后者是反馈给子公司经理的报告。

集团公司和子公司预算执行情况简式反馈表如表 8-3 和表 8-4 所示。

表 8-3 集团公司预算执行情况简式反馈表

编报单位： 编制期间： 报送：

关键业绩指标	预算	实际	差异
主营业务收入			
主营业务成本			
主营业务利润			
三项费用			
实现利润			
实现利税			
净利润			
现金收入			
现金支出			
期末现金余额			
投资报酬率			
销售利润率			
保值增值率			
主要产品销量			
主要产品销售额			
主要产品单位成本			
预算执行情况			
总体情况			
完成预算单位前三名：			
1.			
2.			
3.			
未完成预算单位后三名：			
1.			
2.			
3.			
特别事件提示			

集团公司简式反馈报告是向集团公司总经理提供的预算执行情况的报告，为了让总经理及时、快速地了解公司预算执行的情况，大小一般以一张16开(或B5)纸为宜，报送的频率视总经理的需要而定，但至少一周一次。除此之外，还应注意以下几个问题：

责任成本报告应包括集团公司的关键业绩指标。关键业绩指标是指标志着企业成功的指标，不同企业不同时期他们影响预算执行结果。除了表8-3所列指标之外，还可做适当增减：

（1）该表在实际运用时，还可增添三栏：①差异率，表示差异程度；还可以设置预警差异率；②预算累计数；③实际累计数。

（2）预算数来自于预算编制过程、实际数来自于实际的会计核算系统。

（3）特别事件是指对预算执行产生较大影响、涉及预算指标完成的事项或其他重大事项。

子公司预算执行情况简式反馈表是提供给子公司经理的预算执行情况的报告，(如表8-4所示)。与集团公司简式反馈报告一样，预算指标应是反映子公司经营状况的主要业绩指标，表8-4中所列的指标项目可根据子公司的需要自己设定。除此之外，在该反馈表中增设了预算动因指标和预算执行情况排行榜。预算动因指标是指该表使用者所关心的经济技术(效益)指标，它们影响预算执行结果。不同经营性质、不同行业的公司的预算动因是不同的。比如以销售为主业的公司，其预算动因指标可以是市场占有率、应收账款余额和顾客满意度等。对子公司下属单位的预算执行情况进行排序，分表列出完成最好的前三名和未完成预算的最后三名，是为了让公司的经理了解预算执行的情况，注意分析典型，及时总结预算执行的现金经验和找出预算执行中存在的问题。

表8-4　　　　　　**子公司预算执行情况简式反馈表**

编制单位：　　　　　　　　编制时期：　　　　　　　报送：

预算指标	预　算	实　际	差　异
主营业务收入			
主营业务成本			
主营业务利润			
三项费用			
实现利润			
实现利税			
净利润			

（续表）

预算指标	预 算	实 际	差 异
经营现金收入			
经营现金支出			
投资现金支出			
筹资现金收入			
期末现金余额			
预算动因指标			
预算执行情况排行榜			
完成预算单位			
1.			
2.			
3.			
未完成预算单位			
1.			
2.			
3.			

3. 专项反馈报告

专项反馈报告是就预算执行中的特别事宜,尤其是针对集团公司简式反馈报告"特别事件提示"事项而提出的报告,该报告的内容可简可繁,可长可短,没有固定的格式,根据特别说明的事宜需要而定。目的是满足总经理对特别事宜了解的需要。

需要指出的是,在一个集团公司,反馈报告是一套表格体系,即凡是执行预算,承担预算指标任务的预算单位都要填写预算执行反馈报告,工作量是相当巨大的,如果没有计算机技术的支持,要完成这样的工作量是极其困难的,但在计算机技术支持的情况下,则是轻而易举的事,如中原油田,利用计算机网络,近400个子公司,每3分钟即可刷新一次预算执行情况的记录,基本上实现了实时控制。因此,实行预算管理必须加强计算机基础设施的建设。

四、案例分析

某铁路快运公司,其主营业务包括区域内配送、仓储管理、零担专线运营、能源运输等物流服务。所有业务归入项目操作和快运专线两种方式经营。该公司设有办公室、营销部、财务部、项目部、快运部,其中快运部有一汽车运输队。2009—2012 年的成本构成如表 8-5 所示。

表 8-5　　　　　　　**铁路快运公司 2009—2012 年成本构成**

单位:千元

成本项目	2009 年		2010 年		2011 年		2012 年	
	金额	比重	金额	比重	金额	比重	金额	比重
业务成本	15 000	99.33%	16 500	91.00%	21 000	96.28%	11 700	92.86%
操作费用	85	0.56%	862	4.75%	610	2.80%	810	6.43%
业务税金	17	0.11%	770	4.25%	200	0.92%	90	0.71%
合　计	15 102	100%	18 132	100%	21 810	100%	12 600	100%

2012 年该公司业务成本构成如表 8-6 所示。

表 8-6　　　　　　　**铁路快运公司 2012 年业务成本构成**

单位:千元

成本项目			总成本	比重
业务成本	项目部	仓储	480	4.21%
		配送成本	23	0.20%
		长途运输	9 900	86.82%
	快运部	运输	860	7.54%
		配送成本	140	1.23%
合　计			11 403	100.00%

4 年来,公司成本中的主要部分是业务成本,尽管业务成本在总成本中的比重呈下降趋势,但仍在 92%以上;而在业务成本中,最大的开支是长途运输(汽车运输),2012 年,该项目在整个业务成本中的比例在 86%以上。长途运输的具体成本开支项目如表 8-7 所示。

表 8-7　　　　　　　**2012 年长途运输成本支出表**

单位:千元

成本项目	实际成本
燃料	3 000
工资	3 000

(续表)

成本项目	实际成本
行车事故损失	500
轮胎	1 000
保(大)修	1 000
折旧	300
运管费	200
其他费用	900
合　计	9900

为降低长途运输成本,2013年该公司拟在汽车运输实行责任成本考核。根据2013年的长途运输任务较2012年有20%的增长,所以,以2012年实际开支为基数,各项开支分别增加10%,具体预算数据和实际执行的结果如表8-8。

表 8-8　　　　　　　　　2013年长途运输成本支出预算表

单位:千元

成本项目	预算成本	实际成本
燃料	3 300	3 500
工资	3 300	3 100
行车事故损失	550	540
轮胎	1 100	1 200
保(大)修	1 100	1 000
折旧	330	350
运管费	220	200
其他费用	990	980
合　计	10 890	10 870

为了评价长途运输责任成本执行情况,首先对表8-8中的开支项目按照可控性分解为可控成本和不可控成本,如表8-9所示。

对于表8-9中的差异,可以应用责任预算差异计算公式(见第266页)计算各开支项目的差异,分析形成差异的原因,并在此基础上撰写责任成本反馈报告(反馈报告略)。

表 8-9 　　　　　　　　　　　**2013 年长途运输成本支出预算表**

单位:千元

项　目	责任成本	实际成本	差异
可控成本			
燃料	3 300	3 500	200
工资	3 300	3 100	−200
行车事故损失	550	540	−10
其他可控成本	100	90	−10
责任转出	300	320	—
小计	6 950	6 910	−40
不可控成本			
轮胎	1 100	1 200	100
保(大)修	1 100	1 000	−100
折旧	330	350	20
运管费	220	200	−20
小计	2 750	2 750	0

注:责任转出是由于行车事故中的支出不是由本公司的责任所致。

　　对表 8-9 中的责任成本,还可以根据长途运输车队的组织机构(比如班组或单车),将表中责任成本项目进一步分解,直至分解到最小(或最底层)责任单位,这样,成本责任才能落到实处。

　　需要指出的是,对于运输企业而言,其责任成本一般源于上级主管部门的计划(铁路运输企业)或者源于对公司股东的承诺(如运输行业的上市公司),无论责任成本源于何种因素,我们认为,对于目标成本分解为责任中心的责任成本,可以参考如表 8-10 形式来确认责任主体及其责任。见表 8-10、表 8-11、表8-12、表 8-13。

表 8-10 　　　　　　　**×××公司责任成本体系要素概括表**

责任范围		责任主体	配合部门	评价部门
责任目标	1. 职工工资			
	2. 燃料费			
	3. 电力使用费			
	……			
销售费用		销售部		财务部
管理费用		各职能部门		财务部

表 8-11 ×××公司责任成本体系表

	主导部门	配合部门	反馈指标	考核部门
1. 职工工资				
2. 燃料费				
3. 电力使用费				
……				

表 8-12 ×××公司成本指标明细表

	反馈指标	单位	计算公式	备注
客　运				
货　运				
管理费用				
销售费用				
税　金				
经营损益				

表 8-13 ×××公司成本指标明细表

类别	成本分项	责任部门	具体职责内容
职工工资			
燃料费			
……			

第二节 质量成本考核

一、概述

(一)质量成本涵义

质量成本是指企业为了保证和提高产品或服务质量而支出的一切费用,以及因未达到产品质量标准,不能满足用户和消费者需要而产生的一切损失。质量成本一般包括:为确保与要求一致而做的所有工作成本叫作一致成本,以及由于不符合要求而引起的全部工作成本叫作不一致成本,这些工作引起的成本主要包括:预防成本、鉴定成本、内部损失成本和外部损失成本。即:

质量成本 = 预防成本 + 鉴定成本 + 内部损失成本 + 外部损失成本

质量成本的概念是由美国质量专家 A·V·菲根堡姆在 20 世纪 50 年代提出来的。他将企业中质量预防和鉴定成本费用与产品质量不符合企业自身和顾客要求所造成的损失一并考虑,形成质量报告,为企业高层管理者了解质量问题对企业经济效益的影响,进行质量管理决策提供重要依据。此后人们充分认识了降低质量成本对提高企业经济效益的巨大潜力,从而进一步提高了质量成本管理在企业经营战略中的重要性。

美国质量管理专家 J·M·朱兰博士对"矿中黄金"理论的提出,使质量成本理论更趋完善。此时,质量管理进入了一个全新的阶段,即由统计质量管理进入全面质量管理阶段。进而把产品质量同企业的经济效益联系起来,这对深化质量管理的理论、方法和改变企业经营观念都有着重要意义。

我国在 20 世纪 80 年代初期引进并在企业中推行质量成本管理。例如,先后在哈尔滨、株洲、桂林和上海等地的一些工厂进行了试点,然后逐步总结经验,加以推广。现在全国推行质量成本管理的企业数以万计,大部分都取得了良好的效益。一些企业或整个行业,开始建立了质量成本管理的制度和标准,同时也积累了大量的经验。

(二)质量成本构成

根据国际标准(ISO)的规定,质量成本由两部分构成,即运行质量成本(或工作质量成本,或内部质量成本)和外部质量保证成本,如图 8-4 所示。

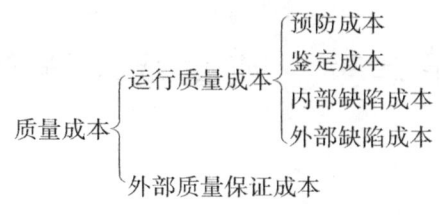

图 8-4 质量成本的构成

1. 运行质量成本

运行质量成本是指企业为保证和提高产品质量而支付的一切费用以及因质量故障所造成的损失费用之和。它又分为四类,即企业内部损失成本、鉴定成本、预防成本和外部损失成本等。

(1)企业内部损失成本又称内部故障成本。企业内部损失成本是指产品出厂前因不满足规定的质量要求而支付的费用。主要包括:废品损失费用、返修损失费用和复试复验费用、停工损失费用、处理质量缺陷费用、减产损失及产品降级损失费用等。

(2)鉴定成本。鉴定成本是指评定产品是否满足规定的质量水平所需要的费用。主要包括:进货检验费用、工序检验费用、成品检验费用、质量审核费用、保持检验和试验设备精确性的费用、试验和检验损耗费用、存货复试复验费用、质量分级费用、检验仪器折旧费以及计量工具购置费等。

(3)预防成本。预防成本是指用于预防产生不合格品与故障等所需的各种费用。主要包括:质量计划工作费用、质量教育培训费用、新产品评审费用、工序控制费用、质量改进措施费用、质量审核费用、质量管理活动费用、质量奖励费用、专职质量管理人员的工资及其附加费等。

(4)外部损失成本。外部损失成本是指成品出厂后因不满足规定的质量要求,导致索赔、修理、更换或信誉损失等而支付的费用。主要包括:申诉受理费用、保修费用、退换产品的损失费用、折旧损失费用和产品责任损失费用等。

2. 外部质量保证成本

外部质量保证成本是指为用户提供所要求的客观证据所支付的费用。主要包括:

(1)为提供特殊附加的质量保证措施、程序、数据所支付的费用。

(2)产品的验证试验和评定的费用。

(3)为满足用户要求,进行质量体系认证所发生的费用。

有学者认为,上述质量成本构成是传统质量成本意义上的,没有包括产品从设计、制造、使用,直至报废为止所发生的与质量相关的全部费用,特别是质量的间接损失。因此,质量成本除传统质量成本的内容外,还应包括:①质量的信誉损失。质量的信誉损失指由于产品质量不好,影响企业信誉,而造成产品滞销,市场占有率下降,最终导致企业收益下降或亏损而产生的损失。这种损失难以直接计算,严重时会导致企业破产。质量的信誉损失是由质量引发的,故应列入质量成本范畴。②质量的社会损失。质量的社会损失是指产品质量的形成与实现过程中给社会带来的损失,却又得不到企业的补偿的那部分损失。如产品因质量原因造成社会资源的浪费以及因质量缺陷对社会环境带来的公害和污染等。③质量的无形资源损失。一是构成产品功能的各个零部件由于质量上的不匹配,而导致的资源浪费;二是指由于产品的实际寿命达不到社会平均使用寿命,而造成的资源浪费。

还有学者认为:现代质量成本观下的质量成本,是与产品质量活动有关的有形耗费和无形耗费,是为了提高和控制产品质量而支出的一切有关费用,以及未达目的而造成的一切有形损失及无形损失。因此,除了传统质量成本的内容外,还应包括质量过剩问题所导致的成本,以及各种隐性损失等。

（三）质量成本特性曲线

1. 早期的最优质量成本控制模型

早期的质量成本模型中,损失成本都随着产品合格率的上升而下降,是合格率的递减函数,投入成本都随着产品合格率的上升而上升,是合格率的递增函数,两者叠加,所得到的质量成本曲线是合格率的下凹函数,它存在极小值,从而利用模型计算出最低点。假设:

F——单位不合格品的损失成本;

C_2——单位合格品负担的损失成本;

q——合格品率;

p——不合格品率;

x——产量。

则:
$$p = 1 - q \quad (0 < p < 1, 0 < q < 1)$$

所有不合格品总的损失成本为 Fpx。

所有合格品负担的总的损失成本为 $C_2 qx$。

$$Fpx = C_2 qx$$

由此得出:
$$C_2 = F\frac{p}{q} = F\frac{1-q}{q}$$

设:C_1 为单位合格产品的预防鉴定成本;K 为比例系数;C_1 与 $\dfrac{p}{q}$ 的比例关系,在实际中可用一段时间内 C_1 的平均值、$\dfrac{p}{q}$ 的平均值求出;C 为单位产品总的质量成本。

则：

$$C_1 = K\frac{p}{q} = K\frac{q}{1-q}$$

$$C = C_1 + C_2 = K\frac{q}{1-q} + F\frac{1-q}{q}$$

使 C 达到最小，得出：

$$q^* = \frac{\sqrt{\dfrac{F}{K}}}{1+\sqrt{\dfrac{F}{K}}}$$

$$C = C_1 + C_2 = 2 \quad C_1 = 2 \quad C_2 = 2\sqrt{KF}$$

用图形表示，如图 8-5 所示。

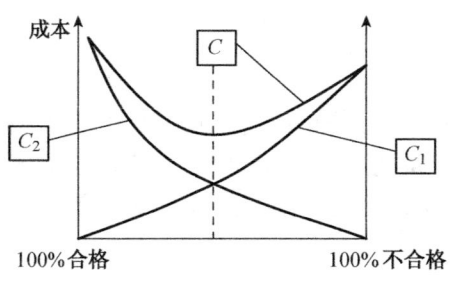

图 8-5 早期的最优质量成本控制模型

2. 改进的最优质量成本控制模型

有学者研究认为：上述 C_1、C_2 两个成本函数过于简单，不贴近实际，不够准确，再加上误将两曲线交点作为总质量成本函数的最低点，所以利用其计算出的结果和实际有些偏差。随着科学的发展，数学及统计方法的改进，已经建立起几种不同的质量成本控制模型，其中比较有说服力的有根据日本的质量管理专家田口玄一博士提出的模型和龚珀资曲线模型。即 $W(q) = C(q) + L(q)$，式中 $C(q)$ 为企业的成本函数，$L(q)$ 为损失函数，q 为合格率。此模型的最大贡献在于证明了总的质量成本最低点不在 $C(q)$ 和 $L(q)$ 交点，如图 8-6 所示。

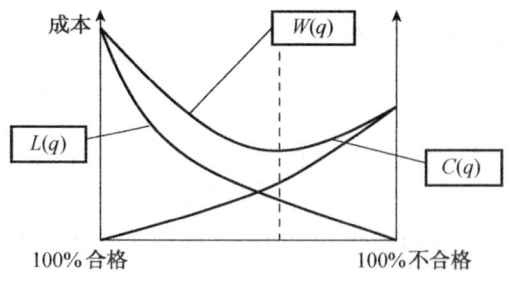

图 8-6 改进的质量成本模型

随着科学技术的进步,以及质量管理理论的发展,如 6σ 的质量管理、零缺陷概念的提出等,事实正在证明,随着控制性费用的增加,产品合格率在不断地提高,损失性费用在不断下降,但当产品质量水平提高到一定程度时,企业的质量管理活动进入一个良性循环的状态,自控能力的提高使企业的控制性费用可能会处于一个稳定的状态甚至呈现出下降的态势,而产品质量的稳步提高使损失性费用还在不断下降,最优质量成本处于更低的水平,对完美质量的追求带来的是更优的质量成本。也就是说,当接近零缺陷状态时,控制性费用并没有无限制地增加;在接近零缺陷状态的过程中,控制性费用可能先增加,然后降低;可以努力把损失性费用降低到零。也就是,质量成本的变动趋势出现如图 8-7 的形式。

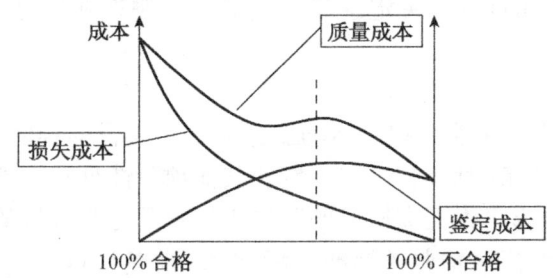

图 8-7　6σ 质量管理和零缺陷下的质量成本模型

二、交通运输质量成本

(一)交通运输生产特征

交通运输生产与制造企业的生产相比,具有如下特点:

(1)运输生产的派生性。从消费学的角度看,运输需求是一种派生需求,运输生产并不是为了生产而生产,而是为了满足其他生产和生活的需要。所以,货主和旅客所提出的运输需求,是为了实现生产、生活中的本源性需求。即运输生产是相对被动的,是随着与其相关的本源性需求产生而产生的。

(2)运输生产过程与消费过程是同一的。由于运输产品的使用价值不能同它的生产过程分离,所以,运输产品的生产和消费是同时进行的,是合二为一的,在空间上和时间上是结合在一起的。值得注意的是,由于运输生产与运输消费具有不同的行为主体,完成运输生产过程与消费过程包括诸多方面和环节,此处所说的运输生产过程与消费过程的同一性主要是指运输生产过程和运输消费过程在空间上和时间上具有重合性的特点。

(3)运输生产的开放性。运输生产过程是一个点多、线长、面广、流动、分散、多环节、多工种的联合作业过程,决定了运输生产活动不可能局限于某一车间或地点,还有运输生产的外部关联性,及运输升级与外部环境不断地发生着物质、能量和信息的交换。

(4)运输产品的无异性。运输服务本身是无形的,不具有实物形态,无法用触摸或肉眼感知它的存在。消费者在消费这种产品之前,无法预先观察和以其他手段了解它的性能和质量;消费者在消费之后,同样没有留下具有实物形态的东西,也没有办法检验。

除上述特点外,还有运输产品的同一性,以及不同运输方式的差异,不再赘述。

(二)交通运输质量成本

交通运输生产的特征,决定了其质量成本与制造业产品质量成本内涵的差异。

1. 公路运输

(1)预防成本。企业为提高运输服务质量而支付的预防性费用。包括为提高员工的服务质量的培训费、宣传费和其他预防性日常管理费;车队、车站、养护、维修和保养部门为提高质量的改进措施费及专职人员的工资等。此外,还应包括企业为制定运输服务标准、服务程序、服务质量控制规范而发生的设计费用,以及为防止客户流失,将质量隐患消灭在企业内部而加大的预防成本等。

(2)鉴定维护成本。企业为了满足旅客或货主的要求而支付的检验、维护和维修费用。包括运输准备阶段对车辆、轮胎、承运货物及其他设备和材料的检、修、养费用,运输途中对车辆、货物的临时性检查和维护费用,以及抵达目的地后对货物的移交检验费用等相关支出。企业的鉴定维护成本,是按照既定要求完成日常的运输业务的基本保证。

(3)内部和外部损失成本。企业在将旅客、货物运达目的地前后因服务未达到既定要求而发生的费用和损失。内部损失成本包括因鉴定维护不到位造成的运输途中车辆抢修费用,因司乘人员原因造成的肇事事故损失,因装货、鉴定维护或司乘人员的工作失误造成的货物毁损损失,货物滞留途中的额外消耗和其他途中损失。外部损失是指在将旅客送达目的地或者将货物移交货主后,因服务不符合双方约定而发生的索赔、诉讼、降价等费用,同时包括由于质量事故导致的信誉损失和市场机会丧失等间接损失,该项损失虽难以计量,但绝对不能忽视。内外部损失是企业应该尽量避免的,但市场需求的多样性和复杂性使企业难以完全避免这种损失。

(4)外部质量保证成本。如运输企业为提供附加的质量保证措施、程序、数据等的支出,服务质量的验证和评定费用,质量体系认证费用等。

（5）特别处理费用。运输企业在运营中经常会发生一些非正常性的特别处理费用，如运输途中因某些特殊原因，对货物采取应急性保护措施而额外发生的费用；货物运达目的地后，因货主未及时领取货物而发生的临时性保管费用，以及其他类似性质的支出，这类支出虽不具有经常性，但一旦发生对于保证服务质量，获得客户信任却有重要意义，也属于质量成本。

2. 铁路运输

铁路运输的质量成本和公路运输相比，有相当一部分项目性质是类似的，但具体内容也有一定的区别。

（1）事故成本。指铁路运输企业发生行车、客运、货运和路内外人身伤亡等事故所造成的损失和为处理事故所需费用的总和，如车务部门，包括车站在办理接、发列车和进行调车作业过程中，由于作业人员违章违纪等原因，造成人员伤亡、设备损坏，影响正常行车或危及行车安全等事故的损失；机务部门，包括列车冒进信号、机车破损、烧漏机车和调车事故等造成的损失；车辆部门，包括车辆的燃油、切轴、制动梁及下拉杆脱落，以及车辆中梁、均衡梁断裂等原因造成的甩车、脱轨、颠覆、中断行车等事故的损失；工务部门，包括由于维修养护不良，施工作业违章，钢轨、夹板、辙叉折损、胀轨跑道而造成的列车脱轨、耽误列车、列车在区间碰撞轻型车辆、小车及施工机械事故的损失；电务部门，包括电务人员在修理和测试工作中，由于违章作业或检修不良造成信号、通信设备故障，耽误列车或性质严重的列车冲突、列车脱轨、列车冒进信号等责任事故的损失；客运部门，包括客运列车火灾、爆炸事故，旅客意外伤害事故，行李、包裹事故和客运职工人身伤亡事故而造成的损失；货运部门，包括在办理货物运输过程中，时常发生的责任行车事故损失和货运事故损失；工程部门，包括因工程部门责任造成的列车脱轨事故，列车在区间碰撞轻型车辆、小车及施工机械事故，耽误列车事故等损失。

（2）鉴定成本。指铁路运输企业各部门为了确定是否保持规定质量所进行的试验、检测、测试及验证所支出的费用。包括：化验检验费、标准计量费、防疫经费、工资及附加费、办公费、检测设备修理、折旧费等。

（3）预防成本。指铁路运输企业各部门为防止运输事故，保证运输质量而采取的各项预防措施所支付的一切费用。包括：质量工作费用、质量培训费用、灾害预防费用、道口看守费用、公安费、工资及附加费、新技术评审费、质量改进措施费、质量活动奖励费、线路绿化费等。

无论是公路运输、铁路运输，还是其他的运输方式，安全、及时、经济、便利、舒适等，都和运输生产的质量息息相关，所有为了提高有关安全性、及时性、经济性、便利性、舒适性等支出，也都属于质量成本的范畴。

三、质量成本考核

（一）建立质量成本指标考核体系原则

质量成本考核就是对质量成本责任单位和个人的质量成本指标完成情况进行考察和评价，以达到鼓励和鞭策全体成员不断提高质量成本管理绩效的目的。

建立科学完善的质量成本指标考核体系，是企业质量成本管理的基础。实践证明，企业建立质量成本指标考核体系应坚持以下原则：

（1）系统性原则。质量成本考核系统是质量管理中的一个子系统，而质量管理系统又是企业管理系统中的一个子系统。质量成本考核指标与其他经济指标是相互联系，相互制约的关系。分析子系统的状态，能促使企业不断降低质量成本。

（2）有效性原则。有效性是指所设立的指标体系要有可比性、实用性和简明性。

（3）科学性原则。企业质量成本考核对改进和提高产品质量，降低消耗，提高企业经济效益具有重要的实际意义，在实际中是企业开展成本管理工作的依据。因此，质量成本考核指依据、符合实际，真实反映质量成本的实际水平。

为了对质量成本实行控制和考核，企业应建立质量成本责任制，即在将质量成本指标分解落实到各有关部门和个人时，应明确他们的责、权、利，形成统一领导、部门归口、分级管理的质量成本管理系统。

（二）质量成本评价指标体系

考虑到交通运输生产的特点，可考虑建立如下的质量成本评价指标体系，进行质量成本的考核和评价。

（1）质量成本率，其计算公式如下：

$$质量成本率 = \frac{质量总成本}{营运成本} \times 100\%$$

该指标反映交通运输企业质量成本与营运成本的关系。

（2）百元产值事故成本率，其计算公式如下：

$$百元产值事故成本率 = \frac{事故成本}{营运成本（百元）} \times 100\%$$

该指标反映了每百元产值因事故造成的损失。通过它可以清楚地看到由于事故损失影响接通运输企业产值的情况。

（3）百元产值质量成本率，其计算公式如下：

$$百元产值质量成本率 = \frac{质量总成本}{产值（百元）} \times 100\%$$

该指标反映了每百元产值质量成本,是交通运输业可比指标。

(4) 百元利润事故成本率,其计算公式如下:

$$百元利润事故成本率 = \frac{事故成本}{利润(百元)} \times 100\%$$

该指标反映了因事故给交通运输企业经济效益带来的损失。

(5) 百元利润质量成本率,其计算公式如下:

$$百元利润质量成本率 = \frac{质量总成本}{利润(百元)} \times 100\%$$

该指标反映了每百元利润支付的质量成本,是质量成本对交通运输企业经济效益影响的具体表现。

(6) 百元运输收入事故成本率,其计算公式如下:

$$百元运输收入事故成本率 = \frac{事故成本}{运输收入总额(百元)} \times 100\%$$

该指标反映了由于质量不佳所造成的经济损失对运输收入的影响,是体现全路经济效益的重要指标之一。

(7) 百元运输收入质量成本率,其计算公式如下:

$$百元运输收入质量成本率 = \frac{质量总成本}{运输收入总额(百元)} \times 100\%$$

该指标反映了每百元的运输收入支付质量成本的多少,是铁路运输业可比指标。

(8) 质量成本降低率,其计算公式如下:

$$质量成本降低率 = \frac{本期计划质量成本总额 - 本期实际质量成本总额}{本期计划质量成本总额} \times 100\%$$

该指标反映了交通运输企业报告年度质量成本计划的完成情况。

除上述考核指标以外,也可以按照责任成本的形式,实行责任成本管理或计划成本管理,那就是预先制定有运输生产质量成本的责任指标或计划指标,并对运输生产中发生的有关运输生产质量的支出进行归集和分类,并将实际支出与责任指标或计划指标进行对比分析,具体分析的方法类似于责任成本或标准成本的分析,不再赘述。

(三) 质量成本数据的收集及处理

质量成本的数据,有一些可直接从现行的营运成本科目、管理费用科目、财务费用科目、营业外支出科目以及其他会计科目中获得;有一些则要从企业的成本费用报表中经过分析整理获得;还有一些则需要从有关部门的统计及原始记录中获得。

对于固定性质量费用,财务部门可以采取直接计入的方法。例如,质量管理部门发生的工资、办公费、差旅费以及上交的管理费均可直接计入"预防成本"。

对于变动性质量费用,可以实行归口审批核算的方法。例如,预防成本归口质量管理部门审批;事故成本归口有关部门和总经济师审批;对于鉴定成本,财务部门和有关职能部门应严格控制,使其真正做到专款专用,禁止巧立名目和挪作他用。

（四）质量成本的报告与分析

1. 质量成本报告

交通运输基层单位,应根据各自的实际情况,定期编写质量成本报告。其编写过程大致为:

（1）登记数据。质量成本的科目划分后,由各有关部门在工作台账上登记好数据。

（2）统计汇总。各部门负责统计质量成本内容,填写费用表,再交给财务部门,财务部门据此编制质量成本汇总表。

（3）编写报告。财务部门根据质量成本汇总表,即可编写企业质量成本报告,为企业领导人提供决策依据。

2. 质量成本分析

质量成本分析是铁路运输企业质量成本管理的关键环节。其目的是为了在不断提高质量水平的前提下,寻求降低质量成本的途径,提高铁路运输企业的经济效益。根据我国铁路运输企业的实际情况,企业的质量成本指标不应该是单一的指标,而应是一组指标体系。只有这样,才能较完整地反映质量成本在铁路运输企业中的地位和作用。

四、质量成本管理

质量成本管理,重在方法管理。企业如采用一套行之有效的科学管理方法,将使企业管理成本更低,成效更为明显,达到事半功倍的效果。一般来说,企业实施质量成本管理应高度重视以下几项工作。

1. 分析企业质量成本的构成

分析企业质量成本的构成,有利于企业明确质量成本可能发生的环节,建立必要的质量成本控制措施。一些企业建立了质量成本会计分录,分门别类地统计并核算各质量成本项目,以此发现质量成本发生的环节、发生的多少、发生的原因,为企业落实质量责任、采取质量措施,提供翔实的资料。

2. 建立企业质量成本控制标准

为加强质量成本管理工作,企业可设立质量成本管理中心,制定质量成本管理制度,建立质量成本控制标准。例如,中国一汽集团四川专业汽车厂建立了企业质量成本控制标准,标准规定质量成本占销售额的比例不得超过 10%。其中:内部故障成本占全部质量成本的比例范围应在 25%～40%;外部故障成本占全部质量成本的比例范围应在 20%～40%;鉴定成本占全都质量成本的比例范围应在 10%～50%;预防成本占全部质量成本的比例范围应在 0.5%～5%。企业规定,如突破上述规定标准,质量成本管理中心将责成有关部门分析原因,采取有效措施。

3. 建立质量成本目标体系

质量目标是指企业在一定时期内在质量方面所要达到的预期成果。开展质量成本控制工作,应有明确的控制目标,这是企业质量成本控制工作的基础。

建立质量成本控制目标,应注重以下几点:一是目标要有突破性。所谓突破性,就是要在现有的质量成本基础上有所突破,成本总量要有一定幅度的降低;二是目标要有控制性。所谓控制性,就是为把质量水平和质量指标维持在一定的水平上而制定的目标。这样的目标通常成为日常控制工作的标准;三是目标要有可实现性。所谓可实现性,就是通过全体员工的努力,目标是可以实现的。切不可把目标定得过高,让人觉得高不可攀,难以实现,丧失信心;四是目标应力求量化。尽量避免使用一些不确定语言,多用数字表述目标,让人一目了然,便于操作和验证。

建立质量控制目标,既要有总目标,也要有分目标。总目标规定企业质量成本总体控制水平,在一定时间内应达到的成果或要求。将总目标进行分解,就成为一系列分目标,每一项分目标,还可进一步分解成一系列子目标,形成责任目标体系,便于目标的执行和控制。

4. 做好质量成本控制计划

质量成本控制目标能否顺利实现,关键在于企业的质量成本控制计划制定得是否完善、合理。质量成本控制计划,应当规定目标体系中的每一个目标该由谁来完成,什么时候完成,如何检验评价这些目标;应将目标体系落实到各部门、各人,落实到每季度、每月甚至每周,将目标按人按时间进行分摊。这样,通过每一个人,每一个部门,每一段时间的工作,实现其预期的分目标,从而保障企业总目标的实现。

企业质量成本管理中心是质量成本控制计划编制、修订和实施的职能部门。计划编制时,应多召开各种形式的座谈会,征求各部门对质量计划草案的意见,多次反复修改,便于以后计划的实施。

5. 建立质量成本"三全"控制体系

质量成本控制,涉及企业的每一个员工、每一个部门、每一个工作环节。因此,企业质量管理部门能否通过宣传、通过制度,动员全体员工参与,进行全过程的质量控制,开展全企业质量管理,关系到企业质量成本计划能否顺利地实施。

（1）全员控制。如何才能调动全体员工的积极性和创造性,共同做好质量成本控制工作呢? 我们以为,企业应从以下几个方面着手:一是抓好全员质量宣传教育工作,加强员工质量成本控制意识,促使员工积极参加各项质量活动;二是通过建立质量责任制,明确责任和权限,各司其职,互相配合,建立企业高效、协调、有序的质量保障体系;三是开展多种形式的群众性质量活动,如质量控制小组,充分发挥广大职工的聪明才智。

（2）全过程控制。质量成本发生在各个部门、各个环节,发生在每一个人、每一天的工作中。因此,质量成本控制,要全员参与,也要全过程控制。全过程控制,应对每一过程制定严格的操作规范、控制标准、检测手段,使每一位员工知道如何降低损耗、减少浪费、控制过程成本;全过程控制,应坚持预防为主,把不合格品消灭在它的形成过程之中,做到防患于未然;全过程控制,应充分发挥检验的作用,做好检验标准制定、检测手段制定、检测方法制定工作,做好产品的首检、巡检、专检工作,尽量减少成批报废,提前预报质量情况。

（3）全企业控制。在全企业质量成本控制方面,我们认为,成本控制涉及企业高层、中层、基层工作全过程中。

阅 读 文 献

[1] 刘朝刚,胡维华. 对责任会计考核指标的探讨[J]. 财会月刊,2000(6).

[2] 姚金平. 浅谈责任会计在国有商业银行的运用[J]. 企业经济,1999(3).

[3] 陈玉年,张文千. 责任成本可控性剖析[J]. 武汉财会,J1989(6).

[4] 余南庸. 责任会计[J]. 外国经济参考资料,1982/Z1.

[5] 孙立文. 全员成本管理法简介[J]. 经济管理,1992(10).

[6] 蒋尧明. 质量成本研究中的几个问题[J]. 中南财经大学学报,1999(1).

[7] 傅道春,王效俐. 浅论质量成本特征曲线[J]. 山西财经大学学报,2003(4).

[8] 郑筠,魏法杰,段瑜,陆瑶. 质量成本改进模型的初步探索[J]. 中国管理科学,2000.S1.

[10] 白宝光,张世英. 质量成本模型及其优化[J]. 科学管理研究,2005(3).

[11] 张云. 论质量成本的控制[J]. 山西财经大学学报,2000(4).

[12] 汪邦军. 质量成本曲线方程与质量改进的经济分析[J]. 北京机械工业学院学报,2000
       (2).

[13] 张卓. 质量经济学发展评述[J]. 外国经济与管理,2004(9).

[14] 黄培,汪蓉.基于质量净收益的质量经济性评价方法[J].科学学与科学技术管理,2002(3).

[16] 温为民.质量成本管理在军工研究所的应用探讨[J].山西财经大学学报,2013(S1).

[17] 刘卫东,应婧.基于产品寿命周期的质量成本模型及其分析[J].管理评论,2011(1).

[18] 刘丽敏.生产者责任延伸制度下企业环境成本控制[M].北京:冶金工业出版社,2010.

[19] 洪生,周光阳.零成本员工激励[M].吉林出版集团有限责任公司,2011.

[20] 黄维明,梁国明.企业质量成本管理方法与实践[M].北京:中国标准出版社,2007.

复习思考题

1. 什么是责任成本? 认定一项成本为责任成本的条件有哪些?

2. 什么是责任成本法?

3. 什么是责任成本管理? 实施责任成本管理应遵循的原则有哪些?

4. 责任成本预算如何编制?

5. 预算管理委员会的主要职责有哪些?

6. 何谓责任中心? 应如何划分责任中心?

7. 责任中心的考核指标有哪些?

8. 什么是责任成本报告? 如何编制责任成本报告?

9. 什么是质量成本?

10. 质量成本的构成是怎样的?

11. 什么是质量成本特性曲线?

12. 交通运输质量成本的构成是怎样的?

13. 质量成本指标体系由哪些具体指标构成?

14. 企业如何对质量成本进行控制和考核?

第九章 交通运输成本决策方法

【本章概要】

    成本决策是现代企业成本管理的一个重要环节,正确的成本决策是编制成本计划的前提,也是企业实施成本控制和提高经济效益的重要途径。进行成本决策必须遵守可行性、科学性等原则。根据决策期限的长短,成本决策有战术性的,也有战略性的;根据成本决策掌握的信息的不同有确定型、风险型和不确定型决策,不同类型的决策所带来的风险是不同的。企业应严格遵守决策的原则,慎重选择成本决策的方法,避免决策失误。

第一节 成本决策概述

一、成本决策的涵义

    成本决策是指依据掌握的各种决策成本及相关的数据,对各种备选方案进行分析比较,从中选出最佳方案的过程。成本决策是现代企业成本管理的一个重要环节,其目的是通过合理正确的决策来降低成本,从而提高企业经济效益。正确的成本决策是编制成本计划的前提,也是企业实施成本控制和提高经济效益的重要途径。

二、成本决策的分类

（一）按涉及的时间长短分类

1. 长期成本决策

凡决策方案对企业经济效益的影响在 1 年以上的成本决策,称为长期成本决策。长期决策一般是涉及企业的发展规模、发展方向、成本规划等重大成本管理问题的决策,又称为战略性决策。

2. 短期成本决策

凡决策方案对企业经济效益的影响在 1 年以内的成本决策,称为短期成本决策。短期成本决策的主要目的是在企业的日常经营中，为使企业现有资源得到最恰当的利用而对成本水平进行控制，又称为战术性决策。

（二）按决策条件的确定程度分类

1. 确定型成本决策

确定型成本决策，是指成本决策条件确定不变或已知的成本决策。即成本决策过程的结果完全由决策者所采取的行动决定的一类问题，它可采用最优化、动态规划等方法解决。

确定型成本决策看起来似乎很简单，在实际决策中并不都是这样。决策人面临的备选方案可能很多，从中选出最优方案就很不容易。对于确定型决策应具备以下四个条件：①存在着决策人希望达到的一个明确目标。②只存在一个确定的自然状态。③存在着可供选择的两个或两个以上的行动方案。④不同的行动方案在确定状态下的损失或利益值可以计算出来。

2. 风险型成本决策

风险型成本决策，是指成本决策条件不能完全确定，但各种成本数额发生的可能性（先验概率）为已知的成本决策。先验概率是根据过去的经验或主观判断而形成的对各种自然状态风险程度的测算值。风险型成本决策存在的条件是：①存在一个或以上的决策目标；②存在两个以上的决策变量（行动方案）；③存在两种以上的状态变量（自然状态）；④存在不同自然状态下的损益值；⑤存在各种自然状态将会出现的概率。

3. 不确定性成本决策

不确定性成本决策和风险型成本决策相似，但决策时环境条件的发生率不能测定，不能控制，因而决策后果不能加以确定，只能做一般估计，是具有较大风险的成本决策。

对于成本决策的类别，除上述分类外，还可按照决策判断依据，分为有理性决策和非理性决策；按决策制定的程序分为有程序化决策和非程序化决策等。

三、成本决策原则

成本决策原则，就是在进行成本决策时所依据或必须遵守的法则或标准。一般来说，进行成本决策，应遵守的法则或标准主要有以下几个。

（一）经济性

经济性决策者必须以经济效益为中心，并且要把经济效益同社会效益结合起来，以较小的劳动消耗和物资消耗取得最大的成果。如果一项决策所花的代价大于所得，那么这项决策是不科学的。

（二）可行性

决策是为了实施，要实施就得具备决策实施的现实条件。可行性对成本决策的要求，是要在现实的基础上通过认真分析比较，对决策实施的人力、物力、财力、时间和技术等各方面都要予以保证，防止盲目的、不顾现实条件的决策。

（三）科学性

科学性是一系列决策原则的综合体现。现代化大生产和现代化科学技术，特别是信息论、系统论、控制论的兴起，为决策从经验到科学创造了条件，领导者的决策活动产生了质的飞跃。决策科学性的基本要求为：一是决策思想科学化；二是决策体制科学化；三是决策程序科学化；四是决策方法科学化。科学性原则的这几个方面是互相联系，不可分割、缺一不可的。只有树立科学的决策思想，遵循科学的决策程序，运用科学的决策方法，建立科学的决策体制，整个决策才可能是科学的，才能有效地避免决策失误。

（四）民主性

民主性是指决策者要充分发扬民主作风，调动决策参与者、甚至包括决策执行者的积极性和创造性，共同参与决策活动，并善于集中和依靠集体的智慧与力量进行决策。

（五）整体性原则

整体性原则也称为系统性原则，它要求把决策对象视为一个整体或系统，以整体或系统目标的优化为准绳，协调整体或系统中各部分或分系统的相互关系，使整体或系统完整和平衡。因此，在决策时，应该将各个部分或小系统的特性放到整体或大系统中去权衡，以整体或系统的总目标来协调各个部分或小系统的目标。

除上述之外，在决策时还要注重超前性、审慎性和透明性等。

四、成本决策动态过程

成本决策的整个过程，由调查成本情况、确定成本目标、制定成本策略、评选最优方案和具体贯彻执行等五个步骤组成。

（一）调查成本情况

在成本决策以前，要对有关成本方面的情况，包括企业外部环境和内部条件进行调查研究，要对企业主、客观因素进行分析，做到心中有数。

（二）确定成本目标

通过调查研究，明确问题所在，然后就要提出成本决策的目标。决策目标必须具体明确，尽可能数量化，既不能高不可攀，也不能迁就落后，要有推动力。

（三）制定成本策略

成本目标确定以后，就要制定成本策略。制定策略要勇于创新，全面考虑各方面因素。例如，提高劳动生产率，降低原材料消耗，争取低价原材料，开展综合性利用，节约能源，减少费用等，要准备几个方案，以备比较和选择。

（四）评选最优方案

对于成本策略方案，要进行全面评价和分析比较，可以通过分类排序，分析利弊，逐个淘汰，从中选出最优方案。评选时既要考虑方案的经济效果，又要考虑实现的可能条件。

（五）具体贯彻执行

最优方案评选出来以后，就要立即行动，落实具体措施，贯彻执行。决策的目的在于执行，而执行又反过来要对决策方案进行补充和修正。不仅这一步骤如此，在以前几个步骤也都应该这样，后一步骤的深入，将对前一步骤提出补充和修正。所以说，成本决策过程应该看成是一个动态的过程，是一个发现问题、分析问题和解决问题的全过程。在决策执行中，还要建立信息反馈渠道，发现差异，立即纠正，使既定的成本目标得以顺利实现。成本决策的整个过程如图9-1所示。

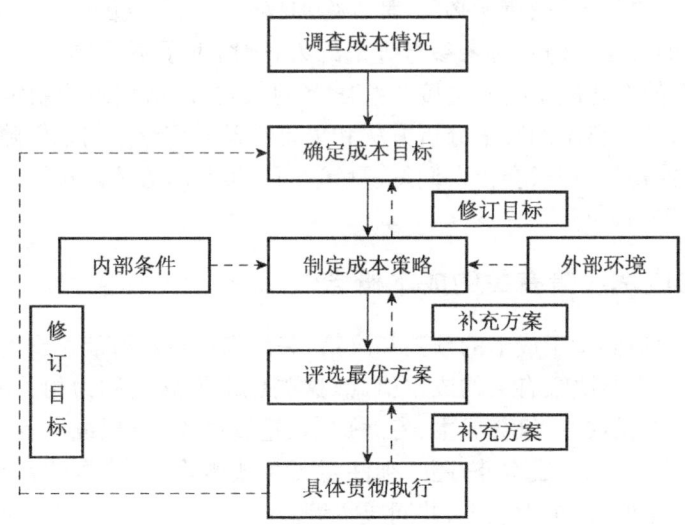

图9-1　成本决策的动态过程

五、成本决策注意问题

成本决策是一件严肃的事情，在做决策时，常常出现几个问题：一是过分相信自我的判断，只相信自己而不相信别人。过分强调自己判断的正确性，也就否定了别人参与决策的必要性。这样只会导致人与人之间关系的紧张,在降低决策竞争力的同时,也降低企业组织的执行力。二是忽视决策信息的收集。决策就是选择,就是一种优化选择。不占有充分的信息,只图简单,凭空设想,拍脑袋决策,往往会带来巨大的决策失误成本。三是没有最佳决策时间的概念。决策就是辨别机会,并抓住机会,作出努力。而任何一个机会也都是有时间限制的。机不可失,时不再来。对于成本决策问题,也就必须避免重要而不紧急的问题,被拖延而变成重要而紧急的问题之后,再来应对处理。这样也就不可避免地会因忙而致乱,因乱而降低决策的质量。四是轻视决策分析方法的作用。例如,抛硬币进行决策,这也是一种决策方法,决策也就成了想当然的拍脑门活动。五是缺少一个完整的决策体系。如果没有一个完整的决策体系,决策制定人难以发现不同决策之间的关系,以及这种关系的性质。按照不同的组织层次,授权分散决策,顾此失彼,发生失误也就不可避免了。六是漠视员工参与决策的作用。排斥员工对决策制定过程的参与,在这种情况下,不仅会使企业决策发生"智者千虑,难免一失"的后果,而且即使正确决策,也不免在贯彻过程中受到员工的抵制,而使一个好的决策,变成一个低质量的决策。七是把决策制定过程神秘化。很多企业制定决策,无论有无必要,都弄得神秘兮兮的。这倒使决策参与人获得了自我价值的满足。但相对未参与进来的人,则留下了不尊重、不信任的感觉。更有甚者,有的企业决策时还会搞一些庄严的仪式,以增加决策制定的神秘性。决策的质量,是靠科学的决策分析方法和集思广益的广泛参与来保障的,而决策制定过程的神秘化,却只会让人们忽视科学的决策分析方法的选择,排斥员工对决策制定过程的参与。

六、与成本决策有关的成本概念

成本管理更侧重于成本的预测和决策,关注未来成本可能达到的水平,成本决策中常常考虑与决策有关的成本概念,这些成本概念统称为相关成本。相关成本概念有:差量成本、机会成本、专属成本、重置成本、付现成本等。进行成本决策时,除了关注相关成本外,还必须注意无关成本,无关成本就是与成本决策无关的成本,主要有:沉没成本、共同成本等。

第二节　战术性决策方法及应用

一、战术性决策方法

战术性成本决策,属于确定型的短期成本决策,主要是指企业在日常经营中的成本决策,由于按成本决策条件的确定程度可分为确定型成本决策、风险型成本决策和不确定性成本决策,对于战术性决策也分别三种情况讨论。

（一）确定型成本决策方法

在确定型条件下,所使用的战术成本决策方法主要有:总额分析法、差量损益分析法、相关成本分析法、成本无差别点法、线性规划法、边际分析法等。

1. 总额分析法

总额分析法是指以利润作为最终的评价指标,按照"销售收入－变动成本－固定成本"的模式计算利润,由此决定方案取舍的一种决策方法。之所以称为总额分析法,是因为决策中涉及的收入和成本是指各方案的总收入和总成本,这里的总成本通常不考虑它们与决策的关系,不需要区分相关成本与无关成本。这种方法一般通过编制总额分析表进行决策。

2. 差量损益分析法

所谓差量是指两个不同方案的差异额。差量损益分析法是以差量损益作为最终的评价指标,由差量损益决定方案取舍的一种决策方法。计算的差量损益如果大于零,则前一方案优于后一方案,接受前一方案;如果差量损益小于零,则后一方案为优,舍弃前一方案。差量损益分析法适用于同时涉及成本和收入的两个不同方案的决策分析,常常通过编制差量损益分析表进行分析评价。

决策中须注意的问题是,如果决策中的相关成本只有变动成本,在这种情况下,可以直接比较两个不同方案的贡献边际,贡献边际最大者为最优方案。

3. 相关成本分析法

相关成本分析法是以相关成本作为最终的评价指标,由相关成本决定方案取舍的一种决策方法。相关成本越小,说明企业所耗成本越低,因此决策时相关成本最低的方案为优选方案。相关成本分析法适用于只涉及成本的方案决策,如果不同方案的收入相等,也可以视为此类问题的决策。这种方法可以通过编制相关成本分析表进行分析评价。

4. 成本无差别点法

成本无差别点法是以成本无差别点业务量作为最终的评价指标,根据成本无差别点所确定的业务量范围来决定方案取舍的一种决策方法。这种方法适用于只涉及成本,而且业务量未知的方案决策。

成本无差别业务量又称为成本分界点,是指两个不同备选方案总成本相等时的业务量。如果业务量 X 的取值范围在 $0 < X < X_0$ 时,则应选择固定成本较小的 Y_2 方案;如果业务量在 $X > X_0$ 的区域变动时,则应选择固定成本较大的 Y_1 方案;如果 $X = X_0$,说明两方案的成本相同,决策中选用其中之一即可。

应用此法值得注意的是,如果备选方案超过两个以上进行决策时,应首先以两个方案比较确定成本无差别点业务量,然后通过比较进行评价,比较时最好根据已知资料先作图,这样可以直观地进行判断,不容易失误,因为图中至少有一个成本无差别点业务量没有意义,通过作图,可以剔除不需用的点,在此基础上再进行综合判断分析。

5. 线性规划法

线性规划法是数学中的线性规划原理在成本决策中的应用,此法是依据所建立的约束条件及目标函数进行分析评价的一种决策方法。其目的在于利用有限的资源,解决具有线性关系的组合规划问题。基本程序如下:

(1)确定约束条件,即确定反映各项资源限制情况的系列不等式。

(2)确定目标函数,它是反映目标极大或极小的方程。

(3)确定可能极值点,为满足约束条件的两方程的交点,常常通过图示进行直观反映。

(4)进行决策。将可能极值点分别代入目标函数,使目标函数最优的极值点为最优方案。

6. 边际分析法

边际分析法是微分极值原理在成本决策中的应用,此法是依据微分求导结果进行分析评价的一种决策方法。主要用于成本最小化或利润最大化等问题的决策。基本程序如下:建立数学模型——成本函数,对成本函数求一阶导数,当一阶导数等于零时,可得到成本函数的极值;计算成本函数的二阶导数,当二阶导数等于零时,可得最优成本。

(二)风险型成本决策方法

对于风险型成本决策,常用的方法有:以期望值为标准的决策法和决策树法等。

1. 期望值决策法

期望值决策法是以损益期望值为基础,将不同方案的期望值相互比较,选择期望收益值最大或期望损失值最小的方案为最优方案的一种决策方法。这里方案损益期望值是指每个方案在各种状态下的损益值以状态概率为权数的加权平均损益值。对于成本决策而言,成本期望值最小的方案就是较优的方案。

2. 决策树法

决策树法是风险决策问题的一种直观的图示法。因为图的形状像树,所以被称为决策树。将所要决策问题只需进行一次决策就可解决的,叫作单阶段决策问题;如果问题比较复杂,而要进行一系列的决策才能解决的,就叫作多阶段决策问题。决策树表示法方便简捷、层次清楚,能形象地显示决策过程。

决策树的结构如图 9-2 所示。图中的方块代表决策节点,通常用 R 表示。从它引出的分枝叫作方案分枝。每条分枝代表一个方案,分枝数就是可能的方案数。圆圈代表方案的节点,从它引出概率分枝,每条概率分枝上标明了自然状态及其发生的概率。概率分枝数反映了该方案面对的可能的状态数。末端的三角形叫作结果结点,注有各方案在相应状态下的结果值。

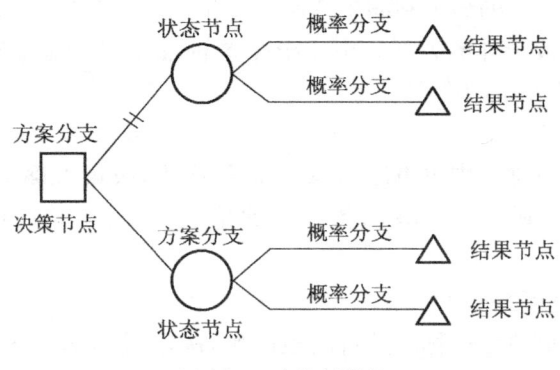

图 9-2　决策树结构

应用决策树作决策的过程,是从右向左逐步后退进行分析。根据右端的损益值和概率枝的概率,计算出期望值的大小,确定方案的期望结果,然后根据不同方案的期望结果作出选择。方案的舍弃叫做修枝,被舍弃的方案用"≠"的记号来表示,最后的决策点留下一条树枝,即为最优方案。

（三）不确定型成本决策方法

不确定型决策方法又称非确定型决策、非标准决策或非结构化决策,是指决策人无法确定未来各种自然状态发生的概率的决策。不确定型决策的主要方法有:等可能性法、保守法、冒险法、乐观系数法和最小最大后悔值法。

1. 等可能性法

等可能性法也称拉普拉斯决策准则。采用这种方法,是假定自然状态中任何一种发生的可能性是相同的,通过比较每个方案的损益平均值来进行方案的选择,在利润最大化目标下,选取平均利润最大的方案,在成本最小化目标下选择平均成本最小的方案。

2. 保守法

保守法也称瓦尔德决策准则,小中取大的准则。决策者不知道各种自然状态中任一种发生的概率,决策目标是避免最坏的结果,力求风险最小。运用保守法进行决策时,在于追求确定的结果,力求风险最小。运用保守法进行决策时,首先要确定每一可选方案的最小收益值,然后从这些方案最小收益值中,选出一个最大值,与该最大值相对应的方案就是决策所选择的方案。

3. 冒险法

冒险法也称乐观决策法,大中取大的准则。决策者不知道各种自然状态中任一种可能发生的概率,决策的目标是选最好的自然状态下确保获得最大可能的利润。冒险法在决策中的具体运用是:首先,确定每一可选方案的最大利润值;然后,在这些方案的最大利润中选出一个最大值,与该最大值相对应的那个可选方案便是决策选择的方案。由于根据这种准则决策也能有最大亏损的结果,因而称为冒险投机的准则。

4. 乐观系数法

乐观系数法也称折中决策法、赫威斯决策准则,决策者确定一个乐观系数 ε(0.5~1),运用乐观系数计算出各方案的乐观期望值,并选择期望值最大的方案。

5. 最小最大后悔值法

最小最大后悔值法也称萨凡奇决策准则,决策者不知道各种自然状态中任一种发生的概率,决策目标是确保避免较大的机会损失。运用最小最大后悔值法时,首先要将决策矩阵从利润矩阵转变为机会损失矩阵;其次是确定每一可选方案的最大机会损失;最后是在这些方案的最大机会损失中,选出一个最小值,与该最小值对应的可选方案便是决策选择的方案。

二、战术性决策方法应用

(一)应用场合

1. 差量损益分析法

差量损益分析法主要应用于新产品开发、亏损产品应否停产、半成品是否进一步加工等成本决策:

(1)新产品开发的决策分析。新产品开发的决策主要是利用企业现有剩余生产能力或老产品腾出来的生产能力开发新产品,对不同新产品开发方案进行的决策。

(2)亏损产品应否停产决策分析。某种产品发生亏损是企业经常遇到的问题。亏损产品按其亏损情况分为两类:一类是实亏损产品,即销售收入低于变动成本,这种产品生产越多,亏损越多,必须停止生产;但如果是国计民生急需的产品,应从宏观角度出发,即使亏损仍应继续生产;另一类是虚亏损产品,即销售收入高于变动成本,这种产品对企业还是有贡献的,应分别不同情况进行决策。这时,应采用差量损益分析法。

(3)半成品是否进一步加工决策分析。半成品是企业连续生产的中间产品,有的既可以直接出售,也可以对其进一步加工后再出售,如纺织业的棉纱等。当然,完工产品的售价要比半成品售价高些,但继续加工要追加变动成本,有时还可能追加固定成本。对于这类问题的决策,需视进一步加工后增加的收入是否超过进一步加工过程中追加的成本而言,如果前者大于后者,则继续加工方案较优;反之,如果前者小于后者,则应选择直接出售半成品的方案。需要注意的是,决策中必须考虑半成品与产成品数量上的投入产出关系,以及企业现有的进一步加工能力。这时,应采用差量损益分析法。

(4) 联产品是否进一步加工决策分析。联产品是指利用同一材料,经过同一加工过程生产出来的若干种经济价值较大的多种产品的总称。通常联产品产出结构比较稳定,在分离后,有的联产品可以直接出售,有的可以继续加工再出售。联产品分离前的成本称为联合成本;分离后的继续加工的成本称为可分成本。进行此类问题的决策与半成品是否继续加工的决策类似,联产品分离前的联合成本属于沉没成本,决策中不予考虑,只有继续加工发生的可分成本才是决策相关的成本。这时,应采用差量损益分析法。

2. 成本无差别点和相关成本分析法

(1) 零部件自制或外购的决策分析。企业零部件的取得有两个途径:一是自制,二是外购。在既可自制又可外购的情况下,从节约成本的角度讲,就存在是自制合算还是外购合算的问题。这类问题的决策不需考虑原有的固定成本,它属于沉没成本,与决策无关,只要比较两个不同方案的相关成本即可。此类问题可以采用相关成本法或成本无差别点分析法。

(2) 采用几种工艺的决策分析。企业生产的产品或零件可能采用几种不同的方案进行生产或加工。在选择比较先进的生产方案时,一般设备比较先进,其单位变动成本可能较低,但固定成本会很高;而选择比较落后的生产工艺方案时,虽然固定成本较低,但单位变动成本却较高。不同工艺方案的选择与一定的产销量范围相联系。此类问题可以采用相关成本法或成本无差别点分析法。

3. 线性规划法

线性规划法主要用于合理组织生产的决策分析。企业在生产经营中经常会受到设备能力、原材料来源、动力、能源及市场销售等方面的限制,如何充分利用有限的生产资源,并在各种产品之间进行分配,以获取尽可能多的经济效益,这类问题就是合理组织生产的决策分析问题,可以用线性规划法对此进行分析评价。

4. 边际分析法

(1) 经济订货批量决策分析。经济订货批量(Economic Order Quantity,EOQ),它是固定订货批量模型的一种,可以用来确定企业一次订货(外购或自制)的数量。当企业按照经济订货批量来订货时,可实现订货成本和储存成本之和最小化。

(2) 经济生产批量决策分析。经济生产批量(economic production lot,EPL)又称经济生产量(economic production quantity,EPQ)。由于生产系统调整准备时间的存在,在补充成品库存的生产中有一个一次生产多少最经济的问题,这就是经济生产批量。

经济批量法是确定批量和生产间隔期时常用的一种以量定期方法。生产费用与批量之间存在着函数关系,批量主要通过两方面因素影响生产费用:一是生产准备费用,这部分费用随生产批次增减而变化;二是保管费用,即在制品在存储保管期间所发生的费用,如仓库管理费用、资金呆滞损失、存货的损耗费用等。这些费用与批量大小和存储时间长短有关。应用经济生产批量决策分析,可实现生产费用和储存费用之和最小化。

(3) 最佳质量成本的决策分析。产品质量是产品的生命,产品质量好,则产品畅销;否则,质量差,则产品滞销。但过高且过剩的质量会使产品成本上升,从而导致企业的利润下降,因此存在产品最佳质量成本的决策问题。

质量成本包括预防成本、检验成本、内部质量损失成本和外部质量损失成本四项内容。最佳质量成本的决策分析就是质量成本优化,应用边际分析法可以确定质量成本各项主要费用的合理比例,以便使质量总成本降到最低。

(二) 应用案例

由于总额分析法、差量损益分析法、相关成本分析法、成本无差别点法、线性规划法等的应用在有关的文献中已有介绍,而且应用事例均易于理解,这里重点阐述边际分析法的应用。

【例 9-1】 某交通运输企业的一个制造车间,生产甲零件,全年生产量为36 000个,生产每批甲零件的调整成本为 1 000 元/次,每个甲零件的全年平均储存成本 2 元/件年,甲零件的每天生产量 300 件,每天发出量 100 件。如何安排生产才能使调整成本和储存成本最低?

由于甲零件的全年生产量一定,所以,如果安排的批次较多,则可减少储存量,从而节约储存成本,但由于批次较多,将花费较多的调整成本;反之,花费较少的调整成本,较多的储存成本。这就需要对生产的批次进行权衡,以便是两者之和最小。

如果设:

A——零部件(或产品)全年生产量;

Q——零部件(或产品)生产批量;

TC——最优生产批量的总成本;

S——生产每批零部件(或产品)的调整成本;

C——每个零部件(或产品)的全年平均储存成本;

q——零部件(或产品)的每天生产量;

d——零部件(或产品)的每天发出(领用)量。

$$\text{调整成本} = \text{每次调整成本} \times \text{调整次数}$$

即:

$$TC_T = S\frac{A}{Q}$$

$$\text{储存成本} = \text{单位储存成本} \times \text{平均储存量} \times \text{储存天数} \times \text{批次}$$

即:

$$TC_C = C\frac{Q(q-d)}{2q}\left[\frac{Q}{q} + \frac{Q(q-d)}{qd}\right]\frac{A}{Q}$$

上式中,$\dfrac{Q}{q}$为每批次的生产天数,$\dfrac{Q(q-d)}{qd}$为每批次的纯发出天数。

总成本 = 调整成本 + 储存成本

$$TC = \frac{A}{Q}S + C\frac{Q(q-d)}{2q}\left[\frac{Q}{q} + \frac{Q(q-d)}{qd}\right]\frac{A}{Q} = \frac{A}{Q}S + \frac{Q(q-d)}{2qd}CA$$

总成本 TC 最小的充要条件分别如下:

$$\frac{\mathrm{d}TC}{\mathrm{d}Q} = -\frac{A}{Q^2}S + \frac{(q-d)}{2qd}C_1A = 0 \tag{9-1}$$

$$\frac{\mathrm{d}^2TC}{\mathrm{d}Q^2} = \frac{2A}{Q^3}S > 0$$

由(*)可得,最优生产批量如下:

则,最优生产批量如下:

$$Q^* = \sqrt{\frac{2qdS}{C(q-d)}} \tag{9-2}$$

此时的最低成本如下:

$$TC^* = A\sqrt{\frac{2SC(q-d)}{q^d}} \tag{9-3}$$

将[例 9-1]数据分别代入式(9-1)和式(9-2),可得:

最优生产批量如下:

$$Q^* = \sqrt{\frac{2qdS}{C(q-d)}} = \sqrt{\frac{2 \times 300 \times 100 \times 1\,000}{2/360 \times (300-100)}} = 7\,349(件)$$

最低成本如下：

$$TC^* = A\sqrt{\frac{2SC(q-d)}{qd}}$$

$$= 36\,000 \times \sqrt{\frac{2 \times 1\,000 \times 2/360 \times (300-100)}{300 \times 100}} \approx 9\,798(元)$$

实际上，对于最优生产批量，有的文献已经给出了最优的计算模型，如（式中的符号意义同上）：

最优生产批量：

$$Q^* = \sqrt{\frac{2AS}{C\left(1 - \dfrac{d}{q}\right)}} \tag{9-4}$$

最优生产批量的全年总成本：

$$TC = \sqrt{2ASC\left(1 - \frac{d}{q}\right)} \tag{9-5}$$

式(9-4)和式(9-5)模型是存在理论缺陷的，暗含了零件的储存时间必须满1年的假设，当零件的储存时间不满1年时，上述模型将导致错误的结论[①]。

必须指出，当企业用同一种生产设备轮换分批生产多种产品或零部件时，有的方法主张采用共同最优生产批次模型来确定生产批量，所提供的模型如下：

$$共同最优生产批次\ N^* = \sqrt{\frac{\sum A_i C_i \left(1 - \dfrac{d}{q}\right)}{2 \sum S_i}} \tag{9-6}$$

注：(9-6)式中，各符号的含义与式(9-1)、式(9-2)中的涵义相同。

事实上，共同最优生产批次是不存在的，利用式(9-6)不仅不能得出共同最优生产批次，反而会导致错误的决策[②]。

【例9-2】 M运输公司有甲、乙两个运输队，两个车队的运量和成本资料数据如表9-1所示。

[①②] 参见邢如其、崔笑等：《最优生产批量模型的理论缺陷及其改进》，石家庄铁道大学学报（社会科学版），2012年3月第6卷第1期。

表 9-1　　　　　　　　　**M 运输公司甲、乙两运输队运量与成本资料**

序号	运量(万吨公里)	甲车队成本(百元)	乙车队成本(百元)
1	0	3 500	3 000
2	10	4 200	3 800
3	20	4 500	4 500
4	30	4 900	4 900
5	40	5 000	5 000
6	50	5 100	5 200
7	60	5 200	5 200
8	70	5 300	5 250
9	80	5 380	5 380
10	90	5 420	5 450
11	100	5 500	5 500
12	110	5 600	5 600
13	120	5 690	5 690
14	130	5 800	5 800
15	140	6 100	6 100
16	150	6 350	6 350
17	160	6 700	6 600
18	170	7 100	6 900
19	180	7 800	7 500
20	190	8 200	8 000
21	200	9 000	8 700

　　现一客户与 M 运输公司签订一项运输合同,运输任务为 100 万吨公里。M 运输公司应如何在两个运输队分配任务,才能使总的运输成本最低。

　　根据表 9-1 的资料,利用数学方法进行回归分析,可得甲、乙两个运输队的成本函数分别为:$C_甲 = 0.002\ 2x^3 - 0.574\ 2x^2 + 55.998x + 3\ 500$;$C_乙 = 0.002\ 5y^3 - 0.717\ 1y^2 + 72.733y + 3\ 000$。$x$ 为运输周转量(单位:万吨公里)。

　　根据两个运输队的成本函数可得:

　　甲运输队的边际成本函数如下:

$$MC_甲 = 0.006\ 6x^2 - 1.142\ 8x + 55.998$$

乙运输队的边际成本函数如下：

$$MC_Z = 0.007\ 5y^2 - 1.434y + 72.733$$

令：$MC_甲 = MC_Z$，即：

$$0.006\ 6x^2 - 1.142\ 8x + 55.998 = 0.007\ 5y^2 - 1.434\ y + 72.733，$$

得 $y = 100 - x$

解方程可得：$x = 46.196$（万吨公里）　$y = 100 - x = 53.804$（万吨公里）

即，甲运输队分配 46.196 万吨公里，乙运输队分配 53.804 万吨公里，可使总的运输成本最低。

最低成本：

甲运输队：

$$C_甲 = 0.002\ 2x^3 - 0.574\ 2x^2 + 55.998x + 3\ 500$$
$$= 0.002\ 2 \times 46.196^3 - 0.574\ 2 \times 46.196^2 + 55.998 \times 46.196 + 3\ 500$$
$$= 5\ 078.39（百元）$$

乙运输队：

$$C_Z = 0.002\ 5y^3 - 0.717\ 1y^2 + 72.733y + 3\ 000$$
$$= 0.002\ 5 \times 53.804\ 3 - 0.717\ 1 \times 53.804\ 2 + 72.733 \times 53.804 + 3\ 000$$
$$= 5\ 226.804（百元）$$

总运输成本：

$$C = C_甲 + C_Z = 5\ 078.39 + 5\ 226.804 = 10\ 305.194（百元）$$

即：按照 $MC_甲 = MC_Z$ 来分配两个运输队的运输量，可使总成本最低。

上述分配可用如下的证明来说明。设 C、$C_甲$ 和 C_Z 分别为公司、甲、乙两个运输队的生产成本，且都是运输量的函数，甲运输队的运量为 x，乙运输队的运量为 $y(x + y = 100$ 万吨公里$)$，那么：

$$C = C_甲(x) + C_Z(y)$$

因为：100（万吨公里）$= x + y$

所以：$y = 100 - x$

因此：$C = C_甲(x) + C_Z(100 - x)$

上式表明总运输成本 C 是关于甲运输队 x 的函数，要使总成本最小，应当满足：

$$C' = C'_甲(x) + C'_Z(100 - x) = 0$$

即：

$$MC_甲(x) - MC_Z(y) = 0$$
$$MC_甲(x) = MC_Z(y)$$

可使总运输成本最小。

上述运输任务分配也可用图9-3说明。$MC_甲(x)$ 和 $MC_乙(y)$ 分别表示甲、乙两个运输队的边际成本曲线，$O_乙O_甲$ 长度表示总运量100万吨公里，当甲运输队承担 $O_甲A$ 运量，乙运输队承担 $O_乙A$ 运量时，两运输队的边际成本相等；在此基础上，如果增加乙运输队运量为

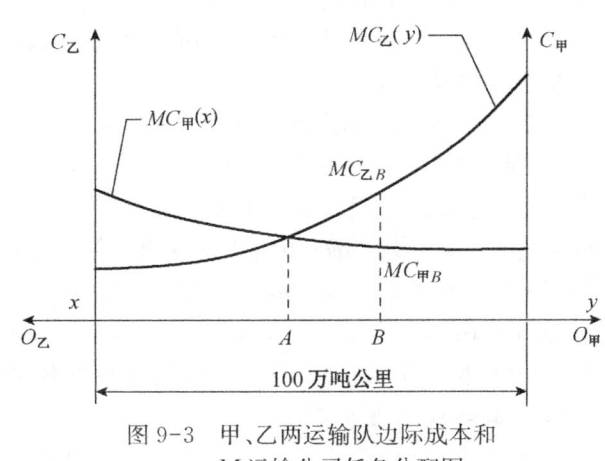

图 9-3　甲、乙两运输队边际成本和
M 运输公司任务分配图

$O_乙B$，则甲运输队的运量将减少为 $O_甲B$，此时甲运输队的边际成本 $MC_{甲B}$，乙运输队的边际成本 $MC_{乙B}$，可以看出，甲运输队的边际成本增加量大于乙运输队的边际成本减少量，因此，将导致总成本的增加，所以只有在两个运输队的边际成本相等时，总成本才能最小。

在实际中，回归两个运输队的成本函数是困难的，主要的原因是缺乏基础管理数据。实际上，在具体分配任务时，没有必要求出成本函数，只要知道在目前情况下，每个运输队每增加一定单位的运量增加的成本是多少就可以了（事实上，每增加一定单位的运量增加的成本就是边际成本），只要增加边际成本较小的运输队的运量，同时减少边际成本较高的运输队的运量，就能降低总运输成本；而且当每个运输队的边际成本相等时，运输任务的分配就是最优，总运输成本也就最低。

第三节　战略性决策方法及应用

一、概述

（一）战略成本和战略成本决策

1. 战略成本

为谋求企业全局性（也可以是某个方面）、长期性的优势，而需要花费的代价，叫战略成本。与之相对，战术成本则是本章第二节所论述的成本，如亏损产品应否停产、半成品是否进一步加工、零部件自制或外购、采用何种工艺、经济订货批量等决策中所涉及的成本，均属于战术成本；而为了提高企业核心竞争力所

涉及的成本就属于战略成本。就某个产品而言,在生产过程中发生的成本属于战术成本,而从产品寿命周期考虑的成本则属于战略成本。

2. 战略成本决策

战略成本决策,是在战略成本预测的基础上,根据对企业内外部环境的综合分析,在保证战略成本管理目标可实现的多个备选方案中,对运行成本较低的方案作出战略选择的过程。战术决策一般是针对某个产品是否生产,或是否采用某种工艺的决策,多数情况下可以计算出最低的成本,如本章第二节的[例9-1]和[例9-2]。而战略成本决策是对某项战略或策略的选择,比较实施不同战略或执行不同策略的成本,因此,与其说是战略成本决策,不如说是战略或策略的决策,在有些情况下,难以计算出具体的战略成本数额。

(二) 战略成本决策过程

目前我国企业战略成本决策存在的主要问题有:一是没有制定明确的战略目标;二是战略成本决策缺乏科学理论的支撑;三是战略成本的执行没能进行流程化管理。因此,严格战略成本决策程序,对于进行正确的战略成本决策和实施具有重要意义。战略成本决策过程如图9-4所示。

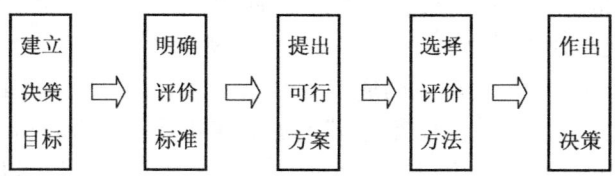

图9-4 战略成本决策过程

(三) 战略成本决策类型

1. 按照决策类型和决策技术

按照决策类型和决策技术,战略成本决策方法可有四种类型:定性经验方法、领导决策艺术、定量决策技术、定性与定量相结合的方法,如表9-2所示。

表9-2 战略成本决策类型

	传统经验方法	现代科学方法
程序化决策 1. 上级布置的常规战略任务 2. 企事业常规经营或发展战略	Ⅰ 定性经验方法 1. 习惯性经验方法 2. 常规的规划、计划编制程序 3. 目标和责任明确的组织结构	Ⅲ 定量决策技术 1. 系统分析方法、数学模型、计算机模拟 2. 办公室自动化、管理信息系统

（续表）

	传统经验方法	现代科学方法
非程序化决策 1. 宏劝域高层次战略问题 2. 新颖的微观发展战略问题	Ⅱ领导决策艺术 1. 直觉、经验判断、胆略、创造 2. 形势估量，预见力，洞察力 3. 决策人才遴选与领导艺术训练	Ⅳ定性与定量相结合 1. 计算机非数字符号控制探索式程序 2. 决策支持系统 3. 现代智囊团与决策系统

2. 按照战略类型

对于战略类型的分类，花样繁多、五花八门，很难系统介绍，这里以公司层面和业务层面两个角度进行分类。具体战略类型如表 9-3 所示。

表 9-3　　　　　　　　　　战　略　类　型

公司层战略	稳定型战略 （防御型、维持型）	暂停战略 无变战略 维持利润战略	
	发展型战略 （成长型）	市场渗透战略	
		市场开发战略	
		产品开发战略	
		一体化战略	横向一体化 纵向一体化 后向一体化 前向一体化
		相关多元化	同心多元化 横向多元化 混合多元化
	收缩型战略 （撤退型）	扭转战略 剥离战略 清算战略	
业务层战略	成本领先型	服务产品简化型 研发创新型 营销创新型 材料节约型 人力资源成本降低型	

（续表）

业务层战略	差异化战略	技术先进型 一流服务型 生产质量型 独特营销型 特定顾客型 一流形象和商誉型 独特产品型	
	集中化战略	从企业角度	集中低成本型 集中差异化型
		从目标市场角度	集中顾客市场 集中地区市场 集中产品线市场

显然，无论是按照表 9-2，还是按照表 9-3 中的分类方法，每一种战略类型都对应着一种战略成本的决策。

（四）战略成本决策的主要困难

应用战略成本决策方法，对战略成本进行决策并不是太困难的事情，问题主要出现在以下几个方面：一是战略成本决策所依据的基础数据不够准确和全面。很多企业好高骛远，善于接受新的管理理念和方法，但对基础管理重视不够，不注重基础数据资料的记录、收集和整理，增加了决策的难度。二是战略成本决策的分析方法存有一定的主观性。由于缺乏战略成本决策的基础数据，在决策分析方法的选择上，就难免存有一定的主观性，一旦决策失去客观基础，决策失误就在所难免。三是战略成本决策受决策者的知识、经验、冒险精神、个人偏好等多方面的影响，要将这些因素同成本联系起来对方案进行取舍，具有较大的困难。四是战略成本决策是面向未来的决策，由于企业未来竞争环境的不确定性是一种客观存在，战略成本决策工作执行结果的可信赖性需要借助很多假设前提，从而增加战略成本决策难度。

二、战略成本决策方法

用于战略决策分析的方法有：竞争态势矩阵分析法、价值链分析法、产品生命周期成本法、目标成本规划法、Kaizn 成本法、成本动因分析、安索夫矩阵、安迪·格鲁夫的六力分析模型、波特五力分析模型、策略方格模型、价值链分析等上百余种，令人眼花缭乱。这里只介绍最为常用的几种分析方法。

（一）竞争态势矩阵分析法

竞争态势矩阵分析法，就是将企业战略与竞争力联系在一起对方案的优劣进行比较,确定哪一方案更为可行的分析方法。

竞争态势矩阵(Competitive Profile Matrix,CPM 矩阵)用于确认企业的主要竞争对手及相对于该企业的战略地位,以及主要竞争对手的特定优势与弱点。竞争态势矩阵的分析步骤为:

(1)确定行业竞争的关键因素。

(2)根据每个因素对在该行业中成功经营的相对重要程度,确定每个因素的权重,权重和为1。

(3)筛选出关键竞争对手,按每个因素对企业进行平分,分析各自的优势所在和优势大小。

(4)将各评价值与相应的权重相乘,得出各竞争者各因素的加权平分值。

(5)加总得到企业的总加权分,在总体上判断企业的竞争力。

(二)价值链分析法

价值链分析法,由美国哈佛商学院教授迈克尔·波特首先提出。价值链是一系列由各种纽带连接起来的相互依存的价值活动的集合。在这一系统内,各项活动之间相互联系,即某项活动进行的方式影响其他活动的成本与效率。波特将其划分为内部联系和纵向联系(企业价值链与供应商、买方及购销渠道价值链之间的联系)两大类。联系的普遍存在意味着仅仅考察一项活动本身并不能全面理解这项活动的成本习性,同时为降低相互联系的活动的总成本创造了机会,企业可通过协调或优化这些联系来创建其整体成本优势。

(三)产品生命周期成本法

从生产经营者的角度来看,产品生命周期意指产品从"孕育"到"消亡"的全过程,这一过程包括如下五个阶段:①产品研究和初始设计;②产品开发和测试;③生产;④销售;⑤顾客使用。产品在上述五个阶段中所发生的全部耗费即产品生命周期成本。对产品生命周期成本的全面计量与分析,目的有三个:第一,帮助企业更好地计算产品的全部成本,便于企业在将产品推向市场之前,做好总体成本效益预测,以决定开发该产品是否有利可图。第二,帮助企业根据产品生命周期成本各阶段的分布状况,来确定进行成本控制的主要阶段。产品的研究开发与设计阶段现已成为关注的焦点,这不仅是因为开发设计本身的成本很高,而且因为设计方案确定之后,导致相关的成本锁入(Locked-incost)。第三,由于扩大了对成本的理解范围,有利于在产品设计阶段考虑顾客使用与产品废置成本,以便有效地管理这些成本。

(四)目标成本规划法

如何改进产品与工序设计,在满足市场需求及企业所期望的盈利水平的前提下,降低设计阶段被锁定的 80％左右产品成本？20 世纪 60 年代由日本丰田汽车公司发明的目标成本规划法可解决此问题。这一方法对提高日本工业企业(尤其是汽车制造业)的经济效益与竞争实力,立下了汗马功劳。20 世纪 80 年代以来,这一方法被欧美许多著名的企业(如福特汽车)相继采用,大大改进了其成本与财务状况。

（五）Kaizen 成本法

"Kaizen"意指小的、连续的、渐进的改进,这一方法是指企业通过改进一系列生产经营过程中的细节活动,如持续减少搬运等非增值活动、消除原材料浪费、改进操作程序、提高产品质量、缩短产品生产时间、不断地激励员工降低成本。这一方法的指导思想是企业有能力不断地降低产品成本,这是一种永无止境、目标不断提高的成本管理思想和方法,这种成本意识是企业长期保持成本优势的基础。

（六）成本动因分析

成本动因分析,由美国著名会计学教授卡普兰等所倡导的作业成本计算,在美国、加拿大的许多先进制造企业得以成功应用,结果发现,这一方法不仅解决了成本扭曲问题,而且它提供的相关信息(如各项作业的资源耗费情况、相应的成本动因及其数量等)为企业进行成本分析与控制奠定了很好的基础。成本动因不仅包括这一模式下围绕企业的作业概念展开的微观层次上的执行性成本动因,而且包括决定企业整体成本定位的结构性成本动因。分析这两个层次的成本动因,有助于企业全面地把握其成本动态,并发掘有效路径来获取成本优势。

三、战略成本决策方法应用

（一）规模扩张战略下的成本决策分析

按照经济学理论,企业只有达到一定规模才能带来规模效益。所以,首先,企业可以通过发展提升自身价值,这体现了经过扩张后的公司市场份额和绝对财富的增加。这种价值可以成为企业进一步发展的动力。其次,企业可以通过不断变革来创造更高的生产经营效率与效益。由于扩张发展,企业可以获得过去不能获得的新机会,避免企业组织的老化,使企业总是充满生机和活力。最后,扩张战略能保持企业的竞争实力,实现特定的竞争优势。如果竞争对手都采取扩张战略,自己还在采取稳定型战略或紧缩型战略,那么就很有可能在未来实现竞争优势。企业扩张规模有多种途径,可以增加生产能力,也可以并购其他企业,或者和其他企业联合,或者搞多元化经营等。

【例 9-3】 某运输企业欲扩张规模,通过战略预测分析,有两个战略可供选择,A 战略是新增一条航线,将既有的某航线飞机改飞新增航线;B 战略是租赁一架新的飞机,充实既有航线,并采用低成本策略与另一航空公司展开竞争。影响两个战略的关键因素有政府的优惠政策、价格竞争力、市场占有率、生产能力利用率等。

通过对关键因素的分析,分别设置权重和比较评分,可得如表 9-4 的 A、B 两战略竞争态势矩阵分析表。

表 9-4　　　　　　　　　A、B 两战略竞争态势矩阵分析表

关键因素	权数	A 战略		B 战略	
		评分	加权分数	评分	加权分数
政府的优惠政策	0.05	1	0.05	2	0.1
价格竞争力	0.1	1	0.1	4	0.4
市场占有率	0.2	2	0.4	3	0.6
生产能力利用率	0.1	2	0.2	3	0.3
投资回报率	0.1	2	0.2	1	0.1
技术	0.1	3	0.3	2	0.2
管理	0.1	3	0.3	2	0.2
员工素质	0.1	2	0.2	1	0.1
学习效应	0.05	2	0.1	3	0.15
顾客满意度	0.1	2	0.2	3	0.3
总得分	1	—	2.05	—	2.45

表 9-4 中 A、B 两战略评价综合得分可知,B 战略优于 A 战略,该公司应租赁一架新的飞机,充实既有航线。

（二）产品开发战略下的成本决策分析

产品开发战略是通过企业现有市场和其他企业已经开发的而本企业正准备投入生产的新产品组合而生产的战略。即对企业现有市场投放新产品或利用新技术增加产品的种类,以扩大市场占有率和增加销售额的企业发展战略。这种战略的核心内容是激发顾客的新的需求,以高质量的新品种引导消费潮流。产品开发战略下的成本决策分析步骤如表 9-5 所示。

表 9-5 产品开发战略下的成本决策程序

	价值工程实施步骤		对应的价值工程问题
	基本步骤	详细步骤	
一、分析问题	一、功能分析	1. 选择对象 2. 收集情报 3. 功能定义 4. 功能整理 5. 功能评价	1. 这是什么 2. 这是做什么用的 3. 它的成本是多少 4. 它的价值是多少
二、综合研究	二、制定改进方案	6. 方案创造	5. 有其他方案能实现这个功能吗
三、方案评价	三、方案评价与选择	7. 概括评价 8. 方案具体化 9. 详细评价 10. 方案取舍	6. 它的成本是多少 7. 新方案成本能满足要求吗 8. 采用新方案

【例 9-4】 DGS 铁矿是 1 座有近百年开采历史的深凹露天矿。目前执行的是 1982 年冶金部批复的(DGS 铁矿深部开采初步设计)、1985 年完成的《AG-DGS 铁矿深部开采修改初步设计》和 1991 年完成的《AG-DGS 铁矿深部开采东端岩石运排系统单项工程初步设计》。建有 78 m 和 66 m 的矿石二期破碎系统、岩石二期破碎系统已分别于 1996 年和 1999 年投入使用。某年的运输成本构成如表 9-6 所示。根据成本资料和公式:成本系数＝评价对象目前成本÷全部成本,计算成本系数。

表 9-6 AG-DGS 三种运输方式及维护成本

运输方式及维护	成本(万元)	成本系数(比重)
铁运运输	3 072	0.256%
铁路维护	1 008	0.084%
铁路排弃	948	0.079%
汽车运输	3 564	0.297%
胶带运输	3 408	0.284%
运输系统	12 000	1.000%

采用强制确定法(又称 FD 法,即兼顾功能与成本,具体做法是先求出分析对象的成本系数、功能系数,得出价值系数,揭示出分析对象的功能与花费的成本是否相符,不相符、价值低的被选为价值工程的研究对象)中的 01 法对几种运

输方式进行功能评价,并根据公式:功能评价系数=评价对象功能评价分值÷总评分值,对几种运输方式仅进行功能评价。如表 9-7 所示。

表 9-7 功能评价系数 F_i

项目	铁路运输	铁路维护	铁路排岩	汽车运输	胶带运输	得分合计	功能评价系数
铁路运输	×	1	1	1	1	4	0.4
铁路维护	0	×	0	0	0	0	0
铁路排岩	0	1	×	0	1	1	0.1
汽车运输	0	1	1	×	1	3	0.3
胶带运输	0	1	1	0	×	2	0.2
合计						10	1.0

根据表 9-6 成本系数和表 9-7 的功能评价系数,价值系数公式:价值系数=功能评价系数÷成本系数,计算价值系数,如表 9-8 所示。

表 9-8 成本系数及价值系数

项目	铁路运输	铁路维护	铁路排岩	汽车运输	胶带运输	合计
功能评价系数(F_i)	0.4	0	0.1	0.3	0.2	1
成本系数(C_i)	0.256	0.084	0.079	0.297	0.284	1.00
价值系数(K_i)	1.563	0	1.27	1.01	0.704	

根据价值工程原理,如果某种运输方式的价值系数越接近于 1,说明该项成本占总成本的比例越合理;如果 $K > 1$,说明该项成本占总成本的比重偏低;如果 $K < 1$,说明该项成本占总成本的比重偏高。从表 9-8 中可以看出,汽车运输{价值系数 $K = 1.01$,接近于 1}成本在运输系统成本所占比重较合理;铁路运输{价值系数 $K = 1.563$,大于 1}成本,铁路排岩{价值系数 $K = 1.27$,大于 1}成本,说明该两项在运输系统成本所占比重偏低;胶带运输{价值系数 $K = 0.704$,小于 1}成本在运输系统成本所占比重偏高。只有降低胶带运输($K < 1$ 的项目),提高铁路运输($K > 1$ 的项目),才能达到降低总成本的目的。

改进分配方案的指导思想,是在保证 DGS 铁矿长远发展的前提下,充分发挥现有铁运系统的作用,"以铁代汽"提高铁运产量,加强生产组织管理,向管理要效益。

通过对 DGS 铁矿采场以及设备能力的分析与研究确定提高铁运系统产量

的途径有三种：

（1）新增铁路采装线，增加铁运产量。

（2）用电铲等设备向下折货，增加铁运产量。

（3）强化铁运系统生产组织管理，增加铁运产量。

（三）成长型战略下的成本决策分析

成长型战略，是指一种使企业在现有的战略水平上向更高一级目标发展的战略。它以发展作为自己的核心向导，引导企业不断开发新产品，开拓新市场，采用新的管理方式、生产方式，扩大企业的产销规模，增强企业竞争实力。在实践中，成长型战略分为密集增长战略、一体化战略、多元化战略等多种类型。

1. 横向一体化

横向一体化战略也叫水平一体化战略，是指为了扩大生产规模、降低成本、巩固企业的市场地位、提高企业竞争优势、增强企业实力而与同行业企业进行联合的一种战略。实质是资本在同一产业和部门内的集中，目的是实现扩大规模、降低产品成本、巩固市场地位。

【例9-5】 上海铁路旅游（集团）有限公司是一家大型国有控股有限责任公司。公司成立于1999年12月30日，由上海铁路局多元经营投资中心及原铁路局所辖蚌埠、南京、上海和杭州四个铁路分局经济发展总公司出资组建，注册资本10 215万元人民币。公司的经营业务包括旅行社、旅游票务（主要从事航空、铁路、水运等国际、国内及地区交通客票代理）、旅游汽车、宾馆以及其他相关业务五大扳块。其中，旅行社、票务服务、旅游汽车被确定为公司的主营业务。公司在全国铁路首开的假日旅游列车，经过10多年的市场培育和精心打造，已成为颇具特色的旅游产品，2007年以后连续被评为上海市名牌产品，红色旅游专列、"一线多游"长途旅游专列、港澳旅游专列等，深受市场欢迎和游客青睐。

集团公司组建以来，在铁路局的大力支持下，紧紧依托铁路的运力资源优势，积极参与旅游市场竞争，在旅游业持续、快速发展的大背景下，公司的经营业绩取得了较大的增长。但是，集团公司主营业务的收入利润率大大低于行业平均水平，近几年由于铁路提速施工及车辆紧缺等原因，几乎没有增长，因此，集团公司要提高盈利能力，增加企业积累，必须在加大开行旅游专列和大力发展国际旅游方面下工夫。同时，应该引起重视的是，集团公司国内旅游的收入利润率在逐年下降，这主要是由于企业的收入逐年增长，但利润却逐年下降的缘故，这也造成了销售毛利率、销售净利率、资产收益率等指标逐年下降。虽然这一下降趋势与上海市国内旅行社行业的整体走势一致，但其下降幅度大大超过行业平均水平，所以，必须引起企业管理者的高度重视。

早在1992年年底，上海铁路局提出了国内旅游企业实施一体化经营的设想。也正是基于这种设想才组建了铁旅集团,力图通过集团成员间的联劳协作、内部交团,达到相互促进,共同发展,从整体上做大、做强华东地区的铁路旅游。但是,这种既没有资产关系、又没有利益关系的松散型联合,仅仅只能做到形式上的一体,根本无法做到战略上的一致和经营上的一体。

虽然从自身的纵向比,集团公司成立 5 年来,国内旅游业务通过横向一体化取得了快速发展,但是,与行业内的企业进行横向比较后发现,集团公司业务市场份额增长乏力,主营收入增幅逐年减小,利润连年下降;而未纳入一体化经营的上铁国旅更是举步维艰,亏损严重,这是集团公司经营中存在的最大问题。同时,集团公司在未来的发展中还面临着不少困难和劣势,主要表现经营和发展的理念相对滞后,生产和销售方式不适应现代企业的发展,企业的核心产品受政策影响较大,人力资源紧缺与富余并存,企业管理中激励措施不相配套。还有,集团公司及所属企业的组织整合能力和学习能力都比较弱,资源不能得到最大利用,规模效应无法显现。

集团公司面临的这些问题,也是制约企业进一步发展的内部劣势。未来,集团公司想要取得新的更大的发展,必须及时调整战略。

在对公司的价值链分析,实施横向一体化经营战略的 SWOT 分析,包括实施横向一体化经营战略所具有的内部优势、内部劣势,外部机会、外部威胁,以及实施横向一体化战略的可行性分析的基础上,对公司横向一体化经营战略进行了详细设计,确立了"以企业联合为基础,以两大群体("有闲"阶层、团体客源)为重点,以三项资源(运力资源、信息技术资源、人力资源)为支撑,以四方面优势(政策优势、网络优势、渠道优势、专属产品优势)为互补,实施"五个一"(战略一致,品牌一统,标准一概,服务一门,管理一元)的横向一体化经营"战略。

在战略准备阶段,以铁路管理体制改革为契机,以扩大企业品牌影响为目标,以兼并资产和重构职能为保证,通过实施"四统一"(即:统一企业形象、统一营销品牌、统一服务标准、统一核心产品)、"四不变"(即:经营资产归属不变、经营格局不变、经营方式不变、经济利益不变)的品牌一体化,拓展市场范围,扩大企业影响,并以兼并资产,重建职能和统一经营品牌为重点,狠抓文化融合,网络建设,人才引进三个关键因素,使"上铁旅游"这一企业品牌从地方品牌发展为区域品牌,为实施经营一体化打下基础。

在战略实施阶段,以北京奥运会为契机,以提高市场份额为目标,以重组资源,重建机制,重造流程为重点;以"三大资源"(运力资源、信息技术资源、人力资源)为支撑,通过"三重"(即:重组资源、重建渠道、重造流程),发挥"四优"(即:发挥政策优势、网络优势、渠道优势、专属产品优势),全面实施经营一体化,达到"三提高"(即:提高企业的经营能力、提高资源的使用效率、提高品牌的知名度),

使集团公司内旅游业务进入全国前二名,国际旅游业务进入全国百强。

在战略深化阶段,以上海世博会为契机,以变革体制,调整布局,重塑品牌为重点,以提升企业的核心能力为保证,以联强弃弱为突破,通过再造理念、变革体制、重塑品牌、建设文化,全面实现各项战略目标,把集团公司打造成上海市乃至长三角区域旅行社行业的龙头企业之一。

在战略拓展阶段,探索与国际大型旅游企业进行战略联盟,实施跨国横向一体化发展战略,以寻求公司的更大发展。

通过上述战略的实施,横向一体化经营的战略优势已经确立,现有资源的使用效率不断提高。据悉,集团公司在今后几年可能选择进攻型发展战略,力争通过5年的努力,实现旅游接待主营业务收入比2004年翻一番,成为上海市乃至整个长三角地区旅行社行业品牌优、产品精、份额大、竞争力强的龙头企业之一。要实现这一愿景、目标,集团公司必须以企业的兼并、重组为基础,以两大客源群体(有闲"阶层"、团体客源)为重点,以三项资源(即:运力资源、信息技术资源、人力资源)为支撑,以四方面优势(即:政策优势、网络优势、渠道优势、专属产品优势)为互补,实施"五个一"(战略一致,品牌一统,标准一概,服务一门,管理一元)的横向一体化经营,确保战略的实施能取得预期的成效。

2. 纵向一体化

纵向一体化又叫垂直一体化,指企业将生产与原料供应,或者生产与产品销售联合在一起的战略形式,是企业在两个可能的方向上扩展现有经营业务的一种发展战略,是将公司的经营活动向后扩展到原材料供应或向前扩展到销售终端的一种战略体系。典型的成功案例是南海峡航运股份有限公司,该公司坚持以市场需求为导向,以"安全和谐,服务优质、务实拼搏,创新发展"为宗旨,按照"以客滚运输为主体,以综合物流和客滚邮轮为两翼"的"一体两翼"发展战略目标。不断提高公司的综合素质,强化客滚船运输主营业务核心竞争力和增强可持续发展的能力。"一体两翼"战略明确指出公司将以客滚主业为主体,以"邮轮运输—客滚运输的高端市场""物流、旅游零售等客滚一体化产业"为两翼,充分受益海南国际旅游岛的建设规划。

第四节　经典案例分析

美国西南航空公司(Southwest Airlines)成立于1967年,1971年正式挂牌运营,公司总部设在美国得克萨斯州。1977年,美国西南航空公司的股票在纽约证券交易所挂牌上市,股票代码为LUV。

美国西南航空公司是一家典型的低成本航空公司,坚持"低成本、低价格、高频率、多班次"的战略。20 世纪 70 年代,美国西南航空公司业务基本都集中在得克萨斯州之内的短途航班上,航班的低票价、高频率使得美国西南航空公司逐渐在得克萨斯州的航空市场上占据了主导地位。1978 年,美国国会通过《航空公司放松管制法》,引发了航空运输业的一场深刻革命,很多航空公司纷纷倒闭。美国西南航空公司却由此进入大发展时期,其客运量保持了每年 300% 的增长,公司开始以得克萨斯州为基础扩张到比邻的 4 个州。90 年代初,美国西南航空公司提出"把高速公路上的客流搬到天上来"的想法,同时进一步开辟新航线,到 1993 年,美国西南航空公司的航线已遍布美国 15 个州 34 个城市,拥有 141 架客机,每架飞机每天起落 11 架次[①]。这些精选的航线进一步捍卫了美国西南航空公司的地位。进入 21 世纪,美国西南航空公司开始进行信息化改革。美国西南航空公司兼并的 Morris 航空公司首创了"无票登机",2005 年,公司与航空运输协会开始代码共享(代码共享是指一家航空公司的航班号(即代码)可以用在另一家航空公司的航班上),为公司带来近 5 000 万美元的年收入。

经过 40 多年的发展,西南航空公司从最初 3 架客机、3 条短程航运业务的地方性小公司发展为拥有 685 架客机、航线覆盖 78 个城市的美国第四大航空公司,自 1973 年实现首次盈利以来,30 余年始终保持盈利。同时西南航空公司具有极好的口碑,从成立至今获得 216 个奖励,包括从 1997 年至 2013 年连续 17 年获得 *Logistics Management Magazine* 杂志"追求良好质量"大奖,这是物流行业客户满意度和性能表现的黄金标准,从 1995 年至 2014 年连续 20 年被《财富》杂志评为"全球最受敬仰的公司"之一。

虽然实行低价格是常见的竞争策略,激烈竞争的航空公司都在努力通过降低票价来吸引顾客,但是没有一家公司像美国西南航空公司一样成功。对比美国航空业排名前五的公司的相关数据可以发现:

第一,对比五家公司的座位里程运营成本情况(详见图 9-5),美国西南航空公司的每一年成本都是最低的,其 5 年平均成本为 $0.12,相比其他 4 家公司平均成本($0.14),降低了 14.3%,说明西南航空公司能够更好地控制了运营成本。

第二,对比五家航空公司的毛利率(详见图 9-6),西南航空的毛利率较高并且稳定,西南航空的 5 年毛利率均值为 5.20%,是其他 4 家公司的平均毛利率(2.96%)的 1.76 倍。特别在 2009 年度,受全球金融危机的影响,当其他航空公司出现亏损或毛利大幅度下降时,西南航空仍然保持 2.53% 的毛利率。

———————

① 史斐. 解析美国西南航空公司的低成本经营之道[D]. 对外经济贸易大学,2007(4)。

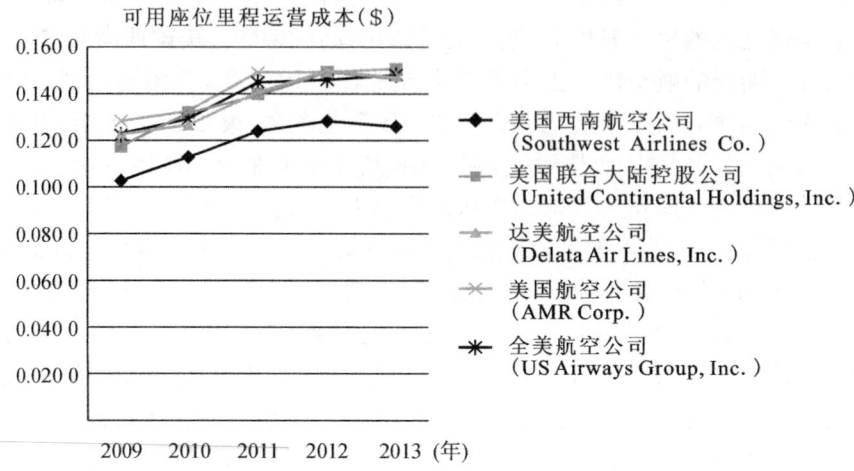

资料来源:根据各公司的年度报告整理而得(http://www.sec.gov/edgar.shtml)。

图 9-5 可用座位里程运营成本①

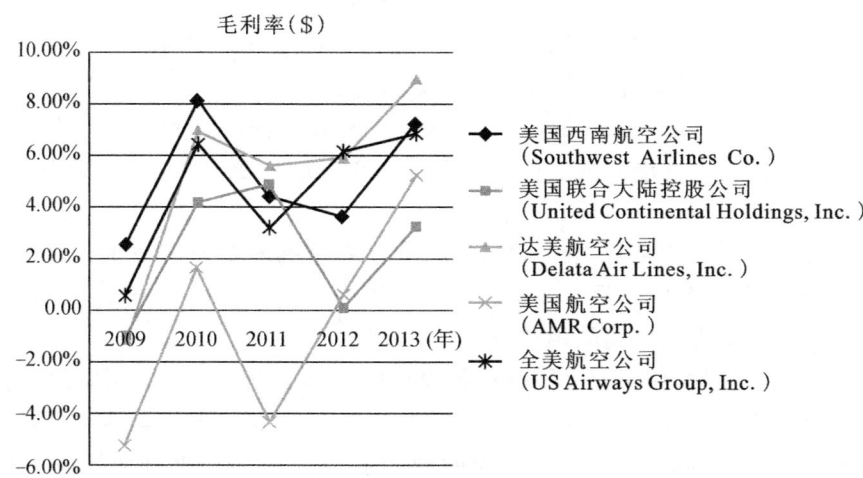

资料来源:根据各公司的年度报告整理而得(http://www.sec.gov/edgar.shtml)。

图 9-6 毛利率

　　为什么美国西南航空公司能够如此成功? 究其根源在于美国西南航空公司一直坚持着独特且合适的低成本战略,同时围绕这个战略企业制定一系列的决

---

　　①　可用座位里程运营成本(美元)[Operating expenses per ASM($)]=运营成本÷可用座位英里(available seat miles),用于衡量成本效率。

策以保障最终目标的实现,形成了一个和谐的战略体系。具体为:

(1) 在航线选择方面,采用高航班频率、"点对点"的直接短途运输航线。这样节约了公司的起降费用、中转成本,提高了设备的利用率。同时对于旅客来说,飞行安排变得更加便捷,大大提高了飞行系统的柔性。

(2) 在机场选择方面,通常使用拥塞较少的区域性机场或二线机场。一方面二线机场廉价的起降费用及相关费用,降低了航空公司的成本;另一方面二线机场少有堵塞现象,节省了航班的转换时间。

(3) 在机型选择方面,只使用波音 737 一种机型的飞机。波音 737 系列飞机被认为是中短距离航程上最为适合的中型喷气飞机,其油耗和维护成本低,而飞行时间却比其他机型长得多。同时,单一机型极大地压缩了零备部件储备的成本,当在基地以外运营时,与相互结盟的其他航空公司在共享零备部件、机场地面服务、维修维护等方面拥有潜在可能性;单一机型大大降低了对于空勤、地勤人员的培训费用,增加了机组调班的灵活性。[①]

(4) 在客舱布局方面,采用简单紧凑的经济舱。这样能最大限度地增加座位数,提高载客量,从而节约成本,降低票价。

(5) 在舱内服务方面,飞机上没有免费用餐,只为顾客提供花生米和饮料,因此腾出的空间又可以增加 6 个座位,也减少了食品采购、运输、保存、装卸的工作量和成本。同时,缩短了配餐装机和机舱清扫的时间。

(6) 在售票方面,采用电话和网络订票,避免代理环节的费用开支。在登记服务方面,采用无票登机,同时飞机座位不安排座位号,乘客自行选择座位,先到先得。这种设计既降低了营运成本,又避免了乘客为寻找位置时的相互拥挤,增强了乘客的自主选择性。

由此我们可以看出,正确选择企业战略固然重要,但一定要有有效的成本决策予以支撑,否则就如同空中楼阁。可见,有效的成本决策能够给企业带来良好的竞争优势,进一步促进企业发展。

阅 读 文 献

[1] 衣春光. 物流成本及其控制决策[J]. 中国物流与采购,2003(23).

[2] 桂华明,马士华. 运输成本对批量敏感时的供应链批量协调策略比较研究[J]. 中国管理科学,2008(2).

---

① 魏法杰,施长芬. 精益管理是低成本航空运营成功的关键——美国西南航空公司运营管理案例分析[J]. 郑州航空工业管理学院学报,2006(12)。

［3］卢馨,吴俊勇,黄惠.中国企业成本管理趋势研究——基于文献数据的实证分析[J].管理工程学报,2014(2).

［4］桂华明,马士华.企业响应时间优化决策模型研究[J].统计与决策,2007(15).

［5］印浩.论企业生产经营决策中的一个问题[J].上海交通大学学报,2000(1).

［6］石海滨.工程项目决策中的若干方法评述[J].统计与决策,2008(7).

［7］王武平,杜纲.企业投资项目比选决策方法研究[J].经济问题,2008(4).

［8］陆振波,黄卫,王树盛.大容量快速公交系统模式与规划选择方法研究[J].土木工程学报,2008(6).

［9］刘奇志.基于马尔科夫链的网络决策分析方法[J].系统工程理论与实践,2011(1).

［10］庄东华.交通运输企业财务风险识别与防范策略[J].财务会计,2013,(8)(下).

［11］柴小青.企业调整产品结构的决策方法[J].华北工学院学报,1997(2).

［12］杨友超,姜玉宪.一种定量空战决策方法[J].北京航空航天大学学报,2005(8).

［13］田冠军.基于竞争决策的动态战略成本管理系统[M].成都:西南财经大学出版社,2011,7(1).

［14］希尔顿.成本管理:商务决策战略(案例分析)[M].2版.北京:中国人民大学出版社,2004.

［15］张易.节流:企业成本的削减[M].北京:中华工商联合出版社,2006.

［16］殷俊明,杨政,雷丁华.供应链成本管理研究:量表开发与验证[J].会计研究,2014(3).

［17］张琦,张欣怡.战略导向的物流成本管理影响因素与实施[J].中国流通经济,2012(11).

［18］李世辉,韩庆兰.基于生命周期成本管理的知识库构建研究[J].会计研究,2013(7).

复习思考题

1. 何为成本决策?

2. 如何对成本决策进行分类?

3. 何为确定型成本决策?何为风险型成本决策?何为不确定型成本决策?

4. 成本决策的原则有哪些?

5. 成本决策的程序是怎样的?

6. 成本决策应注意哪些问题?

7. 何为战术性决策?战术性决策的具体方法有哪些?

8. 何为战略性决策?战略性决策的具体方法有哪些?

9. 何为战略成本?

10. 战略性成本决策有哪些类型?

11. 战略性成本决策主要有哪些困难?如何克服?

12. 如何进行新产品战略成本决策分析?

13. 成长型战略下如何进行成本决策分析?

第十章　第三方物流企业成本核算与控制

> **【本章概要】**
>
> 　　我国的第三方物流企业是一个新兴行业。第三方物流企业要想在市场竞争中取得优势地位和长远发展,要严格控制和尽量降低企业成本。我国的第三方物流企业只有准确计算合同成本,制定有竞争性的价格,才能争取更多客户,打败竞争对手。本章的主旨就在于介绍如何正确核算和有效控制第三方物流企业成本。本章前面两节对第三方物流、第三方物流成本等概念进行介绍,并重点选择按物流成本项目对第三方物流企业成本进行分类的方法,对物流功能成本和存货相关成本的成本项目进行详细界定分析。明确以物流成本项目作为物流成本核算对象,介绍了物流成本核算的营运成本法。本章第三节介绍了第三方物流企业成本核算的作业成本法,并加以举例说明。针对作业成本法在第三方物流企业中应用存在的缺陷,本章第四节介绍了一种新的物流成本优化方法——时间驱动作业成本法。

第一节　第三方物流企业成本构成与特点

一、第三方物流与第三方物流企业

　　第三方物流(third party logistics,简称 TPL 或 3PL)是 20 世纪 80 年代中期由欧美提出的。在 1988 年美国物流管理委员会的一项顾客服务调查中,首次提出"第三方服务提供者"的说法。第三方物流是相对"第一方物流"(物品提供方承担物流)和"第二方物流"(物品需求方承担物流)而言的,即由物品提供者与物品需求者之外的第三方即专业的物流服务商承担物流服务的物流模式。所提供的这种物流服务是一种专业物流服务模式,是在特定时间段内按照特定的价格向使用者提供的个性化、系列化的服务,而且是建立在现代电子信息技术基础上的。通俗地理解,第三方物流就是指生产经营企业为集中精力搞好主业,把原来自己处理的物流活动,以合同方式委托给专业物流服务企业,同时通过信息系统与物流服务企业保持密切联系,以达到对物流全过程的管理和控制的一种物流运作与管理方式。

第三方物流企业,也称 3PLs,它是指专门为客户提供提供全部或部分物流服务的外部供应商。物流企业所提供的物流服务目前主要有 7 个基本环节,即:运输、仓储、装卸搬运、配送、包装、流通加工、信息服务等,还有诸如代理报关、财务结算等更多的针对不同客户提供的具有特色的其他服务,可以看作是物流企业生产的一些无形的产品。对于为物流委托方提供第三方物流服务的物流企业来说,它不是生产方也不是销售方,而是在从生产到销售的整个物流过程中进行服务的第三方;它一般不拥有商品,而只是为客户提供仓储、配送等物流服务;它所提供的不是互不相关的独立的物流服务环节,而是一个物流服务链。从我国物流企业的业务现状来看,单项物流业务收入占企业总物流收入的百分比在80%以下的物流企业才属于第三方物流企业。根据其是否自有资产以及其服务职能,可以将其划为资产型、管理型和优化型第三方物流企业三种类型。目前我国的大多数第三方物流企业都属于资产型物流企业。

一般来说,第三方物流企业的业务流程如图 10-1 所示。

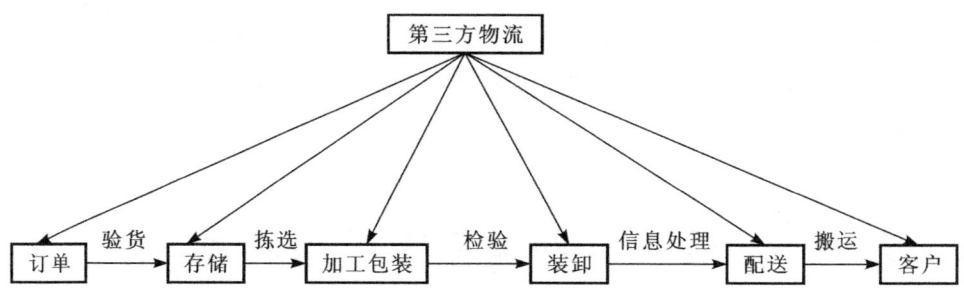

图 10-1　第三方物流企业业务流程图

二、第三方物流企业成本的构成内容及分类

第三方物流企业成本又称为物流企业费用,是指物流企业所服务的商品、物资在进行空间移动时所耗费的活劳动和物化劳动的货币支出。具体来说,它是指商品、物资在诸如包装、装卸、运输、仓储、加工等环节中所支出的人力、物力、财力的总和,主要包括:①从事物流工作人员的工资、奖金及各种补贴;②物流过程中的物质消耗,如包装材料、电力、燃料的消耗,固定资产的折旧等;③物资在运输、保管等物流过程中的必要消耗;④物流管理过程中发生的费用,如办公费、差旅费等、支付银行贷款的利息等。

我国第三方物流企业及相关文献中对物流成本主要存在以下三种分类方法。

1）按物流活动的成本项目分类

按物流活动的成本项目划分，可分为物流功能成本和存货相关成本。

物流功能成本指在包装、运输、仓储、装卸搬运、流通加工、物流信息和物流管理过程中所发生的物流成本。可以分为物流运作成本、物流信息成本和物流管理成本。其中物流运作成本指完成商品、物资的流通而发生的成本，可进一步细分为运输成本、仓储成本、包装成本、装卸搬运成本、流通加工成本；物流信息成本指为完成物流信息的收集、传递和处理等发生的费用支出；物流管理成本是为完成物流管理活动而发生的费用支出，既包括物流管理部门也包括物流作业现场的管理费支出。

存货相关成本指企业在物流活动过程中所发生的与存货有关的资金占用成本、物品损耗成本、存货保险和税收成本。资金占用成本指一定时期内，企业在物流活动过程中负债融资所发生的利息支出（显性成本）和占用内部资金所发生的机会成本（隐性成本）；物品损耗成本指一定时期内，企业在物流活动过程中所发生的物品跌价、损耗、毁损、盘亏等损失；存货保险和税收成本指一定时期内，企业支付的与存货相关的财产保险费及因购进和销售物品应交纳的税金支出。

物流成本按物流活动的成本项目分类，可以了解物流功能成本和存货相关成本在总成本中的各自比重，明确物流成本改善的取向。以各种物流功能作为对象核算物流成本可以看出各种功能所耗费的成本，进行功能作业管理和设定合理化目标，特别是在物流功能性业务部门分工明显的企业，如设有运输部、仓储部等的企业，便于确定各自的成本，当需要外包时也便于确定外包物流的招标底价；而以存货为对象核算物流成本，可以掌握与存货有关的物流成本支出，分析加速存货周转对降低物流成本的现实价值，对于提高企业资金利用效率、降低和防范由于存货过多给企业带来的风险具有重要意义。

2）按物流成本产生的范围分类

按物流成本产生的范围划分，物流成本由供应物流成本、企业内物流成本、销售物流成本、回收物流成本以及废弃物流成本构成。

通过按物流成本产生的范围进行分类，可以了解每个物流范围阶段所发生的成本支出，了解哪些物流范围阶段是成本发生的聚焦点，把握成本改善的阶段取向。

3）按物流成本的支付形态分类

物流成本具体分为委托物流成本和企业内部物流成本，其中，企业内部物流成本的支付形式具体包括材料费、人工费、维护费、一般经费和特别经费。

三、第三方物流企业成本的特点

第三方物流企业就其自身的成本构成及其特殊性来看,第三方物流企业成本的最主要的特点有三个方面:

(1) 第三方物流企业的物流服务与有形产品相比,具有无形性、瞬时性和多样性特点。其无形性是指某项物流服务的购买者在购买前无法直接感觉到该项服务的存在;瞬时性是指客户只能即时享受某项服务,该项服务不能储存到未来使用。多样性有两个方面的含义:一方面每个客户要求的物流服务不同,货物的种类不同,配送的频率与数量不同等,另一方面各企业物流服务者工作经验不一样,甚至工作当天的个人情绪,家庭生活等的影响,都会产生不同服务效率和服务质量的物流服务,物流服务的产品的特性就决定了物流企业成本构成的最大特点是无存货成本。

(2) 第三方物流企业营运间接费用所占比重很大。营运间接费用是物流企业成本中除直接人工和直接材料以外成本的统称。营运间接费用涉及的项目范围很广,种类也很多,在营运成本中所占的比例也很大。

(3) 物流系统内部要素之间的目标冲突,存在此消彼长的关系,也就是所谓"二律背反"规律。例如,采用批量运输,整车装运,降低了运输成本,却可能造成库存增加,物流末端加工费用提高。节省包装费用,就会降低产品的保护效果,给储存、装卸、运输带来效率的下降,甚至损坏商品,造成更大损失。物流系统与外部系统的目标冲突。物流系统要追求本系统的成本最小化,而外部其他系统也有自己特定的目标。这些目标之间的冲突是客观普遍存在的。

第二节　物流功能成本及存货相关成本的核算与分析

在计算物流成本时,必须把握一个基本原则——成本效益原则。本章选择按物流成本项目的分类方法,以物流成本项目作为物流成本核算对象。按物流成本项目分类来计算物流成本,必须首先从企业财务会计核算的全部相关账户中抽出所包含的物流成本,然后直接或分类汇总计算某一具体物流业务的总物流成本。

一、物流成本项目的界定分析

第三方物流企业物流成本按物流活动的成本项目划分,可分为物流功能成本和存货相关成本。

（一）物流功能成本

物流功能成本可以分为物流管理成本、物流信息成本和物流运作成本。

1. 物流管理成本

物流管理成本指一定时期内，企业物流管理部门及物流作业现场所发生的管理费用。企业物流管理部门主要负责物流业务的承揽工作和客户服务工作。具体来说，物流业务承揽工作主要包括物流业务的询价、物流方案的设计、物流方案的投标、物流业务的合同签订等方面；客户服务工作主要包括与客户关系的维护、处理客户的投诉等方面的工作。物流业务管理部门所负责的承揽工作实质上就是物流业务的前期开发工作。则前期开发工作（如办公场所相关费用、人员薪酬相关费用、物流方案设计费用、承揽过程的业务招待费等）与软件开发企业的前期开发过程有相似之处，从理论上说，如果投标的物流业务中标了，表明物流业务前期开发成功，由此相应发生的费用应计入该物流业务的成本。但是，由于物流业务的前期开发工作中投标的成功与否具有极大的不确定性，根据谨慎性原则，其发生的费用通常在发生时一次计入物流企业的"销售费用"。但值得注意的是，如果某一项物流业务中标了，或者说前期开发成功了，此时在考评该项物流业务盈利能力时，应考虑将能够明确界定的前期开发费用即物流业务承揽费作为其考评的一项负因素。

2. 物流信息成本

物流信息成本指一定时期内，企业为采集、传输、处理物流信息而发生的全部费用，指与订货处理、储存管理、客户服务有关的费用，具体包括物流信息人员费用、软硬件折旧费、维护保养费、通讯费等。物流管理信息系统的投入方式主要有两种：一种是自行开发，另一种是外部购入。由于第三方物流企业自行开发物流管理信息系统是否能够成功具有不确定性，考虑到与现行软件业的软件自行开发有相雷同的特性，物流管理信息系统自行开发发生的耗费应作为当期损益项目计列为"管理费用"。同样，如果该类信息系统开发成功的话，应考虑将系统开发费用纳入物流业务的盈利能力分析数据中，以便客观考察该项物流业务的盈利情况。

第三方物流企业也可以外购物流管理信息系统，并支付信息系统费用。一般来说，企业会计实务中一般将外购软件支出作为"固定资产""无形资产"或"长期待摊费用"资产类科目核算，后续以折旧费或摊销费的形式计入企业的"管理费用"。但从第三方物流企业外购管理信息系统软件的现实考虑，第三方物流企业能否中标某一物流业务与其物流管理信息系统的有无或健全与否直接相关，而且中标后项目能否承做成功也对该信息系统有很大的依赖。如果第三方物流企业对某一物流业务的特定物流服务内容采用自营模式，如第三方物流企业的仓储中心负责某一物流业务的仓储作业环节,那么如果根据仓储中心仓储作业信息管理的需要,企业购买了与物流业务的物流作业密切相关的"仓储管理系统"子系统,此时应该将该笔支出计入物流业务成本。如果存在多个物流业务同时需要使用该信息系统,则考虑将此笔购置支出选择合适的分配标准计入不同物流业务的成本。

3. 物流运行成本

物流运作成本是指为完成商品、物资的流通而发生的费用,可进一步细分为运输费、仓储费、包装费、装卸搬运费、增值服务费、其他费用等。

1) 运输费

运输费指一定时期内,企业为完成货物运输业务而发生的全部费用,包括从事货物运输业务的人员费用、车辆(包括其他运输工具)的燃料费、折旧费、维修保养费、租赁费、养路费、过路费、年检费、事故损失费、相关税金等。

根据物流服务的具体内容,第三方物流企业可以设计不同的运输方案,运输方案的设计内容主要包括运输方式的选择和运输能力的考虑。运输方式主要有水路(包括海洋运输、内河运输)、铁路、公路和航空等。第三方物流企业的运输业务有自营和外包两种业务运作模式,如果第三方物流企业将物流业务合同中的运输服务全程外包,则该项物流业务的运输费均属于直接费用,根据外包合同要求支付给签约运输服务商的费用直接计入该项物流业务成本中的运输成本。运输成本包括干线运输成本和配送运输成本两部分,其中干线运输成本可根据不同的运输方式分设为水路干线运输成本、公路干线运输成本、铁路干线运输成本和航空干线运输成本四类明细项目。配送运输成本通常表现为公路运输成本。如果外包运输服务涉及不同物流业务货物的运输,则应选择合适的分配标准(如货物周转量)将支付的运输费在不同的物流业务之间进行分配。

如果第三方物流企业选择自营模式,从第三方物流企业实际运作的情况看,运输服务中远洋运输、内河运输、铁路运输或航空运输的自营模式并不常见,而公路运输自营模式较为常见。第三方物流企业自营公路运输服务的模式主要表现为其将公路运输业务交由其他业务部门如货代业务部或交由自己的车队运作。交由其他业务部门运作自营模式下,其费用的结算可以考虑用双方的内部结算价格,以直接费用的形式作为物流业务的成本予以核算;交由自己的车队运作的自营模式下公路运输费的核算至少需要考虑两方面的因素:一是车队等机构和人员的相关费用(简称车队管理费用),二是车辆的直接费用如司机的薪酬、车辆的折旧费和维修费等。从归集某一项物流业务运输费用的角度出发,车队管理费用和车辆的直接费用从属性上来说有可能是直接费用也可能是间接费用,其属性取决于服务对象的数量。如果车队仅服务于某一项物流业务,则上述所有费用均为直接费用,直接计入该项物流业务成本。如果车队同时服务于物流业务部门的多项物流业务,车队管理费用的属性为间接费用,有必要考虑选择合适的分配标准将其分配给不同的服务对象。车辆的直接费用的属性比较复杂,其有可能是直接费用也可能是间接费用,当某一车辆为特定的物流业务服务时,一定期间发生的费用则为直接费用,计入该项物流业务成本;当某一车辆服务于多项物流业务时,一定期间发生的费用则为间接费用,需要选择合适的分配标准在不同的物流业务间进行分配。

2)仓储费

仓储费指一定时期内,企业为完成货物储存业务而发生的全部费用,包括仓储业务人员费用,仓储设施的折旧费、维修保养费、水电费、燃料与动力消耗等。

3)装卸搬运费

装卸搬运费指一定时期内,企业为完成装卸搬运业务而发生的全部费用,包括装卸搬运业务人员费用,装卸搬运设施折旧费、维修保养费、燃料与动力消耗等。

4)增值服务费

增值服务费指一定时期内,企业为完成货物流通加工等其他物流增值服务业务而发生的全部费用,包括流通加工业务人员费用,流通加工材料消耗,加工设施折旧费、维修保养费,燃料与动力消耗费等。

需要说明的是,与运输环节的营运模式相仿,第三方物流企业的仓储业务、装卸业务、增值服务业务也存在外包和自营两种模式。其仓储费、装卸搬运费、增值服务费,与运输费类同,需要根据企业具体情况具体分析如何计入物流业务成本。总的原则,对于外包模式,主要考虑支付的外包业务费用的属性,如果该业务环节涉及不同的物流业务的货物,应考虑选择合适的分配标准在不同物流业务之间进行分配;如果仅涉及单一物流业务的货物,则将支付的费用作为直接费用直接计入该项物流业务的成本。对于自营模式,其相关费用较外包相对复杂,主要包括各业务机构和员工的相关费用、业务所耗设施设备相关费用以及各类作业操作费等,企业有必要分别考虑上述费用的属性,区分业务直接费用和间接费用,业务直接费用直接计入物流业务成本,业务间接费用选择合适的分配标准在不同的物流业务之间进行分配。

5)其他费用

其他费用指第三方物流企业在履行物流合同中除了发生的运输费、仓储费、装卸费、增值服务费以外发生的其他各类费用,如保险费、税费、事故损失与违约赔偿费。这些费用通常都表现为直接费用,可以直接计入某一项物流业务的成本。

（二）存货相关成本

存货相关成本具体分为资金占用成本、物品损耗成本和存货保险和税收成本。其中，资金占用成本是指一定时期内，企业在物流活动过程中负债融资所发生的利息支出（显性成本）和占用内部资金所发生的机会成本（隐性成本）；物品损耗成本是指一定时期内，企业在物流活动过程中所发生的物品跌价、损耗、毁损、盘亏等损失；存货保险和税收成本是指一定时期内，企业支付的与存货相关的财产保险费以及因购进和销售物品应交纳的税金支出。上述费用通常都表现为直接费用，可以直接计入某一项物流业务的成本。

二、物流成本项目的具体核算

第三方物流企业物流业务的成本包括直接费用和间接费用两部分。其中，直接费用包括直接运输费、直接仓储费、直接装卸费、直接增值作业费和直接其他作业费；间接费用包括运输共同费用、仓储共同费用、装卸共同费用、增值作业共同费用和其他作业共同费用和营运间接费用。

第三方物流企业可以按照营运成本法进行物流业务成本的核算。营运成本法的概念相当于制造业企业的制造成本法概念。为了核算物流业务的成本，第三方物流企业可以考虑设置"物流成本"科目核算第三方物流企业经营物流业务（或具体业务订单）所发生的各项费用。其科目性质及使用类同于制造业企业中的"生产成本"科目。另外还可以考虑设置"运输共同费用""仓储共同费用""装卸共同费用""增值作业共同费用""其他作业共同费用"和"营运间接费用"六个成本类科目，其科目性质及使用类同于制造业企业中的"制造费用"科目。

第三方物流企业物流业务的物流成本具体核算如下：

（1）企业外包物流业务所发生的外包物流费用，根据费用原始凭证记入"物流成本"及其明细账户的借方。

借：物流成本——××业务××订单——运输费（仓储费、装卸费、增值作业费、其他作业费）
　　贷：应付账款——××业务××订单——××物流企业

借：应付账款——××业务××订单——××物流企业
　　贷：银行存款

（2）企业自营物流业务所发生的能够直接归属于某一物流业务（或具体业务订单）的各项费用，包括运输费、仓储费、装卸费、增值服务费、保险费、违约费、税费等，按规定的成本核算对象和成本项目归集，借记"物流成本"科目。

借：物流成本——××业务××订单——运输费（仓储费、装卸费、增值作业费、其他作业费）
　　贷：应付职工薪酬（原材料、周转材料、累计折旧、银行存款、其他应付款等）

（3）企业自营物流业务所发生的不能直接归属于某一物流业务（或具体业务订单）的各项费用，先根据费用内容在"运输共同费用""仓储共同费用""装卸共同费用""增值作业共同费用""其他作业共同费用"和"营运间接费用"六个间接费用账户的借方归集，期末再选择合适的分配标准将归集的上述间接费用分配记入"物流成本"及其明细账户的借方。运输共同费用的分配可以考虑依据运输周转量标准进行分配，仓储共同费用可以考虑依据仓储面积的标准进行分配，装卸共同费用可以考虑依据装卸量标准进行分配，增值作业共同费用可以考虑依据增值额标准进行分配，营运间接费用可以按物流业务的运输费、仓储费、装卸费、增值作业费与其他作业费的所占比重进行分配，其他作业共同费用则需要根据具体作业的情况选择标准进行分配。

① 间接费用的归集：

借：运输共同费用
　　仓储共同费用
　　装卸共同费用
　　增值作业共同费用
　　其他作业共同费用
　　营运间接费用
　　贷：应付职工薪酬（原材料、周转材料、累计折旧、银行存款、其他应付款等）

② 运输共同费用的分配：

借：物流成本——××业务××订单——运输费
　　贷：运输共同费用

③ 仓储共同费用的分配：

借：物流成本——××业务××订单——仓储费
　　贷：仓储共同费用

④ 装卸共同费用的分配：

借：物流成本——××业务××订单——装卸费
　　贷：装卸共同费用

⑤ 增值作业共同费用的分配：

借：物流成本——××业务××订单——增值作业费
　　贷：增值作业共同费用

⑥ 其他作业共同费用的分配：

借：物流成本——××业务××订单——其他作业费
　　贷：其他作业共同费用

⑦ 营运间接费用的分配：

借：物流成本——××业务××订单——营运间接费用

　　贷：营运间接费用

（4）根据物流业务合同内容汇总上述完工业务订单的总物流成本并进行结转，同时确认物流业务收入。

借：主营业务成本——××业务××订单

　　贷：物流成本——××业务××订单

借：应收账款——××客户

　　贷：主营业务收入——××业务××订单

借：银行存款

　　贷：应收账款——××客户

【例 10-1】 深圳某第三方物流公司（简称 M 公司）签订了甲、乙两个将同样电子元件从香港运至广州（起点和终点相同）的物流服务合同。甲合同的要求是：30 000 件货物一次入关到达公司的仓库，然后每三天分送 3 000 件元件到位于广州的工厂。乙合同的要求是：30 000 件货物分三次入关运到公司的仓库，然后每天运送 1 000 件到广州。由于货物本身自带托盘，标签标示的材料费用可以忽略不计，所以可以假设甲、乙服务都不需要直接材料。假定 M 公司的成本核算期是 1 个月，该月只完成了甲、乙两个服务合同。

假定 M 企业采用营运成本法核算甲、乙物流业务合同成本。分析计算过程如下：

（1）M 公司履行甲、乙服务合同中，乙合同需要运输 3 次，而甲合同只需要运输 1 次。由于电子元件体积小，每次运输和配送只需一辆汽车。假定运输环节人工费 5 000 元，材料费用 3 000 元，汽车折旧等费用 4 000 元，人工费和折旧费按货物运输时间分配，材料费用按货物运量分配，见表 10-1。

表 10-1　　　　　　　　　　**M 公司运输共同费用分配表**

物流服务产品	运输时间	分配率	分配的运输共同人工费用（元）	分配率	分配的运输共同折旧费用（元）	运量	分配率	分配的运输共同材料费用（元）	小计（元）
甲合同	100	2.5	1 250	10	1 000	30 000	0.05	1 500	3 750
乙合同	300		3 750		3 000	30 000		1 500	8 250
合　计			5 000		4 000			3 000	12 000

（2）仓管部门（主要负责货物的进、出仓库的搬运装卸工作）发生人工费用

20 000 元,材料费用 10 000 元,仓管部所用的装卸和升降等设备折旧费为 10 000 元。

由于甲、乙合同入库、出库货物数量相同,所耗费用各占一半,见表 10-2。

表 10-2　　　　　　　**M 公司仓储共同费用分配表**

物流服务产品	分配标准	分配率	分配的仓储共同费用(元)
甲合同	30 000		20 000
乙合同	30 000	0.66	20 000
合　计			40 000

(3) 假定配送环节发生人工费 15 000 元、材料费 10 000 元、设备折旧等费用 10 000 元。配送材料费用按配送运量为标准进行分配,配送人工费和设备折旧费按配送时间为标准进行分配,见表 10-3。

表 10-3　　　　　　　**M 公司配送共同费用分配表**

物流服务产品	配送时间	分配率	分配的配送共同人工费用(元)	分配率	分配的配送共同折旧费用(元)	运量	分配率	分配的配送共同材料费用(元)	小计
甲合同	200		3 750		2 500	30 000		5 000	11 250
乙合同	600	18.75	11 250	12.5	7 500	30 000	0.17	5 000	23 750
合　计			15 000		10 000			10 000	35 000

(4) 假定报关环节发生人工费用 1 000 元,材料费用 1 000 元。人工费用按报关的次数进行分配,材料费用按照报关货物数量进行分配,见表 10-4。

表 10-4　　　　　　　**M 公司报关共同费用分配表**

物流服务产品	报关次数	分配率	分配的报关人工费用	报关货物数量	分配率	分配的报关材料费用	小计
甲合同	1		250	30 000		500	750
乙合同	3	250	750	30 000	0.017	500	1 250
合　计			1 000			1 000	2 000

(5) 计算甲、乙物流业务成本。

由于简化计算,假设甲、乙服务都不需要直接材料、直接人工。则甲物流业务成本=3 750+20 000+11 250+750=35 750(元);乙物流业务成本=8 250+20 000+23 750+1 250=53 250(元)。

根据以上资料可编制会计分录如下：

借：运输共同费用　　　　　　　　　　　　　　　　　　12 000

　　仓储共同费用　　　　　　　　　　　　　　　　　　40 000

　　配送共同费用　　　　　　　　　　　　　　　　　　35 000

　　报关共同费用　　　　　　　　　　　　　　　　　　2 000

　贷：应付职工薪酬　　　　　　　　　　　　　　　　　41 000

　　　原材料　　　　　　　　　　　　　　　　　　　　24 000

　　　累计折旧　　　　　　　　　　　　　　　　　　　24 000

借：物流成本——甲合同业务——运输费　　　　　　　　3 750

　　　　　　——乙合同业务——运输费　　　　　　　　8 250

　贷：运输共同费用　　　　　　　　　　　　　　　　　12 000

借：物流成本——甲合同业务——仓储费　　　　　　　　20 000

　　　　　　——乙合同业务——仓储费　　　　　　　　20 000

　贷：仓储共同费用　　　　　　　　　　　　　　　　　40 000

借：物流成本——甲合同业务——配送费　　　　　　　　11 250

　　　　　　——乙合同业务——配送费　　　　　　　　23 750

　贷：配送共同费用　　　　　　　　　　　　　　　　　35 000

借：物流成本——甲合同业务——报关费　　　　　　　　750

　　　　　　——乙合同业务——报关费　　　　　　　　1 250

　贷：报关共同费用　　　　　　　　　　　　　　　　　2 000

借：主营业务成本——甲合同业务　　　　　　　　　　　35 750

　　　　　　　——乙合同业务　　　　　　　　　　　　53 250

　贷：物流成本——甲合同业务　　　　　　　　　　　　35 750

　　　　　　——乙合同业务　　　　　　　　　　　　　53 250

第三节　第三方物流企业作业成本计算与控制

营运成本法核算物流成本主要是从传统成本会计的各项费用中剥离出物流费用，单纯依赖运量、直接人工工时或机时将物流成本在不同产品和批次之间进行分配。采用这种方法计算简单，核算本身花费少，但其缺陷在于没有从企业整体业务角度来确定成本计算对象，分配形式单一、分配不合理，因此无法准确提供不同业务或者不同客户的成本，也无法准确计算企业提供增值服务的成本。

该方法已经无法满足第三方物流企业以及供应链中相关企业成本管理的要求。

面对传统成本核算方法成本分配基础单一、信息不准确等问题，有些企业尝试采用作业成本法（activity-based costing，简称 ABC）来核算物流成本。相比传统核算方法，作业成本法下成本的准确性得以提高，其独特的"产品消耗作业，作业消耗资源"的原理便于企业追踪物流成本的产生源头，有利于物流成本的控制。

一、作业成本法的定义及核算原理

卡普兰和阿特金森在《高级管理会计》一书中将作业成本法定义为：作业成本法是通过成本动因将间接费用和辅助资源更准确地分配到作业、生产过程、产品及服务中的一种成本核算方法。在作业成本法核算模型中，将不能直接分配到产品的间接费用，分配到作业并计算作业成本，然后依据作业的消耗量，将作业成本分配到产品，最终得出产品成本。作业成本法的一个显著特点就是在计算产品成本时，将焦点从传统的"产品"转移到"作业"上，以作业为单位分配、归集成本。

作业成本法应用于第三方物流企业物流业务成本的核算思路是，物流业务（合同或订单）消耗作业，作业消耗资源并导致成本的发生。作业成本法把第三方物流企业物流业务成本的核算深入作业层次，以作业为单位收集成本，并把"作业"或"作业成本池"的成本按作业动因分配到各项物流业务。

二、作业成本法在第三方物流企业的成本计算程序

在物流成本管理中应用作业成本法的研究，目前已有较为统一的认识，其计算程序大致可以分为以下几个阶段：

（1）界定企业物流系统中涉及的各项作业。在作业成本法应用过程中，要在权衡核算结果的准确性及成本代价的基础上科学界定组织中承接与完成物流业务的作业。在对作业流程中心布局进行细致了解的基础上，界定出各个作业环节的范围。作业是工作的各个单位，作业的类型和数量会因企业的不同而不同。例如，在一个顾客服务部门，作业包括处理顾客订单、解决物流业务各环节的问题以及提供顾客报告三项作业。

（2）确认企业物流系统中涉及的资源。对于资源的界定，首先要将资源的耗费划分为直接费用和间接费用，直接费用直接计入产品或服务，只有间接费用才通过作业成本法进行分配核算；其次要区分可归集到作业的成本与不可归集到作业的成本。资源成本的信息主要来源于企业财务核算体系中相关账户及明细账中的数据或者加以整理的数据。具体来说，从第三方物流企业成本费用类

账户入手,包括管理费用、销售费用、财务费用、生产成本、制造费用、其他业务成本、营业外支出以及材料采购等科目入手,找出最原始的费用支付形态。例如,人工费、材料费、折旧费、维修费、办公费、通信费等。每项作业必定涉及相关的资源,与作业无关的资源应从物流成本核算中剔除。

(3) 划分作业成本库。按同质作业设置作业成本库。如果企业系统中涉及的作业数量相对较少,就可对作业逐个进行动因分析。如果第三方物流企业涉及的作业数量较多,则需要将作业按照一定的原则合并,建立作业中心,若干个作业中心还可以按照规则并为一个作业成本库。一般而言,作业中心和作业成本库不宜划分得过粗,过粗会导致成本的不准确;但也不能划分得过细而使成本计算太繁琐,一个不断发展的作业成本系统一般有 15～20 个作业成本库比较适宜。

(4) 确认动因。在建立了作业中心,归集同质作业,设置作业成本库后,需要从作业成本库多个作业中心中选择出恰当的作业动因作为该成本库的代表成本动因并计算成本动因分配率。例如,问题最多的物流业务环节会产生最多顾客服务的电话,为此按照电话数的多少(此处的作业动因)把解决物流业务环节问题的作业成本分配到相应的物流业务(合同或订单)中去。

(5) 将作业成本分配到各项物流业务(合同或订单)。根据各项物流业务(合同或订单)耗用的作业以及成本动因分配率将作业成本分配到各项物流业务(合同或订单)。其中,资源动因率等于某项资源费用除以各作业消耗该项资源费用的资源动因量之和,作业动因率等于某项作业的资源费用除以各产品消耗该项作业的作业动因量之和。

作业成本法计算物流成本计算的逻辑思路如图 10-2 所示。

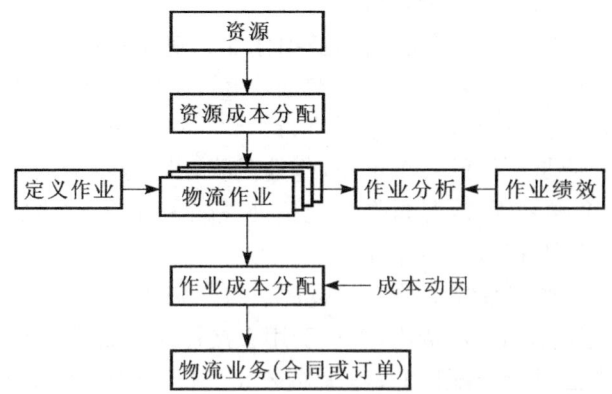

图 10-2 作业成本法计算物流成本计算的逻辑思路

三、第三方物流企业作业成本的具体核算

(一)"物流作业成本"科目设置

在运用作业成本法核算第三方物流企业的物流业务成本时,考虑到其作业核算特性,可以设置"物流作业成本"会计科目。由于合同的唯一性,以及每笔订单号正符合作业成本核算的批级作业的概念,所以在科目设置时可选择业务或合同号为二级科目,即可以根据企业成本管理需要设置相应的二级明细科目"物流作业成本——××合同"。三级科目可设为运输作业成本、仓储作业成本、装卸作业成本、包装作业成本、订单处理作业成本、系统设计作业成本等。需要强调的是,各个企业可以根据自身的特点和经营的范围相应调整会计科目的设置,或者将会计科目作进一步细化。例如,如果企业可以提供多种运输方式,可以将运输作业成本具体划分为公路运输作业成本、铁路运输作业成本、水路运输作业成本等科目,其他会计科目的设置也可按此进行。

为适应作业成本法的要求,应设置专门的作业科目,三级或三级以下的科目完全是按照作业设置的作业科目。在以物流作业为基本科目的前提下还可以根据作业本身的不同类别再作进一步细分。例如,以作业层次分类法为基础,相应设置单元作业科目、批别作业科目、合同作业科目、支持作业科目四个作业科目。根据管理与核算的需要,各作业科目可以继续细分。作业科目不仅是核算物流成本的需要,同时也为作业化管理提供依据,可用于对作业成本进行有效管理、控制与监督。

(二)账务处理

1. 账务处理基本原则

对于自营物流直接费用,应根据运输、仓储或装卸等物流作业的直接费用在费用发生时直接记入"物流作业成本"科目的借方。对于自营物流间接费用,应根据运输、仓储或装卸等物流作业的原始单据判断其是否为自营物流间接费用,先进行归集,然后将自营物流间接费用分配记入"物流作业成本"科目的借方。

期末根据物流业务订单的完成情况结转相应的完工物流费用,即将相应的金额从"物流作业成本"科目的贷方转入"主营业务成本"科目的借方,期末未完工订单的成本明细账所归集的物流费用即为第三方物流企业月末未完成物流业务的成本。

2. 主要会计分录

1) 自营直接费用入账

根据物流业务的自营运输、仓储、装卸等作业环节所发生的直接费用原始凭证记入"物流作业成本"及其明细账户的借方。

借：物流作业成本——××合同——运输作业成本(仓储作业成本、装卸作业成本、增值
作业成本、其他作业成本等)
　　贷：应付职工薪酬(原材料、周转材料、累计折旧、银行存款、其他应付款等)

2) 自营物流间接费用归集与分配

根据物流业务自营作业环节所发生的间接费用原始凭证归集自营物流间接费用,即通过设置"物流作业成本——作业共同费用"这一过渡账户进行归集核算。

借：物流作业成本——作业共同费用
　　贷：应付职工薪酬(原材料、周转材料、累计折旧、银行存款、其他应付款等)

利用成本动因将间接费用进行成本分配时,则：

借：物流作业成本——××合同——运输作业成本(仓储作业成本、装卸作业成本、增值
作业成本、其他作业成本等)
　　贷：物流作业成本——作业共同费用

3) 物流业务收入和成本的结转

根据物流业务合同内容确认完工业务订单的物流业务收入并结转相应的业务成本。

借：应收账款——客户企业
　　贷：主营业务收入——××合同

借：主营业务成本
　　贷：物流作业成本——××合同

【例 10-2】　深圳某第三方物流公司(简称 M 公司)签订了甲、乙两个将同样电子元件从香港运至广州(起点和终点相同)的物流服务合同。甲合同的要求是：30 000 件货物一次入关到达公司的仓库,然后每三天分送 3 000 件元件到位于广州的工厂。乙合同的要求是：30 000 件货物分三次入关运到公司的仓库,然后每天运送 1 000 件到广州。由于货物本身自带托盘,标签标示的材料费用可以忽略不计,所以可以假设甲乙服务都不需要直接材料,人工费用和材料费用全部是间接费用,计入企业的营运间接费用,那么它们全部的营运成本就只有营运间接费用这一部分。假定 M 公司采用作业成本法进行物流成本核算。

首先,根据第三方物流企业作业成本核算程序,结合 M 公司实际情况进行分析计算过程如下。

1. 建立作业中心

甲、乙两服务所需的作业中心有：用汽车从香港到深圳运输电子元件（简称运输作业中心），货物入境代理报关事务（简称报关作业中心），搬运装卸货物进入仓库（简称入库作业中心），搬运装卸货物发出仓库（简称出库作业中心），汽车运送货物从深圳仓库到广州工厂（简称配送作业中心），电子元件体积小，每次运输和配送只需要一辆车。

2. 归集各作业中心成本库费用

假设 W 公司该月的全部营运间接费用为 100 000 元，且该月的所有营运间接费用全部由以上的 5 个作业所引起。公司的成本核算期是 1 个月，该月只完成了甲、乙两个服务合同。

（1）确认和计量耗费的各种资源：

假设将物流公司的全部耗费资源局限于人工、材料（车辆和装卸设备的燃料和润料）和设备折旧，这里为了计算的简化，不考虑仓库的折旧（假设甲、乙合同中仓储费用另计）。经物流公司统计部门的统计，企业营运间接费用中的人工费用 40 000 元，材料费用 30 000 元，设备折旧费为 30 000 元。其中仓管部门（主要负责货物的进、出仓库的搬运装卸工作）发生人工费用 20 000 元，材料费用 10 000元，仓管部所用的装卸和升降等设备折旧费为 10 000 元。

（2）归集作业成本库成本、计算作业成本动因率：

①确认作业所包含的成本要素（资源项目）。以仓管部门的"入库作业"为例，它消耗三种资源：人工、材料和设备折旧。②确立各类资源的资源动因，将资源分配到作业中心，据此计算成本额。仓管部门的总人工成本为 20 000 元，共有两个作业：入库作业和出库作业。据统计，该部门 50% 的员工全职负责货物的入库工作，50% 即为资源动因，故可得出"入库作业"的成本要素"工资"的成本额为 10 000 元。仓管部的材料费用总额是 10 000 元，设备折旧总额为 10 000元，因为该部门的搬运设备用于货物进入仓库和发出仓库的操作量是相等的，即可计算出入库作业所耗材料为 5 000 元，折旧为 5 000 元。③汇总各成本要素，得出作业成本库的总成本额。"入库作业"的作业成本库总额为 20 000 元。类似"入库作业"，可分别计算出其他 4 项作业——运输作业、报关作业、出库作业和配送作业的总成本额依次为 10 000 元、2 000 元、20 000 元和 48 000 元。④确定各作业中心的成本动因。⑤确定成本库成本动因消耗量，计算作业成本动因率，如表 10-5 所示。

$$作业成本动因率 = \frac{作业中心成本库总成本}{\sum 作业动因量}$$

表 10-5   **归集作业成本库成本、计算成本动因率**

作业中心名称	作业性质	成本动因	作业中心成本库变动成本(元)	作业中心成本库固定成本(元)	作业中心成本库总成本(元)	作业动因量	作业中心成本动因率
入库作业中心	单位级	件数	15 000	5 000	20 000	60 000	0.33
出库作业中心	单位级	件数	15 000	5 000	20 000	60 000	0.33
运输作业中心	批级	次数	6 500	3 500	10 000	4	2 500
配送作业中心	批级	次数	11 800	36 200	48 000	40	1 200
报关作业中心	批级	次数	0	2 000	2 000	4	500
合计					100 000		

3. 计算甲、乙合同营运间接费用

统计甲、乙服务合同所耗的作业动因量(或作业动因数),乘以成本动因率,计算合同甲和合同乙各自承担的营运间接费用,如表 10-6 所示,合同甲承担的营运间接费用是 35 000 元,合同乙承担的营运间接费用是 65 000 元。

$$物流服务承担的营运间接费用 = \sum(物流服务所耗作业动因量 × 作业成本动因率)$$

表 10-6   **营运间接费用分配表**

作业中心名称	作业中心成本动因率	合同甲(30 000 件)		合同乙(30 000 件)	
		作业动因量	物流服务作业成本(元)	作业动因量	物流服务作业成本(元)
入库作业中心	0.33	30 000	10 000	30 000	10 000
出库作业中心	0.33	30 000	10 000	30 000	10 000
运输作业中心	2 500	1	2 500	3	7 500
配送作业中心	1 200	10	12 000	30	36 000
报关作业中心	500	1	500	3	1 500
营运间接费用			35 000		65 000

4. 计算甲、乙两合同成本

$$物流服务产品成本 = 直接人工 + 直接材料 + 营运间接费用$$

由于假设合同甲和合同乙的生产中都没有直接材料和直接人工,所以它们所消耗的营运间接费用就是其合同成本。

根据前述第三方物流企业作业成本核算的账户设置,结合 M 企业实际情况编制有关会计分录如下。

1. 根据物流业务自营作业环节所发生的间接费用原始凭证归集自营物流间接费用

借:物流作业成本——作业共同费用　　　　　　　　　　　　　100 000
　贷:应付职工薪酬　　　　　　　　　　　　　　　　　　40 000
　　　原材料　　　　　　　　　　　　　　　　　　　30 000
　　　累计折旧　　　　　　　　　　　　　　　　　　30 000

2. 利用成本动因将营运间接费用进行成本分配
（1）分配入库作业中心成本:

借:物流作业成本——甲合同——入库作业中心成本　　　　　10 000
　　　　　　　　——乙合同——入库作业中心成本　　　　　10 000
　贷:物流作业成本——作业共同费用——入库作业中心成本　　20 000

（2）分配出库作业中心成本:

借:物流作业成本——甲合同——出库作业中心成本　　　　　10 000
　　　　　　　　——乙合同——出库作业中心成本　　　　　10 000
　贷:物流作业成本——作业共同费用——出库作业中心成本　　20 000

（3）分配运输作业中心成本:

借:物流作业成本——甲合同——运输作业中心成本　　　　　2 500
　　　　　　　　——乙合同——运输作业中心成本　　　　　7 500
　贷:物流作业成本——作业共同费用——运输作业中心成本　　10 000

（4）分配配送作业中心成本:

借:物流作业成本——甲合同——配送作业中心成本　　　　　12 000
　　　　　　　　——乙合同——配送作业中心成本　　　　　36 000
　贷:物流作业成本——作业共同费用——配送作业中心成本　　48 000

（5）分配报关作业中心成本:

借:物流作业成本——甲合同——报关作业中心成本　　　　　500
　　　　　　　　——乙合同——报关作业中心成本　　　　　1 500
　贷:物流作业成本——作业共同费用——报关作业中心成本　　2 000

3. 物流服务合同成本结转

由于假设合同甲和合同乙的生产中都没有直接材料和直接人工,那么它们所消耗的营运间接费用就是其合同成本。

借：主营业务成本——甲合同 35 000

    ——乙合同 65 000

 贷：物流作业成本——甲合同 35 000

    ——乙合同 65 000

四、第三方物流企业物流作业成本控制

相比传统核算方法，作业成本法下成本的准确性得以提高。作业成本核算适用于第三方物流企业，能够满足其"产品"成本计算的精确性要求。作业成本法的意义已经完全超过了计算精确性这一层面，其深远意义在于强调成本动因以及由此引起的企业作业链——价值链改善问题。第三方物流企业可以利用作业成本计算所提供的成本信息，进行作业成本控制，通过作业消除、作业选择、作业减低、作业分享、成本动因分析等有效措施，溯本求源，寻找改善作业和业务流程的机会，促进企业整体价值链的优化，进而不断提高企业的市场竞争力优势。

以[例11-2]数据分析，可以知道入库作业成本、出库作业成本、配送作业成本占物流成本的绝大部分，是物流成本降低和控制的主要目标。同时要根据不同的物流方案，调整具体物流成本控制的项目。

本案例中，针对M企业存在的实际情况，该物流公司可以通过以下途径来实施作业成本控制，从而减少物流成本。

（1）作业消除。由于与M公司签订甲、乙物流合同的货主公司是M公司长期合作的老客户，该客户诚信守法，历年来都被有关部门评定为开发区信誉优秀的企业。所以在出入库时候，针对该企业的货物品种和数量的检验工作可改为抽样检查，而不是每单货物必查。这样可以减少出入库作业中的人工费。

（2）作业选择。由于M公司的车队是自己经营的，在货物配送时候，有时候车辆是半厢配送，有时候是满载配送，这无形之中增加了配送承包。针对这一情况，M公司可与其他专业短途配送车队（短拨车队）合作，当M公司货物量不够满载时，由短拨车队一并配送，降低配送承包。由于甲合同每次配送数量比较大，由公司车队自己配送；而乙合同却是每次配送数量少、次数多，M公司就委托由短拨车队按计划配送，实际配送成本可大幅下降。

（3）作业减低。严格规定作业等待期间的能源消耗，如装卸货物时候，车辆必须熄火；对温度、湿度等环境因素由特殊要求的货物，安排进入特殊仓库保存，其他货物在普通仓库，不能混淆货物，浪费资源，从而降低保管作业成本中特殊设备的折旧费用。

（4）作业分享。合理利用规模经济，从而提高作业的效率。在自行配送货物时，尽量拼箱配送，安排合理的配送路线，准确、即时配送货物。经过实践，可

使自行配送货物的作业成本降低5%。另外在报关作业中,对符合海关规定的货物,直接申请网上通关,从而减少该项作业中的人工费。

(5)成本动因分析。M公司通过对全公司各个物流环节的作业研究,进行一系列的成本动因分析,发现就公司目前的出入库货物数量,搬运工人数偏多,成本偏高。故M公司可通过解聘全日制搬运工和签订计时制搬运工的用工安排,有效解决用工紧张的问题。这样可以降低出入库的人工费,减少出入库时间。

(6)提高价值链效率。严格控制车队各出车车辆的时间点,派专人负责记录、监督车辆的流转效率,从而提高物流作业效率。

第四节　第三方物流企业的成本优化方法

Pohlen和La Londe通过问卷的形式调查作业成本法在企业物流成本核算中的发展潜力。问卷调查结果表明,38%企业只是将作业成本法应用于物流成本管理的某些方面。例如,绩效考核或者更新成本数据。仅仅4%企业已将作业成本法完全代替传统的成本核算体系,同时14%企业认为作业成本法不是核算物流成本的有效工具。

显然,作业成本法在实施过程中也存在着一些缺陷:①作业成本法核算系统建立和维护成本过高,难以适应错综复杂的现实需要。系统建立时,对作业、作业成本动因和资源成本动因等一系列数据的采集和处理耗费大量的时间和费用,而且由于数据收集是通过面谈、发放调查表、召开讨论会等比较主观的方式进行的,所获数据的准确性和客观性有待评估。②作业成本法存在资源供求平衡假设的片面性,往往在资源供求平衡假设的基础上计算成本动因分配率及分配至各成本对象的成本,只注重组织实际耗费的资源,而忽视资源供求的不平衡,没能揭示未利用产能,致使产品成本的高估,进而可能导致未来决策的偏差。

为解决作业成本法在实施过程中遇到的诸多问题,罗伯特·卡普兰和史蒂文·安德森提出了时间驱动作业成本法(time-driven activity-based costing)。它的出现为第三方物流企业成本核算提供了一种新的优化方法。

一、时间驱动作业成本法引入物流成本核算

时间驱动作业成本法是通过使用包含多个动因的时间等式,全面反映企业复杂交易过程的一种简洁的成本核算方法。时间驱动作业成本法只需估测两个参数,就可以把资源成本直接分配给成本对象。其中这两个参数为:第一,投入的资源产能成本率;第二,每项作业耗费资源所占用的时间。时间驱动作业成本

法的核算程序简洁,省去了传统作业成本法中基于资源动因分配资源费用到作业的这一步骤。

（一）时间驱动作业成本法原理

按照时间驱动作业成本法的原理,管理人员可直接估计每项事务、每个产品或客户所花费的资源,而不是先将资源成本分摊到各项活动上,然后再分摊到各个产品或客户上。对于每一类资源,公司只需估计出两个参数:一是单位时间所投入的资源能力的成本,或者称为单位时间产能成本(通常用某部门总费用除以部门有效工作时间得到)。二是产品、服务和客户在消耗资源时所占用的单位时间,或者称为作业单位时间数(管理人员通常可以凭借经验或者观察得到)。将上述两个数字相乘,就可以得到完成某项作业的成本,即成本发生因素的单位费用。时间驱动作业成本法利用单位时间产能来分配成本,避免了作业成本法应用中繁琐的成本动因的划分和成本动因分配率的计算。管理人员通过观察或者经验估计每项作业的耗时,大大减少了数据调查中的主观因素。

（二）时间成本动因建立

时间驱动作业成本法采用时间动因分配各项费用,因此准确划分时间成本动因是实施时间驱动作业成本法的重要环节。依据时间驱动作业成本法的基本概念,Kaplan 和 Anderson 将其核算原理归纳为六个主要步骤:第一,确定企业经营作业所涉及的资源库;第二,核算各个资源库的成本;第三,确定每个资源库实际提供资源的能力;第四,核算每个资源库的单位资源能力成本;第五,采用时间方程确定特定事件下作业耗时;第六,计算成本对象成本。

二、时间驱动作业成本法核算物流成本

根据时间驱动作业成本法的基本原理,物流服务产品成本来源于产品形成时所耗费的时间驱动作业成本,而时间驱动作业成本来源于资源的耗费。第三方物流企业提供物流服务产品要消耗直接资源成本和间接资源成本。直接资源成本是形成产品实体的主要资源,它是第三方物流企业消耗的资源中唯一可以依据各产品消耗的资源情况,直接计入各产品成本的资源。间接资源成本与传统作业成本法是一样的,首先,将费用划分为几个作业中心 $W_i(i=1\sim n)$,估算各作业中心的有效工作时间 A,用各作业中心耗费的资源金额除以各作业中心的有效工作时间就得到了单位时间产能成本 C_i;其次,还要估算出各项作业 K 所耗用的单位时间 $T_j(j=1-m, K=1-i)$,它与对应的作业中心的单位时间产能成本 C_i 相乘,计算单位作业成本即作业成本动因率;最后将与产品相关的作业成本相加即得到所要求的产品的间接资源成本。

物流服务产品的间接资源成本的计算公式如下:

$$物流服务产品间接资源成本 = \sum_{i=1}^{n} \sum_{j=1}^{m} \sum_{k=1}^{i} T_j KC_i$$

$$物流服务产品成本 = 产品直接资源成本 + 产品间接资源成本$$

时间驱动作业成本法核算物流成本有很大的优势。首先,时间驱动作业成本法在作业成本法的基础上,改进了作业成本动因率的确定方法。时间驱动作业成本法用时间作为统一的度量工具计算成本动因率,直接把成本资源分配到成本对象;其次,时间驱动作业成本法通过时间方程能够准确模拟复杂的物流环境;最后,时间驱动作业成本法较作业成本法能够更容易地更新模式以适应变化。

虽然时间驱动作业成本法目前在国内应用并不多,但其先进性与对成本核算的准确性将会被越来越多的企业和学者认同,因此,时间驱动作业成本法将会在国内第三方物流企业中得到更好的应用与发展推广。另外,时间驱动作业成本法作为一个崭新的研究领域,仍有待于进一步讨论,逐步进行完善。

阅 读 文 献

［1］邵瑞庆. 第三方物流企业成本核算与控制论［M］. 上海:立信会计出版社,2011.

［2］塞令香. 第三方物流企业作业成本控制研究［D］. 大连海事大学博士学位论文,2006.

［3］中国国家标准化委员会. 物流术语(GB/T 20523—2006):企业物流成本构成与计算［S］,2006.

［4］刘海潮,王磊. 物流成本核算方法最新研究进展评述［C］. 第六届(2011)中国管理学年会——会计与财务分会场论文集,2011.

［5］Kaplan R. and Anderson S.. Time-Driven Activity-Based Costing［J］. Harvard Business Review. November,2004:131-138.

［6］Kaplan R. and Anderson S.. Time-driven Activity-based Costing, a Simpler and more Powerful Path to Higher Profits［M］. Harvard Business School Press, Boston, MA, 2007.

复 习 思 考 题

1. 什么是第三方物流和第三方物流企业?

2. 第三方物流企业成本有哪些特点? 其成本构成有哪些分类?

3. 第三方物流企业的物流成本项目有哪些? 用营运成本法如何核算成本?

4. 作业成本法在第三方物流企业应用的成本计算程序如何?

5. 如何对第三方物流企业进行作业成本控制?

6. 作业成本法和时间驱动作业成本法有何区别? 分析各自的优缺点。

第十一章 环境成本的核算与分析

【本章概要】

　　传统会计核算所依赖的成本观念属于狭义的成本概念,即成本中只包含直接消耗的生产要素,对企业损耗的资源和环境费用支出基本没有考虑。即便一些环境意识较强的企业存在着环境费用开支的客观事实,这些环境费用开支也只是归并入企业的产品(或劳务)成本中,没有单独反映。然而随着环境问题的日益突出,企业发生的环境事项越来越多,发生的环境成本支出占企业经营费用的比重也越来越大,根据重要性原则,企业有必要单独核算和分析环境成本。本章将在已有的环境成本研究成果的基础上,重点介绍企业环境成本的核算原理、确认与计量、报告与会计处理方法。同时结合交通运输企业的行业特性,论述交通运输企业实施环境成本核算的必要性,并对交通运输企业环境成本进行界定分类、对其环境成本报告模式进行初步构想。

第一节　环境成本的概念与分类

　　正如人类的劳动耗费需要补偿,自然环境资源的消耗同样需要补偿,企业在进行成本核算时不仅要考虑人类劳动消耗的补偿,而且要充分考虑自然界各种物质资源的消耗及补偿。然而传统的成本核算的成本仅指狭义的物质生产循环中的成本,它立足于微观企业的成本补偿,不包括企业对资源的消耗及补偿。为了能从整个物质世界的循环过程中看待成本耗费及补偿问题,企业应扩大成本核算范围,加强环境成本核算。让企业通过环境成本核算,逐渐关注环境成本开支的合理规划,努力实现环境成本与环保效果的最佳配比,合理规划管理和生产方案,准确合理分析和评价环保工作业绩,满足企业的可持续发展和生态文明建设。

一、环境成本的概念

（一）环境成本的定义

尽管人们对环境成本已经有足够的认识,但对什么是环境成本却缺乏统一看法,对应于不同的使用目的,各国会计组织、协会等对环境成本的表述各有不同。

例如,联合国在"改进政府在推进环境管理会计中的作用"有关会计报告文件《环境管理会计——政策与联系》中,将环境成本广泛地定义为"与破坏环境和环境保护有关的全部成本,包括外部成本和内部成本"。而环境保护成本指"企业发生的,与预防、处置、计划、控制和改变行为、损坏修复等对政府和人民存在影响的成本"。国际会计联合会 IFAC 在《环境管理会计指南》(2005)将环境成本分为六类:①产品产出的原材料成本;②非产品产出的原材料成本;③废物、排放的控制成本;④预防和其他环境管理成本;⑤研究开发成本;⑥无形成本。荷兰国家统计局(CBS)对环境成本的定义是"企业为防止对环境造成不利影响所采取行为的成本"。该类行为的主要目的不得涉及劳动者的安全或其他安全因素。按该定义,环境成本的范围比较窄。企业中带来净财务效益的环境活动所发生的成本是被排除在外的,以保护周围社区住宅安全为目的的行为所发生的成本也被排除在外。

目前比较权威的观点是国际会计和报告标准政府间专家工作组(ISAR)对环境成本的定义,它认为:"环境成本是指本着对环境负责的原则,为管理企业活动对环境造成的影响而采取或被要求采取的措施的成本,以及因企业执行环境目标和要求所付出的其他成本。"例如,保持和提高空气质量,清除泄露油料,去除建筑物中的石棉,开发更有利于环境的产品,开展环境审计和检查等方面的成本。罚款、罚金和赔偿等方面的成本虽被视为与环境相关的成本,但不属于这一环境成本的定义范围。

本章认为,应借鉴上述各种观点并结合我国企业的特点来界定环境成本的概念。一般来说,企业与周围环境的关系主要表现为企业的经营活动对环境产生的不同程度的影响(即环境负荷),降低环境影响成为企业在可持续发展过程中进行各项经营活动应考虑的一项重要的影响因素。因此,环境成本可被描述为以货币价值计量的,为预防、减少和避免环境负荷产生或清除这些环境负荷影响等发生的各种耗费。

(二)交通运输企业与环境成本

1. 交通运输劳务对环境造成的影响

与制造企业生产实体产品不同,交通运输企业主要提供的是运输劳务。但和制造企业在生产过程中会产生环境污染和生态破坏一样,交通运输企业在提供运输劳务中造成的生态破坏、环境污染影响面也极其广泛,不但直接破坏大气、土壤、水资源等,还给自然界的动植物带来了酸雨、光污染等间接危害。交通运输劳务对环境造成的影响主要包括以下几个方面:

(1) 大气污染。大气污染主要表现为大气环境中硫化物、氮氧化物和颗粒物的浓度的升高。从世界范围看,人类排放的氮氧化物的 60%,一氧化氮的 78%,碳化氢的 50% 是由交通工具燃烧石油产品而引起的。我国城市 50% 以上的大气污染是由交通运输造成的,这些废气在大气中与水化合形成酸雨,对动植物产生不利影响,损坏古建筑,还会产生光化学烟雾;在阳光作用下,污染物发生光化学反应的产物在接近地表处产生臭氧,对动植物造成危害。

(2) 振动和噪音污染。道路交通是当前人类社会最主要的噪声源和振动源,比如列车运行的噪音和城市汽车行走时产生的噪音,使周围的居民受到严重的噪音污染,有些居住在车站、路边的人因此患病,极大地危害了人类的健康。

(3) 温室气体排放。大气中温室气体浓度的增加会导致全球气候变暖,使得海平面上升,气候带变化。温室效应对农作物产量、森林的覆盖率以及许多地区水资源均产生不良影响。

(4) 地表破坏与土壤污染。交通运输基础设施建设对地表土地和植被造成大量的破坏,是建设公路、铁路、港口、机场、车站等要占用大量的土地和建设中丢弃废土、废渣所致。同时,科学实验证实公路交通引起公路两侧土壤含铅量增加,而且铅含量随运营年份的增加而递增。

(5) 对水质的污染。运输中的泄漏、生活垃圾抛洒以及交通运输业造成的大气污染带来的酸雨等都会造成水污染。全球每年排入海洋的油类数以百万吨计,极大地污染了水质。

2. 交通运输企业核算环境成本的必要性

传统的交通运输业会计信息中成本的内容只局限于企业内部的经营成本,对大量的外部成本如污染成本、生态破坏成本等基本都没有考虑,客观上造成了会计信息的失真。为了能全面客观地反映交通运输企业的成本,在环境污染日益严重的今天,非常有必要将环境成本纳入交通运输企业的会计核算之中。

首先,交通运输企业实施环境成本核算可反映企业履行环境责任、预防和治理自身所产生环境污染的资源投入与绩效信息,保证企业交通运输过程不受或少受环境风险的影响。同时环境成本核算提供的信息有助于企业合理规划环境费用支出,在企业发展和环境保护协调中作出科学决策。

其次,交通运输企业实施环境成本核算可以改变资源类产品成本不真实现状。运输活动中交通工具所耗费的动力燃料基本上都是资源类产品,以石油产品及煤炭为主。对资源类产品而言,成本中的绝大部分是自然资源的价值,如果资源类产品的成本中不考虑所耗用的自然资源价值部分,那么这个成本显然是不真实的。以石油产品为例,石油产品的价格中主要包括的是一些辅助性材料、工资及其他的一些费用,并不包括石油资源的耗减费用,因此可以说现行的石油产品的成本不够真实。这是传统理论上的误区所导致的问题，只有增加环境成本核算才能解决资源类产品的成本真实性。

最后，交通运输企业实施环境成本核算有助于正确衡量国民经济核算指标，正确评价国民经济发展水平。作为现行国民经济核算体系的主要指标，国内生产总值（GDP）包括了所生产的全部货物和服务的价值，考虑了固定资产折旧，但没有考虑环境资源的消耗和补偿，从而使国民生产总值等经济指标失真。为了保护环境资源，促进我国国民经济长期稳定的发展，应该把资源环境因素纳入国民经济核算体系。

二、环境成本的分类

从不同的视角研究环境成本，可对环境成本进行多种分类。

第一，根据当期成本是否应由本企业承担，即从不同的空间范围将环境成本分为内部环境成本和外部环境成本。

内部环境成本指应当由本企业承担的环境成本，包括那些由于环境方面因素而引致发生，并且已经明确应由本企业承受和支付的费用，比如排污费、环境破坏罚金或赔偿费，环境治理或环境保护设备投资，等等。

外部环境成本是指那些由本企业经济活动所引致但尚且不能明确计量，并由于各种原因而未由本企业承担的不良环境后果。虽然这部分环境成本没有追加到行为企业，但事实上已经发生了。

第二，根据企业所发生环境成本的不同功能，环境成本可分为三类：即弥补已发生的环境损失的环境成本、维护环境现状的环境成本和预防将来可能出现的不利环境影响的环境成本。

弥补已发生的环境损失的环境成本，弥补的可能是以前时期的环境破坏后果，也可能是当期的环境破坏后果。它们的共同特点是环境损失已经发生，如"三废"排放、重大事故、资源消耗失控等造成的环境污染与破坏的损失。企业所支出的环境费用仅是一种弥补已经发生的损失的支出，不可能形成任何资产增量或收入增量。

维护环境现状的环境成本，是与不良环境影响同步发生，用于维持环境现状使其不于恶化的环境成本。从会计角度来看，这项支出有两个特点：其一，这类环境支出虽然不会形成企业的生产能力增量，但是会形成其他资产增量或收入增量，如企业专门的环境管理机构和人员经费支出及其他环境检测费用中用于环境保护设施或环境治理设备时增加了资产存量，用于环境保护人员的工薪支出则增加了人员收入。其二，当支出是针对环境保护或治理设施（备）时，该企业期间应当承担的只是其中一部分，因此，会计需要对其进行资本化处理。

预防将来可能出现的不利环境影响的环境成本,是发生在环境损失出现之前的环境成本,属于主动性支出。会计处理中需要考虑到这样三点:其一,这类环境支出不但会形成资产增量或收入增量,而且可能会增加或改善生产能力(比如,购置了有助于改进产品环境属性的设施或设备);其二,对于形成的资产增量,要分期摊销或计提折旧;其三,总体来看这类环境性支出更像是一种投资行为,只是其目标具有特殊性,既不属于生产能力投资,又不属于非生产性设施投资。

第三,根据环境成本发生的时间分类,环境成本可分为当前成本与未来成本。

这些成本可能与过去的经营、当前的经营或未来的经营相关。如表11-1所示,就当期环境成本而言,根据环境成本的会计处理与其实际发生的时间吻合性,又可以将其分为:对过去环境成本的当期支出、对当期环境成本的当期支出和对将来环境成本的当期支出三类。

表 11-1 从时间角度对环境成本的划分

		生 产 活 动		
		过　　去	当　　前	未　　来
成本	当前	对以前的经营活动造成的污染进行清理或补偿的成本	在当前活动中有关的环境支出	为未来的活动而在当前支出的成本,如水处理设施的投资成本
	未来	由于过去的经营活动而预计在未来将支出的成本,如人体在受污染的场所工作受到的损害的赔偿	在当前的生产或流程上,由于技术变革、法规等变化而预计对成本产生的影响	当前仍处于研究和开发阶段的产品在将来投产时可能产生的影响

第四,根据环境资源流转平衡理论,即企业通过对自然资源的获取和向环境系统排放两个界面层次对环境成本进行分类。可将环境成本划分为四种类型:

(1)事后的环境保全成本,即企业生产完工后对废弃物的处理成本,包括企业生产过程中的废弃物挑选装置、排水过滤处理设施等的建造、营运、管理的成本和产品使用后废品、包装物回收的成本。

(2)事前的环境保全预防成本,指在生产活动中的回避、减少、管理环境负荷而追加的成本。诸如在生产过程中选择环境负荷低的替代材料成本、水循环处理系统的建造和营运成本,为提高产品耐用性及再生处理程度的成本。

(3)残余物发生成本,指被投入的物资、能源未构成产品实体或为了生产产品而未完全消耗掉的物资,通常以废品、废渣、废水、废气等形式出现。此类残余物的产生由于需耗用一定的物资和能源,所以也形成了成本费用。

(4)不含环境成本费用的产品成本,指从构成产品的物资、能源消耗中扣除有关环境成本费用后的成本。这包括构成产品实体的材料、零件和直接与生产有关的人工费、管理费用等,从严格意义上说,它们可能并不属于环境成本的组成内容,但从环境资源流转平衡理论和实务中建立环境成本制度方面来看,也可将其纳入环境成本的范畴。尤其是当前提倡生产"绿色产品",更有必要将其纳入环境成本。

本章将从交通运输活动与环境影响的关系这个角度出发,分析与交通运输企业相关联的环境成本,主要包括以下五部分:

(1)自然资源消耗成本,是指石油、煤炭等资源产品生产所耗用自然资源储量的成本。在开采自然资源并形成资源产品的过程中,耗费的各种自然资源,其中一些形成资源产品的实体,一些有助于资源产品的生产,如矿产资源、植被、水等数量减少均属于自然资源耗减,其耗减的价值就是自然资源耗减成本。运输活动中交通工具所耗费的动力燃料基本上都是资源类产品,以石油产品及煤炭为主。自然资源消耗成本是交通运输企业环境成本中的重要组成部分。

(2)绿色运输运行成本,是指交通运输企业为实现绿色运输,控制运输活动过程中所产生环境影响而发生的环境破坏、修复及治理等成本。主要包括对交通运输活动中产生的"三废"进行末端治理发生的成本,交通运输活动致使环境恶化而被征收的排污费等专项治理费用、需承担的赔款及造成的污染损失成本,以往或当前的交通运输活动对环境造成污染或破坏进行恢复而发生的成本,以及对交通运输废弃物回收、利用、清理、处置等发生的成本等。

(3)环境管理成本,是指为预防环境污染而发生的间接成本,包括职工环境保护教育费、环境负荷的监测计量、环境管理体系的构筑和认证等方面的成本。

(4)环境研发成本,是指企业在环保研发过程中花费的环境保护成本。主要包括:开发新能源、新节能技术等环保技术的研发费用,为削减交通运输各环节的环境影响所花费的研发费用以及交通运输工具节能减排的设计和研发费用等。

(5)环保机会成本,是指由于对某些资源限制性或禁止性开发利用以及由于对环境资源采取保护措施,从而对某些相关的产业、行业进行压缩、调整、关闭、资源闲置所产生的直接损失。比如交通工具使用新型燃料或更换新型动力而增加的支出,污染严重限期治理的停运损失等。

第二节 环境成本核算系统

一、环境成本核算系统的运行环境

企业的环境成本核算是一个系统,该系统的运行需要理顺与企业环境管理体系的关系。企业环境管理体系是一种循环执行模式,即包括环境管理目标的设立、环境管理方案的拟订、环境管理方案的实施、环境管理业绩评价等。环境成本系统在此系统中主要是成本核算与管理,为业绩评价、目标设置、方案拟订及实施控制提供不可缺少的信息传统决策、分析等平台支持,两者之间的关系如图 11-1 所示。

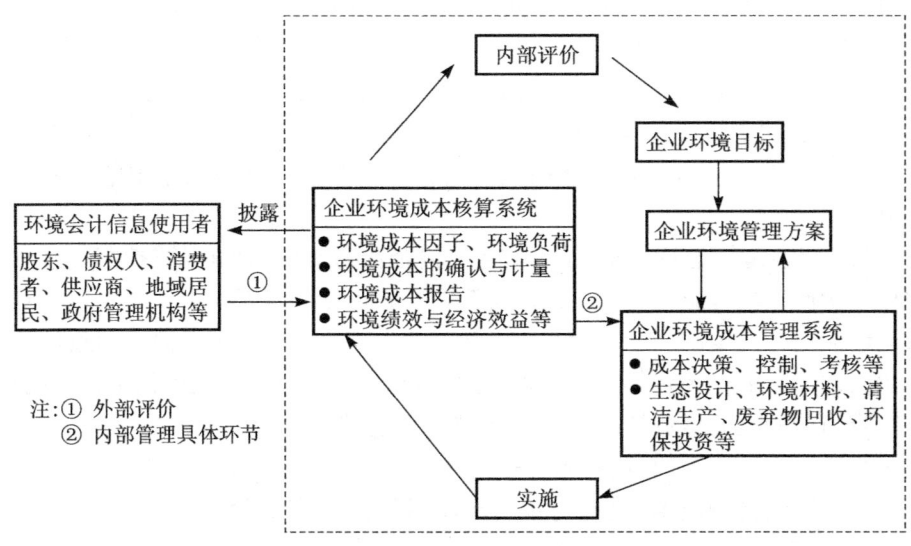

图 11-1 企业环境管理体系与环境成本核算系统

由图 11-1 可见,首先,企业环境管理体系应接受来自企业外部的评价。企业环境会计信息的使用者通过分析阅读企业所提供的环境成本信息,对企业环境管理体系的运作情况给予评价。其次,企业环境管理体系存在着内部运行机制,即经营者可通过环境成本信息,分析环境污染治理和保护的进展状况,在作出内部评价的基础上拟订下期目标,制定相关管理方案。再次,该方案还需通过环境成本管理系统进行可行性论证,以探讨其实施的技术适用性和经济可行性。最后,依据科学的方案,在实施过程中要进一步强化动态环境管理,其运行结果又回到环境成本核算系统进行核算,得出分析和评价数据。从两者的联系上看,环境成本核算系统是整个环境管理体系中的核心环节,承担着企业投入与绩效的反映与评估、环境管理方案的可行性论证、环境管理方案实施控制等关键性职能。

二、环境成本核算的构成要素

通过上述分析,我们可以抽象出企业环境成本核算的六个基本构成要素:

(1)环境成本核算的目的。即向企业利害相关人和社会公众揭示企业在执行国家环境保护法规和制度以及处理企业与环境的关系中,为优化自身生产经营活动对环境造成的影响所发生的成本,以及与其相关的效益和效果分析。

(2)环境成本的核算对象。它是指企业各作业环境产生的环境负荷,或企业所发生的环境负荷总量。其计算方法为:前者以作业成本法计算环境成本,而后者则按环境负荷的物质项目或现象为对象采用生命周期成本法核算环境成本。

(3)环境成本的核算期。它以一定的生产经营期间为限。

(4)环境成本的确认。它一般要借助于会计学科的理论指导,同时根据有关规定予以确认。

(5)环境成本的计量。除采用历史成本、现行成本、变现价值等传统方法计量外,还可按成本发生的性质采用差额计量、全额计量和按比例分配计量的方法。

(6)环境成本报告。环境成本应当按规范的版面格式予以披露,其内容包括可以货币计量的部分、可以物理化学单位计量部分和描述性部分。

值得说明的是,与制造企业一样,交通运输企业的环境成本核算运行环境和基本构成要素都与上述描述内容吻合。下面一节重点介绍企业环境成本的确认与计量,无论从形式上还是内容上,交通运输企业的环境成本核算都可以参照。

第三节　企业环境成本的确认、计量与报告

一、企业环境成本的确认

(一)企业环境成本确认的依据

企业环境成本的确认,首先要判断涉及环境问题所引起成本费用发生的业务和事项,以及与环境负荷的降低是否有关。这种确认,一般有法规性确认和自主性确认两种基本类型。

(1) 法规性确认,是指企业依据国家有关环境保护的法律、法规和标准、制度,在环境保护活动过程中所进行的成本确认。例如,企业按国家排污费收费标准,因环保未达标排放污水所支付的排污费。环保法规的实施,调整了企业的环境行为,并要求其达到一定的标准。企业为此发生费用,在于环保法规的强制性,即表现在效益范围与调整功能两个方面。

(2) 自主性确认,是指企业根据自行确定的环境目标,管理自身活动对环境影响,为达到环境目标的要求而进行的成本确认,如企业设立环境管理机构的经费等。

由于国家制订了较为严格的环境保护法律体系,体现了环境责任原则的要求,是企业对自身生产经营活动给生态环境所造成的损害,必须以污染后的恢复支出作为赔付和补偿的费用。治理污染成本一般均远大于预防成本,故企业按照预防为主原则的要求,也可在生产经营过程之中或之前采取积极措施,制订企业的环境目标,在污染发生之前或之中进行主动的治理,这就形成了某些与环境保护有关的企业自主性支出。

(二) 企业环境成本确认的理论标准

按照会计学理论对成本费用确认的一般原理,确认环境成本应遵循可定义性、相关性、可靠性和可计量型四条标准。

(1) 环境成本确认的可定义性。对环境成本下定义至少应遵循下述两条规则:第一,必须要给出正确的、具体的定性描述。这种描述应包括环境成本产生的原因、支付的过程、计算期间、费用归集对象及环境成本的目标等方面。第二,必须辨明环境成本的本质特点,即它是一种企业为履行环境保护责任而为降低环境负荷所进行的支付。

(2) 环境成本信息的相关性。会计学理论认为,要确认成本就得使其"信息有用,必须与使用者的决策需要相关"。其具体标志是"当信息能通过帮助使用者评价过去、现在和未来事项或确认、更改他们过去的评价从而影响到使用者的经济决策时,信息就是有相关性"。

环境会计信息的相关性要求企业向信息使用者提供可供决策需要的信息,体现在环境会计报告的披露内容中。1994 年联合国国际会计和报告标准政府专家工作组会议曾就环境会计信息的披露范围作过充分的讨论,并提出了有关建议。建议中要求企业披露的具有相关性的环境成本信息有:①环境成本的资本性支出与收益性支出的划分;②按照污染物质项目或环境保护作业环境,列出的环境成本当期费用金额;③资本化支出的本期发生额、累计发生额及折旧、摊销年限;④与环境成本密切相关的或有负债;⑤企业支付环境成本所实现的环境目标的完成情况等。总之,环境成本信息的相关性表现在向使用者提供企业进行环境保护所支付的环境成本费用金额及结构情况，揭示环境或有负债情况及环境风险程度，帮助使用者在决策中适当考虑企业的环境状况，力求经济目标与环境目标的协调。

（3）环境成本信息的可靠性。会计学的一般理论认为，"为了使信息有用，信息还必须具有可靠性。当信息没有重要错误或偏向，并且能够忠实反映其所拟反映或理当反映的情况以供使用者作依据时，信息就具备了可靠性"。一项信息是否可靠，可就其三个组成因素加以衡量，即反映真实性、可核性和中立性。反映真实性是指一项叙述或计量与其所有表达的现象或状况应一致或吻合。所谓可核性是指具有相近背景的不同个人，分别采用同一计量方法对同一事项加以计量，就能得出相同的结果。所谓中立性是指会计人员应在特定的利益人或集团之中保持中立，客观记录和反映企业经济业务的发生情况，而不能为了达到想要得到的结果，或诱致特定行为的发生而将信息加以歪曲或选用不适当的会计原则。除了上述三项要素标准外，环境成本信息的可靠性还要求企业对环境成本的确认应忠实于经济业务或事项的本身，通过选择正确的货币计量尺度，审慎无误地确认和计量环境成本各项目的金额数据；并对环境成本发生的地点、时间和原因进行无偏差地记录，客观地反映环境成本的规模和结构；尤其是在划分资本性支出与收益性支出、采用权责发生制确认环境成本费用时，更应进行合理的职业判断，提供真实、可靠的数据资料。

（4）环境成本信息的可计量性。企业可以选择合适的方法对环境成本加以计量，关于环境成本的计量方法本章后面有具体介绍，在此不再赘述。

（三）企业环境成本确认的程序

环境费用是指企业因履行环境保护责任，为降低产品在其生命周期内产生的环境负荷所发生的经济利益的流出。它可分为环境期间费用与环境成本，前者直接计入当期损益，如环保机构管理费用等；后者则指可按具体产品或服务对象归集的各种耗费，如车间环保设施的折旧及维修费等。

实务中，环境成本的发生有多种情况，因此将哪些列为环境成本需要进行判断。在环境成本确认流程中（见图 11-2），依据上述分类应充分考虑其不同空间（内部、外部环境成本）、不同时间（过去、当期、未来环境成本）、不同功能（弥补已发生的环境损失、维护环境现状支出、预防未来可能出现不良后果的支出）的环境成本支出，并采用权责发生制和历史成本原则进行确认。

根据流程，环境成本可分为以下几个方面予以确认。

1. 按会计估计变更判断标准确认

确认环境成本先要判断其是否依据会计估计变更而来。有些环境成本的确认是根据会计估计变更进行的。例如，由于新环保法规的执行，国家对环境污染

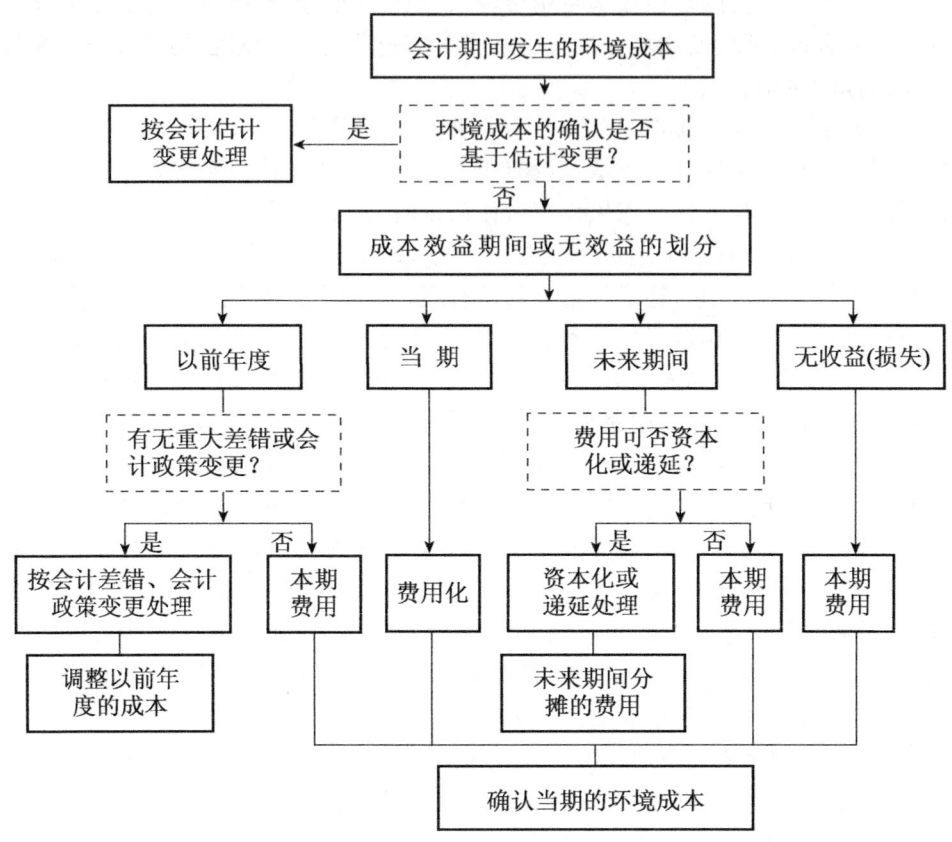

图 11-2　环境费用确认的流程图

治理措施的加大,某种固定资产隐含的环境危害,使得该固定资产的有效使用或经济年限较之原来的估计大大缩短,因而相应改变它的折旧年限,如由投入使用时的预计 8 年改为 5 年,导致折旧成本增加。会计估计的基础发生变化,就应按未来适用法进行会计估计变更处理。由于可计提折旧的固定资产,其有效使用年限的估计发生的变更,常常影响变更当期及资产以后使用年限内各个期间的折旧费用。因此这类会计估计的变更,应于变更当期及以后各期确认。同时也要求对确认的这部分环境成本及会计估计变更的事项在会计报表附注中进行披露。

2. 对治理过去年度或当期环境污染而发生的环境成本的确认

该部分环境支出需按以前年度与当期予以划分。其中,本期费用用于弥补以前年度环境污染损害时还需判断是否存在会计政策变更或重大会计差错。整个处理过程分两步进行:

（1）先按判断标准分析是否存在会计政策变更或重大会计差错。所谓会计政策变更，是指企业对相同的交易或事项由原来采用的会计政策改用另一会计政策的行为。为保证会计信息的可比性，一般情况企业应在每期采用相同的会计政策，不应也不能随意变更会计政策，但在某些情况下会计政策也有可能发生变更。是否存在会计政策变更可依据下列标准进行判断：①新的环境法律法规的要求。企业依据新的环境法规的规定要求企业改变原会计政策，按新的会计政策执行。②由于企业环境状况的改变，使企业原采用的会计政策所提供的会计信息，已不能恰当地反映企业的财务状况、经营成果等情况，要求企业采用变更后的会计制度核算。例如，企业的某一环境保护固定资产由于受到周围环境污染的影响，折旧方法由原来的平均年限法改为加速折旧法。

所谓会计差错，是指在会计核算时，由于计量、确认、记录等方面出现的错误。重大会计差错是指企业发现的使公布的会计报表不再具有可靠性的会计差错。判断其是否归属为重大会计差错，不仅要考虑所涉及的金额，而且要考虑其性质。例如，本年度发现上一年度漏记环境保护固定资产折旧 150 000 元，则上一年度虚增净利润 112 500 元[150 000×（1－25％）]，则需要在本年度对该项会计差错进行更正，并应该在报表附注中另行说明。

（2）根据会计判断，然后按会计政策变更或会计差错的处理方法调整以前年度的成本。要求企业将新制度追溯到该环境事项发生的最早期间，视同该政策和方法一开始就被采用了。因为当具有追溯效力的新环境法规或会计法规生效时，会带来对企业以前年度损益的调整。为未来的活动而在当前发生的环境成本，根据其受益期间的长期性、短期性对其进行资本化或费用化处理，与一般会计处理相同。

为了进一步说明，现举例如下：

假设某企业 20×2 年度环境成本业务如下：

（1）该企业 20×0 年购置一台原值为 8 000 元的治污设备，残值为 600 元，估计使用年限为 8 年。20×0 年由于该设备自身受到环境污染，将预计使用年限由原来 8 年缩短为 6 年。根据图 11-2 的确认流程图，此类业务已使环保固定资产折旧成本发生会计估计变更，应按会计未来估计法对其进行会计估计变更处理。

（2）20×2 年发生消除过去长期堆积的固体废弃物的费用 500 元；当年支付排污费 2 300 元，又由于超标排污受到环保部门罚款 1 000 元，对周围居民的损害赔偿 2 200 元；环境监测费用每次 200 元，当年共进行了 4 次环境监测；生产过程中发生的废水净化运营费为 1 230 元；当年发生环境公益广告费 4 200 元，厂区绿化费 5 260 元；当年有两个环境保护建设项目，已进行投资 18 900 元。

针对上述业务,首先应分析这些环境成本业务中有无由于重大会计差错或会计政策变更引起的环境成本。假设该企业在该年度没有发生这类环境成本,应予以排除。然后根据影响期间的不同,对这些环境成本进行分类:

第一类:影响期间在以前年度的环境成本,即治理过去累积污染的成本:当年发生的消除过去长期堆积的固体废弃物的费用 500 元,由于该环境成本业务会计政策不变也无重大会计差错。因此这笔费用进行当期消化,计入本期费用。

第二类:对当期产生影响的环境成本,即治理当期污染发生的成本:当年支付排污费 2 300 元;当年发生的环境监测费 800 元(200×4);生产过程中发生的废水净化运营费为 1 230 元。这些环境成本在当期费用化。

3. 成本效益将在未来体现的环境成本确认

对于未来期间发生效益的环境成本,可根据 ISAR 在《环境成本和负债会计与财务报告》(1998 年)中的具体规定加以确认。其确认的基本要求如下:

(1) 环境成本的确认方式:资本化还是费用化。ISAR 认为,如果符合资产的确认标准,就应将环境成本资本化,然后在当期及以后各受益期间进行摊销;否则,应作为费用计入当期损益。在有些情况下,环境成本可能涉及当期发生的损害。例如,财产取得前发生的对周围环境的损害;前期发生、现在需要予以清理的事故或其他活动;对前期处置财产的清理;处置或处理前期发生的危险废弃物的成本。假如环境成本与企业今后将要以下列方式取得的经济利益有着直接或间接的联系,它应当予以资本化:①提高企业拥有其他资产的能力,或者改进其安全状况或提高其效率;②减少或防止可能由今后的经营活动所产生的环境污染;③保护环境。

资产的定义表明,如果企业发生的一项成本将在未来带来经济利益,就应该将其资本化,并在利益实现时计入当期损益。因而,符合上述标准的环境成本应予资本化。此外,将出于安全或环境原因发生的成本以及减少或防止潜在污染以保护未来环境而发生的成本予以资本化是恰当的。尽管这些成本可能不会直接产生经济利益,但是,企业为了从其他资产中获得或持续获得经济利益,发生上述成本是必要的。

许多环境成本并不会在未来带来经济利益,或者与未来经济利益没有足够的密切关系,因而不能将其资本化。这些成本包括:废物处理、与当期经营活动有关的清理成本、清除前期活动引起的损害、持续的环境管理费用以及环境审计成本等。因不遵守环境法规而导致的罚款以及因环境损失而给予第三方的赔偿,均视为与环境相关的成本。由于这些成本并不产生未来收益,因而应作为费用计入当期损益。例如,本节举例中成本效益影响期间在未来的环境成本,即具有未来治理功能的预防性费用:当年发生环境公益广告费 4 200 元,厂区绿化费用 5 260 元,这些费用的支出在未来不会形成资本,因此在本年度将其进行费用化;而当年对环境保护在建工程进行的 18 900 元投资,这笔预防性支出在未来会形成资产,应该进行资本化。此外,当年由于超标排污受到环保部门罚款 1 000 元和对周围居民的损害赔偿 2 200 元,由于其环境费用支出并不会带来任何收益,它只是企业由于污染环境受到的惩罚,属于无收益类环境成本,计入本期费用。

(2) 环境成本资本化的确认形式:单独确认还是合并确认。ISAR 认为,当一项可以确认为资产的环境成本与另一项资产有关,它应当作为其他资产的组成部分而不单独确认。在大多数情况下,可以资本化的环境成本都与另一项资产有关,这些环境成本本身并不带来特定的单独的未来收益,其未来收益存在于企业经营中使用的另一项生产性资产中。例如,清除建筑物中的石棉,这项工作本身并不产生未来经济收益或环境收益,受益的是建筑物。因而,石棉清除成本被确认为一项独立的资产是不合适的;而一台能清除大气或水污染的机器,它是能够产生特定或单独的未来利益的,因此,可以将其作为资产单独处理。

(3) 环境成本资本化后的减值。ISAR 认为,当一项环境成本作为另一资产价值的一部分时,应对这一资产进行评估,看其有无减值,如已减值,则应将其减计至可回收价值。在某些情况下,资本化了的环境成本计入相关资产后,会导致资产的成本高于可回收价值。所以,应对这项资产是否减值进行评估。同样地,被确认为一项独立资产的环境成本也应就其是否减值进行评估。与环境因素有关的减值的确认与计量所采用的原则,尽管与其他形式的减值相同,但其不确定性更大。特别是环境污染对相邻资产所产生的"减值"影响,应当予以考虑。

4. 无效益的环境成本确认

按照会计学对成本的一般确认原则,这部分费用应按损失处理,如损害赔偿费用。

二、企业环境成本的计量

(一) 环境成本计量的基本要求

所谓环境成本计量,是指对环境成本确认的结果予以量化的过程,亦即指在环境成本确认的基础上,对其业务和事项按其特性,采用一定的计量单位和属性,进行数量和金额认定、计算和最终确定的过程。

(二) 环境成本计量的特点

结合环境成本本身所具有的特点,对运用基本会计模式计量企业环境成本时,还需从以下几方面作适当扩展。

1. 计量单位的扩展

计量单位以货币为主,并适当使用一些实物的或技术的计量形式。例如,在计量废弃物处理成本时,可辅之以吨、公斤、立方米等物理量度计量,使得信息使用者能得出一个较为完整的印象。又如,对某项污染物超标的污水,通过投资建造污水集中处理设施,并在运行中投入一些化解污染浓度的化学品,使之达标排放,此时环境成本核算时就要考虑适当使用化学量度的计量。

2. 非历史成本计量属性的运用

对涉及可能的未来环境支出和负债、准备金提取进行合理判断时,可采用以下非历史成本计量属性:

(1) 防护费用法。这种方法是为消除和减少环境污染的有害影响所愿意承担的费用来衡量环境污染的损失。例如,出现了噪音污染,就可能需要对建筑物安装消音装置或作出其他处理,这些处理需要的支出就可以看作是环境污染的防护费用。

(2) 恢复费用法。这种方法是用恢复或更新由于环境污染而被破坏的生产性资产所需的费用来衡量环境污染的代价。例如,有的企业将固体废弃物、有害材料堆放在某块场地或者将液体废弃物、有害材料存放于地下,长期存放势必要影响到土地、地下水,在其危害产生明显影响时,必须要求企业采取某种措施予以恢复或更新,自然会发生一定的支出。这种未来的恢复支出应在污染产生前开始估计,其金额可根据技术要求予以研究确定。

(3) 政府认定法。这种方法是指企业的某种污染达到一定程度后,政府环保机关可能会采取措施要求企业实施必要的治理,其治理方式有企业自己治理,或出资由政府集中治理,或连同有关方面共同治理。该治理费支出,通常是先依据政府环保机关或有关部门拟订治理预算方案后,由企业进行预提入账,以便正确地反映企业财务状况和经营成果。

(4) 调查评价法。这种方法是通过对专家或环境资源的使用者进行调查来估计环境资源遭受破坏所带来的损失。在具体应用时有许多种做法,例如针对专家进行调查的专家评估法、针对环境资源使用者进行调查的投标博弈法等。又如参照类似环境污染纠纷或案例,按照法院已裁决的赔付或治理义务,企业及早计提预计费用。

此外,鉴于目前许多环境成本常常与生产成本并存在一笔共同支出中,因此在协调环境成本和生产成本两种核算之中增加一些特定的计量方法,包括差额计量、全额计量和按比例分配计量。所谓差额计量,是指在进行环境投资支出时,将支出总金额减去没有环境保护功能的投资支出的差额,其后的折旧额也按这种差额的折旧进入环境成本。其典型应用是对带有环境保护功能的耐用资产投资和环境材料的采购等。所谓全额计量，是针对某一环境问题的解决而专门支付了成本金额，在会计上将其金额的全部计入环境成本。例如，环境保护专设机构的费用；环境保护技术的研究开发费用；环境管理体系的构建费用；环境污染治理等专项投资；环境报告的编制成本等。所谓按比例分配计量，是指将与产品生产密切相关的污染治理费用，按一定比例分配计入各产品的制造成本中去，如作为辅助生产车间的污水治理费用、各生产车间的废弃物处理成本等。

三、企业环境成本的报告

（一）披露环境成本报告的必要性

随着社会公众的环境保护意识日益高涨，要求政府当局惩治环境污染严重企业的呼声也日趋强烈。同时企业利益相关人关心企业在处理环境问题时可能给它们带来的损失，自然要求企业披露有关的环境成本信息。因此，企业披露反映从事环境保护活动的环境成本报告，不仅可以满足利益相关人的信息需求，而且也可以满足社会公众的客观需要。目前国外一些企业披露的环境报告书，对于环境成本的信息披露，基本上是按照环境成本与环保效果、环保经济效益的配比关系来进行，以分别反映企业在从事环境成本的投入与效果的产出。

企业从事环境保护活动需要付出环境成本，形成了环境成本的核算内容。同时，企业环境成本的投入会带来环境保护效果，表现为企业环境负荷的减少和环保效益的增加。环境成本报告正是从企业环境保护活动的成本投入与效果增加两个方面，对信息使用者披露相关信息，以反映企业处理环境问题的业绩，供其决策参考。

（二）环境成本报告的基本模式与分析

环境成本报告模式基本有两类：一类为环境成本与经济效益比较型模式，反映以获取环保经济效益为主的企业的环境保护支出情况。其环保经济效益来自于环保产品的收入、资源成本的节约、环境损害成本的降低等方面。这种对比均可采用货币化计量，金额比较一目了然。另一类为环境成本与环保效果比较型模式，反映以降低环境负荷为主的企业环境保护进展情况。其环保效果体现在诸如排污量减少、再资源化提高等环境负荷的降低方面。

1. 环境成本与经济效益比较型模式

这种模式的主要特点是均以货币作为计量单位，将环境成本与来自环保的经济收益有关数据均纳入报告中，一目了然地让信息使用者了解企业的环境成本及效益情况。由于目前国内外尚未有统一的环境成本报告标准,许多企业都是按自身经营特点进行独自设计,自然体现出不同企业环境成本报告的殊异之处。

采用环境成本与经济效益比较型模式有两大好处:第一,该模式披露的信息在企业内部使用,将有助于优化经营者的环境保护行动决策,使经营者可以对不同具体项目的环境成本进行费用效益分析,减少不产生收益的环境成本投入,力求环境成本效益最优化。第二,该模式披露的信息可进一步消除投资者、债权人等外部信息利用者的某些顾虑(如担心企业发生环境成本会减少企业的利润,造成有损于自己权益),让他们更了解环境成本的作用,认识到企业发生环境成本并不一定全是损害企业的利益,运用得好依然能给企业带来效益,从而提高他们对企业开展环境保护活动的信心和支持。

2. 环境成本与环保效果比较型模式

环境成本与环境保护效果(环境负荷的降低)进行对比,在报告中分别列示环境成本的种类、金额、用途以及所产生的环境保护效果,包括经济效益效果(金钱效果)、环境负荷削减量(率)、环境改善效率值(环境负荷削减总量/环境费用总额)等。环境保护效果一般采用物理量计量。这种模式下企业环境成本追求的是环境保护效果,主要是企业为履行社会责任、构建环保型形象为目的进行的,更多地体现企业的长远利益。

3. 交通运输企业环境成本报告模式构想

交通运输企业与其他行业企业一样,其本质是以营利为目的的。因此,企业需要实现维持本企业赖以生存和发展的经济效益;而交通运输企业作为一个社会法人也需要履行社会责任,需要节能减排,保护好人类赖以生存的大气、淡水、海洋、土地和森林等自然资源和环境,在资源永续利用和生存环境不被破坏的前提下实现企业长远经济利益和可持续发展。

基于上述两方面的信息需求,交通运输企业的环境成本报告可以从企业环境保护活动的成本投入与效果增加两个方面,综合环境成本报告的两种模式,将环境成本、环保经济效益、环境保护效果这三要素贯穿整个环境成本报告,将环保经济效益和环境保护效果合并在一起作为环境成本的效果予以兼容披露。从形式上,可以分为两大部分:一部分反映企业会计年度内的环境成本投入,包括投入的项目、分类以及金额;另一部分反映企业会计年度内产生的环境成本效果,包括金钱效果、环境负荷削减量(率)、环境效果改善率等;在计量单位上,环境成本和环保经济效益用货币计量,环境保护效果一般采用物理量计量;从核算指标上,既要核算反映企业短期经济效益成果的指标,也要核算反映企业长期经济效益以及企业责任履行情况的指标。

第四节　环境成本会计处理方法

一、环境成本会计处理方法种类

现行环境成本会计处理方法可依据"环境成本"的定义以及提出的成本会计处理方法的内容进行区分。其方法如表 11-2 所示。

表 11-2　　　　　　　　　　　**现行环境成本会计处理方法**

	环保成本		材料和能源流成本	
	过去和现时成本	未来(潜在)成本	过去和现时成本	未来(潜在)成本
单独计算法	减少排放的成本	环境预算		
完全成本法	减少环境影响的完全成本	环境风险成本的考虑	残余材料的成本	
直接成本法	环境导向直接成本计算法 多步骤直接成本计算法	未来环境成本的成本计算法		
分步成本法	作业成本法	作业预算法	材料和能源流导向的成本计算法 材料流导向的作业成本计算法	材料和能源流导向的作业预算法

资料来源：[德]史迪芬·肖特嘉，[澳]罗杰·布里特著，肖华，李建发主译，《现代环境会计》，东北财经大学出版社 2004 年版，第 85 页。

单独计算法是针对尾端污染预防措施所发生的成本单独设立一个计算程序，对其成本进行计算。这种方法适用国家对禁止排放的规定，可对不同行业中各种尾端技术的成本进行直接的比较。但是，该方法没有考虑综合技术(新的产生更少废弃物的生产系统)或忽视环境保护而发生的成本，并且，该方法只注重由于环境规定引起的其他成本，没有将环境保护融合到管理会计中，对综合技术方面的问题也没有明确的指示。因此，有些学者试图通过完全成本会计法将污染预防成本的计量纳入现行的管理会计系统中。

完全成本法是传统的成本会计方法，它跟踪直接成本并将间接成本分配给产品、产品线、生产工序、服务或活动。有时也被等同为"环境成本会计法"或"总成本会计法"，它认为应将产品生命周期中的全部成本都包括进去，从原材料的取得到产品的处理，有些成本无法直接追溯到对象上，就必须把这些成本进行分配。成本分配的核心是在组织中确定成本对象、成本中心及其责任人的管理过程。该方法的缺陷是:环境保护通常被视为企业的一项成本而不是一个机会,它的重点主要是尾端设施。由于尾端技术的主要产出物是与产量水平无关的固定成本,进而使单位产品的尾端技术成本随着着生产能力的利用水平而大幅波动,有关特定的生产过程及产品的污染消除成本的信息往往被认为不具有有用性。当环境成本被视为是需要分配的一般制造费用时,环境成本管理中环境成本必要的透明度就会降低。如果没有一个特定的机制把环境成本和产品联系起来,就会歪曲决策成本,以致造成错误的决策。

环境直接成本法侧重于依据可能的经济因果关系将环境成本追溯到产品的可能性,而且允许分别考虑固定成本和变动成本。许雷纳(Schreiner,1991)提出了多步骤直接成本法,并建议对用于确定环境保护的潜在节约位置的环境成本中心进行识别。同时提出材料和能源流的成本问题也必须予以考虑。该方法的实际问题是,环境成本必须从其他成本中分离出来,但分离标准尚未明确提出。

二、环境成本核算和控制方法

目前理论界主要推崇的环境成本核算和控制方法有作业成本法、生命周期成本法和完全环境成本法等。这些方法对于交通运输企业环境成本的核算和控制一样适用。

(一)作业成本法

作业成本法是指以作业为核算对象,通过成本动因来确认和计量作业量,进而以作业量为基础分配间接费用的成本计算方法。

作业成本法核算企业环境成本主要可分为以下两个步骤:

第一步:环境成本认定和环境成本分配率的计算。这个阶段的成本计算工作可分三个具体步骤进行。

(1)环境成本认定和归集。生产(或提供劳务)过程中会发生许多耗费,作为生产(或提供劳务)过程中发生的环境成本必须要与发生的作业有关,并符合可计量性、相关性、真实性、可靠性。识别和认定环境成本是分配成本的前提。

(2)环境成本的分配。首先,确定环境成本所耗的作业,并建立各作业单元或称作业组,将间接成本从中分离出来加以计量,利用作业动因,将环境成本分配给不同的成本计算对象。如果环境成本可以直接归属于某个产品(或劳务),就应该直接计入该产品(或劳务)的成本;如果环境成本不能够直接归属于某个产品(或劳务),则需将环境成本进行作业分类,其分类标准可以使用同一水准或使用大致相同的消耗比例。其次,确定环境成本动因。环境成本动因是导致环境成本发生的决定性因素,是将作业成本库的成本分配到产品(或劳务)环境成本中去的标准。确定的标准是成本动因,应与环境成本的发生相关,如排污费可能与排放量、排放的有毒物含量等相关,则可将排放量、排放的有毒物含量等作为成本动因。

(3) 计算作业成本分配率。作业成本分配率既可以采用实际成本法计算,也可以采用预算成本法。这可根据具体情况而定。实际作业环境成本分配率是根据实际作业环境成本和实际作业产出计算得出的;而预算环境成本分配率是根据预算年度的环境成本和预计作业产出(即作业需求)计算得出的。但此方法需要进行差异调整。计算公式如下:

实际环境作业成本分配率 = 当期实际发生的环境成本 ÷ 当期实际作业产出
预算(正常)环境成本分配率 = 预计环境成本 ÷ 预计(正常)作业产出

第二步:将作业成本库的环境成本追溯到各产品(或劳务),然后计算产品(或劳务)成本。凡可以直接追溯到产品(或劳务)的原材料等直接成本,将其直接计入产品(或劳务)的成本。对于环境成本,是运用第一阶段计算得出的环境成本(成本库)分配率和各产品(或劳务)所耗用的作业量指标(即耗用的作业动因数量),将环境成本追溯到各产品(或劳务)。

采用作业成本法进行企业的环境成本计算和控制具有三个方面的优点:一是提高了环境成本信息的可靠性。作业成本法建立在传统成本核算方法的基础上,对环境成本进行作业层次上的分析,并选择多样化的作业动因进行环境成本的分配,从而提高了环境成本的对象化水平和环境成本核算信息的准确性。二是满足环境成本信息的相关性要求。作业成本法在作业层次上对环境成本进行了动因分析,保证环境成本分配准确地追溯到各个产品(或劳务),揭示了环境成本发生的原因,有利于企业管理部门加强环境成本控制,挖掘成本降低的潜力及准确计算产品的盈利能力。三是专业成本法能帮助企业了解与每种产品(或劳务)有关联的经营活动过程(或劳务服务过程)。这样可以体现经营活动过程(或劳务服务过程)中哪里增加了价值,哪里减少了价值,从而使环境成本的信息更准确、更真实,还能让企业管理人员通过对各种产品的作业流程(或劳务提供的作业流程)进行追踪记录,从而更好地进行产品(或劳务)定价、提高市场占有率、生产(或劳务)计划安排等决策。

(二) 生命周期成本法(life cycle costing,简称 LCC)

生命周期法是一种针对产品生命周期的归结和分配环境成本的会计核算方法。其特点是:对环境成本的作业成本分析不再局限于生产(或提供服务)过程中所发生的环境成本,而且包括了产品开发、销售直至淘汰、弃置整个生命周期过程的环境成本。对于提供运输劳务的交通运输企业,其生命周期成本可包括运输设备开发成本(如新能源、新节能汽车开发等)、提供运输劳务过程的环境成本以及运输设备淘汰、弃置成本等。如图 11-3 所示。

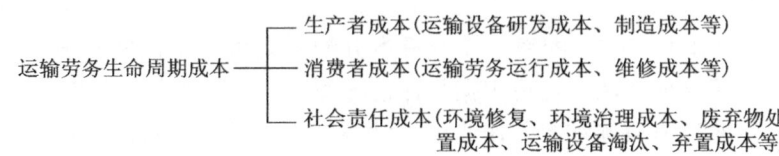

图 11-3　运输劳务生命周期成本构成

采用生命周期成本法,环境成本可以分为以下三类:①普通生产经营成本,指在生产(或劳务提供)过程中与生产(或劳务提供)直接有关的环境成本,如直接材料、直接人工、能源成本、厂房设备成本等,以及为保护环境而发生的生产工艺支出、建造环保设施支出等。②受规章约束的成本,指由于遵循国家环境法规而发生的支出,如排污费、检测监控污染的成本等。③潜在成本(或有负债),指已对环境造成污染或损害,而法律规定在将来发生的支出。企业可以根据产品的生命周期,在产品形成的各个阶段分别核算上述三类成本。第一类成本通常可以直接从账簿中取得实际的数据,第二类成本则可以根据成本动因进行归集分配,而第三类成本需要采用特定的方法进行预测,如防护费用法、恢复费用法、替代品平价法等。

采用生命周期法控制环境成本的优点在于它把产品整个生命周期中的成本都考虑在内,包括了产品设计阶段污染预防以及产品售后产品回收(或劳务提供后设备淘汰、弃置回收)可能发生的环境成本,把分散或隐藏在传统会计系统中的环境成本数据进行了汇总,以此计算产品(或劳务提供)的盈利能力。生命周期成本法克服了传统成本制度下企业仅考虑产品生产(或劳务提供)过程中发生环境成本的缺点,补充计算了潜在成本,使得产品(或劳务)成本信息更为准确完整,环境成本信息更具有可靠性。

(三)完全环境成本法

完全环境成本法较之前述的作业成本法和生命周期成本法的不同之处在于它能核算企业的环境会计总成本。

完全环境成本法是核算企业的环境总成本,将企业内部和外部所有的环境成本都分配到产品、产品线、服务或作业中去的一种环境成本会计核算方法。完全环境成本法相比较传统成本核算方法,它扩大了成本核算的范围,其主要特点在于:针对传统管理会计方法难以准确辨别企业内产生环境问题的产品、服务、流程或投入,完全环境成本法可以通过多种方式(如成立特别的工作组等)收集相关成本信息,以达到更有效地核算内部环境成本;而对于企业外部环境成本信息的取得,完全环境成本法主要通过环境科学中有关的环境影响评价方法,同时采用控制成本法或损害函数法对其进行货币量化。

将核算的内部环境成本和外部环境成本汇总,计算得出企业的环境总成本,这也正体现了完全环境成本的主导思想。

阅 读 文 献

［1］肖序.环境成本论［M］.北京:中国财政经济出版社,2002.

［2］肖序.环境会计制度构建问题研究［M］.北京:中国财政经济出版社,2010.

［3］袁广达.环境会计与管理路径研究［M］.北京:经济科学出版社,2010.

［4］肖序.环境会计理论与实务研究［M］.大连:东北财经大学出版社,2007.

［5］韩霞.浅议交通运输业的环境成本核算［J］.交通财会,2012(4).

［6］IFAC. Environmental Management Accounting,2005.

［7］Stefan Schaltegger, Kaspar Müller. Corporate Environmental Accounting［M］. John Wiley & Sons,1996.

复 习 思 考 题

1. 什么是环境成本? 为什么交通运输企业也要核算环境成本?

2. 环境成本有哪些分类方法?

3. 企业环境成本确认的标准有哪些? 这些标准适用于交通运输企业吗?

4. 企业环境成本计量方法有哪些? 其操作性和真实性如何?

5. 目前企业环境成本报告模式有哪几种? 请你构想一下交通运输企业的环境成本报告模式。

6. 企业环境成本核算的方法主要有哪几种? 对这些方法如何进行比较?

第十二章　资源流成本核算与管理

【本章概要】

　　随着环境管理会计日益受到国际社会的重视，针对如何恰当地将环境因素纳入交通运输企业成本与效益的评价，理论界和实务界均探索出许多方法。作为环境成本核算与管理的一种最新方法，资源流成本核算方法以"同时减少环境影响和成本"为目标，从资源节约和污染控制的辩证统一中探索资源流成本的核算、控制和优化，为环境管理会计提供一种新的思路。本章将以交通运输企业的修理、零部件制造的生产过程为主线，介绍资源流成本的核算与管理，其原理和方法也可推广至运输过程的油料消耗、车辆损耗、污染物控制等领域借鉴应用。

　　本章第一节对资源流成本核算原理和物质流分析方法在资源流成本核算中的运用作出介绍。第二节梳理了资源流成本核算基本流程和成本分类体系，并在此基础上建立资源流成本计算方法。第三节引入价值流分析方法，使资源流成本核算更适用于企业经济效益评价，促进实现"既循环又经济"的循环经济发展模式。

第一节　资源流成本核算原理与方法

一、资源流成本核算的学术背景

　　会计学界将环境作为一个重要因素予以考量始于社会责任会计。社会责任会计是"就组织的经济活动所产生的社会和环境影响与社会中特定的利益团体和整个社会进行沟通的过程"（Gray 等，1987）。根据 Gray 等的描述，社会责任会计扩展了组织（尤其是公司）的受托责任，超越了向资产所有者特别是股东提供财务会计信息的传统角色。其思想基础是：公司负有更广泛的责任而不仅仅是为其股东创造财富。可见当时的社会责任会计已开始关注公司经济活动产生的外部性。

　　随着研究的深入，重点考量环境因素的环境会计渐渐独立出来，致力于通过会计系统对企业的相关环境活动进行记录和反映,以达到实现环境保护与经济效益并重的双赢目标。之后,它向财务与管理两个角度延伸和发展,形成了环境财务会计与环境管理会计两大分支。其中,环境会计在环境管理会计领域的应用"主要是在企业的经营决策中利用环境成本和环境业绩信息,如在成本分配、资本预算以及流程、产品设计中考虑环境成本和效益"(U. S. EPA,1995)。可见,当时的环境管理会计中已经出现了流程管理的思想萌芽。

环境管理会计"通过设计和实施适当的与环境相关的会计系统和管理系统对环境业绩和经济业绩进行管理"(IFAC,1998),着重于企业环境管理和决策,范围涵盖环境成本管理与控制、投资决策、绩效评价及预算管理等(UNDSD,2001)。自20世纪90年代以来,其研究日益深入,出现了全部成本会计法、作业成本法、生命周期成本法等考虑环境因素评价企业成本和收益的环境管理会计方法,但是其研究没有形成统一的框架。

进入21世纪,国际社会对环境管理会计的研究日益重视,日本、美国、德国等分别成立了环境管理会计研究机构,并陆续发布了"EMA程序工作手册""环境成本管理指南"等,但各国对环境管理会计的研究内容和方法各成体系,没有形成一个统一的框架。直到2005年,国际会计师联合会发布《环境管理会计国际指南》,才开始了各国环境管理会计的协调与统一。

该指南的出台,在协调各国环境管理会计的同时,为后续的研究提供了一种新的思路和方向。主要体现在以下三个方面:第一,它以企业资源流转模型为构建基础,突出资源转化、消耗过程与废弃物排放污染环境的辩证规律,并从资源流转平衡原理中构建包括物量信息和货币信息一体化的环境管理会计模式,是一种新的理论构思。这一思路,对以资源流转为导向的资源流成本核算的发展起到了较大的推进作用。第二,该指南中环境管理会计理论框架的构建主线是资源损失的废弃物削减与有效使用资源的价值产生,资源流成本核算的基本思想可以在这里找到其理论依据。同时,由于资源(如能源、水和材料)流入、消耗、流出是废弃物损失发生和企业效益产生的主要动因,因而对环境的影响可追溯到从上游的资源获取至产品使用寿命终止的整个生命周期,这为资源流成本核算边界的扩展奠定了基础。第三,该指南中的环境管理会计更强调企业环境业绩与财务业绩的结合,其导向是在企业实现环境目标前提下提升资源使用效率,通过资源循环利用和废弃物排放减少求得尽可能大的财务业绩。因此它将生态效率界定为其三大用途之一,这为企业综合业绩的评价提供了一种有效的测度指标。

可以说,2005年IFAC发布的《环境管理会计国际指南》是环境管理会计发展史上的一个里程碑,对以节约资源减少污染为宗旨的资源流成本核算得到国际认同起到了重要的推介作用。在此背景下,发源于德国的"材料流转成本会计"(Material Flow Cost Accounting,MFCA)得到迅速发展,经过日本的大力推广和应用,在国际上得到广泛认同。2007 年,环境管理会计国际标准化委员会和日本工业标准委员会于北京召开会议,建议制定基于物质流的环境管理会计国际标准框架和实施方法。该框架以物质流为基础,确立了资源流成本核算在环境管理会计各项方法工具中的地位,标志着资源流成本核算进入国际范围的规范化研究时代。

在 MFCA 的基础上,我国学者肖序将其发展并改进为资源流成本核算方法,应用于企业实践。该方法作为一种以"同时减少环境影响和成本"为目标的环境管理会计方法,从资源节约和污染控制的辩证统一中探索资源流成本的核算、控制和优化问题,将企业会计和经济学、环境学、工业生态学等多学科知识相融合,将会计扩展至环境保护、资源节约领域,成为在环境管理会计的发展与完善中成长起来的一种有效的工具。

二、资源流成本核算原理

(一)资源流成本核算的基本思想和原理

资源流成本核算的基本思想是根据企业经济目标与环境目标相协调的要求,以节约资源和减少环境污染为目标导向,以流量管理理论为指导,将企业生产经营过程的资源流转视为一个综合系统,将其中每一个生产环节或工序视为一个资源流转中心,对其中的资源(包括材料、能源和其他物质等)进行规划、跟踪和核算,量化资源流转过程中的各个要素,确定其数量、成本(包括正产品成本和负产品成本)和价值,寻找废弃物转变为资源的生产节点,据此挖掘改善措施,优化企业的环境保护技术,以达到提高资源利用效率并减少企业污染物排放的目的。其核心是将生产过程各个环节的资源流转以流程为导向进行核算和控制。

一般财务会计对资源费用的核算方式是按一定的成本标准进行确认、计量、归集、分配和报告,并最终构成产品成本组成部分。资源流成本核算的原理与此不同,其根据流量管理理论,从数量(物质流)和成本(价值流)两个维度跟踪企业资源流转过程中各个环节的实物数量变化,进行资源流转过程物量和价值信息的核算。它将企业资源流转的各个环节划分为若干个成本核算中心(又称物量中心),按照资源的输入输出平衡原理(原材料+新投入=输出端正制品+输出端负制品),沿着资源流转在不同物量中心之间的顺次移动轨迹,对材料、能源流向进行分流计算,分别核算各物量中心输出端正制品(合格品)和负制品(废弃物)的数量和成本,追踪从投入起点至输出终点的全部数量和成本。其基本成本核算原理如图 12-1 所示。

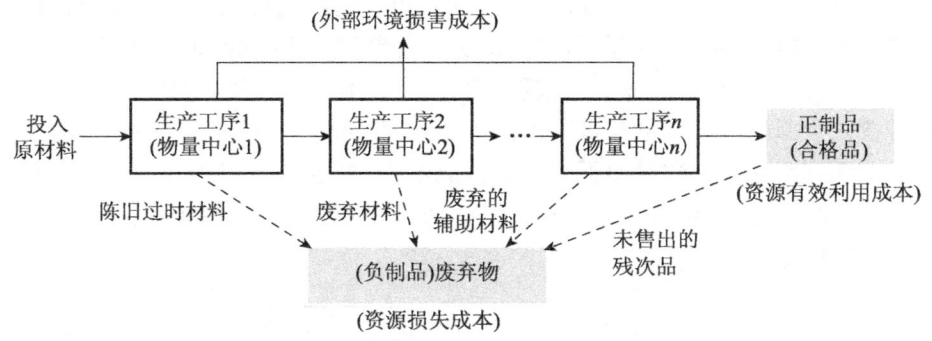

图 12-1 资源流成本核算的原理

如图 12-1 所示,在资源流成本核算中,在输入端投入的资源流经生产过程的各个环节(物量中心),在输出端输出两类物质,其一是合格的完工产品,称为正制品,其二是各种形式的废弃物,统称为负制品,这两类制品都作为产品核算并分别计算其成本。正制品成本体现为资源有效利用成本,负制品成本反映资源损失成本。两类成本分别被细分为三类成本:材料成本、系统成本以及能源成本。另外,在资源流转的每个环节,都会在企业外部产生环境影响,带来环境损害成本。因此需结合环境影响评价方法将产生的环境影响数量折算为货币单位计算其外部环境损害成本,从货币价值角度对企业活动产生的环境影响进行评估和考量,为企业管理者提供更为直接的价值判断信息。这样,资源流成本的核算就由两大部分组成:企业内部的资源流成本和企业外部的环境损害成本。

通过这样的分类核算,在传统会计中被当作垃圾的废弃物在此被作为经济损失予以核算,可引起企业管理者对生产过程中无效劳动和资源浪费的关注,促使管理者实施减少废弃物的改进措施。废弃物减少是资源节约的直接结果,同时会减轻环境影响,从而实现企业经济效益和环境效益的双赢。对外部环境损害成本的估算将外部成本内部化,可有效衡量这部分环境成本信息,增强考量环境因素的环境经营所需成本信息的相关性,为环境管理决策提供有用的信息支持,指导企业规避环境风险。

(二)资源流成本核算与传统成本核算的区别

从资源流成本核算原理可以看到,资源流成本核算将输出端的废弃物作为负制品核算其数量和成本,从而确认了废弃物的成本损失,这样就将生产过程中废弃物产生的数量、地点和原因与其成本联系了起来,可以从价值角度判断废弃物的成本损失。而在传统成本会计中,由于生产过程被视为经济价值的消耗过程,一般将投入资源的所有货币价值都计入相应生产过程输出端完工产品的生产成本中,这意味着一种产品需要负担所耗资源的全部成本,而对废弃物的成本不予确认,这样废弃物的成本就被包含在产品成本中,废弃物与其产生的地点及各种投入资源的实物数量和货币价值相分离,和价值链的关系被中断,企业管理者只能看到废弃物的数量而不能确定其成本损失,也不能识别其产生的节点和原因,因此不能向管理者提供决策支持。两者在核算中的主要区别简明标示如图 12-2 所示。

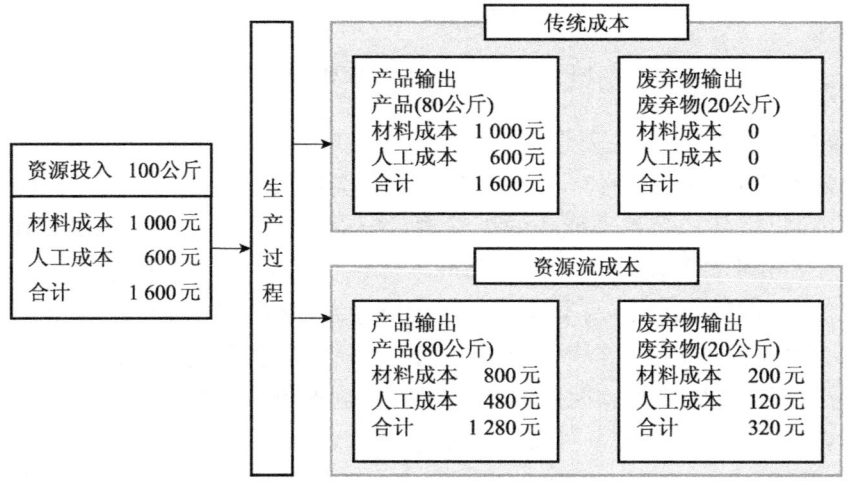

资料来源:Preliminary Proposal for the International Standardization of Material Flow-Based Environmental Management Accounting for ISO/TC 207, International Standardization Committee for Environmental Management Accounting/Japanese Industrial Standards Committee(JISC)。

图 12-2 资源成本核算和传统成本核算的差异

如图 12-2 所示,传统成本会计中确认了废弃物的数量 20 公斤,但其成本没有单独确认,320 元的成本一并计入了输出产品的成本;而资源流成本核算则既确认了废弃物的数量 20 公斤,又核算了其成本 320 元,可以使企业管理者认识到废弃物造成的成本损失,从而针对成本产生的节点和原因实施改善措施。由此可见,资源流成本核算的本质特征是将传统成本计算中未反映的废弃物价值,以企业制造过程中的一种负产品形态反映出来,克服了传统产品成本计算覆盖废弃物成本的局限,可清晰反映废弃物对自然资源的消耗状况,引导企业认识到削减废弃物对企业经济效益和环境影响带来的双重效应,从而采取措施提高资源利用效率,实现可持续发展。

三、资源流成本核算的基础方法

（一）物质流分析方法概述

资源流成本核算的一个基本方法是物质流分析方法。物质流分析是建立在物质和能量平衡原理之上的一种系统性分析方法，由尼斯（Allen V. Kneese）和艾瑞斯（Robert U. Ayres）等于 20 世纪 70 年代初期提出，最初应用于经济系统中物质流动关系的研究，目的是提高物质和能量的利用效率和循环使用率，以减少自然资源耗用量，降低污染物的排放量，解决环境污染问题。

随着对环境管理问题研究的深入，物质流分析方法开始得到生态经济领域、产业生态学领域等更多学者的关注。20 世纪 90 年代初，物质流分析方法首先在奥地利、日本、美国和德国得到应用。我国的主要研究者有陈效述、徐明、张天柱、陆钟武等，他们分别从宏观、中观和微观层面进行了相关研究。

在物质流分析被用于宏观经济领域和工业生态学领域的同时，德国学者将其引入会计学领域。斯蒂芬·伊尔勒博士（Dr. Stefan Enzler）和马科斯·斯卓勃博士（Dr. Markus Strobel）在《流量管理——通过材料流转导向的管理理念来降低成本和减轻环境污染》一文中，对物质流分析的流量管理思想和工具进行了论述，指出物质流分析是以效率为目标导向对产品生产全过程中的材料流和能源流进行重新组织和构建。在物质流分析中，材料流转处于中心位置，将公司组织视为一个材料流转系统。随后德国奥格斯堡（Augsburg）大学的贝恩德·瓦格纳教授（Bernd Wagner）在该大学的"生态效率——材料流动会计"项目（Eco-efficiency Project）中首次提出了材料流转成本核算的概念，这可以视为资源流成本核算的原型。其目标是通过流量管理的手段减轻环境压力和降低成本，同时提高经济效率和环境效率。我国学者肖序在引入资源流成本核算的同时将物质流分析方法引介到会计学领域，主要是应用企业层面的物料平衡方法进行分析。

在会计学领域，物质流分析方法是在一定的时空条件下对系统内部材料的流量和存量进行系统评价的一种方法。材料流核算数据不仅可以用于测定环境影响的生命周期评价，而且可以从经济的视角分析产品的生命周期成本，并且应用于资源流成本核算会计。

从经济学的视角看，物质流分析是系统识别社会经济系统中物质循环规律及其对资源和环境的影响的定量分析方法，是转变生产和消费模式、提高资源效率和环境效率、推动可持续发展的重要研究范式和基础技术平台。它可以分别在输入端、过程中、输出端对经济过程定量地进行全过程管理，可以揭示出整个经济系统的总物质消耗、物质使用强度和资源生产率。可以计算出输入端的资源生产率、生产或消费过程中的循环利用率和输出端的环境效率。因此,可同时作为资源流成本评价的基础方法。

(二)物质流分析方法在资源流成本核算中的应用

物质流分析方法作为资源流成本核算中根据物质流路线改善价值流路线的基础方法,可以描述人类从自然界获取资源,进行人类生产和消费的经济活动,并产生出废弃物,以及废弃物的再使用和再资源化过程中物质的实物流量和流向。将其应用于资源流成本核算,可以根据物质平衡原理倒挤计算出资源损失成本,为企业控制资源消耗提供数据信息,进而制订合理的解决方案。

1. 基本应用方法举例

物质流分析在资源流成本核算中的应用主要是对其中的材料流转进行分析。基本思路是从输入端开始跟踪材料在生产过程各个工序的流转,从实物量度计算各个工序所耗材料以及产生废弃物的数量,最终确定其输出端输出产品和排放废弃物的数量,如图 12-3 所示。

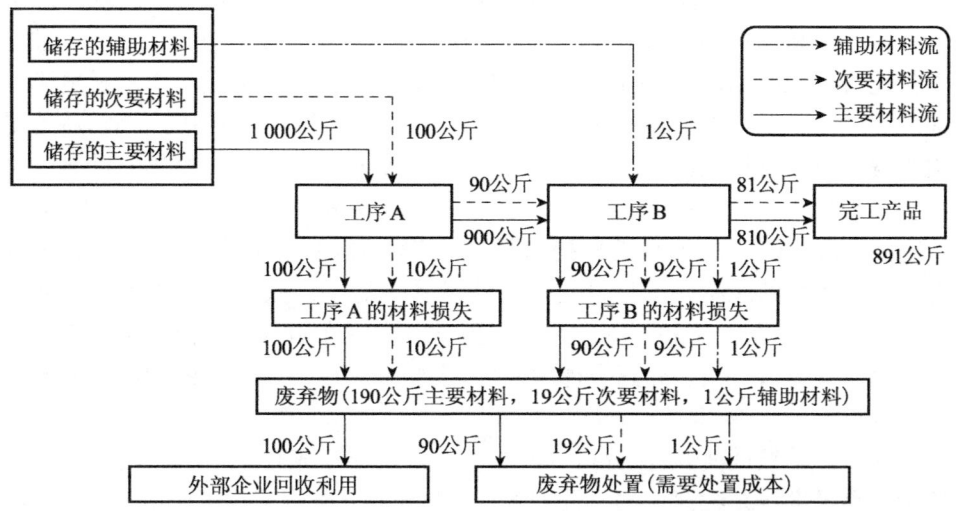

资料来源:Guide for Material Flow Cost Accounting(Ver. 1),Environmental Industries Office, Environmental Policy Division Industrial Science and Technology Policy and Environment Bureau Ministry of Economy,Trade and Industry,March 2007。

图 12-3 物质流分析方法的材料流分析流程图

由图 12-3 可见,在材料流分析中,根据物质流分析的思想,追踪企业生产过程中投入的主要材料、次要材料和辅助材料在工序 A 和工序 B 中的流转情况,分别从合格产品和废弃物两个流向追踪记录它们在各个工序的流转数量。图

12-3 中,输入端 1 000 公斤的主要材料输入工序 A,在工序 A 产生了 100 公斤的损失,在工序 B 产生了 90 公斤的损失。工序 A 中 100 公斤的主要材料损失在外部企业得到循环,而工序 B 中的 90 公斤作为废弃物丢弃。工序 A 中输入的次要材料在工序 A 和工序 B 中分别损失 10 公斤和 9 公斤。总共 19 公斤被作为废弃物丢弃。投入工序 B 的 1 公斤辅助材料全部变成废弃物。

该流程图清晰地表明了该生产过程中总共输入的 1 101 公斤材料,经过在工序 A 和工序 B 中的流转,最终形成 891 公斤的完工产品和 210 公斤的材料损失。其中,由于 100 公斤的主要材料损失在外部企业循环利用,所以最终的材料损失估算为 110 公斤。

可见,通过这种物质流的分析方法,可以清晰地识别材料在生产过程中的流动情况,准确核算其耗用和损失的数量,为成本计算提供数量依据。

2. 物质流分析在资源流成本核算中应用的意义

物质流分析作为提高资源效率和环境效率的一种重要研究范式和基础技术平台,为资源流成本核算中优化资源流转的价值流路线提供了分析方法和思路。其在资源流成本核算中的应用具有积极的现实意义。

首先,运用物质流分析,可以在资源流转的全过程(输入端、过程中、输出端)对经济过程进行定量管理,可以揭示出整个经济系统的总物质消耗、物质使用强度和资源生产率,可以计算出输入端的资源生产率、生产或消费过程中的循环利用率和输出端的环境效率。

其次,根据上述物质流分析的结果,可以分析并掌握物质投入和产品产出之间的关系,然后通过技术、工艺改造和更新,提高物质、产品之间的转化效率,提高资源利用效率,实现以最少的物质投入达到预期经济目标的目的。

最后,通过对物质流数据的深度分析,可以发现提高废弃物的再利用和再资源化的途径,循着这一途径进行优化,可以增加物质循环量,由此可以减少物质投入的总量,同时减少最终废弃物的排放量,减轻环境影响。

第二节　资源流成本的计算

一、资源流成本核算基本流程

资源流成本核算的基本流程总体上包括三个阶段:事前准备阶段、收集整理数据阶段和成本计算阶段,每个阶段都有各自的具体步骤和原则要求,如表 12-1 所示。

表 12-1　　　　　　　　　　　　资源流成本核算基本流程

基本流程	具体项目	注意事项
事前准备	确定适用对象	选择改进潜力大的对象作为实施对象
	分析对象，设定物量中心	根据企业生产流程特点，选定物量中心
	确定数据采集和分析期间	分析对象特征，性质，考虑产品生命周期
	选定数据采集方法	采用生产现场统计表格或无量测定法确定
收集、整理数据	归类整理材料成本数据	主要依据财务资料及生产记录
	归类整理系统成本和能源成本数据	主要依据财务资料及生产记录
	确定各类成本的分配规则	主要依据财务资料及生产记录
成本计算	分别计算各物量中心正负制品的成本，并依据分配规则进行分配	根据产品特征，以重量、体积等标准来分配正制品与负制品的成本
挖掘改善措施、实施并评价效果	识别并列示所需的改进节点	以负制品高的物量中心为重点关注对象
	制订并实施改善计划	
	评价改善效果	

（一）事前准备阶段

该阶段主要完成资源流成本核算的基础工作，包括确定适用对象、确定物量中心、确定数据收集和分析期间、选定数据收集方法四个步骤。

确定适用对象需以企业生产流程为基础，选择改善空间大且容易产生改善效果的产品、生产线或工序作为实施对象。具体选择实施对象时，可从以下角度优先考虑：①单一产品生产线。②下一环节废弃物量大的生产线。③材料品种较多的生产线。④多品种小批量生产的产品。

物量中心的确定可根据企业生产过程的不同环节，选择单个或多个环节合并设置物量中心。但要掌握"适度规模"的原则，即在保证一定精度计算的前提下，选择较低的成本计算工作量。因为如果物量中心设置过粗，可减少成本计算工作量，但计算精度不高，成本差异较大；反之，物量中心设置过细，则会相对保证成本计算精度，但会带来成本计算工作量的增大，其成本有可能掩盖应用资源流成本实现的成本削减效果。

数据收集和分析期间原则上根据选定对象的特征、性质来确定，同时考虑产品生命周期。为了克服偶然性因素，数据收集和分析期间一般设定为 1 个月，也可以是 3 个月或 6 个月。若企业产品周期性较强，则根据企业具体情况而设置；数据测定原则上依据现场测量进行收集，一般根据实地测定的各个物量中心的投入物量和损失物量而确定。

（二）收集整理数据阶段

该阶段主要依据财务资料及生产记录归类整理各类成本数据及其间接成本。如前所述，资源流成本项目分为材料成本、能源成本和系统成本三类，该阶段分别对其进行分类整理并确定各类成本的分配原则。

成本分配原则即将生产过程中发生的各种成本费用选择一定的标准在正制品、负制品之间进行适当的分配。其中，材料成本以正负制品重量为其分配标准，系统、能源成本可以正、负制品的材料成本比率、正负制品的重量比率或能源的使用效率为分配标准，根据形成该成本的具体情况而定。

在实际计算过程中，对于每个工序新投入的系统成本和能源成本的分配，因为还包括了前一物量中心转入正制品的系统成本和能源成本投入下一物量中心的成本的分配，比较复杂，现以系统成本（SC：人工和折旧等成本）为例说明，如图12-4所示。

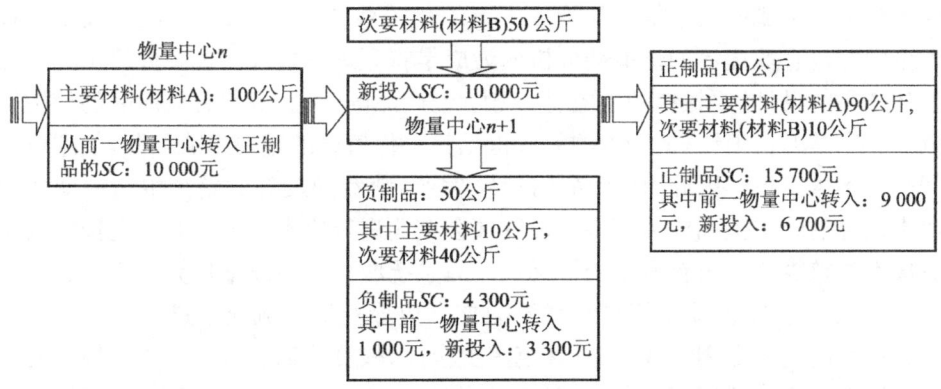

图12-4 系统成本计算模型

图12-4是某企业物量中心 $n+1$ 的系统成本计算实例，上一物量中心 n 中的次要材料已与主要材料汇总合并，共100公斤，正制品以主要材料的形式转入下一物量中心 $n+1$ 继续加工，负制品作为废弃物处理。100公斤主要材料中，有90公斤成为正制品，10公斤形成废弃物成为负制品。50公斤次要材料中只有10公斤成为正制品的一部分，而有40公斤都形成了负制品。

计算物量中心 $n+1$ 中的系统成本分两步进行。先分配前一物量中心转入的系统成本。分配标准是主要材料的正、负制品率。比如，主要材料进入正、负制品的重量分别为90公斤、10公斤，故前一物量中心转入的10 000元系统成本在物量中心 $n+1$ 的正、负制品间分别分配9 000元及1 000元；其次还要对新投入的系统成本进行分配。分配标准为产出的正、负制品的重量比率。该物量中心正、负制品分别为 100 公斤、50 公斤,因此新投入的 10 000 元系统成本在正、负制品间的分配分别为 6 700 元、3 300 元。根据同样的方法可以进行能源成本的分配。

在实际应用中,由于某些企业的生产线较为复杂,只以重量作为分配标准不能达到准确分配成本的目的,如化工行业的产品和废弃物,物质形态有气态、液态、固态等多种形态,要正确核算正、负制品的成本,可借鉴元素含量或成本动因分配间接费用。

（三）成本计算阶段

该阶段应根据企业特点及企业成本核算的战略定位,首先明确企业资源流成本核算的系统边界。即仅限于企业生产经营活动的企业系统还是扩展到产品生命周期各阶段包括产品设计、生产制造、销售流通、使用、回收处置等的产品系统。

产品系统是指与产品生产、使用和用后处理相关的全过程,包括产品设计、原材料生产、产品制造、产品使用以及产品用后处理与循环利用。在当代企业经营过程的资源耗费中,生产环节的耗费所占比重越来越低,"生产导向型"的传统成本观下所生成的成本信息与管理决策的相关性消失。在此背景下,战略管理理论中跨越企业边界的价值链分析成为成本管理理论研究的重要分析工具。由于从产品的设计、原材料的供应、投入生产、产品的营销、消费者对产品的使用构成一个完整的价值链,消费者的效应也是整个价值链的重要组成部分,使用成本问题已不可忽视。因此,将产品从设计、生产、消费到废弃的整个生命周期作为成本核算的时空范围成为可持续发展社会企业进行成本管理的必然选择。资源流成本的核算边界由企业系统扩展到产品系统成为今后成本核算的必然趋势。

根据上述思想,本书以产品系统为核算边界对资源流成本进行计算。其涵盖了产品的全生命周期成本,核算范围更全面,核算数据更具决策相关性。若仅需计算企业系统的资源流成本,截取其中的生产经营部分成本即可。两种系统边界的成本核算内容如图 12-5 所示。

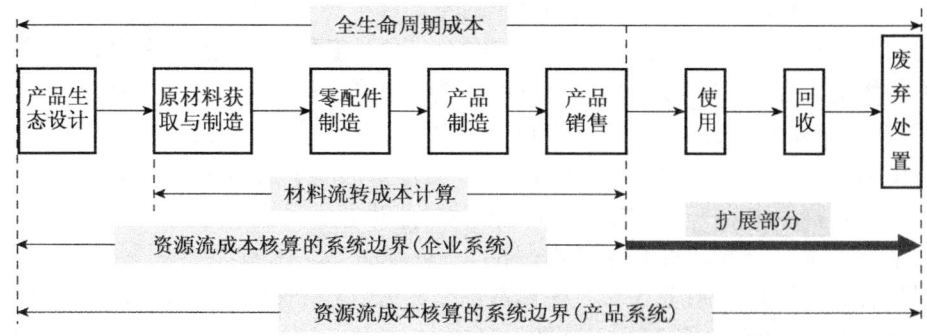

图 12-5　资源流成本核算的两种系统边界

二、资源流成本核算模型与成本分类体系

（一）核算模型

资源流成本将核算边界由企业系统扩展到产品系统，相应地，其核算主体、过程和对象都要做相关扩展，其扩展的核算模型如图 12-6 所示。

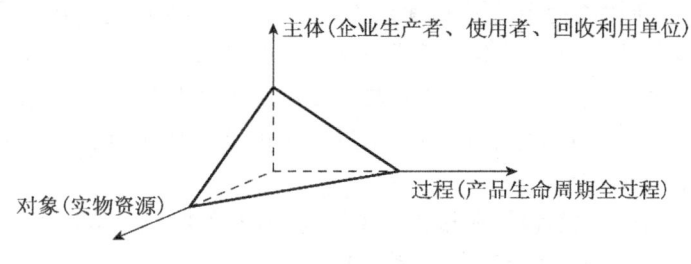

图 12-6　基于产品系统的资源流成本核算模型

如图 12-6 所示，在主体维度上，产品系统的资源流成本核算主体包括企业生产者、使用者和回收利用单位，即在传统的企业生产者核算主体之外，还要对使用者和回收利用单位的相关资源价值流进行考量。当然，在企业管理决策中，三个主体的重要程度不同，企业生产者主体在三者之中居于契约核心连接者地位，是资源价值流转会计核算的核心主体，核算中以企业生产者为主收集汇总三个主体的数据信息进行反映。

在过程维度上，对产品生命周期全过程各个阶段的资源流转进行全流程核算和控制，这里的阶段包括产品开发和设计、原材料的获取与制造、零配件制造、产品制造和销售、产品使用、产品的废弃处置以及产品在各个环节的回收利用等阶段。该维度的扩展，必然要求对成本核算模型和成本分类体系进行扩展，并相应调整成本计算方法。

在对象维度上，围绕产品生命周期内的资源流转进行核算。这样就不仅要核算企业内部的资源有效利用价值和资源损失价值，而且要核算产品产生环境影响的外部环境损害价值，以实现对产品使用价值、市场价值和环境价值的综合考量，提升产品性能，提高产品价值，同时减少产品生命周期资源流转的环境影响。

（二）成本分类体系

从产品系统包括的产品生命周期各阶段（包括产品设计、生产制造、销售流通、使用、回收处置等阶段）考察，可将资源流成本划分为八类：研发成本（RDc）、资源有效利用成本（RUc）、资源损失成本（RLc）、配送成本（TDc）、使用成本（PUc）、回收利用成本（RRc）、废弃处置成本（WDc）和外部环境损害成本（EDc）。

研发成本发生于研究开发的产品设计阶段，是企业边界的成本核算向产品

生命周期上游阶段延伸扩展出来的成本,包括其间发生的各项费用之和;资源有效利用成本(RUc)形成于资源流转的材料加工和产品生产阶段,由生产合格产品所发生的材料成本、系统成本和能源成本构成;资源损失成本(RLc)发生于生产阶段的各个工序,主要体现为形成废弃物产生的材料损失成本以及在材料损失发生前后对其进行处理所发生的系统成本和能源成本;将产品发送到目的地所发生的一系列物流费用的总和确认为配送成本(TDc),主要包括配送运输成本、分拣成本和配装成本等相关费用,该成本发生于产品销售阶段;使用成本(PUc)发生于产品的使用阶段,是消费者使用某种产品满足自己需要的过程中所发生的费用总和,主要包括产品使用过程中的能源成本、配套成本、空间占用成本、维修维护成本等。

在产品生命周期除设计阶段以外的各个阶段,回收利用废旧产品、零部件及各种材料等均需消耗材料、能源等,由此形成的成本确认为回收利用成本(RRc)。按发生阶段划分包括材料回收利用成本、零部件回收利用成本和产品回收利用成本三部分;在产品生命周期的各个阶段,进行材料加工、产品生产、配送、使用以及回收利用的过程中都会产生一定的废弃物,产品寿命终结时还要将其作为最终废弃物予以处理,处理这些废弃物发生的费用都确认为废弃处置成本(WDc),显然,其发生于产品生命周期的各个阶段;从设计阶段至废弃处置阶段的产品全生命周期,各个阶段的资源流转活动都会产生一定的环境影响,此项外部成本运用环境影响评价方法将其内部化,确认为外部环境损害成本(EDc)。综上,可描绘出八类成本在产品生命周期中的分布,如图 12-7 所示。

成本 ＼ 阶段	研发设计	生产制造	销售配送	使用维护	回收再利用	废弃处置
资源流转成本	① 研发成本（PDc）					
		② 资源有效利用成本（RUc）	④ 配送成本（TDc）	⑤ 使用成本（PUc）		
		③ 资源损失成本（RLc）				
	⑥ 回收利用成本（RRc）					
	⑦ 废弃处置成本（WDc）					
	⑧ 外部环境损害成本（EDc）					

图 12-7　资源流成本构成及其在产品生命周期的分布

上述资源流成本分类体系,以产品全生命周期的各个环节为依据,核算思路清晰,各项成本界限分明又形成一个统一的整体,形成对产品生命周期资源流转全程清晰、全面的成本描述,特别是其考虑了各个环节的外部环境损害成本,将产品在生命周期各阶段发生环境影响的外部成本全面涵盖进来,核算数据更具决策相关性,可以为企业进行环境管理活动提供有效的信息支持。

三、资源流成本计算方法

上述八项资源流成本发生于产品生命周期的不同阶段,数据来源于不同的核算主体,需要采用不同的计算方法分别计算。

（一）研发成本

一个普遍认同的观点是:产品成本的 80% 是约束性成本,并且在产品的设计阶段就已经确定。因此,设计开发阶段对企业资源流转过程中成本的形成具有重大决定作用,管理者对该阶段必须予以足够重视,期间发生的各项费用也计入产品资源流转生命周期的总成本。

具体来看,研发成本（RDc）是在产品开发设计阶段研发新产品时发生的各项研发费用,包括开发费用（kf_c）、测试费用（cs_c）和相关人工费用（rg_c）,用公式表示如下:

$$RDc = kf_c + cs_c + rg_c \tag{12-1}$$

（二）资源有效利用成本（RUc）和资源损失成本（RLc）

资源有效利用成本（RUc）和资源损失成本（RLc）发生于企业生产经营活动的材料投入和产品生产阶段,是资源流成本核算的核心内容。依据资源价值流转核算原理,将企业生产活动按照生产流程或工序等划分为若干个物量中心,根据资源流转在不同物量中心之间的顺次移动,对材料、能源流向进行分流计算,分别核算各物量中心输出端资源有效利用成本（正制品成本）和资源损失成本（负制品成本）,进行生产过程全流程的物量和价值信息核算。基本核算流程如图 12-8 所示。

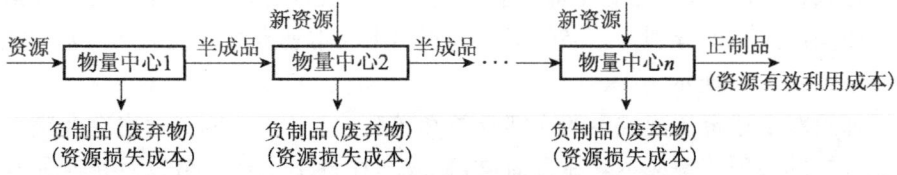

图 12-8　资源价值流转核算基本流程

如图 12-8 所示,资源流转输出端有两个流向:其一为正制品(合格产品),形成正制品所发生的成本确认为正制品成本即资源有效利用成本(RUc);其二为负制品(废弃物或残次品),形成负制品所发生的成本确认为负制品成本即资源损失成本(RLc)。为了对上述两项成本进行准确核算,核算过程中进一步细分为材料成本、系统成本和能源成本进行分类核算,其成本细分如图12-9 所示。

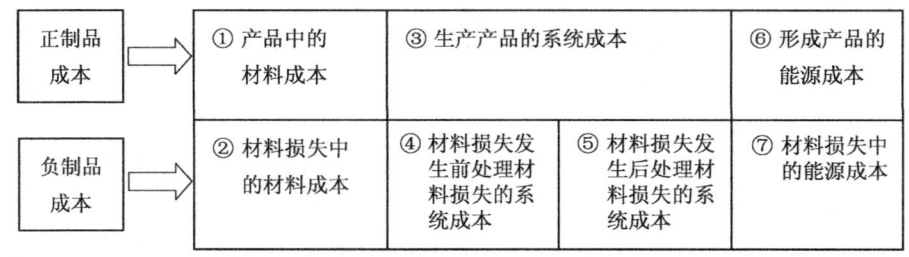

图 12-9 资源价值流转核算中的成本细分

从图 12-9 可见,材料成本可进一步细分为最终成为产品中的材料成本和材料损失中(残余废弃物)的材料成本两部分,包括了各个工序投入的主要材料、次要材料和辅助材料的成本,按照材料在各物量中心流转的数量,乘以相应的单价予以计算;系统成本进一步细分为生产产品的系统成本、在材料损失发生前处理材料损失的系统成本、材料损失发生后处理材料损失的系统成本三部分,主要是发生在企业内部,以维持和支持生产的人工费、折旧费和其他相关制造费用;能源成本具体分为两小类:形成产品的能源成本和材料损失中的能源成本,主要指电力、燃料、蒸汽、水、压缩空气等费用。

根据上述成本细分,在资源流转的第一个物量中心,先汇总材料成本、系统成本、能源成本这三类成本,然后根据实际情况选择一定的标准将其分配到输出端的正制品成本和负制品成本,仍以三类细分成本列示;然后结合下一流程新投入的资源成本,选择合适的分配标准,对三类成本在正、负制品间做同样的分配;这样,沿着资源流转的环节在每一个物量中心依次计算,直到产品完工,则最终两个流向的成本即分别为产品的资源有效利用成本和资源损失成本。基本核算模型如图 12-10 所示。

通过对上述资源流成本的详细分类和核算,可以清晰地揭示出企业整个生产流程中的各项资源成本。一方面,材料成本在各个生产环节以及正制品和负制品中的流转清晰可见,克服了传统成本会计核算方法不能提供详细精确的材料成本数据的弊端,使材料成本在企业资源流转过程中变得透明。基于详细、透

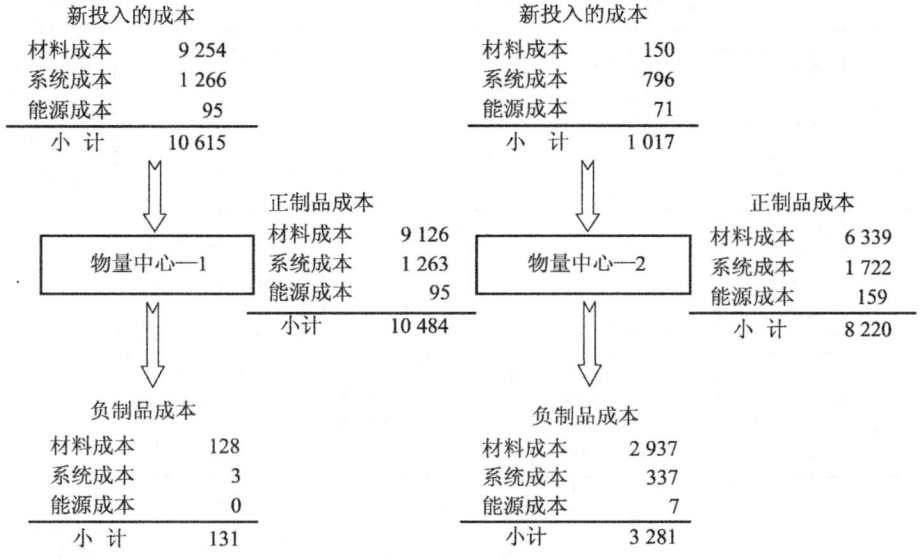

图 12-10 资源流成本核算基本模型

明的信息数据,企业可针对材料损失大的环节或产品查找浪费根源,挖掘优化措施,为企业管理者提供决策支持。

在每个物量中心进行上述资源流正、负制品成本的核算后,可根据资源流成本核算的方法按生产流程逐一将各项成本汇总到相关正、负制品,形成一个综合的资源流成本计算流程图[①],如图 12-11 所示。

根据图 12-11 简要总结其核算的总体流程如下:首先归类汇总各个物量中心(材料加工、零件加工和完工产品)新投入的各项成本,包括材料成本、系统成本和能源成本(本例是直接引用)。然后合并汇总以前工序投入的成本,并按正、负制品的数量比例进行分配[②],每个物量中心逐一顺次计算,直到最后工序的完工产品,得到最终的汇总结果。该结果还可用汇总表的形式列示,如表 12-2所示。

---

① 该图是一个简化的流程图,省略了内部工序整合前的核算数据流程图。有关该图模型及简化核算工具可从日本能率协会(JMAC)的 MFCA 网站(http://www.jmac.co.jp/mfca/thinking/07.php)(日语)下载。

② 本例仅是一个简化的计算案例,新投入的系统和能源成本以及以前工序转入的系统和能源成本都简化按正、负制品数量进行分配,严格的分配应按图 12-4 中的实例进行。

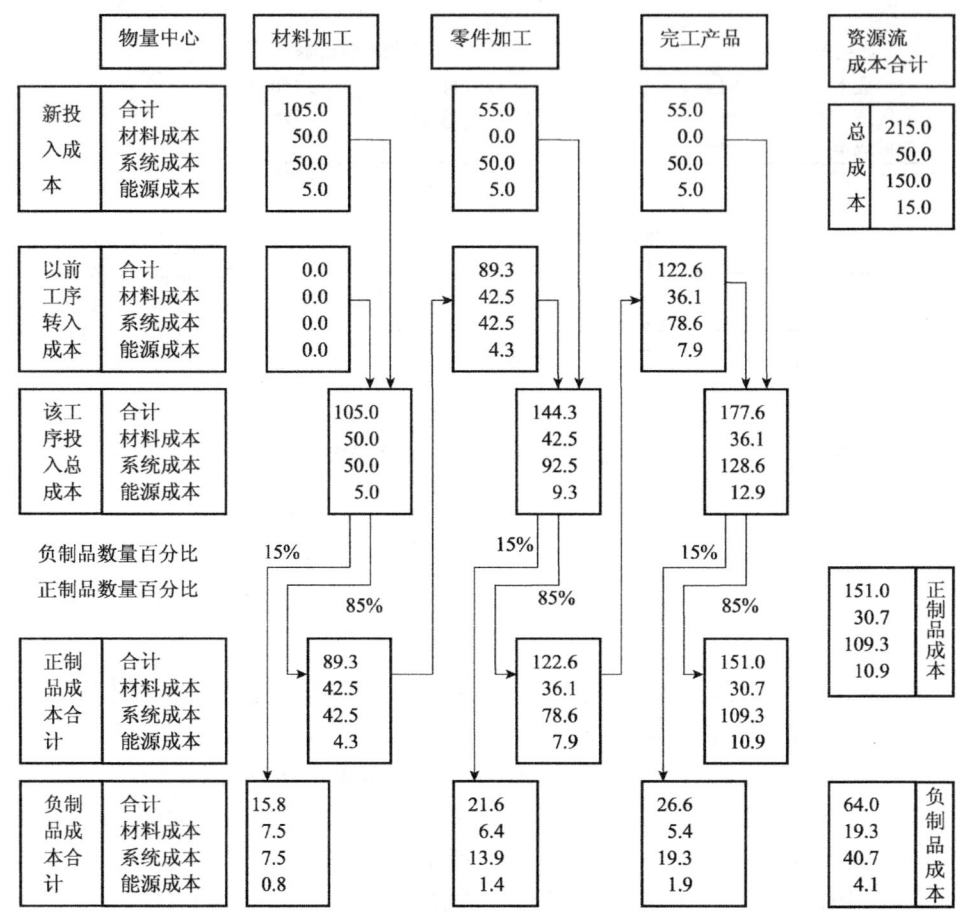

图 12-11　资源流成本综合计算流程示例

表 12-2　　　　　　　　　**某公司资源流成本计算结果**

成本项目 ＼ 物量中心	物量中心 1	物量中心 2	物量中心 3
分配比例	85∶15	85∶15	85∶15
上一物量中心转入	0	89.3	122.6
正制品材料成本	42.5	36.1	30.7
负制品材料成本	7.5	6.4	5.4
正制品能源成本	4.3	7.9	10.9
负制品能源成本	0.8	1.4	1.9

（续表）

成本项目＼物量中心	物量中心 1	物量中心 2	物量中心 3
分配比例	85：15	85：15	85：15
正制品系统成本	42.5	78.6	109.3
负制品系统成本	7.5	13.9	19.3
正制品成本总额	89.3	122.6	151.0
负制品成本总额	15.8	21.6	26.6

综上可见，资源有效利用成本和资源损失成本的核算可以全面反映企业生产经营的资源流转活动，明晰地揭示企业内部生产经营过程中的流动、转换和损失等情况，相关管理者能够更精确地掌握物料与能源损失或浪费，并针对其产生的原因设计与实施相应的改善措施，从而减少物料与能源使用量，提高生态效率。从财务角度看，它有利于资源流成本降低；从环境角度看，减少有害物质的产出量与排放量，有利于节约资源并减轻环境影响。

（三）回收利用成本

回收利用成本（RRc）是指在产品生命周期的各个阶段对原材料、零部件和产品等进行回收利用所产生的成本。这里的成本流存在两种流向：第一种是与资源流的反向流动，这是传统的资源流与价值流关系的体现，必然导致一定的回收、循环、再生成本，体现为成本支出；第二种是与资源流的同向流动，可以部分冲抵回收、循环、再生发生的费用，该部分成本流如果冲抵了回收成本外尚有剩余，则体现为成本抵减。当然，在该部分如果回收利用成本过高，则进行该项活动会失去意义。因此对资源进行回收利用时要考虑成本上的经济性。

根据其在产品生命周期不同阶段所回收利用资源的不同，回收利用成本可分为三部分：产品回收利用成本（rp_c）、零部件回收利用成本（rc_c）和材料回收利用成本（rm_c），三部分成本根据其所处产品生命周期的不同阶段从不同的主体收集其成本数据。原材料、零部件的回收利用，一般发生在企业系统内部，可直接从企业生产者主体获得，产品回收利用可能发生在企业外部，但其回收利用仍可追溯到企业生产者主体，其数据信息从生产者主体获得更直接、更可靠。根据回收利用成本的三部分，其计算公式表示如下：

$$RRc = rp_c + rc_c + rm_c \tag{12-2}$$

（四）配送成本

配送是将产品送达目的地的一系列物流活动，集装卸搬运、包装、保管、运输于一体,其间所发生的费用总和即是配送成本。根据配送流程及配送环节,可将配送成本分为配送运输成本(dt_c)、分拣成本(ds_c)、配装成本(dp_c)三部分。

其中,配送运输成本包括车辆费用和营运间接费用两项成本。车辆费用指配送运输过程中发生的各项费用,具体包括驾驶员的工资及福利费、燃料、轮胎、修理费、折旧费、养路费、车船税等项目。营运间接费用是指营运过程中发生的不能直接计入各成本计算对象的相关人员的工资及福利费、办公费、水电费、折旧费;分拣成本包括分拣人工费用和分拣设备费用两项成本。分拣人工费用是指从事分拣工作的作业人员及有关人员工资、奖金、补贴等费用总和。分拣设备费用是指分拣机械设备的折旧费用及修理费用等。配装成本包括配装材料费用、配装辅助费用和配装人工费用三项成本。配装材料费用主要是指配装过程中使用的配装材料如木材、纸、自然纤维和合成纤维、塑料等的材料费用。配装辅助费用主要是指配装过程中使用的一些辅助材料发生的费用,如包装标记、标志的印刷、拴挂物费用等的支出。配装人工费用是指从事包装工作的工人及有关人员的工资、奖金、补贴等费用的总和。

配送成本是各个配送环节或活动成本的集成,其核算涉及多环节核算,其成本计算的对象及计算单位都不同。因此,每个环节应当计算各成本计算对象的总成本。然后再计算各环节的总成本之和。其基本计算公式如下:

$$TDc = dt_c + ds_c + dp_c \tag{12-3}$$

(五)使用成本

消费者购买产品的目的并不在于产品本身,而在于使用产品能够给自己带来的满足程度。所谓使用成本就是指消费者使用某种产品满足自己需要的过程中,所需要增加的费用,如冰箱、空调的耗电量,汽车的耗油量,等等。具体来说包括产品使用过程中的能源成本、配套成本、空间占用成本、维修维护成本、环境污染成本、时间成本、心理安全成本等。

其中,能源成本是指产品使用过程中发生的能源消耗费用,比如,冰箱、空调等家用电器的耗电费,汽车的耗油费等;配套成本是指产品使用过程的需要的配件和耗材发生的成本。例如,复印机的定影热辊、清洁辊等配件和碳粉等耗材,不同的产品其配件和耗材的价格与性能具有较大差别,形成不同的配套使用成本;空间占用成本主要决定于产品体积的大小;维修成本是产品使用过程中的维修和维护费用,在商品的正常使用中是必不可少的。例如,家电、手机、汽车、电脑硬盘的养护、维修等;环境污染成本是产品使用过程中造成环境污染的外部成本的内部化,该项成本在使用过程中必然会发生,理论上应纳入产品的使用成本。由于八项成本分类体系中已设计了外部环境损害成本一项,因此将其纳入外部环境损害成本之中,在计算产品的使用成本时不再考虑该项成本,以避免重复计算。

另外,产品使用过程中还有一些成本比如时间成本①、心理安全成本②等由于难以计量且一般成本较低,在此予以忽略。这样,使用成本就包括产品使用过程中的能源成本(ny_c)、配套成本(pt_c)、空间占用成本(kj_c)、维修维护成本(wx_c)四项。用公式表示如下:

$$PU_c = ny_c + pt_c + kj_c + w x_c \tag{12-4}$$

使用成本中各项成本的数据计算根据产品及其使用特点的不同而不同,没有统一的计算公式。这些成本的数据来源,一方面来自于使用者主体,另一方面来自于企业生产者主体,因为企业生产者对上述数据的整体情况和平均水平有更全面和准确的信息,可以根据更广泛的平均水平进行测算。

（六）废弃处置成本

总体上,废弃处置成本是对废弃物进行处置时所发生的费用总和。由于企业生产过程的各个阶段包括材料加工、产品生产、产品配送、回收利用等都会产生废弃物,产品达到使用年限后报废时也会被视为最终废弃物进行处置,企业生产经营活动中使用的机器设备等固定资产也在寿命终结时作为废弃物予以处置,因此,企业发生的废弃物处置成本包括三类:生产过程中的废弃处置成本(pw_c)、产品废弃时的废弃处置成本(dw_c),以及设备废弃时的弃置成本(rw_c)。

三类成本中,生产过程中的废弃处置成本发生于企业系统,其数据可从企业内部收集整理得到;对于产品废弃时的处置成本,由于我国目前没有统一规定废弃物的处置单位,可根据废弃物实际处置单位发生的成本予以计算。该项成本可能发生于企业系统外部的使用者主体,也可能发生于回收利用单位,目前较为现实的做法是根据实际情况从不同主体单位收集数据信息,由企业生产者这个核心主体统一核算。

对于设备等固定资产废弃时产生的弃置成本,是企业依照国际会计准则IAS37《预提费用,或有负债和或有资产》以及我国 2007 年《企业会计准则》的要求,根据国家法律和行政法规、国家公约等规定,承担环境保护和生态恢复等义务所确定的支出,如核电站设施等弃置和恢复环境义务等。该成本属于预计的

---

① 时间成本是指产品使用过程中投入的时间和精力。例如,自动地板擦洗机比手动地板擦洗机应用简便,其时间成本低。

② 心理安全成本是产品使用过程中由于使用安全问题给消费者造成的心理负担而形成的无形的使用成本,如家用洗澡热水器由于其安全问题即存在该成本,该成本的大小决定着消费者使用该类产品的积极性。该成本在医疗器械、药品等方面尤为突出。

未来弃置成本,需要全额确认为预提费用,然后摊销计入各期生产成本。我国的一些特殊行业如核电站、石油天然气企业和矿业等由于其在报废时不作清理恢复处理将损害人类环境,产生外部性成本,因此被规定必须采用资产弃置费用的会计核算模式将其内部化。该项成本根据各期摊销的弃置成本予以计量。

将上述三项成本内容汇总,可得到企业废弃处置成本的公式如下:

$$WDc = pw_c + dw_c + rw_c \qquad (12\text{-}5)$$

(七)外部环境损害成本

企业资源流转的各个阶段形成上述各种成本的同时,均会产生一定的环境影响进而形成外部成本。因此,需要对企业资源流转过程中产品生命周期各个阶段的外部成本予以计量,以全面衡量企业资源流转活动产生的外部环境损害成本。

由于外部环境损害成本没有直接的货币数据信息来源,一般体现为废弃物或排放物的数量,因此需要进行转换计算得出。基本思路是:在对产品资源流转各个阶段排放的废弃物或污染物的数量、体积等物量数据进行测定的基础上,借助经济学的环境损害影响评价方法评价其环境影响,然后根据环境影响因子将其折算为货币单位表示的成本信息,据此确定其外部环境损害成本。

目前国际上比较典型的环境影响评价方法主要有荷兰的 Eco-indicato 以及 CML,瑞士的 Ecopoint 法,瑞典的环境优先战略(EPS2000),欧盟主导开发的 ExternE 认定,以及日本的 LIME、JEPIX、MAC 等。其中,日本的 LIME(Life-cycle Impact Assessment Method Based on Endpoint Modeling)方法是基于端点模型的生命周期影响评价法,其以损害测定为导向,以 11 个环境领域的 1 000 种环境物质为评价对象,针对性更强,测算更准确,且可以通过 LIME 系数统一进行货币化计量,目前已经应用于产品生命周期的各个阶段,且可进行企业整体的环境影响评估。因此,计算外部环境损害成本时以该方法为基础。

外部环境损害成本的核算以 LIME 方法数据库中的环境损害综合化系数为基础,首先折算出生命周期各阶段的外部环境损害成本,然后进行汇总。具体步骤如下:

(1)计算产品资源流转各阶段各个物量中心产生的废弃物数量。

(2)使用 LIME 系数表中的标准单位,将各物量中心的废弃物数量单位予以标准化。LIME 系数表中的标准单位分别是:重量——kg,烟气——m³,电力——kwh,将各物量中心的废弃物数量以此为标准予以调整。

(3)计算每单位废弃物的 LIME 统一化系数即环境损害系数值。在此借鉴该方法 2005 年发布的环境损害综合系数计算表(ver. 1)予以计算。根据系数计算表,可查得各种资源如电力、铝土矿、煤炭、油等的 LIME 系数值。然后采用年末汇率作为外币换算汇率,将 LIME 值折算成人民币。

(4) 将标准化的废弃物或排放物数量与换算为人民币的 LIME 统一化系数值相乘即可得主要物质资源的外部环境损害成本。

(5) 根据上述方法,收集汇总产品配送过程中的排放物数量并计算其 LIME 统一化系数,然后折算为人民币表示的外部环境损害成本。

(6) 收集产品使用过程中的排放物数量并根据上述方法计算其 LIME 统一化系数,然后折算为用人民币表示的外部环境损害成本。

(7) 对回收再利用以及最终废弃处理过程中产生的排放物也按同样的方法计算外部环境损害成本。

(8) 最后根据产品生命周期各阶段废弃物或排放物的外部环境损害成本计算表,汇总计算产品整个生命周期的外部环境损害成本。

某家电集团企业某年度的外部环境损害成本基础数据及其计算汇总结果如表 12-3 所示。

表 12-3　　　　　**某家电企业外部环境损害成本计算表**

资源流转阶段	废弃物种类	废弃物数量	标准化(公斤)	LIME 值(日元)	汇率	LIME 值(元)	外部环境损害成本(万元)
生产制造	CO_2	40.4 千吨	40 400 000	1.74	6.87	0.12	484.80
	NO_x	75 吨	75 000	141	6.87	9.69	72.68
	SO_x	60 吨	60 000	1 010	6.87	69.40	416.40
	固体废物	0.3 千吨	300 000	1.18	6.87	0.08	2.40
	小计						976.28
销售配送	CO_2	20.2 千吨	20 200 000	1.74	6.87	0.12	242.40
	NO_x	24.5 吨	24 500	141	6.87	9.69	23.74
	SO_x	18 吨	18 000	1 010	6.87	69.40	124.92
	小计						391.06
使用维修	CO_2	233.9 千吨	233 900 000	1.74	6.87	0.12	2 806.80
	NO_x	0.665 千吨	665 000	141	6.87	9.69	644.39
	SO_x	0.75 千吨	750 000	1 010	6.87	69.40	5 205.00
	小计						8 656.19

（续表）

资源流转阶段	废弃物种类	废弃物数量	标准化（公斤）	LIME值（日元）	汇率	LIME值（元）	外部环境损害成本（万元）
回收再利用	CO_2	−3.5千吨	−3 500 000	1.74	6.87	0.12	−42.00
	NO_x	−5 吨	−5 000	141	6.87	9.69	−4.85
	SO_x	−5 吨	−5 000	1 010	6.87	69.40	−34.70
	小计						−81.55
废弃处置	CO_2	50 吨	50 000	1.74	6.87	0.12	0.60
合计							9 942.58

从表12-3可见,该家电集团企业1年时间内各阶段资源流转的外部环境损害成本之和为9 942.58万元,成本巨大。该庞大的成本数据可让管理者认识到企业生产经营活动对环境造成的巨大影响。具体对比上述数据还可以看到,使用维修阶段的外部环境损害成本在其中占有87.06%(8 656.19÷9 942.58)的比重,这揭示出产品使用阶段对环境造成的巨大影响,而该项成本在传统的限于企业边界的成本核算中被掩盖了,在产品系统的资源流成本核算中将其揭示出来对企业进行正确的环境经营决策具有重大现实意义。

第三节　循环经济价值流分析展望

资源约束和环境污染的现实状况使发展循环经济、推行可持续发展成为我国建设生态文明的重要经济发展战略。然而,在以往的循环经济实践中,企业普遍采用的是偏重技术型的循环经济物质流分析方法,立足于从工程的角度来探求相关解决措施与方案,没有结合价值流分析评价其对经济效益的影响,导致大量有价值的会计、统计及其他经济数据难以充分利用与挖潜,经济可行性分析及动态价值控制无法有效实施。资源流成本核算将物质流分析与价值流分析相结合,可形成循环经济价值流分析的基本理论框架,将企业开展循环经济的技术、经济与环境等问题进行综合分析与评价,有助于实现"既循环又经济"的循环经济发展模式。

一、循环经济价值流概念体系

循环经济价值流主要是指资源价值流理论系统内部各组成要素之间相互联系、相互作用的方式或秩序,即各要素按照一定的逻辑关系组合而成,使循环经济价值流理论发挥功能作用的理性知识体系。其概念体系以资源价值流为核心,由若干相关概念组成一个集合,用于反映资源价值流的本质属性。

其中,"资源"指输入企业的原料、材料、能源等实体物质,具有资源的物质特性和价值表征;"流"的学术思想来源于生态学,用来揭示其各要素间相互作用的方向、强度和速率。"资源价值流"即资源在时空流动中的价值转移。它以资源流动分析为基础,按循环经济的"资源价值"标准,描绘资源在链、环、网运动过程中的价值变化形态,归属为动态的价值范畴。这里的"资源价值"是"经济—环境"大系统中的价值概念,不仅包括现行会计系统中的价格、成本、收入等尺度,而且还包括物质流对环境系统的损害价值。通过计量这种环境损害价值(即由社会或居民承担的"外部成本"),可客观合理评价循环经济的真实效益。循环经济价值流的概念体系如图 12-12 所示。

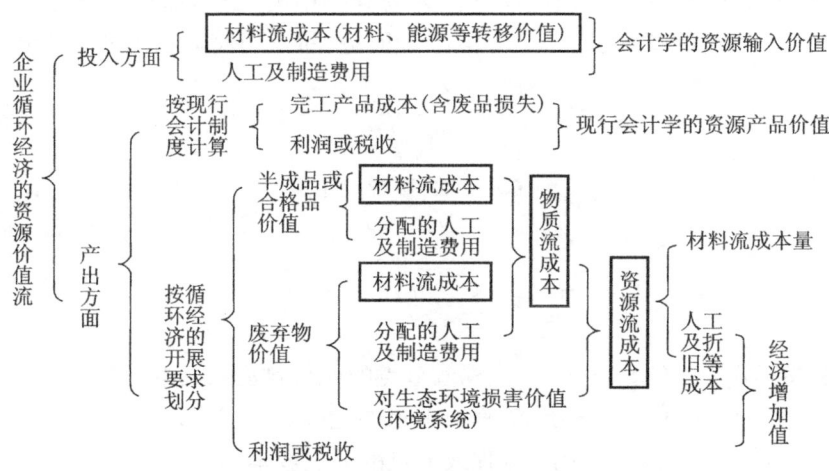

图 12-12 循环经济价值流的概念体系

如图 12-12 所示,材料流成本是指在循环经济物质流路线中,各环节所消耗的材料、能源等物质所发生的费用;物质流成本则指在循环经济物质流路线中,各环节所发生的材料、工资及制造费用的总和。它等于材料流成本与本环节的加工费、制费之和。而资源流成本是指在循环经济物质流路线中,各环节所发生的材料消耗、人员工资、制造费用及外部环境损害成本之和。它等于物质流成本与外部环境损害成本之和。

二、循环经济价值流核算模型

循环经济价值流的核心内容是资源流转价值的计算与分析。以循环经济价值流的概念体系为基础,结合资源流成本逐步结转方式,可构建循环经济价值流的基本计算方程式如下：

$$RV_i = RUV_i + WLV_i + WEIV_i \qquad (12\text{-}6)$$

式中　RV_i——第 i 流程或节点的资源流成本；

$\quad\quad RUV_i$——第 i 流程或节点的资源流的有效利用价值；

$\quad\quad WLV_i$——第 i 流程或节点的废弃物损失价值；

$\quad\quad WEIV_i$——第 i 流程或节点的废弃物外部环境损害价值。

在流程制造中，物质常以主要元素作为典型代表（如钢铁厂的铁元素、有色工业企业的有色金属元素等）。以一种或几种元素为标准确定的物质流，存在着价值的循环流动，其物质循环与价值循环之间存在对应的逻辑关系。前者表现为资源的物质流路线，后者则呈现出资源的价值流路线。并且，在企业的生产流程中，投入天然资源中的元素，以及作为废弃物中的元素，都具有一定的价值。根据这种元素流的基本思想，以元素流分析为标准又可将后三类的价值分解为：

$$RUV_i = \frac{Cm_i + Ce_i + Cl_i + Cp_i}{Qp_i + Qw_i} \times Qp_i \qquad (12\text{-}7)$$

$$WLV_i = \frac{Cm_i + Ce_i + Cl_i + Cp_i}{Qp_i + Qw_i} \times Qp_i \qquad (12\text{-}8)$$

$$WEIV_i = \sum_{i=1,\,j=1}^{m,\,n} WEI_{ij} \times UEIV_{ij} \qquad (12\text{-}9)$$

上述三式中　Cm_i——第 i 流程或节点的原材料输入成本；

$\quad\quad Ce_i$——第 i 流程或节点的能源输入成本；

$\quad\quad Cl_i$——第 i 流程或节点的人工成本；

$\quad\quad Cp_i$——第 i 流程或节点的制造费用；

$\quad\quad Qp_i$——第 i 流程或节点的合格品特定元素含量；

$\quad\quad Qw_i$——第 i 流程或节点的废弃物特定元素含量；

$\quad\quad WEI_{ij}$——第 i 流程或节点的 j 种环境影响废弃物数量；

$\quad\quad UEIV_{ij}$——第 i 流程或节点的 j 种废弃物的单位环境损害价值。

公式(12-6)是资源流成本计算的基本公式，等式右边反映其内部结构构成。理想状态则为 $RV_i = RUV_i$，WLV_i 降低并全部转化为 RUV_i，且无 $WEIV_i$，从而达到经济效益、环境效果和社会效益的最优。公式(12-7)～(12-9)则表示输入资源费用分配于三类价值量的方法，它与现行成本会计的分配方法相似，但也存在区别。其中，它比现行成本会计增加了一块废弃物外部损害评价值。目前,国外对此有较成熟的分析数据库,并被应用于各种环境管理的业绩评价中。包括日本的 LIME、JEPIX、MAC,荷兰的 Eco-indicator99,瑞典的环境优先战略(EPS),瑞士的 Ecopoint 等,而国内目前还没有出现相关的评价方法。

以 LIME 为例,LIME 依据结合法以及 AHP 法确定各端点之间的重要性清单,计算特性化系数和损害系数。并详细划分地球温暖化、臭氧层破坏、大气污染等 11 个环境领域中的 1 000 种环境物质,以其为评价对象,通过下式求得单一货币化指标:

$$\sum_{j=1}^{j}\sum_{i=1}^{i} s_i \times DF_{ij} \times WTP_j = \sum_{i=1}^{i} s_i \times \left[\sum_{j=1}^{j} DF_{ij} \times WTP_j \right] \tag{12-10}$$

式中　s_i——物质 i 的生命周期清单;

　　　DF_{ij}——物质 i 对保护对象 j 的损害系数;

　　　WTP_j——保护对象 j 的 1 指标单位损害回避意愿支付额(Willingness-To-Pay)。

三、循环经济价值流分析评价体系

根据循环经济价值流的计算原理与方法,可以采用"资源流成本计算""外部损害价值评估""资源流内部损失——废弃物外部损害"三种方法的融合集成来进行循环经济价值流评价分析,主要思路如图 12-13 所示。

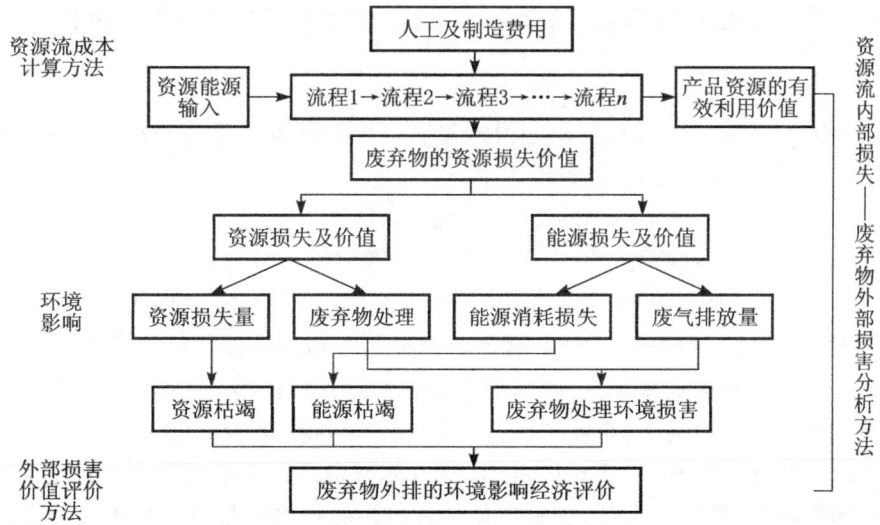

图 12-13　循环经济价值流的分析评价方法

图 12-13 中,"资源流成本计算方法"用于正确划分产品的资源有效利用价值与废弃物资源损失价值,有助于改善潜力价值发现与实施效益评价。"外部损害价值评价方法"则反映企业排放废弃物所带来的社会成本,揭示企业对环境保护的社会责任履行状况。将两者融合,则可形成"资源流内部损失—废弃物外部损害"评价方法,其结果可应用于企业循环经济决策参考,如图 12-14 所示。

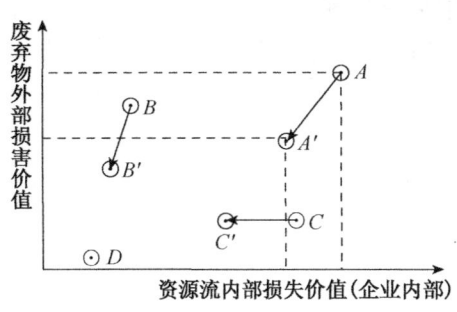

图 12-14　循环经济价值流的决策参考

如图 12-14 所示,对于 A 环节来说,其内部资源流损失价值和废弃物损害成本都较高,可供改善的空间最大。改善至 A' 点后,内外部成本同时减少。而 B 环节改善虽给企业带来的效益不高,但至 B' 后,可大量改善环境状况(尤其是对超标废弃物),也在优先考虑之列;C 环节的改善比 D 环节更有提高内部效益的潜力,故优先之。而 D 点的两者价值都比较低,暂时处于最合理化状态,目前不需要调整。

以分析结果为依据,进入不同流程环节、产品生产线及生态工业园各企业,可采用以企业或产品为对象,探索企业输入端资源投入量、生产过程的消耗和循环量、输出端的产品及污染物排放量与资源流转价值、产值及经济增加值之间的因果关系及变化规律,确定其基本框架定位。将其抽象成数学等式如下:

$$Rt_i = Rs_i \times Fc_i \times Hx_i \tag{12-11}$$

式中　Rt_i——第 i 流程单位资源投入量所产生的环境污染物排放量(环境污染物排放量/资源投入量);

　　　Rs_i——第 i 流程资源生产率(产值/资源投入量);

　　　Fc_i——第 i 流程增加值产出率(经济增加值/产值);

　　　Hx_i——第 i 流程环境效率(环境污染物排放量/经济增加值)。

由公式(12-11)可得,Rt_i 表示企业资源利用和环境保护的程度。它可分解为右边三因素的连乘积,并一一对应于企业开展循环经济的三大目标:在产值规模不变或增加的前提下,企业资源投入相对节约的程度,体现资源投入的减量化原则;经济增加值与产值相对比重的大小,体现资源的再利用原则;单位经济增加值涵盖利润、息税及人工,其每单位的环境污染物排放量直接与废弃物资源化相连,体现再资源化原则。

以公式(12-11)为基准,可构建企业循环经济价值流的层次指标体系,并以因素替代方式进行延伸分析与评价。可从流程的"资源输入""资源消耗""半成品或产品的输出"三个端口分别设立指标方程式,形成分析与评价模型。三个端口的评价模型如下:

在资源输入端,可建立:

$$Rs_i = \frac{1}{1/Ns_i + 1/Ys_i} \times (WRr_i + ZRr_i + ERr_i) \qquad (12\text{-}12)$$

式中　Rs_i——第 i 流程资源生产率(产值/资源投入量);

　　　　Ns_i——第 i 流程能源生产率(产值/能源投入量);

　　　　Ys_i——第 i 流程原材料生产率(产值/原材料投入量);

　　　　WRr_i——第 i 流程外购新资源投入率(外购新资源量/资源总投入量);

　　　　ZRr_i——第 i 流程自采新资源投入率(自采新资源量/资源总投入量);

　　　　ERr_i——第 i 流程二次资源投入率(二次资源投入量/资源总投入量)。

即从企业角度考虑的资源循环利用率,其又可分解如下:

$$ERr_i = \frac{1}{ZSRr_i} \times HZRr_i \times RIO_i \qquad (12\text{-}13)$$

式中　$ZSRr_i$——第 i 流程再生资源化率(二次资源再生量/循环利用量);

　　　　$HZRr_i$——第 i 流程回收再资源化率(二次资源再生量/总产量);

　　　　RIO_i——第 i 流程投入产出比(总产量/投入量)。

在资源消耗的生产流程环节,可建立:

$$Fc_i = \frac{RUVr_i + WLVr_i - RRUr_i}{RVSr_i} \times RVEA_i \qquad (12\text{-}14)$$

式中　Fc_i——第 i 流程增加值产出率(经济增加值/产值);

　　　　$RUVr_i$——第 i 流程资源成本有效利用率(资源有效利用成本/资源流成本);

　　　　$WLVr_i$——第 i 流程废弃物成本损失率(废弃物损失成本/资源流成本);

　　　　$RRUr_i$——第 i 流程内部循环利用率(内部循环利用成本/资源流成本);

　　　　$RVSr_i$——第 i 流程资源成本生产率(产值/资源流成本);

　　　　$RVEA_i$——第 i 流程单位资源成本的经济增加值(经济增加值/资源流成本)。

此环节以资源流价值与产值、经济增加值之间的关联分析为核心,分解重构可得资源流价值有效利用率、废弃物价值损失率、资源循环利用率、单位资源价值的经济增加值等指标。在利用相关指标对企业生产工艺流程环节资源价值流转效率进行综合分析及评判的基础上,即可为企业清洁生产、环境管理等提供决策支持。

在输出端,可建立:

$$Hx_i = EVAV_i \times \frac{1}{DEDV_i} = EVAP_i \times (1 - RDr_i) \tag{12-15}$$

式中　　Hx_i——第 i 流程环境效率(环境污染物排放量/经济增加值);

　　　　$EVAV_i$——第 i 流程单位经济增加值的外部损害价值(污染物外部损害价值/经济增加值);

　　　　$DEDV_i$——第 i 流程单位污染物的外部损害价值(污染物外部损害系数);

　　　　$EVAP_i$——第 i 流程单位经济增加值的污染物产生量(污染物产生量/经济增加值);

　　　　RDr_i——第 i 流程回收处置率(回收处置量/污染物产生量)。

通过上述指标模型,可明晰企业资源物质流动与价值流转之间的内在机理,评价资源在输入、消耗、输出及循环环节的效率,为企业循环经济管理、决策提供应用模式支撑。

四、循环经济价值流应用体系展望

根据上述循环经济价值流的核算与评价模型,可构建其应用流程体系,如图 12-15 所示。

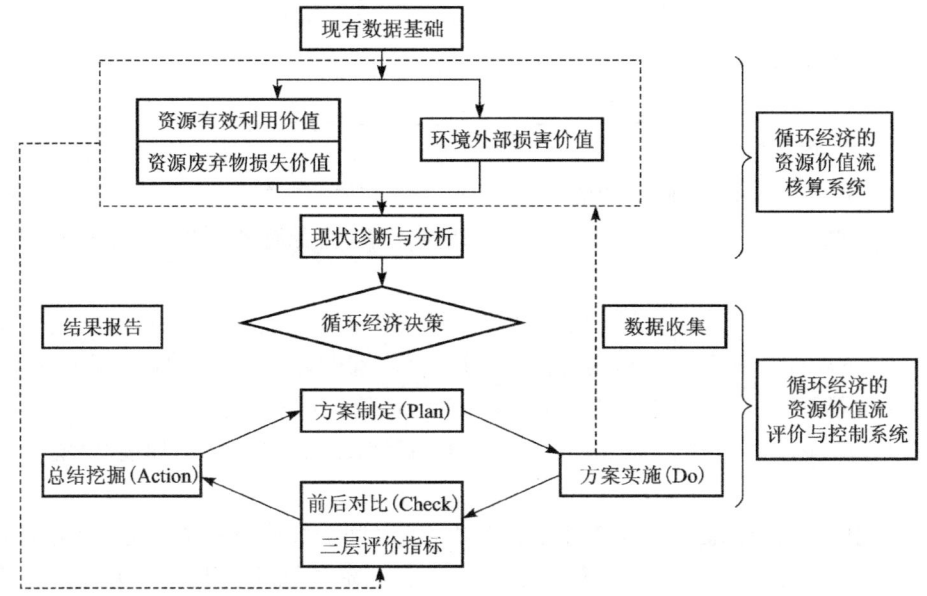

图 12-15　循环经济价值流的应用流程体系

图 12-15 中,现有数据基础主要包括技术质量月报、会计核算数据、环保统计数据等,包括资源流转数据(原材料)、能源流转数据(电、油、煤)、设备工作时、工艺、人工、利润及收入、废弃物排放量等;根据现有基础数据,通过资源流核算系统,可得出相关资源的价值量信息,形成相对应的资源价值流转图表;在评价系统中通过对企业现场资源流转过程中的循环利用效率、生态效益等的分析,就可确定企业循环经济的改善重点,为管理决策提供支持;通过合理规划,在管理层实施有关措施予以改进或完善后,再次予以比较分析与评价,进一步分析原因,寻找差距;最终总结挖掘,求得企业资源价值的最优流转模式。显然,通过此一系列的循环,即可形成在循环经济环境下的价值流的独特应用模式。

循环经济包括宏观、中观、微观三个层面,上述讨论仅在微观层面展开。事实上,循环经济的彻底实施需要企业间的资源整合、产业链上企业资源的衔接、工业园区企业资源的综合利用等。因此,循环经济价值流的应用体系需要向中观甚至宏观的层面扩展,构建企业间或企业集团间的循环经济价值链应用体系,包括产业链内上下游企业间或多个共生企业间的资源价值链的衔接、计算、分析以及优化决策等内容,以实现以企业或企业集团为核心的资源价值网络构建和路径优化,从而实现循环经济价值流应用体系在企业集群的资源价值网络间有效挖掘资源、环境与货币化信息的功能,以服务于企业的产业扩展与可持续发展战略。

在目前我国处于工业化初、中期的背景下,循环经济价值流应用体系的实施在一定程度上受到现行政策的制约。探索企业循环经济价值流、价值链甚至价值网的支撑体系和激励机制也是下一步应重点考虑的问题,包括经济政策、法律法规、实施细则以及相关的企业资源价值流信息披露制度等。

阅 读 文 献

[1] 林万祥,肖序. 环境成本管理论[M]. 北京:中国财政经济出版社,2006.
[2] 肖序,周志方,李晓青. 论环境成本的创新——基于内部资源流成本与外部损害成本的融合研究[J]. 上海立信会计学院学报,2008(5):35-46.
[3] 郑玲,肖序. 资源流成本会计的演进和展望[J]. 会计之友,2009(6):12-14.
[4] 郑俊敏. 基于 MFCA 资源流成本会计应用模式构建的研究[J]. 商业会计,2014(6):36-38.
[5] 李晓青. 资源流成本会计应用研究[D]. 西南财经大学硕士学位论文,2006.
[6] 毛洪涛,李晓青. 资源流成本会计探讨[J]. 财会月刊(理论版),2008,(4):49-52.
[7] 邓明君. 物质流成本会计运行机理及应用研究[J]. 中南大学学报(社会科学版),2009(8):523-532.

［8］罗喜英,肖序.物质流成本会计理论及其应用研究［J］.华东经济管理,2011(7)：113-117.

复 习 思 考 题

1. 在环境管理会计中引入资源流成本核算的方法有何意义?

2. 资源流成本核算与传统成本核算有何区别?

3. 物质流分析在资源流成本核算中是怎样运用的? 有何意义?

4. 资源流成本核算基本流程是怎样的?

5. 资源流成本核算的系统边界有哪些种类,企业系统和产品系统包含的成本核算内容有何差异?

6. 从产品系统包括的产品生命周期各阶段考察,资源流成本具体包含哪些内容?

7. 资源有效利用成本和资源损失成本分别包含哪些内容?

8. 循环经济价值流应用体系可以帮助企业解决哪些现实问题?

第十三章 "节能减排"的成本效益分析

【本章概要】

　　绿色经济、低碳经济已成为引领世界经济复苏与应对环境问题的新引擎,节能减排已成为新时期交通运输企业提升核心竞争力的必然要求。截至 2012 年,我国已推出 5 批节能减排示范项目,近 100 个示范项目涉及交通运输行业的 97 个企事业单位,已取得初步成效。本章第二节统计分析了交通能耗和碳排放之间的相关关系。交通运输生产越多,能源消耗就越多,碳排放总量也呈同方向增长。究竟交通运输企业应如何合理安排运输生产,才能实现最经济的碳排放量。本章第三节分析了交通运输企业碳排放成本的构成,并从短期和长期两个角度对企业碳排放成本效益进行决策分析。本章第四节重点阐述交通运输企业"节能减排"成本效益优化战略管理的具体实施。企业通过实施排放成本的优化战略管理,能够使其提升自身减排能力,并取得长期、战略性的最优减排业绩,从而实现企业目标和社会环保目标,以激励更多企业加入"节能减排"的大军中。

　　节能减排包括节能和减排两部分,即:节约能源,减少污染物排放的意思。节能侧重能源的利用效率;减排强调污染物排放总量的控制,只有将两者有效地结合起来,才能真正形成一种强制性措施,从而缓解资源环境方面的压力。

　　交通运输节能减排其实质就是保持运输资源的最充分利用,以最少的能源消耗、最低的污染排放满足最大的交通运输需求。运输经营主体在从事运输经营活动中,经过运输管理部门的制度引导、政策支持,能够不断地减少能耗、节约资源、降低污染物排放,在运输生产、管理和其他环节均能力求节约,保证交通运输业实现全面、协调、可持续发展的状态。

第一节　交通运输企业"节能减排"概述

　　我国是温室气体排放的主要大国,已成为全球关注的对象,面临巨大的国际压力。为此,党中央、国务院明确提出要大力发展绿色经济,积极发展低碳经济和循环经济,将应对气候变化纳入经济社会发展规划,并向世界郑重承诺到 2020 年单位国内生产总值二氧化碳排放比 2005 年下降 40%～45%的减排目标。从全球范围来看,交通运输业在世界能源消费和温室气体排放中所占比重均超过 20%,且仍呈较快上升态势,节能减排责任重大。世界各国纷纷将发展绿色、低碳交通作为战略重点。我国交通运输行业作为能源资源消费和温室气体排放的重点领域之一,受到国际影响不断加大,特别是在国际航运领域将率先面临直接的减排压力。因此,交通运输行业必须按照发展绿色经济、低碳经济的要求,加快实施绿色、低碳发展战略。

交通运输企业是指专门从事运送货物和旅客的铁路、公路、水运、航空等运输企业。节能减排已成为新时期交通运输企业提升核心竞争力的必然要求。随着经济全球化和我国经济的快速发展,交通运输企业竞争日趋激烈,但归根结蒂是企业经营成本、管理服务水平、可持续发展能力等核心实力的综合竞争。当前,能源成本约占交通运输企业生产总成本的 30%～40%。特别是在当前应对全球金融危机、能源紧缺和油价上涨等大背景下,能源成本已成为企业经营成本和核心竞争力的重要影响因素。因此,切实强化交通运输节能减排,一方面可有效降低经营成本,提高企业核心竞争力;另一方面也有助于营造和谐、高效、绿色、低碳的交通运输环境,提升交通运输现代化水平,拓展交通运输可持续发展空间,履行社会责任和义务。

"十一五"期间交通运输行业节能环保初见成效。加快发展轨道交通、水路等运输方式,促进资源的优化配置和集约利用。积极发展电气化铁路和重载技术,实施港口机械油改电,淘汰老旧车船,优化航路航线等,着力推进节能环保技术与装备的应用。颁布交通运输节能减排和集约用地等政策、规范及标准,完善交通运输行业节能环保管理制度。从企业角度而言,很多交通运输企业力争降低能耗,在节约经营成本的同时又能减少能源消费和温室气体排放,在节能减排工作方面取得了显著的成效。苏州汽车客运集团有限公司(以下简称苏汽集团)就是其中之一,道路运输企业的节能减排工作关键在于对汽车燃油消耗进行管理。汽车的燃油消耗常用一定运行工况下汽车行驶百公里燃油消耗量或一定燃油量能使汽车行驶的里程来衡量。燃油经济性好,可以降低汽车的使用费用、减少企业的燃油消耗,同时也降低发动机产生的二氧化碳的排放量。该公司从制定科学合理的燃油消耗定额入手,采取行车路单制、满邮箱制及 IC 卡加油制、统计月报制等统计制度,获取燃油消耗基础数据,运用"FCMS03 车用燃油管理系统"等先进的技术手段,确保统计数据的及时性、客观性和准确性,在此基础上实施有效的考核和奖惩方法,激发职工节能减排工作的主动性和积极性,并采取系统的后续保障措施,从整体上提高企业节能减排管理工作水平,实现了"职工增收、企业增效、社会增益"的共赢目标。至 2010 年 12 月底,苏汽集团已投资 260 多万元安装 G-BOS 智慧运营系统 546 套。苏汽集团 2010 年累计节油 5 万升,相应减少二氧化碳排放约 135 吨。预计到 2015 年,项目实施 6 年累计节约燃油约 741 万升,折合标煤约 9 400 吨,相应减少二氧化碳排放约 2 万吨。

"十二五"期间交通运输行业节能减排工作的主要任务是:立足于交通基础设施、交通运输装备和运输组织方式体系建设,进一步发挥综合性节能减排效益;完善节能减排法规标准规划体系,健全节能减排统计监测考核体系,进一步提高行业节能减排管理效能;强化节能减排科技研发能力,培养节能减排科研工作人员,促进节能减排科技成果转化,进一步增强科技创新对节能减排的支撑作用;不断深化"车、船、路、港"千家企业低碳交通运输专项行动,深入推进低碳交通运输体系建设研究工作,组织做好低碳交通运输体系建设城市试点,继续开展节能减排示范工程和节能产品(技术)评选推广活动,进一步促进企业在节能减排工作中发挥主体作用。

第二节 能源消耗与碳排放的联系

由于二氧化碳对全球气候变化和人类生存环境的影响巨大,而二氧化碳的增加主要来自化石能源的燃烧,所以本节着重分析能源消费与碳排放的联系。

一、交通运输能源消耗与碳排放总量变化

每燃烧 1 吨油当量煤炭的二氧化碳排放量为 1.04 吨碳,燃烧 1 吨石油的二氧化碳排放量约为 0.80 吨碳,燃烧 1 吨油当量天然气的二氧化碳排放量为 0.58 吨碳。可见,不同化石能源燃烧释放的二氧化碳量差异很大。

依据扩展的 Kaya 恒等式,把影响碳排放的因素分为规模、结构和技术三类,化石能源消费的碳排放的公式如下:

$$C = \sum_i \frac{E_i}{E} \times \frac{C_i}{E_i} \times E = \sum_i S_i \times F_i \times E \tag{13-1}$$

其中,C 是碳排放总量,E 表示能源消费总量,C_i 为 i 种能源消费的碳排放量,E_i 为 i 种能源的消费量,S_i 表示 i 种能源在能源消费总量中的所占比重;F_i 表示各类能源的排放系数(强度),即第 i 种能源的碳排放量。

根据中国能源统计年鉴中相关能源消耗数据、各类能源消耗比重以及各类能源碳排放系数,即可计算整理出交通运输企业各年能源消耗和碳排放数量,相关数据结果见表 13-1。趋势统计分析图见图 13-1、图 13-2。从趋势走向图可知,当前我国交通运输能源消耗和碳排放均呈逐年增长的趋势。但这种趋势分

表 13-1　　　　　我国 2000—2010 年能源消耗和碳排放相关数据表

年份	2000	2001	2002	2003	2004	2005	2006	2007	2008	2009	2010
全国能源消耗总量(万吨标准煤)	145 531	150 406	159 431	183 792	213 456	235 997	258 676	280 508	291 448	306 647	324 939
交通运输能源消耗总量(万吨标准煤)	10 067	10 363	11 171	12 819	15 104	18 391	20 284	21 959	22 917	23 692	26 068
占全国能源消耗量比例	6.92%	6.89%	7.01%	6.97%	7.08%	7.79%	7.84%	7.83%	7.86%	7.73%	8.02%
交通运输碳排放总量(亿吨CO_2)	1.80	1.82	1.98	2.25	2.65	2.96	3.31	3.69	3.77	3.79	3.86

资料来源:根据历年中国能源统计年鉴中数据整理而成,交通运输碳排放量根据相关数据计算整理而得。

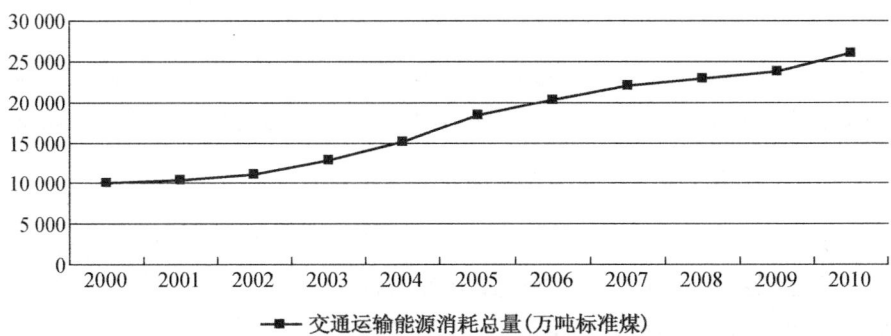

图 13-1　我国交通运输能源消耗 2000—2010 年趋势图

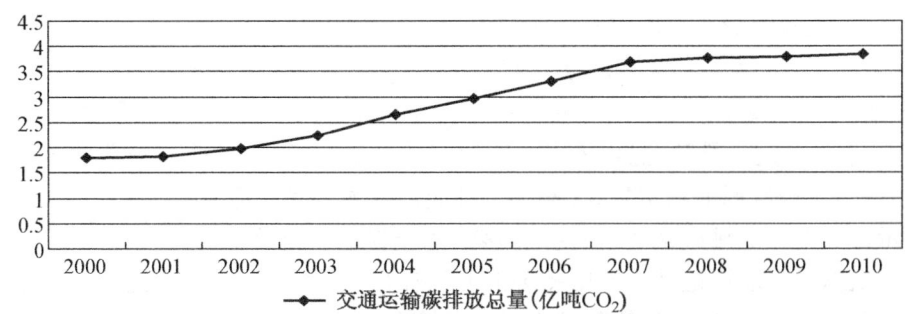

图 13-2　我国交通运输碳排放 2000—2010 年趋势图

析是基于有限年度数据资料的短期趋势分析。

从长远趋势来看,正如经济学家库兹涅茨用环境库兹涅茨曲线描绘的收入不均现象随着经济增长先升后降,呈现倒 U 形曲线关系一样,我国能源消耗和碳排放也会出现先增多而后下降的现象,呈倒 U 形曲线关系。朱永彬和王铮等(2009)在《基于经济模拟的中国能源消费与碳排放高峰预测》一文中通过模拟2006—2050 年能源消费量变动预测来验证了能源库兹涅茨曲线(能源的EKC),根据能源强度下降率,计算出 2006—2050 年的能源强度。进一步将历年能源强度代入计算得到最优经济增长率,进而计算出历年的经济总量,与能源强度的乘积即为满足经济最优增长下的能源消费量。从历年数据分析得出,能源消费量出现了先增多而后下降的现象。由于产业惯性作用,能源消费量的增长还会保持一定的时期,但最终将会下降。这一方面是由于能源强度的下降,即生产单位 GDP 的能耗降低;另一方面因为能源投入的减少也在一定程度上减缓了经济增长,表现为最优经济增长率逐年下降。同时该文也通过 2006—2050 年碳排放量变动预测验证了碳排放库兹涅茨曲线(碳排放的 EKC)。为满足能源需求,人类通过化石燃料向大气中排放的二氧化碳占到全球排放总量的 80%(international energy annual,IEA)。煤和石油比重逐渐降低,其中煤的降幅达到 20 个百分点,而天然气和电力的比重呈上升趋势,说明清洁能源开始逐渐取代传统能源,能源消费品种向效率高、碳排放小的方向转变。该文通过投入产出表的经济结构以及能源消费结构演变预测的能源消费量和碳排放量呈先上升而后下降的趋势,能源消费量在 2043 年、碳排放量在 2040 年分别达到峰值点后开始逐渐回落。而且能源消费结构中富碳能源比重逐渐降低,而低碳能源比重逐渐升高,碳排放上升速度低于能源消费量。

二、交通运输能源消耗与碳排放量的相关关系

2007 年我国已经是世界第一大碳排放国,2011 年碳排放总量约为 98.6 亿吨,占世界碳排放总量的 29%,从发展趋势上看,我国碳排放量呈现上升趋势。我国能源消费不断增长,能源消费总量已经从 1995 年的 131 176 万吨标准煤,增长到 2011 年的 348 002 万吨标准煤,增长了 3 倍多。我国已经成为仅次于美国的世界能源消费第二大国,我国还是世界煤炭消费第一大国。能源消耗与碳排放之间的相关关系主要表现为以下三个方面:

第一,能源消耗对碳排放的影响呈倒 U 形波动。

可以通过脉冲反应与方差分解来分析,研究能源消费与碳排放的动态关系以及相互影响程度,具体参见许广月(2010)的《中国能源消费、碳排放与经济增长关系的研究》,本节引用其研究结论。

从各期脉冲反应和方差分解可分析得出,能源消费的一个新息冲击也会对碳

排放产生影响。从脉冲反应来看,在前 6 期,能源消费冲击对碳排放有正向的影响,并且在第 3 期达到最大。在第 7 至第 10 期,能源消费冲击对碳排放有负向的影响,不过,第 10 期以后,能源消费冲击对碳排放有稳定的正向影响。所以,总体而言,能源消费对碳排放的影响为正的。能源消费对碳排放的贡献也可由方差分解模型来分析,能源消费对碳排放的贡献程度在 1~10 期内,有一个倒 U 形波动,并且在第 5 期达到最大值,而后,能源消费对碳排放的贡献程度不断增强。这一分析结果显然与朱永彬和王铮等(2009)的基于经济模拟的能源 EKC 和碳排放的 EKC 的研究结论吻合。这也更加证实能源消耗对碳排放的影响呈倒 U 形波动。

第二,能源消耗是碳排放的原因,能源消耗越多,碳排放总量越多。

由碳排放公式(13-1)进行分析,等式的右边 E 取值越大,即能源消费总量越大,则等式左边的 C 值也会相应增大,即碳排放总量越大;反之亦然。从对应的函数关系可知,交通碳排放总量会随着能源消费的变动而发生同向变动。其变动结果表明,能源消费是碳排放的原因,这也符合人们的常识。能源作为一种生产要素,在促进生产的同时,由于固有的碳排放系数,与此相伴的碳排放消费也会与日俱增,在因果关系上,就表现出能源消费是碳排放的原因。

第三,能源消耗与碳排放呈现规模收敛和区域收敛的特征。

在经济增长过程中,能源消费与碳排放不会出现"恶性发散"的剧增态势,这是因为受到能源短缺危机和气候危机的双重影响,各个国家会根据实际情况,寻找替代能源,从而实现能源消费结构由碳基能源向非碳基能源的转变。同时,产业结构的软化,人们低碳意识的增强都有助于"节能减排"。这样,能源消费和碳排放会逐渐出现规模收敛和区域收敛的特征。

当前,我国交通运输能源消耗主要包括两部分:一部分是交通运输生产前期准备的能源消耗,即交通运输基础设施建设的能源消耗(路网、站场、信息设备建设等),这部分能源消耗既包括相应原材料生产时的消耗,也包括建设施工时的消耗;另一部分是交通运输生产过程的能耗,即交通运输工具运行过程的能源消耗,这一部分的消耗以石化能源消耗为主。而且有资料表明,交通运输生产过程的石化能源消耗要远远高于其生产前期准备的能源消耗。运输生产过程中石化能源的燃烧消耗同样必然会增加二氧化碳,它们之间的相关关系也同样表现为以上三个方面。

第三节　交通运输企业碳排放中的成本效益分析

交通运输企业是指专门从事运送货物和旅客的铁路、公路、水运、航空等运输企业。它在不改变劳动对象原有属性和形态的要求下,实现劳动对象的空间位移。不同运输企业提供的不同运输方式(公路、水运、航空及铁路)生产的是同一产品,即运输对象的位移,它对社会具有同样的效用。其运输生产过程和运输消费过程同时存在,交通运输生产过程的能耗主要以石化能源消耗为主,其中尤以道路运输为甚。据相关资料显示:中国道路运输成品油的消费量占全社会总量的近 30%。交通运输生产越多,能源消耗就越多,碳排放总量也呈同方向增长。究竟交通运输企业应如何合理安排运输生产,才能实现最经济的碳排放量,企业碳排放成本总额最小,利润最大?

一、交通运输企业碳排放成本定义

对于碳排放成本,目前全球尚未形成统一的定义,但是有一些权威机构对环境成本进行了分类。美国环保局(EPA)提出了私人环境成本与社会环境成本的概念,把环境成本分为传统成本、隐含成本、或有成本、形象关系成本和社会成本;联合国可持续发展局(UNDSD)认为企业环境成本主要包括企业进行预防、处置、计划、控制污染与治理其危害等作业所发生的各种成本;日本环境省依照企业价值链将环境保护成本分为经营领域中的环境成本、上下游成本、行政管理成本、环境补救成本和其他环保成本。

格雷(Gray)提出,传统成本计算方法忽视了企业活动对环境的间接影响,应对产品进行生命周期评估,分析已发生或可能发生的环境成本,同时生命周期必须是有界的。所以,本节认为,碳排放成本分析应基于交通运输企业整个价值链流程,从设计、运输、储存、装卸、搬运、包装、流通加工、配送以及维护、报废清理等一系列环节进行考察。结合交通运输企业价值链流程与碳排放之间的联系,将碳排放成本定义为:为预防、计划、控制碳排放而支出的一切费用,以及因超出既定的碳排放量而造成的一切损失之和。因此,碳排放成本结构应由预防成本、鉴定成本和损失成本组成。①碳排放预防成本:通过增加低碳技术研究开发、绿色采购、供应链环境管理、清洁生产活动的支出以及教育与培训、持续环境改善工作,企业能预防和控制碳排放发生,这些活动引致的成本一般随碳排放量的增加而呈反向变动。②碳排放鉴定成本:企业对整个价值链流程进行碳排放检查、监测、评估发生的所有费用支出,一般相对固定。③碳排放损失成本:企业的碳排放不仅会发生碳回收、购买碳排放额度、缴纳碳罚金等有形损失成本,还会发生声誉受损等无形损失成本,这类成本一般随碳排放量的增加而正向变动。

二、交通运输企业碳排放的成本效益分析

通过成本效益分析,构建长、短期碳排放成本模型(杨蓓等,2011)。交通运输

企业可参照这一建模方法和分析思路,从短期和长期两个角度进行碳排放成本效益分析。在短期碳排放成本决策模型中权衡预防成本和损失成本,从而寻找碳排放量和碳排放成本的最优结合点,力争实现碳排放总额成本最小、企业经营利润最大化;在长期碳排放成本决策模型中考虑外部因素(如国家政策、经济形势、消费者心理和行为等),为企业制定低碳战略、进行长期规划提供理论思路。

(一)短期碳排放成本效益分析

根据碳排放成本结构分析,可以得到如图 13-3 所示的碳排放成本曲线。

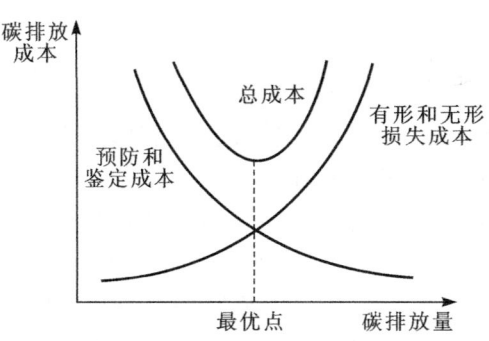

图 13-3　短期碳排放成本分析

当预防和鉴定成本为 0 时,表示企业对碳排放不加任何控制,此时企业只需要支付损失成本。由于不加控制的碳排放量过大,所以碳回收、购买碳排放额度、缴纳碳罚金等有形损失成本就会很大,同时企业声誉受损等无形损失的严重性也更加不可估量,此时总碳排放成本就会很高。随着碳排放预防和鉴定成本投入的增加,碳排放量得到了控制,碳排放有形损失成本与碳排放无形损失成本就会逐渐降低,而且损失成本降低的速度在碳排放量较高时会超过预防成本增加的速度,碳排放成本总额逐渐降低,总成本曲线呈下降趋势。但是,随着碳排放量的降低,即对企业自身和其产品的排碳量要求越来越严格,技术改进变得越来越困难,付出的代价(预防和鉴定成本)也就越来越高,表现为图 13-3 中的预防和鉴定成本越来越陡。此时,预防成本的增加超过了损失成本的降低速度,所以碳排放成本总额逐渐上升,总成本曲线呈上升趋势。

整体上看,碳排放成本总额表现为一条 U 形曲线,存在一个最低点,在此点上碳排放成本总额最小,相应的碳排放量就是最经济的排碳量。对企业短期决策而言,如果企业能把排碳量控制在最优点,那么就可以获得最低的碳排放成本。令 Q 代表碳排放量,$EC(Q)$ 表示碳排放预防和鉴定成本,$FC(Q)$ 代表碳排放损失成本,$TC(Q)$ 表示碳排放总成本,则有:$TC(Q) = EC(Q) + FC(Q)$。当 $\dfrac{dTC(Q)}{d(Q)} = 0$ 时,可求出最佳碳排放量,从而求出最低碳排放成本。当然,这只是理论上的最低点,在实际中往往很难求得。所以,如果把碳排放量控制在最优点附近的区间内,企业便只需支出非常经济的碳排放成本。

(二)长期碳排放成本效益分析

从长期来看,国家的政策、经济形势、消费者的心理和行为都在变化,这些变化会使碳排放成本曲线发生移动,进而会影响企业决策。由于全球气候变化对人类社会可能会造成致命影响,所以越来越多的国家开始重视碳减排,已经出台或即将出台更多严格限制企业排碳量的措施,而且低碳经济的趋势也会使越来越多的消费者倾向于购买低碳产品,而这些变化会使同样的排碳量下的碳排放损失成本越来越高,如图 13-4 所示,碳排放损失成本将从 FC_1 移动到 FC_2。同时由于低碳技术进步、低碳产业上下游在碳减排上会达成更多的合作协议等原因,使企业发生的碳减排预防活动会越来越容易,付出的代价相应地越来越低,所以在相同碳排量下,预防成本会下降。随着时间的推移,碳排放预防成本和鉴定成本将从图 13-4 的 EC_1 移动到 EC_2。

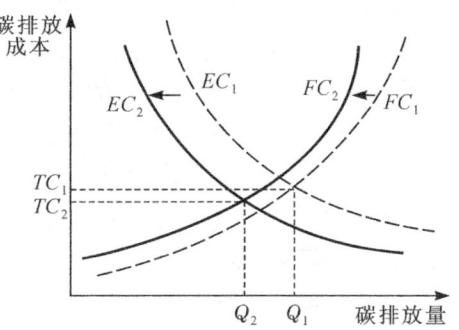

图 13-4　碳排放成本的变化

综上所述,在同样的排碳量下,碳排放损失成本将会越来越高,而碳排放预防成本和鉴定成本却会越来越低,企业的最优碳排放点就会从图 13-4 的初始点(Q_1,TC_1)移动到点(Q_2,TC_2),其中,$Q_1 > Q_2$,且 $TC_1 < TC_2$。因此,从长期的视角出发,企业碳排放成本是碳排放量的增函数,如图 13-5 所示,所有短期决策的最优点构成了长期碳排放成本曲线,最终企业的碳排放量将会下降到相当低的水准。

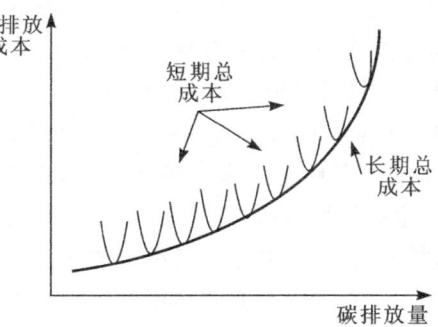

图 13-5　长期碳排放成本分析

第四节　交通运输企业"节能减排"的成本效益优化

一、交通运输企业"节能减排"的战略意义

(一)微观层面的战略意义

第一,节能减排工作能够为交通运输企业带来直接的财务效益。能源消耗特别是燃油消耗是交通运输企业运营成本主要的组成部分,在企业的变动成本

中占据绝大比例,通过节能减排工作的实施,会为企业节省大量的运营成本,进而为企业带来可观的直接收益,为企业的持续健康发展提供基础性的财务支持。

第二,节能减排工作的实施有利于交通运输企业及行业管理的全面进步。节能减排是一项系统工程,涉及交通运输企业工作的方方面面,节能减排工作的顺利实施,需要企业各个部门的共同配合,需要一系列相关工作的有效支持。通过节能减排工作的开展,必然会带动企业管理工作的衔接和协调,从而促进企业管理工作以及行业管理工作的全面提升。同时,企业节能减排工作的开展也有利于充分调动各方面人员节能减排的积极性,提高企业全员乃至社会大众的节能减排的责任感和主人翁精神,使他们将节能减排作为服务自己、服务企业,服务社会的自觉性工作,真正形成提高企业核心竞争力,促进企业以及行业持续发展的长效管理机制。

(二)宏观层面的战略意义

节能减排能够大幅减少交通运输行业乃至整个社会能耗总量,降低社会的经济运行成本,增加社会直接效益。以道路运输为例,据估算,中国道路运输行业 1 年将会减少燃油消耗 898 619.07 万升(包括汽油和柴油),按照平均油价为 4.6 元/升计算,道路运输行业每年将会通过油耗节约而节省成本 413.36 亿元。如果再考虑这些燃油以及相应资源(人、物、材料等)的机会成本和进口成本等,其节约的社会经济运行成本是十分巨大的,带来的社会直接效益是相当可观的。

节能减排能够有效缓解交通行业发展给生态环境带来的破坏,从而带来巨大的社会效益。当前由能源燃烧而带来的全球气候变暖,环境恶化,疾病增加等问题已经成为国际社会普遍关注的重点,控制和减少作为大气污染的主要污染源的汽车尾气(统计显示中国城市大气污染中有 70% 以上的污染源来自汽车尾气)排放量意义十分重大。通过燃油消耗节约是减少尾气排放的一项有效措施,据估算,中国道路运输行业 1 年通过油料节约将会减少废气排放 754.84 万标立方米,由此带来的空气质量提高与生态环境改善等社会间接效益也是十分巨大的。

二、交通运输企业"节能减排"成本效益优化战略管理

交通运输企业"节能减排"成本效益优化战略管理是以"股东财富最大化"的企业目标和"节能减排、发展低碳经济"的社会环保目标作为双重目标,采取多项具体有效举措对企业实行优化战略管理,使其取得长期、战略性的最优减排业绩的实现过程。

(一)双重目标是企业实现排放成本优化战略管理的起点和终点

"股东财富最大化"的企业目标和"节能减排、发展低碳经济"的社会环保目

标为企业实施排放成本优化战略管理提供了双重动力和压力，双重目标是实施排放成本优化战略管理的起点和终点，是目标和方向，是动力源和压力源，而排放成本优化战略管理能够推动企业目标和社会环保目标的实现，是双重目标实现的过程，是具体措施和实现手段。

企业目标和社会环保目标为我国企业实施排放成本的优化战略管理提供了双重动力和压力。一方面，"股东财富最大化"的企业目标对于企业的生存和可持续发展具有重要的指导意义，是当前企业主要的经营目标，要优于"利润最大化"的短期目标，"股东财富最大化"追求的是长期、持续的"利润最大化"和排放成本最小化，这就驱动企业在减排活动中必须也必然进行排放成本的优化战略管理，从而实现长期的排放成本最小；同时"股东财富最大化"主张企业目标应和社会环保目标相一致，企业必须将排污标准降低至法定标准之下，节约能源，积极承担保护环境的社会责任，这也迫使企业进行排放成本的战略管理，取得长期战略性的减排业绩。另一方面，政府为了实现"节能减排，发展低碳经济"的社会环保目标，会通过日益规范严格的环保法律、法规来逐步提高企业的减排标准，给企业施加环保压力，促使企业必须实施排放成本的优化战略管理。

（二）交通运输企业实现排放成本效益优化管理的具体实施举措

（1）我国交通运输企业实现排放成本优化战略管理的关键：投资与企业实际生产能力相匹配的减排设备，提升自身节能减排能力，建立长效减排机制，扩充减排空间。

首先，企业环保设备的投资额度要与企业排放量呈正比，即排放量越大，所需减排的设备投资就越大，根据企业环保设备投资和排放量的配比程度，可将企业分为减排能力强和减排能力弱两种。减排能力强的企业是指环保投资与企业的排放量相匹配，减排能力与企业的生产能力相匹配，即使不使用或少量使用初始分配的排放权也可以减排达标的企业；减排能力弱的企业是指环保投资与企业的排放量不匹配，减排能力与企业的生产能力不匹配，企业必须在全额使用初始分配排放权的前提下，满负荷运转环保设备，甚至会随着国家环保政策的紧缩、初始分配排放权的减少而必须另外购买排放权才能减排达标的企业。在我国的企业环保压力会随着整个国家在国际上环保压力的增加而增加的大背景下，国家会通过逐步提高企业的减排标准、减少初始排放权分配额、抬高交易市场上排放权购买价格来迫使企业提高自身减排能力，企业必须充分认识、客观预测未来减排的紧迫性和重要性，做长期、战略规划。如图 13-6 所示，对于减排能力强的企业，虽然前期环保投资多，排放总成本高，但站在长远的高度来看，后期的排放总成本会逐渐降低，不仅可以适应现在和未来的环保政策，保障正常的生产经营，而且可以在提升减排能力的同时，扩充减排空间。而对于减排能力弱的企业,由于前期环保设备投资少,可能排放总成本低,但随着环保政策的紧缩,企业脆弱的减排能力会使企业陷入因排放权不足而必须减产甚至停产或必须购买排放权才能维持生产的困境,造成后期排放总成本的剧增,这必将对企业的正常经营和持续发展产生严重的影响。

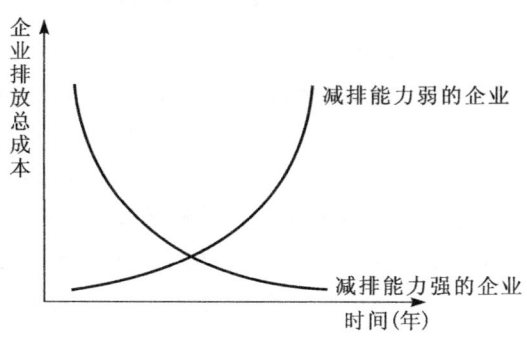

图 13-6　不同减排能力的企业排放成本长期走势图

其次,企业投资减排设备必须与企业的实际生产能力相匹配。通常情况下,企业的生产量与排放量呈正比,排放量与所需减排量呈正比,即生产量越多,所需的减排量就越多,企业要充分预测排放量未来发展趋势,合理安排环保设备投资额,以便企业的减排能力与生产能力相匹配。由于加大环保设备投资会引起"制造费用"中"折旧费"的大幅度增加,会因大量占用融资资金、支付高昂贷款利息而抬高负债水平和加剧营运风险,相应增加企业的排放成本和排放风险,这就是一个以成本为衡量标准如何进行短期和长期战略决策的问题。对于一个准备新建、改建、扩建环保设备的企业来说,有三种方案可供选择:方案一,环保设备投资合理,减排能力强,即环保设备的减排能力越接近生产排放量,企业的减排空间就越大,排放成本能够实现最优,但减排能力至少要与全额使用初始配额后的排放量持平,否则会受到交易市场中诸多不利因素的影响,方案一具备排放成本最优化条件,具有长期、战略性和可持续发展的特点,符合"十二五"规划提出的"节能减排、发展低碳经济、促进可持续发展"的目标;方案二,环保设备投资过大,减排能力过强,不仅现金流支付负担大,排放成本高,而且浪费设备资源,不具备排放成本最优化条件;方案三,环保设备投资不足,减排能力弱,会受制于排放权交易市场的供求状况和交易价格的波动,造成排放成本高,存在因买不到排放权而减产、停产的潜在风险,不具备排放成本最优化条件。

综上所述,可以看出我国企业实现排放成本优化战略管理的关键是新建、改建、扩建与生产经营相匹配的节能减排设备,提升企业节能减排能力,建立长效减排机制。

（2）参与排污权市场交易，交通运输企业可以结合自身减排能力和排放权交易市场需求状况，以单位减排成本和排放权交易价格为衡量标准，选择并实施最优减排方案，取得长期、战略性的最优减排业绩。

从表面排污权交易是把排污权作为一种商品进行买卖，然而其本质是政府在对排污总量进行控制的前提下，鼓励企业通过技术进步和污染治理，最大限度地减少污染排放总量。排污权交易可以逼企业探索超前的节能减排措施，同时解决政府使用限额的环境污染获得参与相关公益活动的部分收入来源。显而易见，这一交易机制无疑是对企业、社会实现双赢的方略。

交通运输企业可以在排污权交易运行机制下根据自身的减排能力和排放权交易市场需求状况，以单位减排成本和排放权交易价格为衡量标准，选择合适的环保设备运作程度，选择出售剩余排污权或购买其他企业富余的污染物排放指标，从而制定合理的减排方案，以满足政府对企业制定的合法排污要求，同时又能实现企业的排放成本优化。这样，企业治污就从政府的强制行为变为企业自觉的市场行为，其交易也从政府与企业行政交易变成市场的经济交易。

单位减排成本和排放权交易市场上排放权的售价和购买价是影响企业减排成本的重要因素，为更清楚地进行阐述，下面举例分别对减排能力不同企业的减排方案的选择进行分析。如表 13-2 所示，假设排放量为 100 单位，初始分配为 30 单位，企业减排量为 Q 单位，单位减排成本为 c，购买排放权单价为 p_d，出售排放权单价为 p_s，排放总成本为 $TC(Q)$，购买排放权为 D 单位，出售排放权为 E 单位。第一，对于减排能力强的企业（$70 \leqslant Q \leqslant 100$）：①当单位减排成本大于排放权购买价，即 $c > p_d$ 时，企业应在全额使用初始配额的同时，尽可能多地从排放权交易市场低成本购买排放权，尽可能少地运转环保设备。企业排放总成本等于减排成本加上购买排放权成本；②当单位减排成本等于排放权出售价，即 $c = p_s$ 时，使用初始配额或运转环保设备将节省的初始配额出售对企业无差异，企业排放总成本等于减排成本减去出售排放权收益；③当单位减排成本小于排放权出售价，即 $c < p_s$ 时，企业应满负荷进行减排，全额出售初始排放权，企业排放成本等于减排成本减去出售排放权收益。第二，对于减排能力弱的企业（$0 \leqslant Q < 70$），无论单位减排成本和排放权购买价、出售价的对比关系如何，即 $c > p_d$、$c = p_s$ 或 $c < p_s$，企业都必须满负荷进行减排，全额使用初始分配排放权，缺口还需从市场上购买，若购买不到，则要以减产、停产来减少排放量，或支付高昂的排污费，此时企业生产经营受制于交易市场上排放权的供求状况和交易价格的波动，不能实现排放成本最优，企业排放总成本等于减排成本加上购买排放权成本。

表 13-2 不同减排能力的企业排放成本最优减排方案选择

类型	条件	排放成本优化减排方案	排放总成本
减排能力强的企业 （70 ≤ D ≤ 100）	单位减排成本＞排放权购买价	企业应在全额使用初始配额（30）的同时，尽可能多地从排放权交易市场低成本购买排放权，尽可能少地运转环保设备，以减少减排量	企业排放总成本＝减排成本＋购买排放权成本
	单位减排成本＝排放权购买价	使用初始配额（30）与运转环保设备将节省初始配额出售为差异	企业排放总成本＝减排成本－出售排放权收益
	单位减排成本＜排放权购买价	满负荷进行减排（100），全额出售初始排放权（30），此时排放成本最优	企业排放总成本＝减排成本－出售排放权收益
减排能力弱的企业 （0 ≤ D ＜ 70）	无论单位减排成本和排放权购买价、出售价的对比关系如何	企业都必须满负荷进行减排，全额使用初始配额（30），若还有缺口，则需从市场上购买 D，若购买不到，则要以减产、停产来减少排放量，或支付高昂的排污费，此时企业生产经营受制于交易市场上排放权的供求状况和交易价格的波动	企业排放总成本＝减排成本＋购买排放权成本

资料来源：谢东明、林翰文：《排放权交易运行机制下我国企业排放成本的优化战略管理研究——基于企业目标和社会环保目标的实现》，《会计研究》，2012(6)。

通过上述分析可以看出，减排能力强的企业可以积极主动地参与排放权交易，有很大的减排空间，面对不同的情况可以选择相应的优化减排方案，可以实现排放成本的优化战略目标；而减排能力弱的企业则要承受很大的减排压力，必须被动地参与排放权交易，面对不同的情况没有更好的减排方案可供选择，不能实现排放成本的优化战略目标。这也进一步说明实现排放成本优化战略管理的关键是投资与实际生产能力相匹配的减排设备、提升自身减排能力。

（3）充分利用技术进步，加大节能减排技术的研发。在利用技术进步推进交通节能减排问题上，交通运输企业可加大与国家交通部委研发部门之间的科研合作力度，既要重视"硬技术"的研发，比如研发应用更加节能的汽车发动机、研发推广铁路货运重载成套技术等，也要重视运输组织管理等"软技术"的研发应用，通过推行节能调度等手段，提高运输组织效率。

（4）进一步提高交通运输企业对节能减排重要性的认识，多方采取减排措施，建立减排补偿机制。交通运输企业可从以下方面开展减排工作。第一，提高"废水、废气、废渣"再利用率，实施循环经济，以提高企业单位运输量的能源利用水平，降低运输污染物的排放；第二，与不同行业进行"节能减排"的投资合作，以获取减排额度。例如,企业可以与育林企业投资合作,利用林木可以吸收二氧化碳的特点,获得碳减排额度;企业还可以提供技术,在帮助排放量较大企业减排的同时,获得减排额度。这一措施对于减排能力弱的交通运输企业更是有着特殊的意义,可以用来建立弥补自身减排不足的补偿机制。第三,在交通运输企业大力推行交通能耗统计制度,如实行节能减排燃油消耗定额考核制度,提高节能减排意识,从源头上控制能源消耗,减少碳排放。

阅 读 文 献

[1] 中国国家统计局.2011年中国能源统计年鉴[M].北京:中国统计出版社,2012.

[2] 朱永彬,王铮,等.基于经济模拟的中国能源消费与碳排放高峰预测[J].地理学报,2009(8).

[3] 许广月.中国能源消费、碳排放与经济增长关系的研究[D].华中科技大学博士学位论文,2010(5).

[4] 樊一江,马天山.交通运输企业节能减排管理方法实证研究[J].交通企业管理,2008(1).

[5] 马天山,樊一江.交通运输与能源和环境战略研究[J].交通运输工程学报,2008(8).

[6] 杨蓓,汪方军,黄侃.适应低碳经济的企业碳排放成本模型[J].西安交通大学学报(社会科学版),2011(1).

[7] 谢东明,林翰文.排放权交易运行机制下我国企业排放成本的优化战略管理研究——基于企业目标和社会环保目标的实现[J].会计研究,2012(6).

[8] 欧阳斌,张跃军,郭杰.低碳交通运输的综合评价指标及其应用[J].北京理工大学学报(社会科学版),2014(6).

[9] 刘振峰.绿色交通运输发展国际经验借鉴分析[J].交通运输部管理干部学院学报,2014(6).

[10] 孙曦.我国交通运输业低碳减排研究[J].中国流通经济,2014(2).

复 习 思 考 题

1. 能源消耗与碳排放之间存在怎样的关系? 谈谈你的认识?

2. 交通运输企业碳排放成本包括哪些内容?

3. 交通运输企业如何进行短期和长期的碳排放成本分析?

4. 什么是减排能力强的企业和减排能力弱的企业? 它们在排污权市场交易环境中应如何选择和实施最优减排方案?

5. 交通运输企业推行排放成本效益优化战略管理要实现的目标是什么? 有哪些重要的实施举措?